Georg Breidenstein

Teilnahme am Unterricht

Studien zur Schul- und Bildungsforschung
Band 24

Herausgegeben vom
Zentrum für Schulforschung und Fragen der Lehrerbildung (ZSL)
der Martin-Luther-Universität Halle-Wittenberg

Georg Breidenstein

Teilnahme am Unterricht

Ethnographische Studien zum Schülerjob

VS VERLAG FÜR SOZIALWISSENSCHAFTEN

Bibliografische Information Der Deutschen Bibliothek
Die Deutsche Bibliothek verzeichnet diese Publikation in der Deutschen Nationalbibliografie;
detaillierte bibliografische Daten sind im Internet über <http://dnb.ddb.de> abrufbar.

1. Auflage April 2006

Alle Rechte vorbehalten
© VS Verlag für Sozialwissenschaften | GWV Fachverlage GmbH, Wiesbaden 2006

Lektorat: Stefanie Laux

Der VS Verlag für Sozialwissenschaften ist ein Unternehmen von Springer Science+Business Media.
www.vs-verlag.de

Umschlaggestaltung: KünkelLopka Medienentwicklung, Heidelberg
Druck und buchbinderische Verarbeitung: MercedesDruck, Berlin
Gedruckt auf säurefreiem und chlorfrei gebleichtem Papier
Printed in Germany

ISBN-10 3-531-14866-9
ISBN-13 978-3-531-14866-1

Vorbemerkung

Wir haben alle selbst zehn, zwölf, dreizehn Jahre oder länger als Schüler oder Schülerin am Unterricht teilgenommen. Wir kennen den Schülerjob aus eigener Anschauung nur zu gut. Was lässt sich darüber noch Neues sagen? In dieser unabweisbaren *Bekanntheit* des Untersuchungsgegenstandes liegt die größte Herausforderung für die vorliegenden Studien. Die Ethnographie eines so vertrauten Feldes, wie es der Schulunterricht darstellt, hat sich einem doppelten Gütekriterium zu stellen. Einerseits müssen die Leserin und der Leser sagen können: Ja, das stimmt, so habe ich es erlebt, das entspricht meiner Erfahrung – ein harter Test für die „Validität" der Analysen. Andererseits muss die Lektüre die Reaktion hervorrufen: So habe ich das aber noch nicht gesehen – anderenfalls wären die Analysen überflüssig. Der Anspruch der in diesem Band präsentierten ethnographischen Studien muss es also sein, einen *neuen* Blick auf das (allzu) vertraute Geschehen des Unterrichtsalltages zu entwickeln.

Dank

Dieses Buch basiert auf einem Forschungsprojekt, das unter meiner Leitung von 2001 bis 2005 am Zentrum für Schulforschung und Fragen der Lehrerbildung (ZSL) der Martin-Luther-Universität Halle-Wittenberg durchgeführt und von der Deutschen Forschungsgemeinschaft (DFG) finanziert wurde. Das Projekt mit dem Titel „Jugendkultur in der Unterrichtssituation" zielte auf die grundlegende ethnographische Erkundung, wie Jugendliche mit schulischem Unterricht umgehen, wie sie die situativen und interaktiven Anforderungen des Unterrichts handhaben.

Viele Personen waren an der Entstehung dieses Buches beteiligt. Ihnen möchte ich an dieser Stelle meinen Dank aussprechen. An erster Stelle sind Hedda Bennewitz und Michael Meier, die wissenschaftlichen Mitarbeiter des Projektes, und Kerstin Jergus als Forschungspraktikantin zu nennen. Sie haben die Feldforschung durchgeführt und ihr Anteil an diesem Buch geht weit über das hinaus, was als namentlich gekennzeichnete Zitate aus den Beobachtungsprotokollen sichtbar wird. Michaela Böhme, Olaf Jahnke, Kerstin Jergus, Steffen Kleint, Mathias Müller und Anna Roch haben als studentische Hilfskräfte in dem Projekt mitgearbeitet. Alle in diesem Buch entwickelten Ideen und Beschreibungen sind in der Projektgruppe intensiv diskutiert worden. Klaus Amann und Elisabeth Mohn waren als Videographen an dem Projekt beteiligt und haben erheblich zur Erweiterung und Vertiefung des Forschungsprozesses beigetragen. Die Fotos in diesem Buch stammen aus den Videoaufnahmen von Elisabeth

Mohn. Die Videographie erscheint als DVD beim Institut für den Wissenschaftlichen Film (Mohn/Amann 2006).

Darüber hinaus ist der Arbeitszusammenhang des ZSL zu nennen, der nicht nur einen förderlichen und angenehmen Rahmen für den wissenschaftlichen Alltag bietet, sondern auch einen wichtigen Kontext für die Präsentation, Diskussion und Präzisierung der Analysen. Für Diskussionen und Rückmeldungen bedanke ich mich insbesondere bei Werner Helsper, Rolf-Torsten Kramer, Heinz-Hermann Krüger, Sibylle Reinhardt, Hartmut Wenzel, Christine Wiezorek und Katrin Zaborowski.

Außerdem haben Juliane Brandstäter, Arno Combe, Stefan Hirschauer, Herbert Kalthoff, Helga Kelle und Ulla Linnemann zu unterschiedlichen Zeitpunkten das Manuskript oder Teile davon gelesen und wertvolle Hinweise zur Überarbeitung gegeben.

Die Arbeit ist von Werner Helsper, Heinz-Hermann Krüger und Klaus-Jürgen Tillmann begutachtet und vom Fachbereich Erziehungswissenschaften in Halle als Habilitationsschrift angenommen worden.

Kerstin Jergus, Mathias Müller und Annika Möller danke ich für die redaktionelle Bearbeitung und Formatierung.

Schließlich ist den Schülerinnen und Schülern und Lehrerinnen und Lehrern der beiden Schulklassen zu danken, die ich hier nicht namentlich nennen kann. Sie haben uns aufgenommen, haben uns über Jahre hinweg ihren Alltag beobachten lassen und haben durch ihre Offenheit und ihr Vertrauen diese Untersuchung erst möglich gemacht.

Inhalt

1. Einleitung: Teilnahme am Unterricht

1.1 Die Fragestellung

Diese Arbeit fragt nach den grundlegenden praktischen Anforderungen an Schülerinnen und Schüler in der Unterrichtssituation: Was tun Schüler im Unterricht und *wie* tun sie es? Welche Bedeutung kommt dabei dem Kontext der Schulklasse zu? Wie beziehen sich die Schülerinnen aufeinander, während sie gemeinsam am Unterricht „teilnehmen"? Während wir einiges über die Probleme und Anforderungen des Lehrerhandelns wissen, ist erstaunlich wenig über die praktischen, situativen Probleme des Schülerhandelns bekannt.

„Teilnahme am Unterricht" – dieser Titel beschreibt sowohl den Gegenstand als auch die Methode der Untersuchung. Zunächst sei der Untersuchungsgegenstand umrissen. Schülerinnen und Schüler nehmen am Unterricht teil: Das kann Verschiedenes heißen. Die erste, geläufige Konnotation richtet sich auf die „Beteiligung" von Schülern im Unterricht, die aktive Teilnahme, auch „Mitarbeit" genannt, oder zumindest das „Verfolgen" des Unterrichts. Auf diese „Teilnahme" von Schülerinnen und Schülern richten sich die Bemühungen von Lehrkräften und die schulpädagogische Reflexion. Ein zweiter, umfassenderer Begriff von Teilnahme bezieht sich auf die Unterrichts*situation*. Die Teilnehmerinnen und Teilnehmer sind hier die Anwesenden, diejenigen, die gemeinsam dieser Situation ausgesetzt sind und die zugleich gemeinsam diese Situation konstituieren und aufrechterhalten. Man kann Teilnehmer der Situation sein, ohne am Unterricht im engeren Sinn „teilzunehmen". Diese zweite, grundlegendere Form der Teilnahme hat die Schulpädagogik bislang weniger im Blick.

Die komplexe Verschränkung der beiden Aspekte des Teil-Nehmens und des Teil-Seins kommt in einer Schilderung von Markowitz (1986, S. 9) zur Sprache:

> „Man sitzt in einer Schulklasse und beobachtet Unterricht. Aber man bekommt diese Empfindungen kaum in den Griff. Man verspürt die Klasse als einen Zusammenhang, ist irgendwie beeindruckt von der Gegenwart anderer. Aber jedes bewusste Hinsehen auf einen Schüler, den Lehrer oder Gegenstände im Klassenzimmer – all das zeigt nur Einzelheiten, nicht jedoch dieses eigentümliche Phänomen, genannt „Schulklasse". Man empfindet sich in einem Kontext, aber man kann ihn nicht greifen. Es ist spürbar, dass die Anwesenden mit ihrem Verhalten so-

wohl einen Zusammenhang konstituieren, zugleich aber auch ihr Verhalten an solch einem Zusammenhang orientieren."

Damit ist auch etwas über den Begriff des „Unterrichts" gesagt, auch dieser wird in doppeltem Sinn gebraucht: Als Unterrichtssituation wird hier all das verstanden, was während der für „Unterricht" vorgesehenen Zeit in dem dafür vorgesehenen Raum geschieht – unter der Bedingung der Anwesenheit der Beteiligten. Dieses erweiterte Verständnis von Unterricht schließt all jene Beschäftigungen, Bezugnahmen und Aktivitäten ein, die (anscheinend) nichts mit dem „eigentlichen" Unterricht zu tun haben. Was aber ist dann der eigentliche „Unterricht"? Das ist empirisch zu untersuchen: Was wird von Beteiligten als „Unterricht" im engeren Sinn gehandhabt? Wie stellt sich die Unterscheidung zwischen dem „Unterricht" und den anderen, „unterrichts-fremden" Tätigkeiten in der Situation dar und welche Bedeutung kommt dieser Unterscheidung zu? – Diese Fragen stellen sich in neuer Weise, wenn man den Blick von der Zentrierung auf die Lehrperson löst und auf die Praxis des Schülerhandelns richtet. Das Bild vom Unterricht als einer die ganze Klasse gemeinsam und gleichermaßen betreffende Veranstaltung, deren Sinn in Lehr-Lernprozessen liegt, wird fragwürdig. Die Vielfalt, die Ungleichzeitigkeit und das Fragmentarische des Geschehens werden evident, und die Frage, was eigentlich den „Unterricht" ausmacht, wird immer komplizierter.[1] Rusch und Thiemann (2003, S. 5) berichten von einer ähnlichen Erfahrung:

> „Zu undifferenziert hängt die Schulwissenschaft am Bild der Schulklasse als einem wabernden, unklaren Block fest, der von der steuernden, planenden Zentralmacht kollektiv bewegt wird. Die vermeintliche Zentralmacht ist ebenso wie die ihr entgegenstehende vermeintlich monolithisch vereinte Schulklasse ein verabschiedenswertes Konstrukt. Die Schulklasse kommt vielmehr einem Schauplatz nahe, der von wechselnden Akteuren besetzt wird, deren Handlungen unter den Augen eines wachsamen Publikums stattfinden, das sie mit Kommentaren, Zwischenrufen, unartikuliertem Geschrei begleitet."

In diesem Buch geht es um beide Aspekte von „Teilnahme" und beide Begriffe vom „Unterricht" sowie um deren Verhältnis zueinander: Wie gestaltet sich die „Teilnahme" am „Unterricht" (im engeren Sinn) unter den Bedingungen der Teilnahme an der Unterrichtssituation? Und was bedeutet es für die Teilnahme an der Unterrichtssituation, dass man auch am „Unterricht" „teilnimmt"? All dies kann nur in Erfahrung bringen, wer selbst an der Unterrichtssituation teilnimmt.

---

1 Selbstverständlich gibt es etablierte Definitionen vom „Unterricht", der in der Regel als „gezielte Planung, Organisation und Gestaltung von Lehr-Lern-Prozessen" (Helsper/Keuffer 2004, S. 91) verstanden wird. Doch solche Definitionen bestimmen den Unterricht gewissermaßen von außen und von seinem Zweck her, in der vorliegenden Arbeit soll nach der Bestimmung des Unterrichts aus der Analyse der Situation heraus gefragt werden.

„Teilnahme am Unterricht" bezeichnet also auch die Forschungsstrategie, die diesem Buch zu Grunde liegt: Wir haben als Forscher am Unterricht teilgenommen um Einblicke in die Bedingungen dieser Teilnahme zu erhalten. Im Rahmen des DFG-Projektes „Jugendkultur in der Unterrichtssituation" haben Hedda Bennewitz, Kerstin Jergus, Michael Meier und ich über viele Wochen hinweg als teilnehmende Beobachterinnen und Beobachter im Unterricht zweier (sehr unterschiedlicher) Schulklassen gesessen, um möglichst genau aufzuzeichnen und zu beschreiben, was die Schülerinnen und Schüler tun und wie sie die Situation handhaben.[2]

Die Untersuchung konzentriert sich auf das siebte und achte Schuljahr, auf eine Zeit, in der der Umgang mit dem Unterricht und seinen Anforderungen eine spezifische Ausprägung erfährt. Diese Zeit gilt schulpädagogisch als das „schwierigste" Alter.[3] Die Phase der „Adoleszenz" geht auf die ganze Schülerlaufbahn gesehen mit der größten „Schulferne" einher. Zugleich scheint sich in diesem Alter ein instrumentell-strategischer Umgang mit der Schule herauszubilden, der sich in dem Bild vom „*Schülerjob*" verdichtet: Man tut, was zu tun ist, ohne damit (vollständig) identifiziert zu sein. Man kommt seinen Verpflichtungen nach, ohne grundsätzlich nach Sinn und Legitimität zu fragen, und das alltägliche Tun ist wesentlich von Routine und Pragmatismus geprägt. Dieses Buch beschreibt also, wie Siebt- und Achtklässler mit der Unterrichtssituation umgehen, wie sie sich auf den „Unterricht" und aufeinander beziehen. Es geht darum, den spezifischen Umgang mit den Anforderungen der Unterrichtssituation in diesem Alter herauszuarbeiten, um die Konturen des „Schülerjobs" deutlich werden zu lassen und seine konkrete Ausformung und Gestalt empirisch zu erkunden.

Das Bild vom „Schülerjob" hat sich im Laufe der Beobachtungen und Analysen entwickelt und verdichtet. Die Metapher des Schülerjobs meint hier die Schülertätigkeit als solche und zugleich die Haltung von Schülerinnen und Schülern gegenüber ihrem alltäglichen Tun. Der „Job" ist mit dem Begriff der Arbeit assoziiert. Der Aspekt der Arbeit ist durchaus auch im schulischen Sprachgebrauch enthalten, in Begriffen wie Gruppenarbeit, Einzelarbeit, Hausarbeiten oder Klassenarbeiten. Im Englischen ist auch der übergreifende Begriff des „school work" gebräuchlich, um das praktische alltägliche Tun von Schülern zu

---

2   Das angesprochene DFG-Projekt wurde unter meiner Leitung von Oktober 2001 bis Mai 2005 am Zentrum für Schulforschung und Fragen der Lehrerbildung der Martin-Luther-Universität Halle-Wittenberg durchgeführt. Genaueres zur Methode und Untersuchungsanlage des Projektes folgt weiter unten (1.4 und 1.5).

3   Von Hentig (1993) macht sogar den beachtenswerten Vorschlag, für diese zwei Jahre die Beschulung ganz oder weitgehend auszusetzen und andere Formen des Lernens für diese Altersstufe zu entwickeln.

11

bezeichnen. In den folgenden Untersuchungen wird dieser Aspekt des Schüler-Seins in den Blick gerückt: die wiederkehrenden Verrichtungen, Abläufe und Tätigkeiten, die zusammen genommen den „Schülerjob" kennzeichnen.[4]

Ich werde im weiteren Verlauf dieses einleitenden Kapitels zunächst knapp den Diskussionsstand skizzieren, der das Verhältnis Jugendlicher zur Schule betrifft. Anschließend wird mit der Theorie sozialer Praktiken die orientierende Perspektive und mit der Ethnographie die Forschungsstrategie erläutert. Ich beschreibe die konkrete Untersuchungsanlage des Projektes und unser methodisches Vorgehen, um schließlich Struktur und Aufbau des Buches anzusprechen.

1.2 Der Diskussionsstand[5]

Fragt man nach der Bedeutung von Schule für Jugendliche und nach dem Umgang von Jugendlichen mit schulischem Unterricht, so stößt man zunächst einmal auf die Schwierigkeit, dass man mit der Schul- und der Jugendforschung zwei weitgehend unverbundene Forschungsgebiete vor sich hat. Dieser Befund wird in regelmäßigen Abständen artikuliert und hat bis heute wenig an Aktualität eingebüßt (Hornstein 1990, Büchner 1996, Krüger/Grundmann/Kötters 2000, Helsper/Böhme 2002).[6] Die Jugendforschung befasst sich mit Lebensstilen, biographischen Verläufen, kulturellen und politischen Orientierungen Jugendlicher (vgl. Hurrelmann 1994, Baacke 1999, Krüger/Grunert 2002), ohne sich besonders für Schule als konkrete und Raum einnehmende Lebenswelt Jugendlicher zu interessieren. Andererseits ist im Bereich der Schulforschung eine weitreichende Vernachlässigung der spezifischen Probleme des Jugendalters und der konkreten

---

4   Die Untersuchung schließt damit in gewisser Weise an ältere Versuche an, die Beanspruchung von Schülern unter dem Begriff der „Schul-Arbeit" zu diskutieren (Berndt/Busch/Schönwälder 1982, vgl. auch Böhm-Kasper 2004, S. 38 ff.). Ein Diskurs innerhalb der Kindheitssoziologie postuliert die Neubewertung der „Schularbeit" von Kindern als gesellschaftlich notwendiger Arbeit (vgl. Qvortrup 2000). In der vorliegenden Studie geht es jedoch weniger um den Aspekt der (gesellschaftlichen) Bewertung der Arbeit von Schülern, als um die (immanente) Analyse ihres „Arbeitsalltages".

5   Es ist hier nicht notwendig, den „Forschungsstand" im Detail zu referieren. Die jeweils relevante Literatur wird im Kontext der einzelnen Kapitel vorgestellt und diskutiert. Hier geht es nur darum, in groben Strichen den Diskussionsstand zu skizzieren, der für das Thema von Bedeutung ist. Vgl. außerdem Breidenstein (2002a) für eine Überblicksdarstellung zur interpretativen Unterrichtsforschung und Breidenstein (2004b) zur Schüler- und Peer Kultur Forschung.

6   Beide „Seiten" nehmen jedoch zunehmend aufeinander Bezug, wie etwa die aktuellen Handbücher der Kindheits- und Jugendforschung (Krüger/Grunert 2002) und der Schulforschung (Helsper/Böhme 2004) ausweisen (vgl. auch Breidenstein/Prengel 2005).

Ausformungen von Jugendkultur zu konstatieren.[7] Die Schultheorie und -pädagogik arbeitet mit der „Realabstraktion Schüler" (Helsper 1993), die von allen jugendkulturellen Differenzierungen und Relevanzen absieht.

Die Unverbundenheit von Jugend- und Schulforschung ist sicherlich einerseits Prozessen der Ausdifferenzierung und Arbeitsteilung im Wissenschaftssystem geschuldet, andererseits möglicherweise selbst Symptom jener „Entfremdung" zwischen Jugend und Schule, die seit einiger Zeit in unterschiedlicher Weise diagnostiziert wird. Die Thematisierung der „Schwierigkeiten, die Jugendliche und Schule miteinander haben" (Schweitzer/Thiersch 1983), setzt Anfang der 1980er Jahre ein (vgl. auch Bohnsack 1984), mit der um sich greifenden Ernüchterung über den Verlauf der Bildungsreform und mit den Ergebnissen erster großer empirischer Untersuchungen über das Verhältnis von Schülern zur Schule. Fend und seine Mitarbeiter hatten in einer breit angelegten, Schulformen vergleichenden Studie unter anderem den Grad der „Schulverdrossenheit" unter Schülern erhoben (Fend 1976) und die Arbeitsgruppe Schulforschung (1980) arbeitete in einer qualitativen Interview-Studie mit achten Klassen einer Hauptschule und eines Gymnasiums grundlegende „Sinndefizite" in der Bezugnahme Jugendlicher auf die Schule heraus. Diese bestünden darin, „dass viele Schüler die schulischen Leistungsanforderungen mechanisch, ohne Überzeugung und ohne Verständnis erfüllen" (Hurrelmann 1983, S. 49). Ohne die Existenz und Legitimität der Schule grundsätzlich in Frage zu stellen, betrachten Jugendliche die Schulzeit im Wesentlichen als eine unvermeidliche „Durchgangsstation" im Lebenslauf, der jedoch kein eigener Wert zugesprochen wird (vgl. auch Furtner-Kallmünzer/Sardei-Biermann 1982, Fromm 1987, Petillon 1987, Fichten 1993, Maas 2000).

Helsper und Böhme (2002, S. 582) resümieren den Stand der Forschung zum Schulbezug Jugendlicher folgendermaßen:

> „Die Lernprozesse und Lerninhalte erscheinen bei unterschiedlichsten Schülergruppierungen nur wenig sinnstiftend. (...) Der positive Sinnbezug stellt sich eher durch die Beziehungen zu den Mitschülern, durch den Zusammenhang der Gleichaltrigenfreundschaften und die Schule als 'alltäglichen Jugendtreffpunkt' her. (...) Auch führt die Dominanz instrumentell-strategischer Handlungsorientierungen zur Destruktion inhaltlicher Sinnbezüge."

In der Längsschnittstudie „Bildungsverläufe im Jugendalter" des Max-Planck-Instituts für Bildungsforschung (1996) konnte gezeigt werden, dass der Interessenverlust Jugendlicher am Schulunterricht unabhängig von den Unterrichtsformen und sogar unabhängig davon zu verzeichnen ist, ob in dem gemessenen

---

7   Eine wichtige Ausnahme bilden allerdings Forschungen von Fend (1997), in denen Ergebnisse aus Längsschnittuntersuchungen mit Schülern auf die Entwicklungspsychologie der „Adoleszenz" bezogen werden.

Schulfach überhaupt Unterricht stattgefunden hat oder nicht. Zwischen dem sechsten und siebten Schuljahr fällt die „Lernfreude" drastisch ab (Fend 1997, vgl. auch Zinnecker u.a. 2002). Der angesprochene Befund besitzt sicherlich verschiedene Dimensionen. In biographischer Perspektive wird man sagen: Es ist die Akkumulation von Schulerfahrung, die sich nach einer Anzahl von Jahren in festgefügten Routinen des Umgangs mit Schule und einer zunehmend strategischen Haltung gegenüber Schule niederschlägt (z.b. Nittel 1992, Kramer 2002, Helsper 2004, Wiezorek 2005). In entwicklungspsychologischer Perspektive wird man die spezifischen Entwicklungsaufgaben der „Adoleszenz" akzentuieren: die Ich-Abgrenzung und eine kritische Auseinandersetzung mit der Umwelt, die eine Distanzierung von Schule motivieren (vgl. Fend 1997).

Etwa ab der siebten Jahrgangsstufe werden offenbar die (naiveren) Engagementstrukturen aus der Kindheit von reflexiveren und distanzierteren Formen der Bezugnahme auf Unterricht abgelöst. In der Oberstufe hingegen scheint sich dann ein instrumentell-strategisches Verhältnis zu Schule weithin durchgesetzt zu haben, so dass die meisten Schüler und Schülerinnen sich zumindest auf der Verhaltensebene den schulischen Anforderungen angepasst haben. Das Forschungsinteresse richtet sich also auf die dazwischen liegende, Lehrerinnen und Lehrer oft frustrierende Zeit etwa des siebten bis neunten Schuljahres, in der die Herausbildung einer spezifischen instrumentell-pragmatischen Haltung gegenüber dem Schulunterricht vermutet werden kann.

Dies ist zugleich die Phase, in der Jugendkultur vermittelt über verschiedene „Szenen", „Stile" etc. an Einfluss gewinnt und die kommunikative Praxis zu prägen beginnt (vgl. Baacke 1999, Hitzler/Bucher/Niederbacher 2001). Dabei ist davon auszugehen, dass Jugendkultur nicht nur in Opposition und außerhalb von Schule von Bedeutung ist, sondern in die Unterrichtssituation hineinragt und nicht zuletzt hier stattfindet.

Der Einfluss von Jugendkultur und Peers erscheint in den Lebensjahren zwischen dreizehn und sechzehn als übermächtiger Konkurrent für die Schule. Nittel (1992, S. 452) spricht vom „Sog-Effekt der sozialen Welt der informellen Schülerkultur". Combe und Helsper (1994, S. 68) fragen rhetorisch: „Welcher Einfluss und welche Interventionsmöglichkeiten bleiben Lehrkräften und Pädagogen angesichts der Tatsache, dass sich ein gut Teil der moralischen Entwicklung von Kindern und Jugendlichen in der Binnenkultur des Gleichaltrigenkollektivs vollzieht?" In diesen Formulierungen deuten sich die Grenzen der Möglichkeiten von Schule und Pädagogik an.

Ethnographische Studien zur Schülerkultur der 1970er und 80er Jahre nehmen die Perspektive der Jugendlichen und ihrer (Sub-)Kultur ein. Die Peer-Welt und

Gleichaltrigenbeziehungen in der Schule werden in diesen heute schon klassischen Ethnographien in ihrer Gestaltungskraft und Wirkungsmacht greifbar (vgl. Willis 1979, Woods 1980, Projektgruppe Jugendbüro 1975, McLaren 1986, Helsper 1989, Bietau 1989). Beschrieben werden diese als komplexe schulische Gegenwelten, die eigenen Regeln folgen, diverse Formen der Distanzierung von schulischen Ansprüchen ausbilden und diese zu relativieren oder sogar ganz in Frage zu stellen vermögen. Die Sympathie mit den Jugendlichen, die sich auf der „Hinterbühne" des Unterrichts (Zinnecker 1978) und mittels versteckter „Schülertaktiken" (Heinze 1980) den Zumutungen der schulischen Zwänge entziehen, ist deutlich spürbar. Diese Tradition der Schülerforschung stellt sich tendenziell auf die Seite der „marginalisierten" Schüler gegen die Institution Schule (vgl. Zinnecker 2000).

Die diese Forschungstradition dominierende Oppositionsstellung von Schülerkultur und Unterrichtsordnung ist zwar einerseits plausibel, und sie hat einiges an Anschauung für sich, aber sie zeitigt auch problematische Konsequenzen konzeptueller Art: Die skizzierte Sichtweise reproduziert letztlich die Perspektive der Schule auf die Schülerkultur – zwar unter dem Vorzeichen der Parteinahme für die Schüler, aber dennoch die Schülerkultur als das Gegenüber und als (potentielle) „Störung" des Unterrichts entwerfend.[8] Gegenüber der theoretischen Figur von Repression und Subversion, die die Schülerforschung der 1980er Jahre dominiert, schlägt die vorliegende Studie eine symmetrischere Betrachtungsweise vor, die es erlaubt, die Kooperation der Beteiligten in der Aufrechterhaltung einer bestimmten Ordnung in den Blick zu nehmen: Wie sind die Praktiken von Schülern und Lehrpersonen aufeinander bezogen und ineinander verschränkt, so dass sie gemeinsam den „Unterricht" ermöglichen? Die Anforderungen der Peer Kultur an das Schülerhandeln sind durchaus eigener Art, und sie werden im zweiten Band der ethnographischen Studien zur Unterrichtssituation einer genaueren Analyse unterzogen (Bennewitz/Meier 2007), aber sie sind nicht jenseits des Unterrichts wirksam, sondern in diesen hineinragend und mit den Anforderungen des Unterrichts verknüpft (vgl. Breidenstein/Kelle 2002).

Die vorliegende Arbeit fragt nicht nach den *Einstellungen* Jugendlicher zur Schule (z.B. Haselbeck 1999), sondern nach ihrem alltäglichen *Umgang* mit der Unterrichtssituation. Denn es bleibt vor dem Hintergrund der angesprochenen Studien und Befunde und über diese hinausgehend zu untersuchen, wie Kinder und Jugendliche ihr Verhältnis zum schulischen Unterricht *praktisch* gestalten, wie sie ganz alltäglich damit umgehen, abseits (mehr oder weniger spektakulä-

---

8   Vgl. Hammersley und Turner (1980) zu einer ähnlichen Kritik der auf „deviantes" Schülerverhalten fokussierenden Forschung von Hargreaves u.a. (dt. 1981).

rer) `Ausbruchsversuche´ oder resignativer Bilanzierungen im Interview.[9] Wie stellen sich, jenseits von „Sinn" und „Sinnlosigkeit", die praktischen Anforderungen der Unterrichtssituation an das Handeln von Schülerinnen und Schülern dar? Die Metapher des „Schülerjobs" meint durchaus auch die Distanz zum eigenen Tun, vor allem aber ist die Alltäglichkeit und Routiniertheit der Tätigkeiten impliziert. Die fraglos durchgeführten, unspektakulären Verrichtungen, Aufgaben und Abläufe, die den alltäglichen Unterricht konstituieren, bilden den Gegenstand dieser Untersuchung.

In dieser Arbeit geht es also weniger um die Suche nach einer (neuen) „Erklärung" für einen (oft beklagten) distanziert-strategischen Umgang von Schülerinnen und Schüler mit dem Unterricht, als um den Versuch, einen *neuen Blick* auf die Unterrichtssituation und die Praxis des Schülerhandelns zu entwickeln. Alle Fragen nach dem *Warum* des Verhaltens von Schülern und Schülerinnen werden eingeklammert zugunsten einer möglichst präzisen und umfassenden Erkundung dessen, *wie* sie ihre Praxis gestalten. Die empirische Suche gilt den alltäglichen Praktiken, die den „Job" der Schülerin und des Schülers ausmachen, und der analytische Blick richtet sich auf Fragen der Durchführung und immanenten Logik dieser Praktiken.

1.3 Die Perspektive: Theorie sozialer Praktiken

Den Gegenstand der in diesem Buch präsentierten ethnographischen Studien bilden *Praktiken*. Das ist erläuterungsbedürftig, und der auf das Unterrichtsgeschehen zu entwickelnde Blick ist zu schärfen, indem die zu Grunde liegende theoretische Perspektive expliziert wird. „Theorie" meint hier nicht, um Missverständnissen vorzubeugen, die Formulierung von Annahmen über Zusammenhänge oder Erklärungen im Bereich des zu untersuchenden Feldes, sondern die grundlagentheoretische Explikation dessen, was überhaupt der Untersuchungsgegenstand ist. Ich will also die Heuristik erläutern, gewissermaßen die `Brille´, die aufzusetzen ich vorschlage, um einen *spezifischen* Blick auf die Unterrichtssituation zu gewinnen.

Mit dem Stichwort der „Praxistheorien" geht es weniger um eine ausformulierte Sozialtheorie als um den Versuch, einige Entwicklungen im Bereich sozialwissenschaftlicher Theoriebildung so zu akzentuieren, dass sich die Umrisse gemeinsamer sozialtheoretischer Grundlagen erkennen lassen. Für diesen Versuch

---

9   Vgl. Neumann-Braun und Deppermann (1998) für eine grundlegende Auseinandersetzung mit den Grenzen des Interviews im Rahmen von Jugendforschung.

steht in Deutschland derzeit vor allem Reckwitz (2003), international ist auf einen Band von Schatzki u.a. (2001) zu verweisen, der einen „Practical Turn in Contemporary Theory" proklamiert. Ich möchte diese Idee einer „praxistheoretischen Wende" hier knapp skizzieren.

Reckwitz zählt Bourdieu und Giddens, Goffman, die Ethnomethodologie, aber auch Poststrukturalisten oder die Cultural Studies zu den für Praxistheorie relevanten Quellen und arbeitet übergreifende sozialtheoretische Annahmen heraus, die letztlich auf ein neues und gegenüber Handlungstheorien modifiziertes Verständnis des Sozialen hinauslaufen. Das Soziale wird in praxistheoretischen Ansätzen nicht mehr wie in klassischen Handlungstheorien in normativen Orientierungen oder wie in „rational choice"- Ansätzen in Entscheidungen der Handelnden angenommen. Stattdessen wird es in den alltäglichen sozialen Praktiken selbst verortet, die durch *praktisches* Wissen und *praktisches* Können bestimmt sind. Eine *Praktik* ist also die kleinste Einheit des Sozialen und als routinisierter „nexus of doings and sayings" (Schatzki 1996, S. 89) zu verstehen.

Mit der Akzentuierung von Praktiken löst sich der Blick von den „Akteuren". Es geht nicht um die Frage, wer welche Praktiken „ausführt" – sondern umgekehrt darum, wer oder was in die spezifische Praktik *involviert* ist. Menschliche Körper, aber auch Artefakte werden als „Partizipanden" von Praktiken thematisiert (Hirschauer 2004). Die praxistheoretische Perspektive insistiert auf der *Materialität* des Geschehens: „Eine Praktik *besteht* aus bestimmten routinisierten Bewegungen und Aktivitäten des Körpers" (Reckwitz 2003, S. 290). Ebenso sind aber auch Artefakte wie Kleidungsstücke, Möbel oder Gebrauchsgegenstände als Bestandteile von Praktiken zu begreifen. Stühle und Tische können ebenso einbezogen sein in eine bestimmte Praktik wie etwa ein Kugelschreiber oder der PC. In der materialen „Verankerung in den mit inkorporiertem Wissen ausgestatteten Körpern (...) und in den Artefakten" gewinnen die Praktiken auch ihre Reproduzierbarkeit in Zeit und Raum (ebd., S. 291).

Praktiken sind weder norm-, noch interessengeleitet (wie das „Handeln"), sondern *wissensbasiert*. „Jede Praktik und jeder Komplex von Praktiken – vom Zähneputzen bis zur Führung eines Unternehmens (...) – bringt sehr spezifische Formen eines praktischen Wissens zum Ausdruck und setzt dieses bei den Trägern der Praktik voraus" (ebd., S. 292). Das den Praktiken inhärente Wissen ist ein *implizites* Wissen, das auch in der Regel im Handlungsfeld nicht oder nur zu geringen Teilen explizierbar ist. Es ist kein Aussagewissen (knowing that), sondern ein Durchführungswissen (knowing how) (vgl. Ryle 1969). Dies macht auch den hohen Stellenwert von *Routinen* verständlich. Es geht nicht um ein „Konglomerat diskreter, intentionaler Einzelhandlungen", sondern um den routinisierten „Strom der Reproduktion sozialer Praktiken" (Reckwitz 2003, S. 294).

17

Wie aber sind Praktiken zu *erforschen*? Praktiken befinden sich nicht „hinter" oder „unter" den Phänomenen, sondern sie liegen an der Oberfläche. „Praktiken (...) sind in ihrer Situiertheit vollständig öffentlich und beobachtbar" (Hirschauer 2004, S. 73). Die Praxisanalyse richtet sich nicht auf die hermeneutische Entschlüsselung von Sinn und Bedeutung, sondern auf die beobachtende *Entdeckung* der Praktiken. Praktiken sind zuallererst in der Vielgestaltigkeit des alltäglichen Geschehens als solche zu identifizieren, um sie der Analyse zu erschließen.

Während die empirische Suche auf die Entdeckung der Praktiken zielt, richtet sich die Analyse auf die Rekonstruktion der *Logik* dieser Praktiken:

> „Man kann davon ausgehen, dass diese vielgestaltigen und fragmentarischen Aktivitäten bestimmten Regeln gehorchen – Aktivitäten, die von der Gelegenheit und vom Detail abhängig sind, die in den Apparaten, deren Gebrauchsanweisungen sie sind, stecken und sich verstecken und die somit keine Ideologie oder eigene Institutionen haben. – Anders gesagt, es muss eine Logik dieser Praktiken geben" (de Certeau 1988, S. 17).

Eine praxistheoretische Aufmerksamkeit schärft den Blick für Details und für scheinbare Nebensächlichkeiten in der Handhabung alltäglicher Situationen – und für deren Kunstfertigkeit.

Worin liegt die Bedeutung dieser abstrakten sozialtheoretischen Überlegungen für die Unterrichtsforschung und Schulpädagogik? Aus praxistheoretischer Perspektive ergibt sich ein neuer Blick auf den schulischen und unterrichtlichen Alltag. Die Theorie sozialer Praktiken erschließt der Analyse den schulischen Alltag als ein Bündel aufeinander bezogener, ineinander verschränkter sozialer Praktiken, die es in ihrer Eigendynamik und in ihrem immanenten Funktionieren zu erkunden gilt. Sie untersucht die Kompetenzen, die in die Handhabung der Unterrichtssituation eingehen und in die Ausführung der unterrichtlichen Aktivitäten. Sie vermag die Implikationen spezifischer Praktiken zu beschreiben und deren Verknüpfung mit anderen Praktiken. Der praxistheoretische Blick auf den Schulalltag unterscheidet sich auch fundamental von dem (sozial-) psychologischen (vgl. Ulich 2001). Goffman (1971, S. 9) formuliert es so: „Es geht hier nicht um Menschen und ihre Situationen, sondern um Situationen und ihre Menschen."

Die Überzeugung von der heuristischen Fruchtbarkeit der skizzierten theoretischen Perspektive für die *Unterrichts*forschung speist sich aus der Anschauung des Gegenstandsbereiches selbst: Die am schulischen Geschehen Beteiligten sind in der Regel in jahrelangen gemeinsamen Interaktionsgeschichten aufeinander bezogen, sei es im Verband der Schulklasse oder im Lehrerkollegium oder in der Lehrer-Schüler-Interaktion. Der schulische Alltag ist durchzogen von Routinen und Ritualen, von aufeinander abgestimmten Verhaltensmustern, die als solche noch kaum analysiert sind.[10]

Eine praxistheoretische Unterrichtsforschung orientiert sich weder am „Input" des Unterrichts – den Einstellungen, Absichten und Zielen von Lehrpersonen – noch am so genannten „Output" – den Schülerleistungen im Sinne der pädagogisch-psychologischen Schulleistungsmessung, sondern an der *Performanz* des unterrichtlichen Alltags, an dem situativen und praktischen Vollzug von „Unterricht". Es geht aus dieser Sicht um die Analyse der elementaren Praktiken, aus denen sich schulischer Unterricht zusammensetzt: Schreiben, Lesen, Zuhören, Zuschauen und Sprechen in unterschiedlichsten Formaten. Diese Praktiken sind nicht zuletzt in ihrem Zusammenspiel mit unterschiedlichen „Medien" und Artefakten zu untersuchen – vom Arbeitsblatt über das Lehrbuch bis hin zur Lern-Software.

Die praxistheoretische Perspektive, ich hatte es angedeutet, impliziert eine zentrale methodologische Konsequenz: Die zu erkundenden Praktiken, Routinen und Verhaltensweisen lassen sich nicht, oder nur sehr begrenzt, mit dem Mittel der Befragung, des Interviews untersuchen. Sie ruhen zu tief in der selbstverständlichen Gegebenheit des Alltagswissens, als dass sie der Reflexion der Beteiligten zugänglich wären. Insofern die praktische Organisation ihres Alltagshandelns für die Teilnehmer ein „unproblematisches Problem" (Bergmann 1981, S. 22) bleibt, sind sie darüber wenig auskunftsfähig. Vor allem die Ethnomethodologie macht darauf aufmerksam, dass die Alltagspraxis gar nicht viel darüber wissen *darf*, wie sie es macht: ein Zuviel an explizitem Wissen über die Praxis *stört* deren Funktionieren. Im Rahmen des Alltagshandelns muss das praktische Wissen darum, `wie es geht´, weitgehend implizit bleiben, sonst gerät das Handeln `ins Stolpern´.[11]

Das praktische Wissen, das den Teilnehmern im Rahmen ihrer Alltagspraxis nicht zugänglich ist, lässt sich nur aus der Position des *Beobachters* erheben – und zwar eines Beobachters, der selbst nicht involviert ist in die Praxis, der nicht in die praktischen Vollzüge verwickelt ist und sie deshalb explizieren kann. Im Mittelpunkt der anvisierten praxistheoretischen Erkundung der Unterrichtssitua-

---

10 Es gibt einige (wenige) Bereiche des Unterrichtsalltages, zu denen Untersuchungen aus praxistheoretischer Perspektive vorliegen: Insbesondere das „classroom management" (vgl. Doyle 1986) und der „classroom discourse" (vgl. Cazden 1986) sind in ethnomethdologischen Studien untersucht worden. Prominentester Gegenstand ist das fragend-entwickelnde Unterrichtsgespräch, das aus konversationsanalytischer Perspektive in seiner `Mechanik´, in seinem gesprächsstrukturellen Funktionieren beschrieben wird (McHoul 1978; Mehan 1979; Kalthoff 1997). Combe und Kolbe (2004) beziehen sich u.a. auf Wittgensteins Spätphilosophie, um die Bedeutung praktischen Wissens für Lehrerprofessionalität zu diskutieren.

11 Das zeigen die berühmten „Krisenexperimente" der Ethnomethodologie (Garfinkel 1967).

tion muss deshalb die Beobachtung und Aufzeichnung der Praktiken selbst stehen.

1.4 Die Forschungsstrategie: Ethnographie

Die Forschungstradition, die über eine ausgeprägte und reflektierte Praxis der Beobachtung und der Beschreibung von Beobachtungen verfügt, ist die Ethnographie. Die Ethnographie ist keine „Methode" im engeren Sinn, sondern eine vielschichtige Forschungsstrategie, die sich verschiedener sozialwissenschaftlicher Methoden und Verfahren bedient.

Die `Ethno-Graphie´ will die Besonderheiten und Charakteristika der Kultur (oder Praxis) einer bestimmten `Ethnie´ beschreiben. In der Herkunftsdisziplin der Ethnographie, der alten Völkerkunde und heutigen Ethnologie, geht es um die „Entdeckung" und Entschlüsselung fremder Kulturen. Der ethnologische Ethnograph fährt hin zu der ihn interessierenden Kultur, lebt dort, lernt die Sprache, beobachtet den Alltag, befragt die Menschen und nutzt – je nach Forschungsinteresse – die unterschiedlichsten sozialwissenschaftlichen Forschungsmethoden, um Informationen zu sammeln und zu systematisieren. Die Entwicklung der Ethnographie, der teilnehmenden Beobachtung des Wissenschaftlers *vor Ort,* war in der ersten Hälfte des 20. Jahrhunderts der entscheidende Schritt einer Verwissenschaftlichung der vorhergehenden „Lehnstuhl-Ethnologie", die sich aus Reiseberichten von Kaufleuten oder Missionaren speiste (vgl. Berg/Fuchs 1993). Die Teilnahme und die Beobachtung vor Ort, der berühmte „Feldaufenthalt", ist und bleibt dann auch der *methodische* und die Forderung, die „Perspektive der Eingeborenen" (vgl. Geertz 1983) nachzuvollziehen, der *methodologische* Kern aller ethnographischen Forschung.

Um den Anspruch der Ethnographie, die fremde Kultur zu beschreiben, ist in den 1980er und 90er Jahren in der Kulturanthropologie eine intensive methodologische Debatte geführt worden (vgl. Clifford/Marcus 1986; Berg/Fuchs 1993). Es geht einerseits um die Frage ethnographischer „Autorenschaft": Mit welchen Mitteln und mit welcher Autorität wird die Repräsentation der fremden Kultur beansprucht? Andererseits geht es um das Verhältnis zu der „fremden" Kultur: Wie, mit welchem Recht und welchen Folgen für das Verständnis vom „Eigenen" setzt sich die Ethnographie ins Verhältnis zum „Fremden"? Diese Diskussionen sind bis heute nicht abgeschlossen (vgl. Atkinson u.a. 2001). Sie entwickeln zwar meist keinen großen Einfluss auf die ethnographische Forschungspraxis, sie sollten jedoch den Grad der Reflexivität erheblich erhöhen (Breidenstein 2002b).

Neben der ethnologischen gibt es auch eine ausgeprägte *soziologische* Tradition der Ethnographie seit der „Chicago School" der 1920er Jahre. Diese adaptiert die ethnologische Neugier am Fremden für die eigene Gesellschaft. Das ist einerseits die Entdeckung des Unbekannten und des Exotischen inmitten der eigenen Gesellschaft, andererseits aber – und diese methodologische Begründung ist für die soziologische Ethnographie heute entscheidend – geht es um die gezielte und systematische Distanzierung des scheinbar Bekannten und Vertrauten, die „Befremdung der eigenen Kultur" (Hirschauer/Amann 1997). Amann und Hirschauer (1997, S. 9) sprechen von der „Heuristik der Entdeckung des Unbekannten", die die Grundhaltung der Ethnographie beschreibe und die einen „neuen Blick" auch auf die gewöhnlichsten und alltäglichsten Phänomene entwickele, um sie der soziologischen Analyse zu erschließen. [12]

> „Das weitgehend Vertraute wird dann betrachtet als sei es fremd, es wird nicht nachvollziehend verstanden, sondern methodisch `befremdet': es wird auf Distanz zum Beobachter gebracht" (Amann/Hirschauer 1997, S. 12).

Ich will im Folgenden, um die ethnographische Forschungsstrategie näher zu erläutern, diese in ihren einzelnen Elementen diskutieren: der Teilnahme, der Beobachtung, der Beschreibung (oder „Protokollierung") von Beobachtungen und der analytischen Reflexion (oder „Auswertung") von Beobachtungen. Dabei ist es für das Grundverständnis vom ethnographischen Forschungsprozess essenziell, dass sich die *konkrete* Ausgestaltung des methodischen Vorgehens dem konkreten Forschungsinteresse, den Gegebenheiten im Feld und schließlich der sich entwickelnden Analyse und Theoretisierung anpasst.

Die „teilnehmende Beobachtung" ist angesiedelt zwischen den beiden Polen der *Teilnahme* und der *Beobachtung*, die in einem deutlichen Spannungsverhältnis zueinander stehen: Wer vollständig teilnimmt, kann nicht mehr beobachten (denn er muss allen Erfordernissen der Teilnahme nachkommen). Wer nur beobachtet ohne teilzunehmen, dem fehlt die eigene *Erfahrung* mit der zu beforschenden Kultur, die ein entscheidendes Erkenntnispotenzial ethnographischer Forschung darstellt. Es gilt, sich selbst *involvieren* zu lassen in die fremde Pra-

---

[12] Die Ethnographie als komplexeste und umfassendste Strategie qualitativer Sozialforschung besitzt international – auch in der Schulforschung – einen ganz anderen Stellenwert als in Deutschland. Vor allem in Großbritannien seit der „New Sociology of Education" der 1970/80er Jahre und in den USA in der ethnomethodologischen Forschungstradition ist ethnographische Schulforschung in einer Weise etabliert, wie es in Deutschland leider (noch) nicht der Fall ist (vgl. Hammersley 1990, LeCompte/Millroy/Preissle 1992; Hammersley 1993, Gordon/Holland/Lahelma 2001).

xis, um zu erfahren, was es heißt, den Anforderungen dieser Praxis ausgesetzt zu sein.[13] Die Feldforschung erfordere, schreibt Goffman (1989, S. 125):

> „subjecting yourself, your own body and your own personality, and your own social situation, to the set of contingencies that play upon a set of individuals, so that you can physically and ecologically penetrate their circle of response to their social situation, or their work situation, or their ethnic situation."

Nur wer selbst unterschiedliche Plätze im Klassenzimmer ausprobiert, kann über die unterschiedlichen Qualitäten dieser Sitzplätze berichten. Wer selbst sein Blickverhalten während einer Klassenarbeit zu kontrollieren hat, lernt etwas über die Bedeutsamkeit der Blicke in dieser Situation.

Die „Teilnahme" beschreibt also das fundamentale Erfordernis, sich einzulassen und Erfahrungen zu machen. Dies meint auch und nicht zuletzt, die Mitglieder der untersuchten Praxis kennen zu lernen und mit ihnen ins Gespräch zu kommen. Die Teilnahme erfordert, „zugelassen" zu werden vom Feld, den berühmten „Feldzugang", an dem vieles hängt in der ethnographischen Forschung (vgl. Hammersley/Atkinson 1995, S. 54 ff.). Der Feldzugang ist keineswegs ein einmal zu bewältigender „Schritt", den man dann „vollzogen" hätte, sondern ein komplexer und vielschichtiger Prozess, der vor allem die laufende Gestaltung der Beziehungen zu den beforschten Personen einschließt.[14]

Die Forschung per Teilnahme ist anscheinend komplett unmethodisch – verglichen mit anderen Erhebungsverfahren der qualitativen Sozialforschung wie etwa dem autobiographischen Interview oder der Gruppendiskussion. Sie erfordert sogar „die Befreiung von jenen Methodenzwängen, die den unmittelbaren Kontakt zu sozialem Geschehen behindern" (Amann/Hirschauer 1997, S. 17). Wie ist eine solche Forschung noch zu „kontrollieren"? Wie ist ihre Methodizität zu gewährleisten?[15]

Die entscheidende „Kontrolle" ethnographischer Feldforschung übt das Feld selbst aus. Amann und Hirschauer (1997, S. 19) argumentieren:

> „Das Feld ist kein Dschungel, sondern ein sich ständig selbst methodisch generierendes und strukturierendes Phänomen. Aus diesem Grund liegt der Ethnographie (...) das Postulat zugrunde, dass der Methodenzwang primär vom Gegenstand und nicht von der Disziplin ausgehen muss."

---

13   Insofern entspricht etwa die Beobachtung durch die Einwegscheibe nicht der Idee ethnographischer Forschung, weil die Forscherperson nicht „drin" ist in der Situation und deren Dynamik und Zwänge nicht erfahren kann.

14   Auch aus Problemen des Feldzugangs lassen sich oft Rückschlüsse auf Besonderheiten des Feldes ziehen (vgl. Kalthoff 1997).

15   Flick (1995, S. 168) z.B. wittert die „Gefahr methodischer Beliebigkeit" bei ethnographischer Forschung.

Die wesentlichen Verhaltensregeln, nach denen sich die Ethnographin zu richten hat, entstammen nicht dem Lehrbuch, sondern dem Feld. – Die feldspezifischen Einschränkungen, Optionen und Regelungen des Verhaltens sind zugleich ihr Forschungsgegenstand.

Das andere Element der teilnehmenden Beobachtung ist die *Beobachtung*. Die Herausforderung besteht darin, die Möglichkeit der Beobachtung mit der Teilnahme zu vereinbaren. Unterschiedliche Felder ermöglichen verschiedenartige Beobachterrollen, die Formen der Beobachtung sind zudem situativ immer neu auszuhandeln. Wie nah man hinzutreten kann, wie lange man seinen Blick auf etwas richten darf – das lässt sich nicht vorab in „Beobachtungsleitfäden" oder „Manualen" festlegen, das entscheidet sich vor Ort und in situ. Als günstig erweist sich oft die Beobachterrolle des unbedarften, aber wohlwollenden und interessierten „Fremden", dem man bereitwillig einiges zeigt und erklärt. Es gilt (in der Regel), eine eher unauffällige Beobachterposition am Rande des Geschehens zu etablieren und zu pflegen. „Managing Marginality" nennen Hammersley und Atkinson (1995, S. 109ff.) diese Strategie, die ein kompliziertes Ausbalancieren von Vertrautheit und Fremdheit beinhaltet.[16]

Die Praxis der Beobachtung erfordert zu selektieren. Die unvermeidliche Selektivität jeder Beobachtung ist aber nicht als methodischer „Nachteil" anzusehen – jedes Erhebungsinstrument ist in je spezifischer Weise selektiv – sondern bewusst zu gestalten und für die Forschung zu nutzen. Menschliche Beobachter können ihre eigenen Selektionsleistungen beobachten. Sie können sich zum Beispiel darüber wundern, dass ihre Blicke in der Unterrichtssituation immer wieder dieselben Schüler oder Schülerinnen aufsuchen. In dieser (Selbst-) Beobachtung lernen sie etwas über die lokalen Spezifika der Selektivität der Beobachtung in diesem Feld. Ebenso geht es weniger darum, „Interpretationen" zu vermeiden, als diese der Beobachtung zur Verfügung zu stellen: Indem Beobachter ihre eigenen Interpretationsleistungen in der Situation beobachten, lernen sie etwas über die spezifische Interpretativität dieser Situation.

Die Beobachtung wird im Laufe des Forschungsprozesses zunehmend fokussierter und präziser. Mit dem wachsenden Verständnis vom Feld und seinen Besonderheiten weiß die Beobachterin immer genauer, wo sie hinschauen muss, um noch weiter gehende Einblicke zu erhalten. Während die Beobachtung einerseits immer näher heran `zoomt´ an das interessierende Geschehen, muss sie andererseits immer wieder auf Distanz gebracht werden, um *neue* Einsichten zu ermöglichen. „Es geht in der Ethnographie gewissermaßen darum, sich – nachdem man etwas verstanden hat – noch mehr zu wundern" (Amann/Hirschauer 1997, S. 29). Eine der viel diskutierten Fallen ethnographischer Forschung ist

---

16   Spezifische Beobachterrollen in der Forschung mit Kindern beschreibt Fine (1988).

das „going native", das Eins-werden mit dem Feld, das Aufgehen des Forschers in der erworbenen Vertrautheit. Demgegenüber ist die Distanz der Fremdheit immer neu zu mobilisieren, die `analytische Einstellung´ zurück zu gewinnen. Das wichtigste Geschäft der ethnographischen Forschung ist das Schreiben. Der Forschungsprozess der Ethnographie besteht wesentlich darin, unterschiedliche Schreibstrategien zu entwickeln und zu kombinieren.[17] Ein ethnographisches „Beobachtungsprotokoll" (oft als „field notes" diskutiert) ist ein eigenartiges Zwitterwesen. Es muss verschiedenartigen und auch widersprüchlichen Anforderungen genügen. Es soll einerseits „Aufzeichnung" sein: im Sinne eines Protokolls so genau wie möglich *festhalten*, was „geschehen" ist. Im Rahmen dieser Anforderung muss es so viele Details wie möglich verzeichnen und so vollständig wie möglich den Ablauf wiedergeben – so weit es geht, ohne zu werten und ohne über Relevanzen zu entscheiden. Ein solches Protokoll folgt der Idee, das Beobachtete zu fixieren und in „Daten" zu verwandeln, die später im Prozess der Auswertung „interpretiert" werden können.[18]

Die andere Anforderung an ein „Beobachtungsprotokoll" besteht darin, verstehend und situationssensitiv zu *beschreiben*, was sich ereignet hat. Das berühmte Postulat der „dichten Beschreibung" (Geertz 1983) verlangt die *Bedeutung* von Ereignissen zu erfassen. Das Protokoll muss auch die interpretierende und verstehende Leistung des Beobachters enthalten, um sie für den weiteren Forschungsprozess zur Verfügung zu stellen. Dabei impliziert die Praxis des Schreibens einen wirksamen Zwang zur Explikation: Was man in der Situation nur intuitiv oder „praktisch" verstanden hat, trachtet das Protokoll zu verbalisieren.

Auch die Beschreibung ist unvermeidlich selektiv, sie verschärft die Selektivität des Beobachtens um ein Vielfaches. Und auch hier gilt es, ähnlich der Praxis des Beobachtens, die Selektivität bewusst zu gestalten und zu nutzen. Die Beschreibung muss Relevanzen setzen und (notwendig) vieles weglassen. Diese Entscheidungen werden durch einen ähnlichen Prozess zunehmender Fokussierung gesteuert, wie er oben für die Beobachtung postuliert wurde: Auch im Schreiben gilt es, immer näher heran zu kommen – und zugleich die Distanz zu erneuern.

Die „Auswertung" von der „Erhebung" (der Beobachtung und Protokollierung) zu trennen, ist fragwürdig im ethnographischen Forschungsprozess. Denn

---

17   So fragt Geertz (1983, S. 28) rhethorisch: „Was tut der Ethnograph? Antwort: Er schreibt."
      Eine profunde und instruktive Anleitung zu ethnographischem Schreiben liegt mit Emerson,
      Fretz und Shaw (1995) vor.
18   Die Idee der Interpretation ethnographischer Protokolle hat Kritik auf sich gezogen (z.B.
      Reichertz 1989), welche aber auf einem verkürzten Verständnis der Bedeutung dieser Protokolle als „Daten" beruht.

die Analyse, die Entwicklung eines Verständnisses von der fremden Praxis, beginnt in der Situation der Beobachtung im Feld. Viele, und nicht unwesentliche, analytische Ideen und Einsichten entstehen im Zuge der Beobachtung. Manches `klärt´ sich beim Schreiben des Beobachtungsprotokolls. Dennoch kommt dem Auswertungsprozess forschungspraktisch ein hoher Stellenwert zu. Nach dem `Eintauchen´ in das Feld ist die darauf folgende Beschäftigung mit den „Daten" – den Beobachtungsprotokollen, Dokumenten, Abschriften – der entscheidende Schritt für die Gewinnung der analytischen Distanz. Es geht darum, Ideen zu systematisieren, Kategorien zu finden und *theoretisierende* Beschreibungen zu entwickeln. Geertz (1983) formuliert als Ausgangsfrage jeder ethnographischen Forschung: „What the hell is going on here?" – diese Frage ist auch im Auswertungsprozess und bis zum Schluss immer neu zu stellen.

Für die Auswertung wird vom „writing mode" des Protokolle-Schreibens in den „reading mode" gewechselt (Emerson/Fretz/Shaw 1995, S. 142ff.). Die (eigenen) Feldnotizen und Protokolle werden jetzt zum Objekt einer sorgfältigen, intensiven und interpretierenden *Lektüre*. Im Zuge verschiedener analytischer Prozeduren des Kodierens, Sortierens und Sezierens verwandeln sie sich in „Daten", die die Beobachtungen im Feld „repräsentieren" (vgl. Kalthoff 2003). So lässt sich der ethnographische Forschungsprozess als eine strategische Abfolge unterschiedlicher Verhältnisse zum „Dokument"-Charakter der eigenen Beobachtungen konzipieren (vgl. Mohn 2002). *Strategisch* und pragmatisch notwendig ist die Produktion von „Daten" (die Behandlung von Protokollen als Daten), um Auswertungsverfahren entfalten zu können, die neue Einsichten zu generieren in der Lage sind. Hier sind die beiden grundlegenden Formen der Auswertung qualitativer Daten, Verfahren der Kodierung und sequentielle Analysen (vgl. Flick 1995), in je spezifischer, dem Material und dem Forschungsinteresse entsprechender Weise zu kombinieren.[19]

Wie oben, für die Erhebungssituation, auf den „Methodenzwang des Feldes" verwiesen wurde, ist jetzt, für den Auswertungsprozess, auf den „Methodenzwang" wissenschaftlicher Kommunikation zu rekurrieren: Dieser disziplinierende Zwang liegt in den Forderungen an Konsistenz, Transparenz und Explizitheit der Argumentation, die die Praxis wissenschaftlicher Kommunikation impliziert. Dieser Zwang ist zu organisieren: Analytische Ideen und theoretisierende Entwürfe sind in Projektgruppen, wissenschaftlichen Kolloquien und auf Fachtagungen weitestgehenden Begründungsverpflichtungen und größtmöglichem Plausibilitätsdruck auszusetzen. Die kritische Prüfung der Konsistenz, Kohärenz und Anschlussfähigkeit von Analysen findet schließlich im Dialog des

---

19 Das konkrete Vorgehen der vorliegenden Studie wird weiter unten (in Kap. 1.5) beschrieben.

Forschers mit sich selbst statt und in der Imagination eines kritischen Publikums seiner Ethnographie.

Das Ziel der Ethnographie liegt im Bereich der Deskription – und zwar einer, die neue Sichtweisen eröffnet.[20] Es geht darum, gegenüber dem Alltagsverständnis von den Phänomenen einen neuen und schärferen Blick zu ermöglichen. Hier bewähren sich verschiedene Verfahren der Verschiebung und Neujustierung des Alltagswissens. Das wichtigste Verfahren ist die *Verschriftlichung* selbst: In der minutiösen Beschreibung dessen, was man zu kennen glaubte, entdeckt man bisher unbekannte Aspekte. In der Transkription gesprochener Sprache lässt sich deren Funktionsweise beobachten. Die Verschriftlichung ermöglicht die Verlangsamung und De-Komponierung von Abläufen. Sie erlaubt die Schritt-für-Schritt Rekonstruktion der Vollzugslogik von Praktiken. Einzelne Praktiken können isoliert (aus der verwirrenden Vielschichtigkeit der Situation gelöst), präpariert und dann zum Sezieren unter das `Mikroskop´ gelegt werden.

Ein anderes Verfahren stellt die Konfrontation der Beobachtungen mit einer sozialwissenschaftlichen Theoriesprache dar. Die Darstellung der beforschten Praxis ist geleitet von dem Versuch, die Logik und die Funktionsweise dieser Praxis aufzuschlüsseln. Zu diesem Zweck bedient sich die Ethnographie unterschiedlicher theoretischer Mittel. Sie macht einen marodierenden, `opportunistischen´ Gebrauch von sozialwissenschaftlicher Theorie, um spezifische *Optiken* zu entwickeln, die die Phänomene in ein `neues Licht´ zu rücken vermögen.[21] Die Mobilisierung der Perspektive Goffmans, Simmels oder etwa Luhmanns kann eine spezifisch `erhellende´ Wirkung haben. Das soll nicht heißen, dass die Vielfalt und Vielgestaltigkeit der Phänomene und Praktiken in einer vereinheitlichenden Theoriesprache `untergebracht´ und `einsortiert´ wird. Geertz (1983, S. 33) postuliert: „Das Wichtigste an den Ergebnissen des Ethnologen ist ihre komplexe Besonderheit, ihre Umständlichkeit."

---

20 Grieseke (2001) greift auf einen Begriff von Wittgenstein zurück, um das Ziel ethnographischen Arbeitens zu bezeichnen: Es geht um eine Beschreibung, die die Form einer „übersichtlichen Darstellung" annimmt. Durch eine geeignete „Gruppierung des Tatsachenmaterials" und durch das Finden von „Zwischengliedern" vermittelt diese Darstellung ein neues Verständnis vom Phänomen.

21 Amann und Hirschauer (1997, S. 39) formulieren „Nicht Abstraktionen, sondern Registerwechsel (...) sind fallübergreifende Möglichkeiten spezifisch ethnographischer Begriffsbildung."

1.5 Die Untersuchungsanlage

Im Folgenden beschreibe ich die konkrete Umsetzung der bis hierhin abstrakt-methodologisch diskutierten Forschungsstrategie in dem Forschungsprojekt, das dieser Studie zugrunde liegt.

Das Feld der Untersuchung ist die *Schulklasse*. Denn diese bildet den Ort und entscheidenden Kontext des Schülerjobs. Die Mitglieder der Schulklasse stellen füreinander das Publikum dar, sie sind die (potenziellen) Arbeitspartner, aber auch Konkurrenten. Die Mitglieder der Schulklasse werden gemeinsam „unterrichtet", sie werden miteinander verglichen, aneinander gemessen und auf einer Leistungsskala platziert. Die Mitglieder der Schulklasse verbringen Tag für Tag viele Stunden auf engem Raum miteinander. Die zu einer Schulklasse zusammengestellten Schülerinnen und Schüler sind aufeinander verwiesen, ohne sich ausgesucht zu haben. – Die Schulklasse ist deshalb der Ort der vorliegenden ethnographischen Studien.

Unsere Beobachtungen haben wir in zwei kontrastierenden Schulklassen an zwei sehr unterschiedlichen Schulen in einer ostdeutschen Großstadt durchgeführt. Es ging in der Kontrastierung der beiden Schulklassen darum, die Varianz in der Ausprägung des ˋSchülerjobsˊ in den Blick zu bekommen. Über den Vergleich zweier sehr verschiedener Klassen eröffnet sich die Möglichkeit, übergreifende und spezifische Praktiken des Schülerjobs zu bestimmen.

Die eine der beiden Klassen ist an einer reformorientierten Gesamtschule angesiedelt – wir nennen sie „Ellen-Key-Gesamtschule". Die Schule ist innerstädtisch gelegen, sie bezieht ihre Schülerinnen und Schüler aus dem gesamten Stadtgebiet aufgrund ihrer integrativen, reformpädagogischen Ausrichtung. Die Ellen-Key-Schule betont, eine Schule für „alle Kinder" zu sein, hier erhalten alle die Chance, das Abitur zu erwerben. Ein Merkmal der Pädagogik der Ellen-Key-Schule ist der hohe Stellenwert der „Freiarbeit", die in der Stundentafel der fünften bis achten Klasse mit bis zu acht Wochenstunden verankert ist. Dabei handelt es sich in der Regel um Doppelstunden, während derer die Schülerinnen und Schüler selbständig mit „Wochen-" und „Monatsplänen" arbeiten. Verschiedene Fächer gehen mit Anteilen in die „Freiarbeit" ein. Die Lehrpersonen eines Jahrgangs bilden „Jahrgangsteams", jede Klasse wird von einem Tutoren-Tandem betreut. Der Schwung der ersten Jahre des Aufbaus der Schule scheint jedoch inzwischen etwas verbraucht. Kennzeichnend für diese Schule ist heute vor allem eine sehr heterogene Schülerschaft.

ˋUnsereˊ Klasse an dieser Schule, zum Zeitpunkt des Beginns der Untersuchung im siebten Jahrgang, gilt an dieser Schule als relativ „leistungsstark, aber undiszipliniert". Der Ruf der Klasse verschlechtert sich im Laufe unserer Erhebungen noch, im achten Schuljahr ist manchmal eine der beiden Klassenlehrerinnen zusätzlich zur Fachlehrerin anwesend, um die Disziplin der Unterrichtssituation zu gewährleisten. Die beiden Klassenlehrerinnen, Frau Kaiser und Frau Zahn[22], haben ihre Klasse „im Griff", wie man sagt; für einige Fachlehrerinnen dürfte der Unterricht in dieser Klasse hingegen angstbesetzt sein. Diese Klasse besteht im siebten Schuljahr aus 15 Jungen und 10 Mädchen.

Die andere Klasse befindet sich in einem traditions-, und leistungsbewussten Gymnasium. Wir nennen es das „Humboldt-Gymnasium". Auch dieses Gymnasium ist zentral in der Stadt gelegen, aber auch seine Schülerinnen und Schüler kommen aus dem ganzen Stadtgebiet, denn die Schule hat einen besonderen „Ruf": Es handelt sich um eine sehr ehrwürdige Schule, die auf eine lange Geschichte zurückblickt, auch heute gilt die Schule als eine der „anspruchsvollsten" in der Stadt. Das Humboldt-Gymnasium ist auf Sprachen spezialisiert, verbindliche zweite Fremdsprache ist für alle Latein. Es verfügt über ein eigenes Aufnahmeverfahren, das die Viertklässler, die diese Schule besuchen wollen, durchlaufen müssen. Die Bewerberinnen und Bewerber werden einen Vormittag lang verschiedenen Tests unterzogen, dann wird aufgrund der Testergebnisse und der Zeugnisnoten aus der Grundschule eine Rangfolge erstellt, die über die Aufnahme in das Humboldt-Gymnasium entscheidet. In der Regel wird ca. ein Drittel der Bewerberinnen und Bewerber aufgenommen. In der Stundentafel dieser Schule sind die Fremdsprachen mit zusätzlichen Stunden vertreten, in den oberen Klassen finden Sprachreisen in unterschiedliche Länder statt.

`Unsere´ Klasse an dieser Schule gilt als „leistungsstark". Dass die Schülerinnen und Schüler mit den Unterrichtsanforderungen zurechtkommen, wird erwartet, nachdem sie ja extra für diese Schule ausgesucht wurden. In dieser Klasse ist auch tatsächlich niemand dabei, die ganz abgehängt wäre und in der Gefahr stünde, das „Klassenziel", die Versetzung, nicht zu erreichen. Hier gibt es sehr gute, gute und weniger gute, aber keine schlechten Schülerinnen. Diese Klasse besteht aus 19 Mädchen und nur 6 Jungen – ein Verhältnis, das am Humboldt-Gymnasium die Regel darstellt.

Der Feldzugang gestaltete sich an beiden Schulen in charakteristischer Weise unterschiedlich: Am Humboldt-Gymnasium führten wir im Vorfeld des Projektes zwei Gespräche mit dem Direktor der Schule in dessen repräsentativem Arbeitszimmer, woraufhin dieser die Teilnahme „seiner" Schule zusagte und eine zukünftige siebte Klasse für die Ethnographie auswählte. Dabei ging er davon aus, dass die Klassenlehrerin, die bereits an einem Forschungsprojekt teilgenommen hatte, damit einverstanden sein würde. Im Kontrast dazu fanden das Gespräch mit dem Schulleiter an der Ellen-Key-Gesamtschule und dessen Zustimmung nur telefonisch statt. Der eigentliche „Feldzugang" war dann in

---

22   Alle Namen sind pseudonymisiert.

einem Gesprächstermin mit dem Team der Lehrerinnen zu erreichen, die im siebten Schuljahrgang unterrichten würden. Im Rahmen dieses Teams wurde eine zukünftige siebte Klasse mit einem besonders problematischen Ruf ausgewählt: Da bekämen wir „was zu sehen". Zudem verband sich wohl mit dem Forschungsprojekt die vage Hoffnung, dass die Wissenschaftler herausfinden könnten, „woran es liegt". Insgesamt war die Zustimmung der Lehrpersonen an beiden Schulen relativ leicht zu erwirken, als wir deutlich machten, dass sich die Beobachtung ausschließlich für das Verhalten der Schülerinnen und Schüler interessiert und dass das Lehrerhandeln nicht zur Disposition stehen würde.

Die Feldforscherin, Hedda Bennewitz, und der Feldforscher, Michael Meier, nahmen jeweils vorrangig am Unterricht *einer* Klasse teil, und begleiteten diese in mehreren Phasen der Beobachtung in das achte und dann neunte Schuljahr. Die Intensität und Langfristigkeit der Teilnahme sollten eine Qualität des „Feldzugangs" ermöglichen, die Einblicke besonderer Art eröffnet. Dies ist in beiden Fällen in außerordentlicher Weise gelungen: Michael Meier wurde zum akzeptierten und gern gesehenen Gast in der Gesamtschul-Klasse und Hedda Bennewitz hat sich in den Alltag der Klasse am Humboldt-Gymnasium integriert.[23] Ich habe in beiden Klassen abwechselnd, aber nicht in der gleichen Häufigkeit beobachtet, Hedda Bennewitz und Michael Meier haben auch in der jeweils anderen Klasse `hospitiert´.

Der Forschungsprozess war so angelegt, dass sich Erhebungs- und Auswertungsphasen abwechseln. Der Gefahr eines „going native" (s.o.) begegneten wir mit einem mehrfachen „coming home" an den universitären Arbeitsplatz. Die Untersuchungsanlage folgt insgesamt dem Modell der „grounded theory" (Glaser/Strauss 1967) und dem grundlegenden Prinzip des „theoretical sampling", das bedeutet, dass „der Prozess der Datenerhebung durch die sich entwickelnde Theorie *kontrolliert* wird" (Strauss 1991, S. 70). Den Auswertungsphasen kam die Aufgabe zu, die bis dahin vorliegenden Protokolle und anderen Daten zu sichten, Themen für die Analyse zu konzipieren und schließlich Beobachtungsstrategien für die nächste Erhebungsphase zu entwerfen. Die sich entwickelnden Kategorien und Analysen waren dann im Zuge neuer Beobachtungen zu schärfen und auszudifferenzieren. Die Beobachtungen wurden einerseits zunehmend auf das sich präzisierende Forschungsinteresse fokussiert, andererseits mussten sie immer auch die Entdeckung neuer Phänomene und die Differenzierung bisheriger Annahmen ermöglichen. Die Beobachtungsprotokolle gewinnen über die drei Erhebungsphasen hinweg deutlich an Dichte und Detailreichtum. Während die Erhebungsphasen jeweils ca. 12 Wochen umfassten, wurden die Auswertungs-

---

23   Im zweiten Band der Ethnographie (Bennewitz/Meier 2007) werden Details und Spezifika des jeweiligen Feldzugangs ausgeführt.

phasen immer ausgedehnter. Der zeitliche Ablauf des Forschungsprozesses lässt sich etwa folgendermaßen darstellen:

Oktober - Dezember 2001	Erste Erhebungsphase: Feldzugang und offene Beobachtung
Januar - März 2002	Erste Auswertungsphase: Erste Sichtung und Auseinandersetzung mit dem Material, Codierung
März - Juni 2002	Zweite Erhebungsphase: Fokussierte Beobachtungen, Gruppendiskussion und Videographie
Juli - Januar 2003	Zweite Auswertungsphase: Ausarbeitung erster Einzelstudien
Februar - Mai 2003	Dritte Erhebungsphase: Spezifizierte Beobachtungen und Einzelinterviews
Juni - April 2004	Dritte Auswertungsphase. Codierung und Beginn der Ausarbeitung der Ethnographie
April 2004	Vierte Erhebungsphase, Videographie und einzelne Beobachtungen
Mai 2004 - Mai 2005	Fortsetzung der Auswertungen

Während der *Feldphasen* waren wir in der Regel zwei bis drei Mal in der Woche für jeweils ca. zwei bis drei Schulstunden (einschließlich der dazugehörigen Pausen) in „unseren" Klassen. Ein solcher Rhythmus der Beobachtungen erwies sich als praktikabel, wobei darauf hinzuweisen ist, dass die Zeit für die Abfassung der Beobachtungsprotokolle immer ein Mehrfaches der Beobachtungszeit betrug.

Die Feldphasen gestalteten sich schon nach kurzer Zeit so, dass wir in der Schule kommen und gehen konnten, wie wir wollten. Die Stunden, in denen wir beobachteten, waren nicht vorher abgesprochen, sondern wurden von uns ausgewählt. Wir suchten zu gewährleisten, dass die Beobachtungen das Spektrum der verschiedenen Fächer, Lehrpersonen und Zeiten im (Schul-)Tagesverlauf abdecken. Gelegentlich ging es uns auch darum, die „Fortsetzung" einer bestimmten Unterrichtsstunde zu beobachten.

Die bleibende Herausforderung der Unterrichtsbeobachtungen bestand in der Wahl einer geeigneten *Fokussierung*. Als ergiebig erwies sich die Konzentration der Aufmerksamkeit auf einzelne, oder zwei bis drei zusammen sitzende Schülerinnen und Schüler während einer Unterrichtsstunde. An der Gesamtschule boten sich die „Tischgruppen" mit in der Regel vier Mitgliedern für die Fokussierung an. Die Frage, auf welche Schüler sich die Beobachtung diesmal konzentrieren würde, war oft nur situativ zu entscheiden. Denn vieles hängt von der jeweiligen Gelegenheit zur Beobachtung ab: Wo ist gerade ein Sitzplatz frei? Wer macht dem Ethnographen ein Kontaktangebot? Wer wirkt vollständig ablehnend? Bei allen situativen Unwägbarkeiten richteten wir es so ein, dass die Beobachtungen insgesamt über alle Mitglieder der beiden Schulklassen streuten.

Einzelne Schülerinnen oder Schüler suchten deutlicher den Kontakt zu den Ethnographinnen oder Ethnographen als andere, manche zeigten sich interessiert an einem Plausch, manche wollten die Forschung sogar in ihre „Geheimnisse" einweihen. Einzelne Schüler wurden in gewisser Weise zu „Schlüsselinformanten" der Ethnographie. Andere wiederum hielten deutlich Distanz zu den Forschern und signalisierten die Grenzen der Beobachtung.

Während der Beobachtungen war es in der Regel unproblematisch, *Notizen* anzufertigen. Schreiben ist in der Unterrichtssituation nicht sehr auffällig. Sehr viel zu schreiben allerdings doch. Gelegentlich wurden wir verwundert gefragt, was wir denn da alles schrieben. Wir ließen die Neugierigen einen Blick in unsere Notizen werfen, in der Hoffnung, dass sie mit dem Gekritzel nicht viel würden anfangen können. Die Schüler gewöhnten sich an diese merkwürdigen, detailversessenen Chronisten ihrer Tätigkeiten. Bisweilen wurden wir aufgefordert, dies und jenes zu notieren, in mancher Situation war der Ethnograph willkommene Ablenkung und Mittel der Unterhaltung.

Einen besonderen Stellenwert erhielt ein *Aufnahmegerät*, das wir im Feld mitführten. Das Gerät – ein digitaler MiniDisc-Recorder – trugen wir anfangs bei uns, das Mikrophon an der eigenen Kleidung befestigt, um durch den auditiven Mitschnitt des Unterrichts die Erinnerung beim Anfertigen des Feldprotokolls zu unterstützen und die Abschrift bestimmter Stellen im Wortlaut zu ermöglichen. Aus der Unzufriedenheit heraus, dass man die Schülerinnen zwar flüstern sah, aber nicht verstehen konnte, was sie während des Unterrichts miteinander sprachen, was vor allem am Humboldt-Gymnasium der Fall war, entstand die Idee, die Schülerinnen zu bitten, selbst das Mikrophon zu übernehmen. Dieser Bitte kamen die meisten erstaunlich bereitwillig nach, so dass in späteren Erhebungsphasen das Aufnahmegerät häufig an die Schüler abgegeben wurde. Sie hefteten sich das Mikrophon an ihre Kleidung, oder legten es auf dem Tisch direkt vor sich. Aus dem Tragen des Mikrophons entwickelte sich bisweilen eine eigene Dynamik: Schüler fingen an zu singen, moderierten eine Radioshow oder erzählten Witze aufs Band. Es kam aber auch vor, dass eine Schülerin das Mikrophon über einen Zeitraum von zwei bis drei Unterrichtsstunden bei sich trug, dies völlig vergaß und sich auf einmal lachend daran erinnerte – nachdem ihre Schimpfworte mitgeschnitten waren.

Diese Mitschnitte der geflüsterten Kommentare und Gespräche während des Unterrichts eröffnen wertvolle und zum Teil frappierende Einsichten in die

Handhabung des Schülerjobs. Wir haben sie (auszugsweise) transkribiert und in die Beobachtungsprotokolle eingefügt.

Ergänzt haben wir unsere Beschreibungen um *audiovisuelle Beobachtungen*. Klaus Amann und Elisabeth Mohn haben als Videographen in der zweiten und dritten Erhebungsphase jeweils mehrere Tage in beiden Klassen mithilfe der Kamera beobachtet. Auch an die zusätzliche Anwesenheit von zwei Forschern mit (kleinen, digitalen) Videokameras haben sich die Schülerinnen und Schüler verblüffend schnell gewöhnt. Die beiden Videographen haben sich, den räumlichen und visuellen Gegebenheiten angepasst, frei im Klassenzimmer bewegt und mithilfe des Kamerazooms zum Teil sehr nah heran gehende Beobachtungen der Tätigkeiten von Schülerinnen und Schülern realisiert. Die Videokamera macht Dimensionen körpersprachlichen Verhaltens der Beobachtung zugänglich, die sich dem 'bloßen Auge' der teilnehmenden Beobachterin und der Versprachlichung in Beobachtungsprotokollen entziehen. Die wortlose Verständigung mit Blicken, das kommentierende Minenspiel bis hin zur Konstellation der Körper am gemeinsamen Tisch – das sind elementare Bestandteile des Unterrichtsgeschehens, die erst mittels einer beobachtenden Kamera der Analyse zugänglich werden.

Zu diesen Daten kommen verschiedene *schülerkulturelle Dokumente*, die wir im Laufe der Erhebungen sammeln und erstehen konnten: Zettel, auf denen im Unterricht Briefchen geschrieben worden waren, mehrere „Brief-Büchlein", welche zwischen zwei Schülerinnen hin und her geschoben wurden und ganze Briefwechsel enthalten, oder Kopien des Kalenders einer Schülerin. Insbesondere dieses Datenmaterials zu gewinnen setzte die Akzeptanz der Ethnographin im Feld und das Vertrauen der Schülerinnen voraus. Wir konnten glaubhaft machen, dass wir nicht bewerten, was wir zu sehen bekommen und dass wir nicht 'pädagogisch' agieren würden. Wir verbrachten alle Pausen bei und mit den Schülerinnen und Schülern und achteten darauf, die Gespräche mit den Lehrpersonen zu beschränken. Relativ schnell wurde auf diese Weise klar, dass wir jedenfalls nicht der 'Lehrerseite' zuzurechnen wären.

Wir ergänzten unsere Beobachtungen in der ersten Erhebungsphase um *Gruppendiskussionen* und in der zweiten um *Einzelinterviews* mit den Schülerinnen und Schülern. Die Gruppendiskussionen wurden mit selbst gewählten Gruppen zu je vier bis fünf Mitgliedern geführt, für die Interviews wählten wir pro Klasse acht Schülerinnen bzw. Schüler aus, die ein möglichst vielfältiges Spektrum an Haltungen und Positionen innerhalb der jeweiligen Klasse abbilden. Wir hatten für diese Gelegenheiten jeweils „Leitfäden" vorbereitet, doch die Selbstläufigkeit der Gespräche bzw. Erzählungen in den Interviews hatte Vorrang (vgl. Loos/Schäffer 2000). Die Interviews wurden aufgezeichnet und vollständig transkribiert.

Die Fülle und Vielfalt des erhobenen Materials bildete eine der großen Herausforderungen für die *Auswertung*. Der Datenkorpus des Projektes besteht aus 145 Beobachtungsprotokollen (insgesamt ca. 1200 Seiten), 11 transkribierten Gruppendiskussionen, 16 transkribierten ca. 45minütigen Einzelinterviews, vier Briefbüchlein in Kopie und weiteren Materialien und Dokumenten aus dem Feld. Außerdem steht Videomaterial aus ca. 30 Unterrichtsstunden für die Beobachtung und Analyse in aufbereiteter Form zur Verfügung. Diese Fülle war zu sichten, zu strukturieren, Kategorien und Themen für die Analyse waren zu entwickeln.

Auch die transkribierten Gruppendiskussionen und Interviews haben wir im Wesentlichen als *Dokumente* einer Praxis, nämlich der Praxis des Darüber-Sprechens, gelesen und nicht als Auskünfte *über* die Praxis. Im Mittelpunkt der vorliegenden Analysen zur Praxis des Schülerhandelns stehen allerdings die teilnehmenden Beobachtungen. Die Gruppendiskussionen und Interviews werden nur in einigen ausgewählten Passagen heran gezogen.[24]

Wir haben im Prozess der Auswertung des Datenmaterials *Kodierverfahren* mit sequenzanalytischen Verfahren kombiniert. Das offene und dann selektive Kodieren (vgl. Strauss 1991, Strauss/Corbin 1996) dienen der Suche nach Strukturen, Relevanzen und „Themen" in den Daten. Es geht darum, das Material zu `entfalten´ und für die Analyse verfügbar zu machen. Die der Erhebungssituation entstammende Ordnung der Daten ist aufzubrechen, um neue, jetzt analytische Ordnungen zu erproben. Unsere Suche richtete sich auf die Bestimmung der konstitutiven Praktiken und Bedingungen des Schülerjobs. Insofern war im Prozess der Analyse vor allem eine *neue Perspektive* auf die Beobachtungen zu entwickeln: Als teilnehmender Beobachter im Feld hat man es mit konkreten Personen, mit „Akteuren" zu tun, der praxistheoretische Blick hingegen ist dann im Rahmen von Auswertungsverfahren zu entwickeln, indem die Beobachtungen neu sortiert und auf ihre Bedeutung für eine Analyse sozialer Praktiken hin befragt werden.

In *Sequenzanalysen* geht es um den Nachvollzug der „sich im Interaktionsverlauf reproduzierenden sozialen Ordnung" (Bergmann 1985, S. 313). Zu diesem Zweck fragt die Analyse Schritt für Schritt nach den konstituierenden Bedingungen und konsekutiven Effekten der einzelnen Äußerung (vgl. z.B. Deppermann 1999). Anhand der detaillierten Analyse dokumentierter Interaktions-

---

24 Dabei haben wir folgende Transkriptionszeichen verwendet:
   (.)   Pause (1 Sekunde)
   (..)   Pause (2 Sekunden)
   (...)   Pause (3 Sekunden)
   (4 sec)   Pause (4 gibt Anzahl der Sekunden an)
   (flüsternd)   para- und nonverbale Äußerungen/Qualifizierungen
   wort betont gesprochen

verläufe ist die implizite Vollzugslogik spezifischer Praktiken heraus zu arbeiten. Die Feinanalysen, die so extensiv wie möglich sein müssen, greifen einzelne Passagen aus dem zu einem Thema kodierten Datenkorpus heraus. Diese Stellen müssen exemplarisch sein für das in größerer Breite dokumentierte Geschehen und sie müssen eine möglichst detailreiche und ausführliche Darstellung von Interaktionsabläufen und wenn möglich auch den transkribierten Wortlaut der Audioaufzeichnungen beinhalten.[25]

Für dieses Verfahren der Interpretation aber auch für die Diskussion sich entwickelnder Konzeptualisierungen und Thesen wurde immer wieder der Kontext der Projektgruppe genutzt. Das Erfordernis, eigene Interpretationen, Ideen und Sichtweisen erklären und gegen Einwände behaupten zu müssen, ist von entscheidender Bedeutung für deren Klärung und Weiterentwicklung.

Zur Verwendungsweise der Beobachtungsprotokolle im Text ist zu sagen, dass diese keineswegs einheitlich ist. Ich zitiere kurze Szenen, längere Ausschnitte oder auch gelegentlich die nahezu vollständige Beschreibung einer ganzen Unterrichtsstunde. Manche Zitate aus Protokollen werden als *Dokumente* des Unterrichtsgeschehens behandelt, die dann „interpretiert" werden. Hier geht es um die Herausarbeitung der immanenten (Vollzugs-) Logik der Praktik. Die Analyse folgt der Darstellung des Ablaufs oder dem Verlauf des Gesprächs Schritt für Schritt. Andere Ausschnitte aus Beobachtungsprotokollen stehen als *Veranschaulichung* für Überlegungen oder Analysen, die nicht direkt aus dem einzelnen Protokoll heraus entwickelt wurden, die sich aber daran zeigen lassen. In einer dritten Verwendungsweise von Feldprotokollen sind diese (weitgehend) *selbsterklärend*. Hier geht es mir um die Beobachtung aus der Unterrichtssituation, so wie sie im Protokoll dargestellt ist.

Der Logik der ethnographischen Forschungspraxis entspricht (zunächst) das Format einer begrenzten Einzelstudie. Ein abgrenzbares „Thema" entwirft eine Perspektive auf die ungeheure Komplexität des beobachteten Geschehens und konstituiert einen bearbeitbaren Ausschnitt aus dem Datenmaterial. Einzelne *Themen* begründen die Auseinandersetzung mit dem entsprechenden Forschungsstand und bilden die Gelenkstellen zwischen „empirischer" und „theoretischer" Arbeit. Eine solche Vorgehensweise dokumentiert sich auch in diesem Buch, das aus einzelnen, voneinander unabhängigen Studien besteht. [26]

---

25 Die Darstellung dieser Analysen in der Publikation kann dann wiederum nur in geraffter und exemplarischer Form erfolgen. Während ich einige Szenen detailliert und Schritt für Schritt interpretiere, um die sich darin offenbarende Vollzugslogik der Praxis zu zeigen und nachvollziehbar zu machen, werden andere Szenen nur auf bestimmte Aspekte hin interpretiert.

26 Ethnographische Projekte publizieren oft zunächst Aufsätze zu unterschiedlichen Aspekten ihrer Beobachtungen, die dann später bisweilen in Monographien zusammengestellt werden (vgl. z.B. Eder 1995, Krappmann/Oswald 1995, Adler/Adler 1998). Auch das hier vorgestellte

Schließlich ist darauf hinzuweisen, dass das Ergebnis der Untersuchung aus drei Teilen besteht, die aufeinander bezogen sind: Während der vorliegende Band sich darauf konzentriert, die Praktiken des Schülerjobs im engeren Sinn heraus zu arbeiten, also jene Schülertätigkeiten in den Blick nimmt, die den „Unterricht" konstituieren, widmet sich der zweite Band der Ethnographie (Bennewitz/Meier 2007) der Analyse jener Praktiken, die primär auf die Anforderungen der Peer Kultur im Rahmen der Schulklasse bezogen sind. Der zweite Band enthält zwei ausführliche ethnographische Studien über die beiden Schulklassen, die wir beobachtet haben. Den dritten Teil schließlich bildet eine DVD, die die *Videographie* aus dem Kontext dieses Projektes enthält (Mohn/Amann 2006). Das Videomaterial wird im Rahmen dieses Ansatzes nicht in das Medium des Textes überführt, also nicht transkribiert, sondern auf der Ebene der Bild- und Tongestaltung analysiert. Durch die Zusammenstellung ähnlicher wie auch konträrer Szenen (per Videoschnitt) werden Bilder so in Bezug zueinander gesetzt, dass spezifische Differenzen – etwa in Darstellungsrepertoires – wie auch die ihnen gemeinsamen Muster erkannt werden können. Die Videographie rückt die Palette der schulischen Verhaltensweisen und Haltungen der Jugendlichen noch einmal in ganz anderer Anschaulichkeit und Prägnanz in den Blick, als die schreibende Ethnographie es kann.[27]

1.6 Zu diesem Buch

Diese Arbeit besteht, nach diesem einleitenden Kapitel, aus vier ethnographischen Studien, die auch einzeln gelesen werden können. Die Studien gehören aber auch zusammen und beschreiben zusammengenommen den Schülerjob, den sie in vier unterschiedlichen Dimensionen erkunden.

Das zweite Kapitel beschäftigt sich mit *räumlichen* Aspekten des Schülerhandelns. Im Anschluss an Überlegungen zur Raumsoziologie werden räumliche Verhältnisse nicht (nur) als Bedingung, sondern auch als Effekt der Praxis aufgefasst. Für die Analyse werden visuelle, akustische und haptische Räume unterschieden und auf ihre je spezifische Strukturiertheit hin untersucht. Insgesamt macht die Raumanalyse auf die Gleichzeitigkeit diversen Geschehens innerhalb des Klassenzimmers aufmerksam, das sich in unterschiedlichen und zum Teil voneinander unabhängigen Räumen abspielt.

Projekt hat zunächst Ergebnisse in Form von Aufsätzen vorgelegt (Bennewitz 2004a, Breidenstein/Meier 2004, Breidenstein 2004, Breidenstein/Jergus 2005).

27   Dort werden etwa die Synchronisierung der Schülerinnen und Schüler im „Takt" der Stunde oder das Herunterschalten in den energiesparenden Modus des „Standby" beobachtbar.

Während die Ressource Raum im Klassenzimmer eher knapp ist und sich die Schüler-Praktiken auf die Erweiterung von Räumen richten, ist *Zeit* aus Schülersicht im Übermaß vorhanden. Das dritte Kapitel widmet sich dem Problem der „Langeweile". Die Zeichen der Langeweile sind offenkundig in der Unterrichtssituation, doch deren Beobachtung erweist sich als schwierig. Beobachten lässt sich allenfalls der Zeitvertreib oder die Darstellung von Langeweile, so wählt die Studie den Weg über die Phänomenologie, um nach der Bedeutung der Langeweile zu fragen. Wie steht es um die Normalität und Legitimität der Langeweile im Unterricht?

Schon der Vergleich dieser beiden Studien macht deutlich, dass und wie der methodische Zugang jeweils dem Gegenstand angepasst werden muss. Im Falle der Raumanalyse erweist sich die *Selbstbeobachtung* als geeigneter Zugang, um räumliche Bedingungen, Optionen und Reichweiten der Praktiken zu erkunden. Das Problem der Langeweile hingegen lässt sich nur sehr eingeschränkt über den Weg der Selbstbeobachtung untersuchen (denn der Ethnograph langweilt sich nicht!) – hier gerät die Beobachtung überhaupt an ihre Grenzen. Bestimmte Aspekte der Unterrichtssituation entziehen sich der teilnehmenden Beobachtung, jedenfalls einer `besuchsweisen´ teilnehmenden Beobachtung, wie wir sie betrieben haben. Das sind vor allem Aspekte der Dauer, der zeitlichen Erstreckung, der *Alltäglichkeit* in jeder Hinsicht. Wir können von situativen Beobachtungen der Praxis auf die `Vorgeschichte´ dieser Praxis schließen, wir können ihre Routiniertheit erkennen und die Selbstverständlichkeit einer bestimmten Normalität ergründen. Aber die *Erfahrung* dieses Alltags können wir höchstens erahnen.

Das vierte Kapitel beinhaltet die zentrale Studie des Buches, die sich dem „Schülerjob" im engeren Sinne widmet. Hier geht es um die Analyse der elementaren unterrichtsbezogenen Praktiken von Schülerinnen und Schülern. Es erweist sich, dass eine grundlegende Differenzierung der Anforderungsstruktur für die Schülertätigkeit in der Unterschiedlichkeit der „Sozialformen" des Unterrichts liegt. Die Praxis des Schülerjobs stellt sich im Frontalunterricht grundlegend anders dar als in der Gruppenarbeit und dort wieder anders als in der Partner- oder Einzelarbeit. Deshalb ist diese Studie entlang der vier Sozialformen des Unterrichts gegliedert. Gefragt wird für jede der Sozialformen nach den je spezifischen Praktiken des Schülerjobs und nach der je spezifischen Form der Bezugnahme auf den Unterricht. Mit „Vertretungsstunden" einerseits und „Klassenarbeiten" andererseits werden zudem zwei Grenzfälle des „Unterrichts" untersucht, die aber bestimmte Merkmale des Schülerjobs umso deutlicher hervor treten lassen. Abschließend gehe ich der Vermutung nach, dass sich in einer merkwürdig abstrakten, aber durchgängigen Orientierung an Produktionsprozessen der Kern des Schülerjobs identifizieren lässt.

schehens (vgl. Löw 2001). Die Betrachtung des Raums selbst zu dynamisieren, das heißt den Raum weniger als Bedingung denn als Effekt sozialen Handelns zu thematisieren, stellt eine neuere Entwicklung in der sozial- und erziehungswissenschaftlichen Diskussion dar. Es wird über die „Verräumlichung sozialer Prozesse" (Ecarius/Löw 1997), die „Metamorphosen des Raums" (Liebau u.a. 1999) und schließlich über eine „Raumsoziologie" (Löw 2001) nachgedacht. Diese Überlegungen, überwiegend theoretischer und methodologischer Art, sollen hier für Beobachtungen zur räumlichen Dimension des Schülerhandelns genutzt werden.

Die Frage nach den räumlichen Bedingungen und Effekten des Schülerhandelns vermag einen ersten analytischen Zugriff auf die Komplexität der Unterrichtssituation zu eröffnen. Dem Beobachter drängt sich unmittelbar der Eindruck auf, dass das Ausnutzen, Erweitern, Schaffen, Verschieben oder Reklamieren von Räumen eine zentrale Dimension des Geschehens im Klassenzimmer beschreibt – diesem Eindruck soll hier nachgegangen werden.

Die räumliche Ordnung des Klassenzimmers ist bislang – wenn überhaupt – vorwiegend mit Blick auf die Funktion der Disziplinierung der Schülerinnen und Schüler beschrieben worden. Wenn man den Raum als solchen jedoch zum Gegenstand der Untersuchung macht, wird man der Komplexität der räumlichen Verhältnisse gewahr und man sieht, dass die Gegenüberstellung von kontrollierender Lehrermacht und subversiver Schülerkultur zu schlicht ist. Der Blick, die Stimme und die Position der Lehrperson üben zwar eine raumstrukturierende Wirkung aus, aber sie stellen keineswegs die einzigen und nicht immer die dominierenden Koordinaten des Schülerhandelns dar.

Ich werde zunächst den Vorschlag von Martina Löw (2001) zu einer Soziologisierung der Betrachtung von Raum skizzieren und um eine interaktionistische Überlegung zur Ausrichtung des Verhaltens an (den Grenzen) der sinnlichen Wahrnehmung (anderer) ergänzen. Im weiteren Verlauf differenziere ich visuelle Räume, akustische Räume und haptische Räume, deren Besonderheit ich jeweils an empirischen Beobachtungen herausarbeite. Abschließend umreiße ich einige zusammenfassende Überlegungen.

2.1 Zur theoretischen Konzeptualisierung des Raums

Wer räumliche Verhältnisse untersuchen will darf „Raum" nicht als gegeben voraussetzen, sondern muss die Konstituierung und Veränderung von Räumen konzeptualisieren können. Martina Löw (2001) setzt sich mit unterschiedlichen Traditionen der sozialwissenschaftlichen Thematisierung von Raum auseinander und macht schließlich einige theoretisch-begriffliche Vorschläge für eine „Raumsoziologie". Ich will hier einige grundlegende Bestimmungen aufgreifen, insoweit sie dazu beitragen, die analytische Perspektive auf das räumliche Geschehen im Klassenzimmer zu schärfen. Die Ausführungen von Löw zur Konstitution von Räumen werden schließlich zu erweitern sein, um *die interaktive Konstitution von Räumen* in den Blick zu rücken, wie sie in den Beobachtungen zum Unterrichtsalltag greifbar werden.

Mit dem Ziel, Raum als einen soziologischen Grundbegriff neu zu fassen, will Löw (2001, S. 51) die gängige Konzeptualisierung von Raum als „Ort" oder „Territorium" ersetzen durch einen „prozessualen Raumbegriff, der das Wie der Entstehung von Räumen erfasst". So sei sowohl an dem ortsbezogenen als auch an dem territorialen Raumbegriff zu kritisieren, „dass der Raum als existierende Grundlage betrachtet wird" und dadurch ausgeschlossen wird, dass „an einem Ort oder auf einem Territorium mehrere Räume entstehen können." (ebd., S. 64) – Wir werden sehen, wie durch die Aktivitäten der Schülerinnen und Schüler, die an einem konkreten Ort, im Klassenzimmer, stattfinden, eine Vielzahl von Räumen entstehen.

Um die Konstitution von Räumen erfassen zu können, muss der Raumbegriff selbst dynamisiert werden: „Nur wenn der Raumbegriff selbst und nicht nur das Handeln als bewegt gefasst wird, können auch Veränderungen von Räumen verstanden werden" (ebd., S. 65). Handeln findet nicht einfach in Räumen statt, sondern „das Handeln selbst (muss) als raumbildend verstanden werden" (ebd., S. 67).[4]

Neben der Dynamisierung geht es vor allem um eine *Relationierung* der Vorstellungen vom Raum. Löw stellt den herkömmlichen „absolutistischen" Raumvorstellungen, die diesen als unabhängig gegeben und Bedingung des Handelns fassen, „relativistische" Raumkonzepte gegenüber, wie sie sie bei Elias oder Foucault angedeutet findet. Es gehe darum, Raum weniger als einen Behälter oder Gefäß zu verstehen, denn, in einer Formulierung Foucaults (1991, S. 66) als „Ensemble von Relationen (...), das sie als nebeneinander gestellte, einander entgegengesetzte, ineinander enthaltene erscheinen lässt."

---

4   Dieser zentrale Gedanke ist bei Löw allerdings leider nicht mikrosoziologisch oder interaktionistisch ausgeführt.

Für die Analyse interaktiver Hervorbringungen von Raum scheinen vor allem die Syntheseleistungen in Wahrnehmungsprozessen relevant (vgl. Löw 2001, S. 159), auf die ich mich deshalb im Folgenden konzentriere. Gegenüber Löw (vgl. S. 195f.) schlage ich jedoch eine interaktionistische Erweiterung des Verständnisses vom Wahrnehmungsprozess vor: Die Teilnehmer richten ihre eigene Positionierung, ihre Darstellungen und Aktivitäten an der antizipierten Wahrnehmung durch andere aus – und, wie wir sehen werden, an den antizipierten Grenzen der Wahrnehmung anderer. Demzufolge ist nicht nur „der Blickwinkel des Synthetisierenden jeder Raumkonstruktion immanent" (ebd., S. 229), sondern auch die Berücksichtigung der Blickwinkel der anderen Synthetisierenden.

„Wahrnehmung" ist, wie Löw zu Recht betont, kein unmittelbarer Prozess, sondern durch Selektivität und habituell geformte Wahrnehmungsschemata geprägt (vgl. ebd., S. 197) – diese Selektivität, und das heißt die Fokussierung und Begrenzung von Wahrnehmung, gestaltet sich unterschiedlich für die einzelnen Sinne. Die Selektivität des Hörens ist eine andere als die des Sehens oder Tastens oder Riechens. Deshalb gliedere ich die Analyse räumlicher Verhältnisse im Klassenzimmer entlang der verschiedenen Sinne. Ich werde zeigen, dass der optische, der akustische und der haptische Sinn je spezifische Räume konstituieren.[5]

Schließlich ist noch die Bedeutung von „Orten" anzusprechen:

> „Orte werden durch die Besetzung mit sozialen Gütern oder Menschen kenntlich gemacht, verschwinden aber nicht mit dem Objekt, sondern stehen dann für andere Besetzungen zur Verfügung. (...) Orte entstehen im Spacing, sind konkret benennbar und einzigartig" (Löw 2001, S. 198).

Orte sind in dieser Bestimmung nicht gleichzusetzen mit Räumen, aber Bestandteile von Räumen. Was in dieser Form noch sehr abstrakt erscheint, wird anhand der Betrachtung spezifizierter Orte im Klassenzimmer, einzelner Sitzplätze oder etwa des Tafelbereichs, an Anschaulichkeit gewinnen.

---

5   Geruchs- und Geschmackssinn vernachlässige ich, obgleich zumindest ersterer im Kontext des Klassenzimmers keineswegs irrelevant ist. Doch in diesen Dimensionen erscheint die Beobachtung und Datenerhebung noch schwieriger.

2.2 Visuelle Räume: sehen und gesehen werden

Wir kommen zurück auf die Ethnographin, die glücklich einen Platz für sich gefunden hat und anfängt zu beobachten. Sie stellt schnell fest, dass der Sitzplatz, den sie eingenommen hat, ihr spezifische Möglichkeiten der Beobachtung eröffnet und andere verschließt. Wie bereits erwähnt, gibt es immer ein „vorne" und ein „hinten" im Klassenzimmer: „Vorne" ist dort, wo die Lehrerin meistens agiert und die Tafel sich befindet. Auf den vorderen Plätzen ergibt sich für die Beobachterin das Problem, dass sich ein größerer Teil des Geschehens in ihrem Rücken abspielt. Um dieses zu verfolgen, müsste sie sich umwenden, denn das eigene Gesichtsfeld ist durch die Ausrichtung des Stuhls und die dazugehörige Sitzhaltung vorgegeben. Das Umwenden des Oberkörpers und das Verlassen der vorgesehenen Aufmerksamkeitsrichtung ist jedoch prekär, wie auch die Ethnographin in Form von kritischen Blicken zu spüren bekommen kann.

Von den „hinteren" Plätzen aus lässt sich der Klassenraum am besten überblicken. Von hier kann die Beobachterin den Blick schweifen lassen oder ihn auf einer Szene, die die Aufmerksamkeit auf sich zieht, ruhen lassen. Vor allem ist sie hier selbst weniger sichtbar – sie kann besser unbeobachtet beobachten. Der Abstand zum gewöhnlichen Aufenthaltsort der Lehrperson ist relativ groß, und sie hat hier keine Schülerinnen oder Schüler im Rücken, die ihr neugierige Blicke über die Schulter werfen würden. – Andererseits sieht sie von hier aus überwiegend die Rücken der Schülerinnen und Schüler und hat Schwierigkeiten, Hände und Gesichter zu beobachten.

Bereits die flüchtige Reflexion auf die unterschiedlichen Bedingungen für die Beobachtung, die mit unterschiedlichen Plätzen innerhalb des Klassenzimmers verbunden sind, zeitigt also das Ergebnis höchst unterschiedlicher visueller Qualitäten der einzelnen Sitzplätze. Dabei geht es weniger um den Abstand zur Tafel und die Möglichkeit, dort auch klein Geschriebenes entziffern zu können, als um grundlegende räumliche Bedingungen der Möglichkeit für Interaktionen. Diese bestehen in der gesteigerten oder verringerten Sichtbarkeit der eigenen Person und in der Ausrichtung des eigenen Blickfeldes durch die vorgesehene Körperhaltung und die Anordnung des Mobiliars.[6]

---

6   Bis hierhin hatten wir v.a. die Anordnung von Tischen in parallelen Reihen, die „frontale" Sitzordnung im Blick. Zu beachten bleibt, dass sich die Verhältnisse etwa bei der Anordnung der Tische in „Gruppen" zum Teil anders darstellen. Hier sind die visuellen Räume komplexer und dezentrierter, da allerdings dennoch vieles „vorne" stattfindet, kommt es bisweilen zu skurrilen Verrenkungen der Körper.

Darüber hinaus gibt es im Klassenzimmer eine Zone herausgehobener Sichtbarkeit: den Bereich an der Tafel.[7] Die besondere Sichtbarkeit des Tafelbereichs ist schon durch die Ausrichtung der Gesichter dorthin gegeben (jedenfalls in frontalen Unterrichtssituationen) und wird verschärft durch den Wegfall jeglichen Sichtschutzes. Wer an der Tafel steht, ist durch keinen Tisch und keinen Stuhl vor den Blicken des Publikums abgeschirmt. In der Situation des an-die-Tafel-Gehens oder an-die-Tafel-Geholt-werdens ist die Exponierung Einzelner vor dem Publikum der Schulklasse, die in der Struktur der Unterrichtskommunikation angelegt ist (vgl. Kapitel 4.2.3), auch visuell umgesetzt.

> Susan muss an die Tafel, um einen Satz anzuschreiben. Dies tut sie auch relativ gelassen mit einer winzigen, aber koketten Hüft-Bewegung. Mehrere lachen über ihre große und etwas schiefe Schrift, die sich schräg über die ganze Tafel hinzieht. Als sie sich setzt, muss sie selber lächeln. Wieder zurück auf ihrem Platz empfängt ihre Nachbarin Bettina sie herzlich mit einer kurzen Umarmung.

Die Betroffenen sind sich darüber im Klaren, dass alle Blicke auf sie gerichtet sind. Die gesteigerte Sichtbarkeit der eigenen Person kann hemmen und/oder zu besonderen ˋAufführungen´ herausfordern. Susan vollführt in dem zitierten Beispiel einen kleinen Hüftschwung, von dem sie sicher sein kann, dass nicht nur der Ethnograph ihn beobachtet. Sie zeigt, dass sie sich der allgemeinen Aufmerksamkeit bewusst ist. Auch die Begrüßungsgeste ihrer Freundin Bettina, als sie wieder auf ihrem Platz ist, kündet von den erheblichen Risiken (aber auch Potentialen), die mit jener Zone gesteigerter Sichtbarkeit verbunden sind, aus der sie wohlbehalten in die „Normalität" zurückkehrt. – Dabei dürften die Gefahren, die in den kritischen, urteilenden Blicken der Peers liegen, schwerer wiegen als das Risiko, die Aufgabe an der Tafel nicht lösen zu können. (Die an der Tafel zu vollbringende Aufgabe ist meist nicht sehr anspruchsvoll, das eigentliche Risiko liegt oft darin, dass man sich etwa mit einem missratenen Schriftbild dem allgemeinen Gelächter aussetzt!)

Neben der eigenen Positionierung im Raum, die durch einen Sitzplatz innerhalb der Sitzordnung bestimmt ist und durch das Mobiliar eine Ausrichtung erfährt, besteht die zweite entscheidende Strukturierung der Visualität im Klassenraum in dem *Blickfeld der Lehrerin*, das zwar ebenfalls eingeschränkt, aber beweglich ist. Die zentrale Rolle der Lehrerin in der unterrichtlichen Interaktion sichert ihrem Blick die raum-strukturierende Wirkung. Insoweit sie mit Sanktionsgewalt ausgestattet ist, gilt es, einiges ihren Blicken zu verbergen, was nicht Bestandteil

---

7   Vgl. zur „rituellen" Bedeutung des Tafelbereiches Göhlich/Wagner-Willi (2001).

des offiziellen Unterrichtsgeschäftes ist. Wer sich hingegen beteiligen und etwa das Rederecht zugeteilt bekommen möchte, muss ihren Blick erhaschen.

> Die beobachtete Stunde ist eine Klassenarbeit. Wenig Spektakuläres. Ein zentrales Problem, welches in dieser Stunde von einigen Schülern gelöst werden musste, war nicht nur die Klausur zu schreiben, sondern insbesondere Nachfragen zu stellen. Die Lehrerin las ihrerseits nämlich in Unterrichtsmaterialien und blickte nur gelegentlich auf und über die Klasse hinweg. Joshua meldet sich, wartet, guckt zu der Lehrerin hinüber, gibt es irgendwann auf. Seine Unterlassung des Meldens ist von einer Geste des Erkennens (Finger an Stirn, dann daran hoch fahrend) begleitet. (Michael Meier)

Ein wenig überraschend vielleicht, dass es ausgerechnet in einer Klassenarbeitssituation, in der man den kontrollierenden Blick der Lehrerin erwartet, so schwer ist, ihre Aufmerksamkeit auf sich zu ziehen. Doch die Lehrerin nutzt die „Aufsicht", eine ausgesprochen langweilige Aufgabe, um selbst zu arbeiten und hält den Blick auf die Materialien vor sich auf das Pult gerichtet: ihr Blickfeld beschränkt sich auf ca. 1 m² Tischfläche direkt vor ihr.

Das Gesichtsfeld der Lehrerin unterliegt den üblichen Einschränkungen: ein ca. 120 Grad umfassender Winkel. Aber es ist mobil. Die Lehrerin kann schon durch ein leichtes Drehen ihres Kopfes das Gesichtsfeld entscheidend verschieben und sie kann darüber hinaus durch eine Veränderung ihres Standortes auch bis dahin uneinsichtige Winkel mit ihren Blicken `ausleuchten´.

Will man nun, anders als in dem eben zitierten Beispiel, nicht die Blicke der Lehrerin auf sich ziehen, sondern etwas verbergen, dann ist ihr Blick*verhalten* (erst recht) genau zu beobachten:

> Beata hält ihren Zettel noch immer in der Hand und versucht diesen an Uta zu geben, was relativ schwierig ist. Sie beobachtet die Lehrerin genau und passt einen guten Moment ab. Nein! Das wäre beinahe schief gegangen. Sie zieht ihre Hand zurück. Etwas später schiebt sie sie langsam wieder zu Uta. Diesmal dient der in der Mitte liegende MD-Player als Sichtschutz. Uta übernimmt. Geschafft! (Hedda Bennewitz)

Die Blicke der Lehrerin lassen sich kontrollieren. Anhand der Beobachtung ihrer Kopfhaltung lässt sich ihr Gesichtsfeld recht genau abschätzen – man weiß also, ob man sich innerhalb oder außerhalb ihres Blickfeldes befindet. Bei den kontrollierenden Blicken der Lehrerin handelt es sich nicht um das Panoptikum Benthams, das vor allem durch die Beschreibungen Foucaults (1976) berühmt geworden ist und als Metapher für allgegenwärtige Beobachtung dient. Denn im Panoptikum ist der Beobachter den Blicken der Beobachteten verborgen und insofern immer zu fürchten. Demgegenüber ist die kontrollierende Beobachtung durch die Lehrerin selbst wiederum beobachtend kontrollierbar.

Es gibt im Klassenzimmer verschiedene Formen von Sichtschutz, hinter denen Aktivitäten vor den Augen der Lehrerin verborgen werden können. Die größte Sicherheit bietet jedoch die Synchronisierung des eigenen Verhaltens mit dem Blickverhalten der Lehrerin, das heißt den Zeitpunkt zu nutzen, zu dem man sich außerhalb ihres Blickfeldes befindet. Verbergen kann man auf diesem Wege allerdings, angesichts der angesprochenen Mobilität der Lehrerin, nur rasche kleine Aktivitäten, wie etwa das Weitergeben eines Zettels, eine schnelle Geste der Verständigung oder einige Worte in Fingersprache. Diese Aktivitäten tragen oft weniger subversiven als spielerisch-sportlichen Charakter. Es handelt sich um eine Art Räuber-und-Gendarm-Spiel. Es geht darum, die eigene Geschicklichkeit im Unterlaufen der kontrollierenden Blicke unter Beweise zu stellen.

Im folgenden Beispiel wird der Ethnograph als Sichtschutz einbezogen:

> André meint: „Sie geben mir gute Deckung!" und holt durch mich verdeckt etwas zu essen aus seiner Tasche. Die Lehrerin kündigt an, sie wolle jetzt die Aufgaben kontrollieren, André wählt aus seiner Brotdose ein Stück Apfel, er habe Hunger, kommentiert er halblaut.

Dass André hier mit „Deckung" eine Metapher aus dem Bereich des Militärischen benutzt, ist nicht ganz zufällig: Das Spiel um das Verbergen, um Sichtbarkeit und Sichtschutz folgt einer Freund-Feind-Logik, die gerade den spezifischen Reiz des Spiels ausmacht.[8]

Während es einerseits gilt, das eigene Verhalten am Blickverhalten der zentralen Figur der Lehrerin auszurichten, ist andererseits im Klassenzimmer die potentielle wechselseitige Beobachtung aller durch alle zu beachten. Unter den räumlichen Bedingungen des Klassenzimmers gibt es keine echten Verstecke: Was den Blicken der Lehrerin verborgen wird, findet sicher die Aufmerksamkeit irgendeines Mitschülers – oder zum Beispiel des Ethnographen.

---

8 Schülerverhalten in dieser Konstellation wurde als „Taktiken der versteckten Abwehr" und als subversive Form der Selbsterhaltung in der „Zwangssituation" des Unterrichts (Heinze 1976, S. 11) charakterisiert. Dieser Aspekt soll hier auch nicht in Abrede gestellt werden, die Beispiele dokumentieren jedoch durchaus auch den Spaß an der strategischen Ausweitung des Spiel-Raumes.

Als es darum geht, Beschreibungen zu Bildern aus dem Buch in das Heft zu übernehmen, sagt Yvette zu Frieda: „Schreibst wohl alles ab?" Diese entgegnet: „Müssen wir doch, als Begründung!" – „Ja, zusammenfassen. In Stichworten." Frieda meint: „Das ist dann so abgehackt". Damit wendet sie sich wieder ihrer Arbeit zu. Yvette streckt ihr die Zunge raus, was diese allerdings nicht sehen kann, da sie auf ihr Heft blickt. Yvette gefällt offenbar die Konstellation, dass Frieda nicht merkt, wie sie ihr die Zunge rausstreckt, während ich es beobachte. Sie steigert ihre Grimassen hinsichtlich der Expressivität, als sie dasselbe noch zwei oder drei Mal wiederholt.

Der Reiz für Yvette ist ein doppelter: Selbstverständlich muss sie darauf achten, dass ihre beleidigenden Grimassen nicht von der Lehrerin bemerkt werden. (Diese Kontrolle des Lehrerinnenblicks geschieht hier offenbar so routiniert und beiläufig, dass sie vom Ethnographen nicht eigens vermerkt wird.) Die Pointe dieser Inszenierung besteht jedoch darin, dass Frieda, das Opfer der Schmähungen, diese gar nicht wahrnimmt – und sich infolgedessen auch nicht dagegen zur Wehr setzen kann. Die Konstellation wäre allerdings witzlos, wenn es nicht einen Zeugen gäbe, den Ethnographen, von dem Yvette sogar weiß, dass er ihr raffiniertes Spiel gewissenhaft notieren wird! (Wer diese kleine Szene sonst noch beobachtet, wissen wir nicht.)

Ineinander verschachtelte Räume: Yvette führt etwas auf, das sowohl den Blicken der Lehrerin als auch ihrer Freundin Frieda verborgen bleiben soll, dem Ethnographen hingegen gezeigt wird. Die räumliche Situation sei zur Verdeutlichung skizziert:

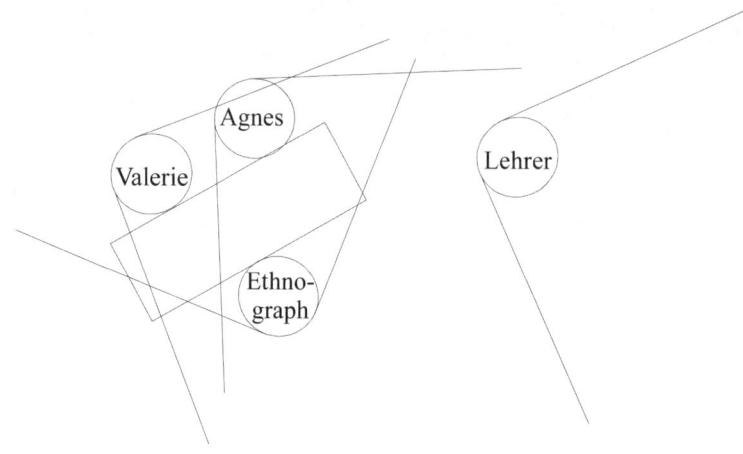

Diese Situation stellt nur eine Momentaufnahme dar. Eine geringfügige Kopfbewegung einer der beteiligten Personen kann die räumliche Konstellation grundlegend verändern. Yvette misst gewissermaßen die Dauer der für sie reizvollen Konstellation durch mehrfache Wiederholung der Aktivität aus.

Es gibt durchaus Versuche, der potentiellen permanenten Sichtbarkeit im Klassenzimmer durch die Errichtung von Sichtbarrieren zu entkommen und so etwas wie „Privaträume" wenigstens für eine kurze Dauer zu schaffen.[9] Die visuelle Abschirmung kann in weit vornüber gebeugten Köpfen und ˋheruntergelassenenˊ Haaren von Mädchen bestehen oder etwa in aufgestützten Armen und Händen. Ein verbreitetes Mittel besteht darin, das gerade in Gebrauch befindliche Lehrbuch aufgeklappt senkrecht auf den eigenen Tisch zu stellen, so dass der eigene Arbeitsplatz vor den Blicken der Nachbarn geschützt ist. Doch auch diese Praxis ist prekär und umkämpft: Das aufgestellte Buch ist von Mitschülern schnell umgestoßen und bei manchen Lehrern auch nicht erlaubt. Das Abschirmen des eigenen Arbeitsplatzes ist einerseits im Rahmen der offiziellen Unterrichtsdoktrin legitimierbar, insoweit es das „Abschreiben" verhindert und die geforderte „Eigenständigkeit" von Schülerleistungen verspricht, andererseits scheint es einem impliziten Gebot zu widersprechen, das die permanente (potentielle) Sichtbarkeit allen Geschehens im Klassenzimmer verlangt.

Wir halten fest: Auf dem Gebiet der Visualität ist es außerordentlich schwer, sich der Öffentlichkeit des Geschehens zu entziehen und „Privaträume" zu errichten, wenn man außer den Blicken der Lehrperson auch die der Mitschülerinnen und Mitschüler einbezieht. Wir werden im Folgenden sehen, dass sich dies in der Dimension der akustischen Räume etwas anders darstellt.

---

9   Ähnliches beschreibt auch schon Zinnecker (1978, S.95): „Da sie sich in einem Raum mit Wächterautorität befinden, müssen die Schüler Sicht- und Hörbarrieren improvisieren, die den gut überschaubaren und kontrollierbaren Ort in eine unübersichtliche Landschaft kleiner ökologischer Nischen und persönlicher Depots verwandelt."

2.3 Akustische Räume: hören und gehört werden

Die Ethnographin, die von ihrem Platz aus das Geschehen im Klassenzimmer verfolgt und die visuellen Möglichkeiten und Einschränkungen erfahren hat, die sich mit diesem Platz verknüpfen, wird nun der spezifischen akustischen Optionen ihrer Platzierung im Raum gewahr. Sie bemerkt zunächst einmal, dass sie von Teilen des akustischen Geschehens ausgeschlossen ist: Sie *sieht*, dass Schülerinnen wenige Meter von ihr entfernt miteinander flüstern, aber sie kann nicht *hören*, worum es geht. Sie registriert also, dass der akustische Raum ganz anders strukturiert ist als der visuelle: Während jener durch die Ausrichtung der Blickfelder der Beteiligten konstituiert wird, ist dieser durch die Reichweite des Hörsinns definiert. „Innerhalb" und „außerhalb" des jeweiligen akustischen Raums bestimmen sich durch die je gewählte Lautstärke. Mit jeder einzelnen Äußerung im Unterrichtsgeschehen verbinden sich spezifische Adressatenschaften, die durch die akustische Reichweite dieser Äußerung begrenzt werden.

Die Stimme, die die Beobachterin (fast) immer verstehen kann, ist die Stimme der Lehrerin. Diese richtet sich (normalerweise) an alle im Klassenzimmer Anwesenden und ist so gestaltet, dass sie auch über die größtmögliche Entfernung im Klassenzimmer noch vernehmlich ist. Schüleräußerungen sind weniger regelmäßig akustisch zu entziffern. Äußerungen von Schülerinnen oder Schülern richten sich selten an alle – auch wenn sie Teil des offiziellen Unterrichtsgesprächs sind.

> Der Lehrer fragt nach Zeitformen, Eric meldet sich, kommt dran und nennt sehr leise und undeutlich (jedenfalls kann ich nichts verstehen, obwohl ich nur zwei Meter hinter ihm sitze) einen Begriff. Der Lehrer jedoch scheint es verstanden zu haben, er wiederholt laut und deutlich „Präteritum" – das ist richtig. Diese Szene beobachte ich mehrfach in diesem Unterricht: Schülerantworten sind so leise, dass sie höchstens für die Umsitzenden verständlich sein können, aber der Lehrer wiederholt, oder fasst zusammen, so dass das Gesagte in den offiziellen Diskurs eingeführt ist. – Vermutlich kann man sich als Schüler darauf verlassen und muss gar nicht unbedingt versuchen zu verstehen, was andere Schüler antworten.

Eric wendet sich mit seiner (dem Ethnographen unverständlichen) Antwort an den Lehrer. Dies erscheint sinnvoll im Rahmen der direkten Interaktion, denn er antwortet ja auf dessen Frage. Als dysfunktional hingegen erscheint die von Eric gewählte Lautstärke mit Blick auf jene Unterstellung des lehrergeführten „Unterrichtsgesprächs", dass das ˋZwiegespräch´ zwischen Lehrer und Schüler eben nicht nur für diesen einen, sondern für die ganze Klasse instruktiv sein soll (vgl. Kalthoff 1997, S. 91ff). Diese Funktion des „Unterrichtsgesprächs" ist jedoch keine, für die sich die Schüler verantwortlich fühlen würden, sie überlassen es dem Lehrer, ihren Beitrag zu „veröffentlichen" – falls dieser Beitrag denn einer allgemeinen Rezeption wert ist. Mit einer (relativ) exklusiven Adressierung der

Antwort an den Lehrer mag sich für Schüler auch die Strategie eines `versuchs-weisen´ Antwortens verbinden: Wenn es sich lohnt, wird der Lehrer die Antwort in das offizielle, für alle relevante „Unterrichtsgespräch" einbinden, wenn nicht, dann hat kaum jemand etwas mitbekommen. Mit der Funktionalisierung der Lehrperson als (akustischer) Selektionsinstanz für Schülerantworten verbindet sich für die anderen, für das Publikum, der Nutzen, dass man sich nicht mit „irrelevanten" Beiträgen beschäftigen muss, sondern nur mit den von der Lehrperson Vorselektierten.

Voraussetzung für einen offiziellen Antwortversuch ist bekanntlich, dass die Schülerin von der Lehrperson das Rederecht zugeteilt bekommt, dass sie „drangenommen" wird. Wenn die Schülerin im Rahmen des öffentlichen Unterrichtsgespräches nicht zum Zuge kommt, spricht sie – so ist bisweilen zu beobachten – die richtige Antwort leise vor sich hin. `Aus Protest´ sozusagen: Sie zeigt sich selbst und den Umsitzenden, dass sie es gewusst hätte, aber nun, da der Lehrer sie nicht „erhört" hat, muss der wertvolle Beitrag ungenutzt verhallen!

Im akustischen Raum besteht das besondere Recht der Lehrperson darin, dass sie als einzige jederzeit qua Lautstärke Öffentlichkeit beanspruchen kann, dass sie die Adressatenschaft frei wählen kann.

> Die Lehrerin geht rum und kontrolliert etwas, die Hausaufgabe wohl. Florian hat keinen Zettel vor sich liegen. Sie kommt auf seinen Tisch zu, er wird rot, sagt ganz verlegen, ohne dass sie fragt: „Ich hab's nicht." Sie, mit schneidendem Ton, weist ihn darauf hin (Klassenlautstärke), wenn er das doch bloß da und da abgeheftet hätte! Sein Banknachbar Jakob wittert auch seine Chance und sagt zu ihm: „Du hast's bloß nicht!" Florian, rot, verlegen, verteidigend: „Klar hab ich's." (Kerstin Jergus)

Die Beobachterin vermerkt eigens die Lautstärke der Zurechtweisung Florians durch die Lehrerin. Denn durch die akustisch erweiterte Adressatenschaft der Ermahnung, die sich eigentlich an die Person Florians richtet, kommt dieser ein anderer Status zu: Der säumige Florian wird zum Exempel für andere, die Sanktionsgewalt der Ermahnung dürfte sich durch die akustische Platzierung im Raum der Allgemeinheit, durch die `Veröffentlichung´, erheblich erhöhen.

Wir halten also fest: Schon der offizielle Unterrichtsdiskurs – wir haben bislang noch keine „Neben-Kommunikationen" (Rehbock 1981) betrachtet – weist in seiner akustischen Gestaltung starke Differenzierungen auf. Es finden sich neben dem öffentlichen, dem allgemeinen Raum auch eingegrenzte „Sonderräume", die nur die Lehrperson und einzelne Schüler umfassen. Die akustische Hoheit über den allgemeinen Raum besitzt allein die Stimme der Lehrperson. Das heißt nicht, dass einzelne Schüler nicht auch `von sich aus´, ohne Legitimation durch die Lehrperson, Äußerungen für alle und in Klassenlautstärke formulieren würden, doch diese finden ausschließlich im Status von „Zwischenrufen" statt: Es handelt sich in der Regel um sehr kurze und zudem durch besonderen Unterhaltungswert gekennzeichnete Beiträge. Wenn die Hoheit der Lehrerin über den akustischen Raum nicht nur kurzfristig, sondern insgesamt gefährdet ist, so wird dies (zumindest vom externen Beobachter) als handfeste Krise erlebt.

> Ich wundere mich über ein durchdringendes metallenes Geräusch, das den Lärmpegel durchdringt. Es muss sich um einen Walkman handeln. Ich entdecke Lorenz, der Stöpsel in den Ohren hat. Er sitzt allerdings zwei Tische entfernt, muss also eine ziemliche Lautstärke drauf haben! (Hier läuft ja einiges „aus dem Ruder", denke ich etwas entsetzt.) Die Lehrerin hat offenbar ein Unterrichtsgespräch oder Ähnliches schon fast aufgegeben. Sie beschränkt sich nahezu darauf, immer mehr an die Tafel zu schreiben, was die Schüler abschreiben sollen. Einige der Stichworte scheinen von vorne sitzenden Schülerinnen erläutert zu werden, was aber hier hinten nicht zu verstehen ist. Die Lehrerin schreibt Begriffe an die Tafel und versieht sie jeweils mit kurzen Erläuterungen. Robert und auch Basti schreiben alles ab, aber das Kalkül der Lehrerin (falls es ein solches ist), dass die Schüler soviel schreiben müssen, dass sie ruhig sind, geht keineswegs auf, der Lärmpegel steigt immer weiter an.[10]

Der Verlust der Hoheit über den akustischen Raum führt dazu, dass die Lehrerin auch ihre territorialen Ansprüche auf das ganze Klassenzimmer aufgibt und sich in den Tafelbereich zurückzieht. Schriftlichkeit (Visualität) erweist sich als der letzte Anker, um „Unterricht" formal noch aufrecht zu erhalten, wo die Ordnung in der Dimension des Akustischen zusammengebrochen ist.

Doch die geschilderte Situation ist als „Krise" und „Grenzfall" von Unterricht zu verstehen. Normalerweise kontrolliert die Stimme der Lehrerin die Sphäre der Öffentlichkeit, jene Lautstärke, die sich an die ganze Klasse wendet. Auch auf dem Tonband, mit dem die Ethnographin die akustische Dimension des Unterrichtsgeschehens aufzeichnet, ist die Stimme der Lehrerin die einzige, die durchgängig zu verstehen ist – die überhaupt verhindert, dass sich die Audioaufzeichnung in verstreutes Gebrabbel und Gemurmel auflöst. Deutlich wird auf dem Tonband die Gleichzeitigkeit des akustischen Geschehens im Klassenzimmer: Eine Vielzahl von Stimmen ist in unterschiedlicher Lautstärke über- und nebeneinander zu hören.

Die Ethnographin, die zunächst frustriert war, weil sie von großen Teilen dessen, was um sie herum offensichtlich geschah, den geflüsterten Unterhaltungen der Schülerinnen, ausgeschlossen war, macht eine überraschende Entdeckung, als sie eine Schülerin bittet, sich das Mikrophon für die Dauer der Unterrichtstunde an den Kragen zu heften: Das Gerät zeichnet jetzt verhältnismäßig klar auf, was für das Ohr der in unmittelbarer Nähe sitzenden Ethnographin kaum zu vernehmen gewesen war.

---

10   Vgl. zur weiteren Analyse dieser Szene und zur Bedeutung des Tafelanschriebes auch weiter unten Kapitel 4.9.1.

Ein willkürlicher Auszug aus der Tonspur (als Transkription visualisiert):

Lehrerin:	So dann schlagt doch ma jetzt bitte eure Bücher auf (.) dazu
Susan:	Mergst och jor nischt he?
Ulla:	Hm- was?
Lehrerin:	- und zwar auf der Seite einhundertsechszehn
Susan:	Du mergst och goar nischt
Ulla:	Was denn?
Lehrerin:	Da woll ma jetzt ma so `n pa Sätze-
Ulla:	Was is denn?
Lehrerin:	- als Futur im Konjunktiv wiedergeben
Ulla:	Was habt ihr jetzt schon wieder gemacht?
Lehrerin:	Seite einhundertsechzehn
Ulla:	Susan? Was is denn jetzt gemacht? Warst du das jetzt? Was war `n jetzt? Was hast `n jetzt gemacht?
Susan:	Muss de ma Sophie fragen
Lehrerin:	Aufgabe vier
Susan:	Haha
Ulla:	Macht doch ma weg, was immer das sein soll, (flehend) bitte. Oh, na Danke.
Lehrerin:	So, lest mir jeweils erst ma den Satz vor fang ma ma an mit dem Beispiel- und dann woll ma überlegen, was heißt es und wie müsst es dann lateinisch richtig formuliert heißen. Also wer liest das Beispiel?

(Hedda Bennewitz)

Ulla trägt das Mikrophon und das Gerät zeichnet nicht nur die Stimme der Lateinlehrerin auf, sondern auch Ullas leise Unterhaltung mit ihrer Nachbarin. Es handelt sich um zwei parallele Abläufe, die Arbeitsanweisungen der Lehrerin und Ullas etwas rätselhafte Erkundigungen bei Susan, die offenbar nichts miteinander zu tun haben, die sich aber auch nicht gegenseitig zu stören scheinen. Die beiden Abläufe finden in zwei unterschiedlichen akustischen Räumen statt, die durch unterschiedliche Lautstärken differenziert werden: Jenem umfassenden, allgemeinen, in dem die Lehrerin agiert und einem kleineren, begrenzten, der über Ulla und ihre Nachbarin nicht hinausreichen dürfte. Vermutlich gibt es parallel zu dem – durch das Gespräch Ullas und Susans begründeten – Raum noch andere akustische Separaträume, so dass sich die Struktur der akustischen Räume im Klassenzimmer etwa folgendermaßen darstellen lässt:

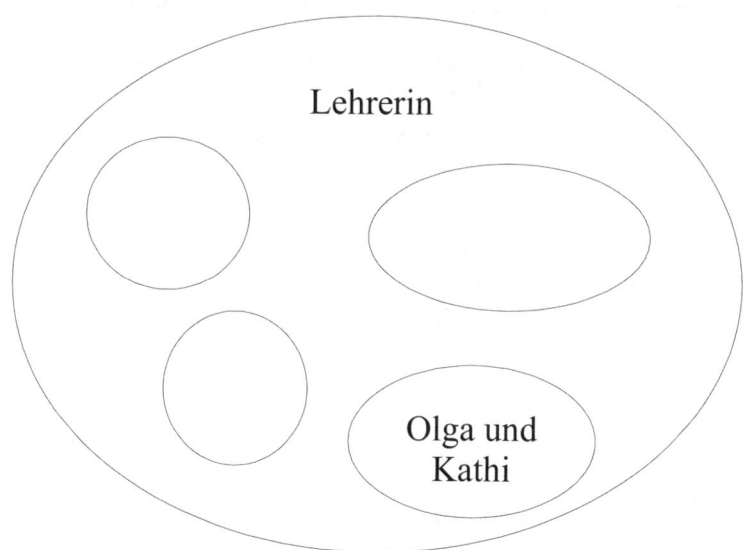

Lehrerin

Olga und
Kathi

Ähnlich den visuellen Räumen handelt es sich also auch in der akustischen Dimension um ineinander verschachtelte, einander überschneidende Räume, die jedoch anders als im Falle der Visualität, nicht durch Sichtfelder begrenzt sind, sondern durch die Reichweite des Hörsinns der Beteiligten. Während im Bereich der visuellen Räume die wesentliche Strategie des Verbergens nichtoffizieller Aktivitäten in der Kontrolle des Blickverhaltens der Lehrerin liegt, besteht sie im Reich der Akustik in der Anpassung der eigenen Lautstärke an die Reichweite des Hörsinns der Lehrerin – und an den allgemeinen Geräuschpegel. Nicht zuletzt in der Rede der Lehrerin kann man eigene akustische Aktivitäten „verstecken"! So heißt es etwa in einer Notiz von Hedda Bennewitz: *Wenn die Lehrerin spricht, dann sprechen auch die Schülerinnen und Schüler. Wenn diese schreibt, reden sie nicht.*

Der durch den Hörsinn der Lehrerin errichtete Raum ist zwar auch mobil – wenn sie den Standort im Klassenzimmer wechselt, verschiebt sie auch die Reichweite ihres Gehörs, aber diese Bewegungen sind bei weitem nicht so schnell wie die Verschiebungen ihres Gesichtsfeldes. Inoffizielle akustische Sonderräume lassen sich deshalb auch etwas länger aufrechterhalten. Im Unterschied zum visuellen Raum gibt es in der Dimension des Akustischen Ansätze von „Privatheit" im Klassenzimmer. Das Flüstern mit der Nachbarin mag zwar für andere sichtbar sein – zu verstehen ist es nicht.

Auf die elementare soziologische Relevanz der einzelnen Sinne hat bereits Georg Simmel (1907/1993, S. 287) aufmerksam gemacht: Während der Gesichtssinn die Individualisierung vorantreibe, sei der Hörsinn in der Regel der verallgemeinernde: „Unter gewöhnlichen Umständen können überhaupt nicht allzuviel Menschen ein und denselben Gesichtseindruck haben, dagegen außerordentlich viele denselben Gehörseindruck". Oder bezogen auf die vorgelegten Analysen: Die visuellen Räume der einzelnen Teilnehmer können sich zwar überschneiden, aber schwerlich vollkommen übereinstimmen, während zumindest *eine* Ebene des akustischen Geschehens als eine allgemeine und ´öffentliche´ gelten kann. Wenn jedoch etwas Gesprochenes der potentiellen Öffentlichkeit des Akustischen nicht entspricht, sondern nur für einen einzigen Hörer bestimmt ist, resultiere daraus eine „unvergleichliche soziologische Färbung" dieser Mitteilung, schreibt Simmel (ebd., S. 286).

Die Möglichkeit der Errichtung von „privater" akustischer Kommunikation ist allerdings geknüpft an unmittelbare Nachbarschaft: Nur direkt nebeneinander sitzende Schülerinnen können sich so miteinander unterhalten, dass niemand anders es versteht. Die Nachbarschaft in der Sitzordnung ist aber zudem relevant hinsichtlich einer dritten Art von Räumen, die ich „haptische" nennen will.

2.4 Haptische Räume: anfassen und angefasst werden

Im Vergleich zu den visuellen und den akustischen Räumen handelt es sich bei den haptischen Räumen um „Nahräume", die eng begrenzt sind durch die Reichweite der eigenen Arme. Haptisch erreicht werden kann nur, was sich innerhalb eines gedachten Kreises von ca. anderthalb Meter Durchmesser um den eigenen Körper herum befindet. In der Unterrichtssituation, auf dem Stuhl sitzend, schließt diese Erreichbarkeit, die durch Bewegungen des Oberkörpers geringfügig erweitert werden kann, vor allem alles, was sich auf der eigenen Arbeitsfläche befindet, den eigenen Körper, den Körper des Nachbarn und dessen Arbeitsmaterialien ein. Die unmittelbare Erreichbarkeit und Verfügbarkeit für die manuelle Nutzung lässt diesen Objekten einen besonderen Stellenwert zukommen: Stifte, Etuis, Hefte, Lehrbücher, Radiergummis oder etwa Büroklammern vermögen ein Eigenleben zu entwickeln, das allein auf ihrer Zugehörigkeit zum unmittelbar haptischen Raum beruht. Die Begrenztheit der Objekte innerhalb dieses Raums wird kompensiert durch die spielerische Vervielfältigung ihrer Nutzungsmöglichkeiten. Ein kleines Beispiel:

Eric stößt seinen Füller auf der Tischplatte so an, dass dieser ein Stück über den Tisch rutscht. So schiebt er den Stift hin und zurück. Dann versucht er die Hülle zu treffen, indem er den Füller in die Richtung der auf dem Tisch liegenden Hülle stößt. Er schafft es auch und sogar „ohne zu gucken", wie er seinem Nachbarn berichtet.

Zu den unmittelbar erreichbaren Objekten gehören nicht nur Gegenstände der erwähnten Art, sondern auch der Körper des Sitznachbarn. Nachbarn sind einander nicht nur privilegiertes Publikum, sondern auch in ganz handgreiflicher Weise ausgesetzt. Nachbarschaft kann von wechselseitigem Respekt oder Freundschaft gekennzeichnet sein und auch liebevolle körperliche Bezugnahmen beinhalten, sie kann in einer asymmetrischen Beziehung jedoch auch mit einer besonderen Schutzlosigkeit einhergehen:

Basti klopft einen Rhythmus auf Roberts linkem Schenkel (ich dachte erst, er klopfe bei sich selbst!). „Hör auf Basti!", Robert muss ihn zweimal ansprechen, bis Basti mit den Worten „jetzt bin ich wieder warm" von Robert ablässt.

Nachbarschaft kann zur Qual und Demütigung werden. Der „Übergriffigkeit" Bastis kann Robert sich kaum entziehen: Er kann sich nicht aus Bastis Reichweite entfernen, da er auf seinen Sitzplatz verpflichtet ist und vor der alltäglichen Möglichkeit der Drangsalierung wird ihn auch ein etwaiges Eingreifen der Lehrerin (oder des Ethnographen) nicht bewahren können.

Hier deutet sich eine Dimension der kaum zu überschätzenden Relevanz jener „Nachbarschaften" an, die durch die Sitzordnung festgelegt werden: Die Struktur von Nachbarschaften ist bestimmt durch die Beziehung der Beteiligten zueinander, aber nicht zuletzt auch durch die räumliche Anordnung der Möbel. So ist die haptische Erreichbarkeit verschiedenartig strukturiert, je nach dem, ob die Sitzordnung durch Tischgruppen oder Tischreihen bestimmt ist. Die folgende Abbildung mag dies veranschaulichen:

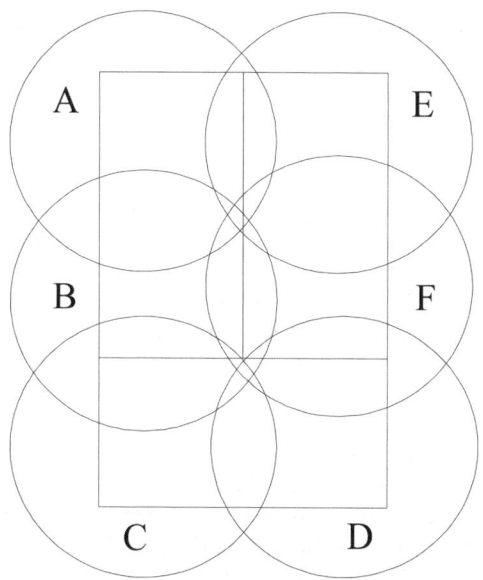

a)   Gruppentisch

Man hat „Zugriff" jeweils auf den unmittelbaren Nachbarn bzw. auf die Nachbarin. Auf dem Tisch sind zumindest ein Teil der Materialien auch der anderen Tischgruppenmitglieder erreichbar, zudem kann man sich (akustisch und visuell) mehreren gleichzeitig zuwenden.

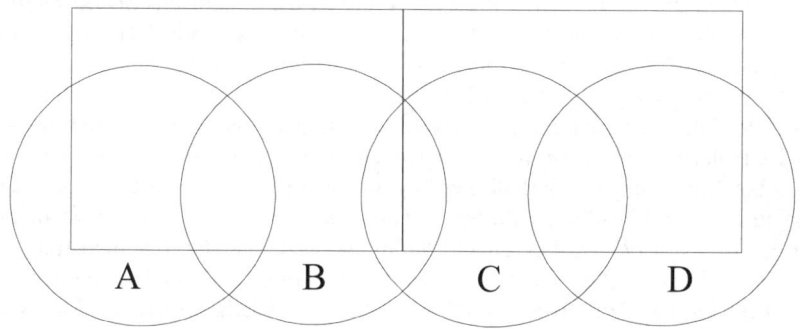

b)   Tischreihe

In diesem Fall sind die räumlichen Verhältnisse asymmetrisch gestaltet: Während B gleichermaßen auf A und C zugreifen kann, ist A auf B angewiesen. B und C, die über die doppelten Optionen verfügen, sind allerdings auch doppeltem Risiko ausgesetzt.

Wir halten fest: Hinsichtlich der haptischen Räumlichkeit ist man (in der Regel) auf die vom eigenen Sitzplatz aus erreichbaren Objekte verwiesen. Demgegenüber gibt es Strategien, den eigenen haptischen Raum zumindest kurzfristig zu erweitern und auszudehnen: Strategien, die entweder auf der Mobilisierung von Objekten oder der Mobilisierung des eigenen Körpers beruhen. Zu ersteren zählt etwa das schon erwähnte Briefchen-Schreiben, aber auch das *Weitergeben* aller Arten von Objekten, etwa Heften, Büchern, Stiften oder auch Süßigkeiten.[11] Indem man etwas `losschickt´ und zu einer ganz bestimmten Adresse im Klassenzimmer befördern lässt, hat man den eigenen haptischen Raum mit demjenigen der anderen Person verbunden.

Die strategische Ausweitung des haptischen Raumes durch die Mobilisierung von Objekten beruht auf der gezielten Kooperation einer ganzen Reihe von Beteiligten. Ein Briefchen etwa muss `von Hand zu Hand wandern´ und bisweilen komplizierte Wege durch das ganze Klassenzimmer zurücklegen. Das Weitergeben von Dingen wird unseren Beobachtungen zu Folge normalerweise nicht verweigert. Die Kooperation bei dieser Form der Erweiterung von Raum scheint zu jenen Selbstverständlichkeiten der Schülerkultur zu gehören, die man zu gegebener Zeit auch selbst in Anspruch nehmen möchte.

Die andere Strategie zur Ausweitung des haptischen Raums, die auf der *Mobilisierung des eigenen Körpers* beruht, ist noch komplizierter zu bewerkstelligen. Aufzustehen und den eigenen Platz zu verlassen kann nicht unbemerkt bleiben, es muss sich also im Rahmen des Offiziellen oder zumindest Halboffiziellen bewegen. Tatsächlich gibt es einige wenige legitime Möglichkeiten, sich während des Unterrichts von seinem Platz fort zu begeben. Diese variieren stark mit der Unterrichtsform und der Lehrperson, sie sind aber fast immer mit der Funktion des Holens oder Wegbringens von Gegenständen verbunden. Wenn sich dringend benötigte Dinge außerhalb des zugewiesenen haptischen Raums befinden, darf man unter Umständen diesen dorthin verlagern. Der `Trick´ besteht nun darin, dass die im *Holen* begründete Mobilität zusätzliche Optionen eröffnet, die „am Weg" liegen. Alles und alle, die zwischen dem eigenen Platz und etwa dem Regal liegen, aus dem etwas zu holen ist, sind kurzfristig erreichbar. Man kann einen (offiziell legitimierten) Gang durch das Klassenzimmer nutzen, um z.B.

---

11   Zum Austausch von Naschwerk in der Schulklasse vgl. Weißköppel (2001).

einen Brief persönlich zuzustellen – aber auch etwa für einen kurzen Schlag auf den Rücken eines Mitschülers im Vorbeigehen oder einen raschen Diebstahl. So etwas ist kaum zu kontern, weil das Opfer sitzen bleiben muss, während man selbst sich schon wieder entfernt hat.

> Basti kommt an unserem Tisch vorbei: Er habe André sein Handy geklaut, sagt er lachend. André findet das nicht so lustig, er bekommt es von Basti zurück, es scheint ein teures „Nokia" Gerät zu sein. Auf seinem weiteren Rückweg zu seinem Platz bleibt Basti hinter Harald stehen und flüstert ihm etwas ins Ohr. Beide lachen ausgiebig und breit. Auch als Basti wieder auf seinem Platz sitzt, blickt Harald noch zu ihm hinüber und beide lachen geradezu demonstrativ weiter.

Die Kontaktmöglichkeiten werden strategisch in die zurückzulegenden Wege eingebaut: ein kleiner Umweg, der bei einem Freund vorbeiführt, ein kurzes Verweilen an dessen Platz (wenige Sekunden!) – das sind beträchtliche Erweiterungen des eigenen Handlungsraumes, die von Basti in diesem Beispiel ostentativ gefeiert werden.

Während das Holen benötigter Gegenstände also die geläufige Legitimation für das Verlassen des Platzes darstellt, dient das Entfernen missliebiger Objekte dem gleichen Zweck, allerdings seltener – es muss einsichtig sein, dass dies keinen Aufschub duldet.

> An Andrés Brotdose klebt ein Kaugummi. Handelt es sich um die heimtückische Tat einer Mitschülerin? Von hier aus habe ich das nicht mitbekommen. Jedenfalls geht André laut schimpfend zum Papierkorb, um seine Brotdose zu säubern. Das gelingt aber nicht, er beschließt wohl, ein Waschbecken aufzusuchen, jedenfalls verlässt er den Klassenraum. Die Lehrerin lässt ihn gewähren, es ist auch plausibel, dass André das Kaugummi loswerden will. Dieses scheint jedoch am Papierkorb festgeklebt, jedenfalls zieht André mit der Brotdose einen langen Kaugummifaden durch die offene Klassenraumtür hinter sich her. Er hängt gewissermaßen noch fest am Papierkorb – das sieht schon sehr grotesk aus, ich muss lachen.

André gelingt es, seine Notlage so eindringlich in Szene zu setzen, dass sie sogar das Verlassen des Klassenzimmers zu legitimieren vermag – den größten denkbaren Mobilitätsgewinn in der Unterrichtssituation! Dass André dann doch durch die Tücke des Objekts an das Klassenzimmer gebunden bleibt, macht die Komik der Situation aus.

2.5 Zusammenfassende Überlegungen

Die Betrachtungen dieses Kapitels nahmen ihren Ausgang vom Eindruck des teilnehmenden Beobachters im Klassenzimmer, dass die räumlichen Verhältnisse von unmittelbarer Relevanz für die Strukturierung des Schülerverhaltens sind. Stillgestellten Körpern stehen schweifende Blicke, geflüsterte Unterhaltungen und wandernde Briefchen entgegen. Gesucht wurde dann nach einem Raumbegriff, der beides zu erfassen vermag: räumliche Bedingungen des Schülerhandelns und zugleich Räume als Ergebnis von Schülerhandeln. Eine solche Vorstellung von Raum entspricht der von Giddens (1995, S. 430) formulierten „Dualität von Struktur". Sie thematisiert Raum als eine Struktur, die sowohl das Medium als auch das Resultat des Verhaltens darstellt, das sie „in rekursiver Weise organisiert". Um den Raumbegriff über das (gebräuchliche) Verständnis vom Raum als Bedingung und Medium des Verhaltens hinaus zu erweitern in Richtung eines Resultats von Verhalten war an die Überlegungen von Löw (2001) zur Relationalität von Räumen anzuschließen.

Das raum-konstituierende Verhalten im Klassenzimmer wurde entlang der verschiedenen Sinnestätigkeiten differenziert, wobei sich erwies, dass die jeweils resultierenden räumlichen Optionen sehr unterschiedlich strukturiert sind. Im Bereich visueller Räume besteht die grundlegende Strukturierung in der Platzierung der Beteiligten und in deren sich überschneidenden Gesichtsfeldern. Visuelle Räume werden strukturiert durch das Blickverhalten der Teilnehmerinnen und Teilnehmer und durch die wechselseitige Beobachtung des Blickverhaltens. In der Dimension der Akustik kann die Regulierung der Lautstärke der eigenen Äußerungen als die entscheidende Form der Strukturierung von Räumen gelten. Wir haben gesehen, wie akustische Sonderräume durch Lautstärke von einem allgemeinen akustischen Raum differenziert und in diesen eingelagert werden können. Hinsichtlich haptischer Räume geht es unmittelbar um die Immobilität des Körpers innerhalb der Sitzordnung. Auf die Mobilisierung von Objekten und die (befristete) Mobilisierung des eigenen Körpers richten sich Strategien zur Erweiterung des haptischen Raums.

Ich habe die verschiedenen Dimensionen von Räumlichkeit für die Zwecke der Analyse unterschieden, um auf ihre je spezifische Strukturiertheit aufmerksam zu machen. Für die Teilnehmer jedoch stellen sich die räumlichen Bedingungen und Effekte ihres Handelns auch als ein *Zusammenhang* dar: Einerseits sind die genannten Dimensionen gleichermaßen und gleichzeitig zu beachten, andererseits ergeben sich interessante Optionen durch die Verlagerung von Aktivitäten aus der einen Raum-Dimension in die andere. Wenn sich etwa die Bedingungen für eine flüsternde Unterhaltung verschlechtern durch eine Herabsetzung des allgemeinen Geräuschpegels, mag eine Verständigung mit Blicken noch möglich sein oder die Verschriftlichung der Kommunikation als Briefchen.

Ich möchte, dieses Kapitel abschließend, den möglichen Ertrag der vorgeschlagenen Perspektive auf das Geschehen im Klassenzimmer für die Analyse von Schülerverhalten skizzieren. Es handelt sich weniger um abgeschlossene „Ergebnisse" als um eine spezifische *Heuristik*, die die ungeheure Vielschichtigkeit des Geschehens im Klassenzimmer der Analyse allererst eröffnet und bestimmte Bereiche sowohl des unterrichts- als auch des peer-bezogenen Verhaltens beobachtbar macht. Die Komplexität räumlicher Verhältnisse und die Virtuosität der Nutzung und Errichtung von Räumen durch Schüler erscheinen dabei insgesamt als eine Herausforderung, der sich die sozialwissenschaftliche Unterrichtsforschung noch kaum gestellt hat.

Zunächst einmal macht die Raumanalyse auf die *Gleichzeitigkeit* diversen Geschehens innerhalb des Klassenzimmers aufmerksam, das sich in unterschiedlichen und zum Teil voneinander unabhängigen Räumen abspielt. Die Fiktion von der Einheit des Klassenraumes löst sich auf, und die Komplexität von Abläufen in einander überlagernden Räumlichkeiten wird in den Blick gerückt. Die Analyse jeden konkreten Schülerverhaltens müsste also danach fragen, auf welche Räume es sich bezieht und welche (Form von) Räumlichkeit es konstituiert. Die Betrachtung von Unterricht ist bislang stark von der Dimension der Zeit dominiert: Unterrichtsverläufe werden in ihrer Sequenzierung oder Phasierung analysiert und Wechsel der Unterrichtsformen werden als Zäsuren im Kontinuum der Zeit beschrieben. Demgegenüber erscheint es viel versprechend, auch die räumlichen Bedingungen und Effekte verschiedener Unterrichtsformen und -situationen in den Blick zu nehmen: Wie wird Räumlichkeit jeweils strukturiert?[12] Welche „Orte" und welche Formen der „Regionalisierung" (vgl. Giddens 1995) konstituieren sie? Die hier angeführten Beobachtungen entstammen im Wesentlichen „frontalen" Unterrichtssituationen, wie sie den Unterrichtsalltag quantitativ auch deutlich dominieren. Entsprechend ist jedoch zu fragen, inwieweit andere Sozialformen des Unterrichts andere räumliche Bedingungen für das Schülerhandeln aufweisen.

Zum zweiten ist zu untersuchen, wie sich räumliches Verhalten mit der *Gestaltung von Beziehungen* innerhalb der Schulklasse verknüpft. Dabei ist etwa an Goffmans (1974) Überlegungen zu den „Territorien des Selbst" zu denken, die die Ansprüche von Personen im alltäglichen Umgang miteinander konturieren und zugleich die Gestaltung von „Beziehungen" als territoriale Zulassungen beschreiben. Im Kontext des Klassenzimmers stellen sich ganz elementare Fragen: Wie schützt man sich vor der Omnipräsenz und Zudringlichkeit der Blicke?

---

12 Vgl. Leander (2002) als Beispiel einer mikroskopischen Analyse der Errichtung und Verschiebung von „social spaces" durch die Ausrichtung von Köpfen und Aufmerksamkeitsrichtungen.

Wie nimmt man andererseits Blickkontakt auf und gestaltet diesen? Wie sind die Intimität und Exklusivität akustischer Sonderräume gegenüber den Ausgegrenzten zu handhaben und zu legitimieren? Welches sind schließlich die zu verteidigenden Grenzen des „persönlichen Raums" (Goffman 1974, S. 56 ff.) und welche Möglichkeiten ergeben sich aus der Erlaubnis zur Überschreitung dieser Grenzen?

Schließlich sei auf die Bedeutung der *Nachbarschaft* im Kontext der Schulklasse hingewiesen: Die Analysen zu räumlichen Ordnungen innerhalb des Klassenzimmers haben in allen drei angesprochenen Dimensionen auf die fundamentale Bedeutung des Nebeneinander-Sitzens aufmerksam gemacht. Wer nebeneinander sitzt wird gemeinsam wahrgenommen. Richtet sich der Blick der Lehrerin auf die Nachbarin, muss man selbst auch davon ausgehen, sich in ihrem Blickfeld zu befinden, zieht der Nachbar alle Blicke auf sich, gerät man auch selbst in das Scheinwerferlicht. Im Bereich der Akustik ist es nur die unmittelbare Nachbarschaft, die die exklusive Möglichkeit des separierten Raumes im Flüstern ermöglicht. Und hinsichtlich der haptischen Räume zeichnet sich das Nebeneinander-Sitzen durch die Möglichkeit wechselseitigen Zugriffs auf den persönlichen Besitz und den Körper des anderen aus. Dabei bleibt zu beachten, dass diese Nachbarschaft innerhalb der Sitzordnung, die ein weitreichendes aufeinander-verwiesen-Sein begründet, nur zum Teil auf Freiwilligkeit beruht. Zwar gibt es oft die Möglichkeit, diesbezüglich Wünsche anzumelden, aber die letzte Entscheidung über die Sitzordnung behält sich in aller Regel die Lehrperson vor.

Nicht nur hinsichtlich der Nachbarschaft bestimmt die *Platzierung innerhalb der Sitz-Ordnung* die je spezifischen räumlichen Bedingungen des Schülerhandelns: Die Entfernung zum Tafelbereich und zum bevorzugten Aufenthaltsort der Lehrerin (aber möglicherweise auch die Entfernung zum Papierkorb oder Regal), die Anzahl der Mitschüler im eigenen Rücken, die Möglichkeit zwischendurch einen Blick aus dem Fenster zu werfen, die Anordnung des eigenen Tisches im Verhältnis zu anderen, bis hin zur Körpergröße der unmittelbar davor sitzenden Mitschülerin, hinter der man gesehen wird oder nicht, bestimmen die spezifischen räumlichen Qualitäten eines „Platzes". Jeder einzelne Sitzplatz im Klassenzimmer erscheint als einer jener „Orte", die die Konstitution von Raum systematisch hervorbringt und die gleichzeitig „die Entstehung von Raum erst möglich machen" (Löw 2001, S. 198). Hier wären nun zahlreiche Beobachtungen zur Bedeutung der Sitz-Ordnung anzuführen, zu Prozessen der Identifizierung mit dem eigenen Platz oder der Abgrenzung von unerwünschten Nachbarschaften. Die Beobachtung von Unterricht und Schülerverhalten insgesamt dürfte an Auflösungsvermögen gewinnen, wenn sie die detaillierte Analyse räumlicher Verhältnisse im Klassenzimmer einbezieht.[13]

13　Vgl. zur Entfaltung der Bedeutung der Nachbarschaft und der Sitzordnung im Kontext der Schulklasse die weiterführenden Untersuchungen im zweiten Band der Ethnographie des Schülerjobs (Bennewitz/Meier 2007).

3. Das Problem der Langeweile

Adrienne scharrt jetzt ein wenig mit den Beinen. Es sieht aus, als wollte sie sich die Füße vertreten. Ansonsten bleibt sie – wie Denise – absolut ruhig sitzen. Adrienne dreht sich immer noch die Haare. Dann – sie merkt vermutlich, dass ich sie wieder beobachte – lehnt sie sich zu mir herüber, zeigt mir ihre Schulter, stützt den Kopf auf ihre Hand und lässt somit auch die Haare herunterfallen. Ich sehe, wie sie mit einem Stift spielt, den sie hin und her dreht. Dann dreht sie eine Karteikarte. Falco legt sich derweil ein Heftklammernhalsband um, tut so, als ob er sich (oder jemand anderes ihn) erwürgen würde. Er schneidet die Grimassen eines Sterbenden. Adrienne gähnt. Falco spielt weiter mit den Heftklammern, funktioniert sie zu einem Armreif um, den er sich anlegt. 13 Uhr 20 fragt mich Adrienne, wie spät es ist. Falco hält sich die Kette vors Gesicht, zieht Grimassen. 13 Uhr 21 wird es langsam laut. Die Stunde ist zu Ende. Die Schüler packen ein. Sie warten auf Religion bzw. Ethik. (Michael Meier)

Beobachtungen dieser Art sind alltäglich in der Unterrichtssituation, und sie scheinen zugleich banal zu sein. Die Zeichen sind leicht zu deuten: Adrienne und Falco *langweilen* sich, sie vertreiben sich die Zeit. Sie spielen mit zur Verfügung stehenden Gegenständen wie Stiften, Karteikarten oder Heftklammern um sich zu zerstreuen. Vor allem jedoch warten sie darauf, *dass die Zeit vergeht.* Falco und Adrienne beschäftigen sich mit Stiften und Heftklammern, nicht weil diese sie so sehr fesseln würden, sondern weil sie sich mit irgendetwas beschäftigen müssen, um sich von der Empfindung der zu langsam verstreichenden Zeit abzulenken.

Falco entwickelt einige Phantasie in der Variation des Spiels mit den Heftklammern. Er denkt sich einen kleinen Plot aus, der ihm Übungen in Schauspielerei und Minenspiel ermöglicht. Vielleicht hat Falco an seinem eigenen Spiel so viel Gefallen gefunden, dass es ihm gelingt – anders als der gähnenden Adrienne – seine Langeweile zu „vertreiben"? Bei Adrienne jedenfalls bleibt der Zustand des Wartens dominant: Sie erkundigt sich nach der Uhrzeit, sicher in der Hoffnung, dass der erwartete Zeitpunkt, das Stundenende, bald erreicht sein würde. 13 Uhr 20 wird zumindest diese Stunde und damit diese Situation beendet sein – auch wenn danach noch Religion bzw. Ethik auf dem Stundenplan stehen.

In einer anderen Szene scheint die Ethnographin selbst mit der Langeweile zu kämpfen:

Die Mehrheit der Kinder sieht nun gelangweilt aus. Hinten fällt ein Stift herunter, vermutlich eine Füllerkappe. Dies ist ein Ereignis, das die Blicke von Jana, Katharina und oder Daniel geradezu fesselt.
Nina und Alexa begegnen ihrer Langeweile mit Zettelschreiben.
Dann plötzlich: Es klopft an der Tür. Eine erwartungsvolle Stille. Die Blicke gehen zur Tür, sie öffnet sich langsam. Oh, es ist nur Bettina.
Das Desinteresse und die Langweile sind den Kindern geradezu ins Gesicht gemeißelt.
Und eigentlich ereignet sich nicht mehr viel anderes in dieser Stunde, als das, was ich schon aufgeschrieben habe. (Hedda Bennewitz)

Die Beobachterin deutet die „Langeweile" aus ihren Zeichen: Die Banalität der Ereignisse, die das Interesse zu wecken vermögen (ein herunter fallender Stift, ein Klopfen an der Tür) verweist auf die *Ereignislosigkeit* der Situation. Man ist dankbar, wenn *irgendetwas* passiert. Jegliches Ereignis, das mit einem kleinen Überraschungseffekt verbunden sein könnte, das der Situation eine neue Wendung geben könnte, fokussiert die Aufmerksamkeit und die Erwartungen. – Entsprechend ist man enttäuscht, als sich herausstellt, dass das Klopfen an der Tür nur von einer zu spät kommenden Mitschülerin herrührte.

Letztlich jedoch ist der Zustand der Langeweile vor allem aus den Gesichtern abzulesen. Wenn Mienenspiel und Augenbewegungen vollständig zum Stillstand kommen, wenn Gesichter „erstarren", sind das untrüglichen Zeichen eines inneren `Abschaltens´.[1] In der begleitenden Mimik zeigt sich, ob eine Beschäftigung, etwa das Spiel mit Heftklammern, mit Anteilnahme und Interesse ausgeführt wird oder *„teilnahmslos"*, das heißt ohne jegliches Engagement.

Die Zeichen der Langeweile sind allgegenwärtig, wenn man den Unterrichtsalltag in der siebten und achten Klasse beobachtet. Warten und sich die Zeit vertreiben (oder: „die Zeit totschlagen") gehören offensichtlich zu den grundlegenden Problemen von Schülerinnen und Schülern in der Unterrichtssituation. Ein Verständnis des Phänomens der Langeweile zu erlangen, erscheint unabdingbar, will man die Situation der Schülerin und des Schülers untersuchen. Was macht die Erfahrung der „Langeweile" aus und welche Bedeutung kommt ihr im Kontext der Unterrichtssituation zu?

---

1   Vgl. die videographische Studie zum „Stand-by Modus" (Mohn/Amann 2006).

Die schulische Zeit ist bekanntermaßen klar strukturiert: Es gibt „Stunden", die 45 Minuten dauern, „Doppelstunden" und „Pausen". Das Ende einer Stunde und der Beginn einer neuen sind in der Regel mit einem Wechsel der Lehrperson, des Unterrichtsfachs und des Themas verknüpft. Dies alles lässt sich dem „Stundenplan" entnehmen. Neben dieser offiziellen und organisierten Strukturierung und Rhythmisierung schulischer Zeit (und bezogen auf diese) gibt es Unterschiede und Rhythmen in der *Erfahrung* der Zeit: Die Zeit scheint schneller und langsamer zu verstreichen, sie kann in ihrem nicht-vergehen-Wollen (quälend) bewusst werden oder ganz in den Hintergrund treten angesichts `fesselnder´ Ereignisse. Diese `subjektiven´ Qualitäten des Zeiterlebens sind offenkundig keine rein „privaten" Empfindungen: Sie sind im Kontext der Unterrichtssituation *beobachtbar*. Vor allem das Bewusst-werden der Zeit, die „Langeweile", ist bisweilen mit Händen zu greifen – es scheint sich dann durchaus um ein kollektives Phänomen zu handeln.

Die folgenden Betrachtungen stellen den Versuch einer theoretischen und empirischen Näherung an die „Langeweile" dar. Damit betritt man, erstaunlicherweise, nahezu ungebahntes Gelände. Hartmut von Hentig (1987, S. 33) bezeichnet die Langeweile zwar mit Nachdruck als „die größte Plage der Schule", aber es gibt kaum Versuche, diese Plage genauer in Augenschein zu nehmen. Weite Teile der methodischen und didaktischen Reflexion richten sich auf das Wecken von *Interesse* bzw. auf das Anknüpfen an Interessen von Schülern. Auch die Pädagogische Psychologie weist zwar einen differenzierten Forschungsstand zu den Konstrukten des „Interesses" (vgl. Krapp 2001) und der „Motivation" (vgl. Rheinberg 2001) auf, aber das Gegenstück – die „Langeweile" – findet sich noch nicht einmal als Stichwort in den einschlägigen Handbüchern. Die Langeweile, so scheint es, stellt geradezu ein Tabu der Schulpädagogik dar.[2]

Es gibt einige wenige Versuche, sich der Langeweile im Unterricht empirisch zu nähern. Bei einer älteren britischen Studie, „Boredom at School" (Robinson 1975), handelt es sich um die Sekundäranalyse einer großen Schülerbefragung (Moreton-Williams/Finch 1968) bei 13- bis16-Jährigen. Robinson entnimmt die Langeweile den Angaben von Schülern und erfasst sie in einem von ihr entwickelten so genannten „bore score". Sie bildet eine Gruppe der „bored pupils" und qualifiziert diese als weniger „harte Arbeiter" (ebd., S. 148) und ablehnender gegenüber Schule eingestellt. Die „gelangweilten Schüler" korrelieren weder mit Alter noch mit Geschlecht, aber mit dem (mangelnden) Interesse von Eltern an

---

2   Eine bemerkenswerte Ausnahme bildet ein Themenheft der PÄDAGOGIK (1997), doch auch
     dort wird konstatiert, dass es „keine emprische Untersuchung (gibt), die dieses Phänomen di-
     rekt in den Blick nimmt" (Holler-Nowitzki/Meier 1997, S. 32; vgl. auch Drews 1997).

Schule. Die Autorin entwickelt ein Modell zur Beschreibung des Zusammenhangs von Langeweile mit anderen Variablen. Im Zentrum steht „boredom with school subjects", die Langeweile an Schulfächern/inhalten, als „Faktoren" gelten das Zuhause, die Eltern, Peers (zu denen keine Daten vorliegen), die Schule und Lehrer. Robinson betont letztlich die (dynamische) Interdependenz der von ihr identifizierten Faktoren für Langeweile: „within itself it is a postive feedback model" (ebd., S. 150). Das Phänomen der Langeweile selbst jedoch wird wenig erhellt – es bleibt mehr oder weniger eine `black box´. Fraglich erscheint auch, ob man die Langeweile tatsächlich mit dem Mittel der (standardisierten) Befragung in den Blick bekommen kann: Zwar kennt jeder den Zustand der Langeweile, aber wer wäre in der Lage darüber Auskunft zu geben?

Fichten (1993) widmet ein umfangreiches Kapitel seiner Studie „Unterricht aus Schülersicht" der „Langeweile im Unterricht". Schüleraussagen zu langweiligem Unterricht werden für Fichten zum Anlass, nach den Ursachen der Langeweile zu fragen. Spezifische Handlungsmuster des Unterrichts, der Lehrervortrag und die Passivität der Schüler im Zuhören werden neben der Methodenmonotonie des Frontalunterrichts als die Verursacher der Langeweile angesehen. Schließlich identifiziert der Autor ein „schulisches Langeweile-Syndrom".

> „Warten und Zuhören haben mit dem Zwangscharakter der Institution Schule zu tun. Monotonie und Passivität verursachen Langeweile; dass Langeweile aber quälend wird, ist auf die Zwanghaftigkeit der Situation zurückzuführen." (Fichten 1993, S. 144)

Fichten nennt „Schülertaktiken" und „Nebentätigkeiten" als die wesentlichen Formen der „Langeweilebewältigung" durch Schüler (ebd., S. 148f.), Graffitizeichnen von Schülern etwa gilt ihm einerseits als Ausdruck von Langeweile im Unterricht und darüber hinaus gar als eine Form der „Schul- und Unterrichtskritik" (ebd., S. 151).

Langeweile erscheint insgesamt als die natürliche Reaktion von Schülern auf monotonen Unterricht. – Ist damit nicht alles gesagt über das Problem der Langeweile? Die Erfahrung der Langeweile bleibt auch in Fichtens (1993) Analysen eigentümlich blass.[3] Die Eigenart und situative *Bedeutung* der Langeweile wird nicht kenntlich: Handelt es sich bei der Langeweile ausschließlich um eine `Reaktion´ auf die Umstände oder kann sich der Zustand der Langeweile auch verselbständigen gegenüber `eigentlich´ interessantem Unterricht? Wie geschähe dies? Gibt es möglicherweise auch einen Gewinn aus der (Darstellung von) Langeweile? Schlicht: Was hat es auf sich mit der „Langeweile"?

---

3   Einen ähnlichen Eindruck hinterlässt eine Studie von Matuschek (1999), der „Langeweile" als Ursache für „deviantes Verhalten" Jugendlicher diskutiert.

Ich werde zunächst nach der Möglichkeit der empirischen Beobachtung der Langeweile fragen und einige methodologische Probleme ansprechen. In einem zweiten Schritt widme ich mich der Phänomenologie der Langeweile, um auszuleuchten, welche Haltung, welche Einstellung zur umgebenden Welt und vielleicht auch welche Motive sich mit dem Zustand der „Langeweile" verbinden könnten. Von dort aus werde ich mich der Interpretation konkreter Beobachtungen aus dem Unterricht zuwenden, in denen Langeweile dargestellt oder benannt wird. Ein weiterer Schritt richtet sich auf die Analyse der diskursiven Verwendung der „Langeweile" in Gruppendiskussionen und in der schriftlichen Kommunikation zweier Freundinnen. Abschließend frage ich noch einmal nach der möglichen Bedeutung der Langeweile.

3.1 Langeweile erforschen?[4]

Wie wäre die Langeweile im Unterricht empirisch zu erkunden? Wenn man über die Möglichkeiten der ethnographischen Annäherung an das Phänomen der Langeweile nachdenkt, stößt man auf eine Reihe von Hindernissen:

Dem Ethnographen scheint zumindest die ›Innensicht‹, die Erfahrung der Langeweile, verschlossen. Denn der Ethnograph selbst langweilt sich nicht. Er ist immer auf der Suche nach neuen und interessanten Details und Perspektiven. Wenn er sich langweilt, liegt es sicher an ihm und seinem mangelnden Geschick bzw. seinem eingefahrenen Blick. Die Herausforderung besteht gerade darin, noch den alltäglichsten und banalsten Beobachtungen kulturanalytisches Interesse entgegen zu bringen und in der „Befremdung der eigenen Kultur" (Amann/Hirschauer 1997) die soziologische Neugier zu wecken. Letztlich richtet sich auch eine „einheimische" Ethnographie auf die Entdeckung des Exotischen im eigenen Alltag; damit teilt die soziologisch orientierte Ethnographie mit der ethnologischen das Gebot, etwas „Interessantes" zu berichten. Die Ethnographie darf vieles, aber sie darf nicht langweilig sein – sie wird nicht zuletzt an ihrem ›Unterhaltungswert‹ gemessen (zu Recht).

Die Aufmerksamkeit des Ethnographen im Feld folgt der Aufmerksamkeit der Teilnehmer und fokussiert (zunächst) nicht die Langeweile. Nach der ersten Feldphase war festzustellen, dass einige wenige Kinder im Zentrum vieler Protokolle standen, nämlich diejenigen, die das Interesse und die Aufmerksamkeit auf sich zogen, die expressiver, ungewöhnlicher, vielfältiger und ›lauter‹ agierten als

---

4 Einige der nachfolgenden Überlegungen gehen auf einen gemeinsamen Vortrag mit Michael Meier und Elisabeth Mohn am 14. 2. 2003 (Tagung der Sektion „Wissenssoziologie" der Deutschen Gesellschaft für Soziologie) in Berlin mit dem Titel „Ethnographie und Langeweile" zurück.

andere. Der Anspruch jedoch, auch die leiseren, gewöhnlicheren und unauffälligeren Aspekte der Normalität einer Schulklasse in den Blick zu bekommen, führte dazu, dass Michael Meier ein neues Vorgehen entwickelte: „Weiterhin habe ich mir vorgenommen, heute mal `invers´ zu beobachten, d.h. nicht unbedingt dort, `where the action is´, sondern im Gegenteil dort, wo mich die langweiligen Schüler anöden werden" (aus einem Memo) (vgl. auch Meier 2004).

Außer der quasi natürlichen Orientierung des Ethnographen an Aktionen, Aktivitäten und `Berichtenswertem´ steht der Beobachtung der Langeweile noch ein weiteres Hindernis entgegen: Der Ethnograph selbst dient im Feld der Vertreibung der Langeweile. Sein Beitrag zur Unterhaltung ist vermutlich der wichtigste `Tauschartikel´, den er anzubieten hat (für die Befriedigung seiner Neugier). Mit anderen Worten: Wo der Ethnograph auftaucht, ist die Langeweile schon verschwunden. – Mit dem Ethnographen Kontakt aufzunehmen, ihn zu fragen, was er denn da schreibt oder wie er dies und jenes findet, ist ein probates Mittel, sich ein wenig Abwechslung zu verschaffen.

Schließlich sind dem Phänomen der Langeweile selbst zwei Merkmale eigen – und das ist vielleicht die größte Herausforderung – die einer sozialwissenschaftlichen Erforschung entgegen zu stehen scheinen. Das ist einerseits ihre *Non-Verbalität*: Langeweile lässt sich nicht aufzeichnen (jedenfalls nicht mit dem Tonbandgerät), sondern allenfalls beschreiben. Es ginge also dieser Einschätzung zu Folge darum, das Phänomen der Langeweile allererst zu versprachlichen, oder (für die Sozialwissenschaften) `zur Sprache zu bringen´ (vgl. Hirschauer 2001).[5] Andererseits erscheint die Langeweile als ein schlechthin asoziales Phänomen: Man langweilt *sich*, es scheint um eine rein subjektive Empfindung zu gehen, die noch dazu die Isolation des Subjekts von seiner Umwelt beschreibt – den Rückzug aus der Situation, den Mangel an Anziehung und Anknüpfung. Die Herausforderung besteht darin, die Langeweile als das *kollektivierte* und *kommunizierte* Phänomen zu begreifen, das sie im Rahmen der Unterrichtssituation offenbar ist.

Ohne die aufgeführten Hindernisse einer empirischen Annäherung an die Langeweile aus dem Weg räumen zu können, ist zu hoffen, dass sich in der Auseinandersetzung mit diesen Hindernissen einiges über die Eigenart der „Langeweile" zeigen wird.

---

5   Sich der Herausforderung zu stellen, die die „Schweigsamkeit des Sozialen" (Hirschauer 2001, S. 447) bildet, könnte aber auch eine wichtige Erweiterung des sozialwissenschaftlichen Blicks bedeuten: „Ohne die Fixierung auf verbale Daten verändert sich unser Bild des Sozialen".

3.2 Zu einer Phänomenologie der Langeweile

Vermutlich aus den genannten Gründen taucht die Langeweile in unseren Beobachtungsprotokollen selten explizit auf. Die wenigen Stellen, die als eine Exploration des Phänomens der Langeweile gelesen werden können, gehen auf einen Rollenwechsel zurück: Wenn aus dem teilnehmenden *Beobachter* ein (sich selbst beobachtender) *Teilnehmer* wird, stößt er auf jenen Zustand, der wohl als „Langeweile" zu begreifen ist.

Das folgende Protokoll stammt von einem Tag, an dem ich nicht die zwei bis drei Stunden in der Schule verbrachte, die üblicherweise unseren „Feldaufenthalt" bildeten, sondern bewusst einen ganzen Schultag. Gegen Ende fiel es schwer, das (professionelle) Interesse an dem Unterrichtsgeschehen `wach´ zu halten:

> Ich finde es langsam wirklich quälend. Sophie fallen die Augen zu. Uta schlägt ihr über zwei Tische hinweg „Streichhölzer" vor (um die Augenlider zu fixieren). Ich denke mir: Langsam reicht´s. Freitag, 5. Stunde. – Zum Glück ist das Fenster offen! Eine Efeu-Ranke wächst dort fast herein. Auf der Fensterbank liegt Bettinas Rose – was es damit wohl auf sich hat?
> Jetzt ist noch etwas von der Tafel abzuschreiben:
> *„a) Vorgangspassiv*
> *Eine Kordel wird an einem Besenstiel befestigt.*
> *b) Zustandspassiv*
> *Die Kordel ist am Besenstiel befestigt. "*
> Eine Hausaufgabe zu Mittwoch ist noch zu notieren, dann ist Schluss. Ein paar Minuten früher, denn Herr Deutsch hat Pausenaufsicht!

Die Gedanken „schweifen ab". Man sucht herum, aber man findet nichts, auf das man seine Aufmerksamkeit und sein Interesse fokussieren könnte – jedenfalls nicht dauerhaft und nicht ernsthaft. Sinnhaftigkeit und Kohärenz der Situation lösen sich auf, einer Situation allerdings, an die man gebunden bleibt. Als Rettungsanker zur Fixierung der eigenen Aufmerksamkeit erscheint hier ein Tafelanschrieb des Lehrers, den man immerhin abschreiben kann – und der es ironischerweise erlaubt, darüber nachzusinnen, ob man selbst sich wohl eher in einem „Vorgangspassiv" oder „Zustandspassiv" befindet. Seltsam unwirklich, irreal erscheint eine Situation, die man nurmehr *aushält* und die wesentlich durch *warten* gekennzeichnet ist.

Diese (Selbst-)Beobachtungen vermögen vielleicht erste Hinweise darauf zu geben, worin der Zustand der „Langeweile" besteht, doch für das weitere Nachdenken über Langeweile soll noch etwas ausgeholt werden. Das Phänomen der Langeweile ist zwar kaum Gegenstand sozialwissenschaftlicher Untersuchung, aber die literarische und philosophische Beschäftigung mit der Langeweile weist eine lange und reiche Tradition auf. Von der mittelalterlichen „acedia" (Trägheit), einem der Hauptlaster, das die Mönche zu bekämpfen hatten, über die frühneuzeitliche „melancholia", die eines der grundlegenden „Temperamente" des Menschen bezeichnet, bis hin zur existenziellen „Langeweile", die Denker und Literaten des 19. Jahrhunderts beschäftigt hat, können Vorläufer und Verwandte des Phänomens der Langeweile gefunden werden (vgl. Bellebaum 1990). Die Genese unseres heutigen Verständnisses von Langeweile lässt sich in der Literatur der Aufklärung entdecken, als es zu einer „Subjektivierung und Verinnerlichung des Langeweile-Verständnisses" kommt (Völker 1975, S. 89). Tätig-Sein und (äußere) Unterhaltung reichen nicht mehr hin, um der Langeweile zu entkommen, sondern es rückt jetzt auch eine Langeweile des „Überdrusses" in den Blick.[6] Bei Kierkegaard und Schopenhauer wird die Langeweile als Signum der Moderne greifbar, als Kreislauf der Produktion und Erfüllung immer neuer Bedürfnisse, der letztlich Leere hinterlässt (vgl. Bellebaum 1990, S. 57ff).

Die wohl weitreichendsten und intensivsten Betrachtungen zur Langeweile finden sich bei Martin Heidegger (1983). Dieser beschäftigt sich in einer berühmten Vorlesung aus dem Jahr 1929/30 ausführlich mit einer Phänomenologie der Langeweile, um das Wesen der Zeitlichkeit als solcher zu ergründen und um jene „tiefe Langeweile" zu erkunden, die ihm als „Grundstimmung des Philosophierens" gilt.

Worin besteht die „Langeweile"? Heidegger (1983, S. 126) schreibt: „Langweilig – wir meinen damit: schleppend, öd, es regt nicht an und regt nicht auf, es gibt nichts her, hat uns nichts zu sagen, geht uns nichts an." Er fährt fort, die Begriffe auszudeuten: „schleppend besagt: es fesselt nicht; wir sind hingegeben, aber nicht hingenommen, sondern eben nur *hingehalten*" (ebd., S. 130, Hervorhebung im Original). Die *Hingehaltenheit* ist für Heidegger eines der beiden zentralen Bestimmungsstücke der Langeweile. Das andere ist die *Leergelassenheit*: „öde besagt: es füllt nicht aus, wir sind *leergelassen*" (ebd., S. 130). „Leergelassen" heißt aber nicht, dass da nichts wäre: „Obgleich die Dinge vorhanden sind, lassen sie uns leer"(ebd., S. 154). Dies hängt mit der *Zeit* zusammen: Die Dinge werden durch die zögernde Zeit gezwungen, sich uns zu versagen. „Die Dinge können nur leer lassen in eins mit dem Hinhalten, das von der Zeit ausgeht" (ebd., S. 158). Das Gelangweilt-Werden insgesamt stellt sich als „eine eigentümlich *lähmende Betroffenheit vom zögernden Zeitverlauf und von der Zeit überhaupt*" dar (ebd., S. 148). – Es würde an dieser Stelle zu weit führen, Heideggers Ausführungen zum Wesen der Zeit zu verfolgen, aber soviel verdient festgehalten zu werden: In der Langeweile wird man sich der Zeit in spezifischer Weise bewusst, man bemerkt sie erst im Nicht-vergehen-wollen.

---

6   Ein solcher Überdruss hat etwa in dem seiner Studien müden Faust eine berühmte Ausdrucksgestalt gefunden (vgl. Goethe, Faust I, Vers 354ff.).

Heidegger (1983, S. 138f.) unterscheidet das „Gelangweilt-werden von ...“ und das „Sich-langweilen bei...“: „Während man bei diesem noch festgehalten ist bei dem Langweiligen, hat sich bei jenem schon „eine gewisse Ablösung vom Langweiligen vollzogen“. Im Sich-langweilen bezieht sich die Langeweile „nicht nur auf das bestimmte Langweilende, sondern legt sich über mehreres, anderes: alles wird langweilig“. Das „Gelangweilt-werden von ...“ ist an eine bestimmte Situation, an spezifische Umstände gebunden; demgegenüber geht das „Sich-langweilen bei ...“ stärker vom Subjekt aus und kann auf beliebige Situationen ausgreifen. – Hat man es in der Schule auch mit dieser zweiten, weiter reichenden und in gewissem Sinne `verselbständigten´ Form der Langeweile zu tun?

Was ist mit diesen Betrachtungen gewonnen? Die Heideggersche Phänomenologie ist offensichtlich nicht auf soziale Zusammenhänge gerichtet, sondern auf die Bestimmung der Langeweile als subjektiver (aber: allgemein menschlicher) Erfahrung. Die Langeweile erscheint wesentlich als Kategorie des Selbstverhältnisses bzw. des Verhältnisses zur „Welt“. Insofern wechsele ich die Ebene der Betrachtung, wenn ich im Folgenden Szenen der *Darstellung* von Langeweile untersuche. Es geht in den folgenden Beobachtungen weniger um die `Innensicht´ der Langeweile, als um deren Darstellung, Zitierung und Aufführung, wenn man so will: um die *Verwendung* der Langeweile im Kontext der Unterrichtssituation. Es wird sich zeigen, dass die Langeweile in der Unterrichtssituation durchaus ein soziales, das heißt geteiltes und kommuniziertes Phänomen ist. Dabei bleibt die Darstellung der Langeweile jedoch bezogen auf die *Erfahrung* der Langeweile. Denn mit der „Langeweile“ wird ein spezifisches Verhältnis zur Situation und zu den Dingen zum Ausdruck gebracht – ein Verhältnis, das mit den Merkmalen des zugleich „Hingehalten-“ und „Leergelassen-“ Seins beschrieben werden kann.

3.3 Langeweile zeigen und benennen

Die Ethnographin beobachtet drei Freundinnen im Lateinunterricht.

> Die Drei melden sich nicht, sind aber aufmerksam, denn sie haben offensichtlich einen Fehler, den alle drei sofort korrigieren. Nun sitzt jede für sich, den Kopf in Richtung Heft. Nur Alexa macht einen irgendwie gelangweilt-jugendlichen Eindruck. (Allerdings haben die drei, mindestens aber Alexa und Nina, meine Beobachtungen bemerkt, immer wieder haben sie geguckt, ob ich gucke und ich bin mir nicht so sicher, ob die Langeweile nur für mich ist?!) (Hedda Bennewitz)

Was meint „gelangweilt-jugendlich“? Und wie kommt die Beobachterin zu der Vermutung, die „Langeweile“ könne „für sie“ sein? Die Ethnographin kontrastiert drei Schülerinnen, die „aufmerksam" wirken und offenbar `bei der Sache´ sind, mit ihrem Eindruck von Alexa, die wohl auch ihre Pflicht erfüllt, aber aus einer anderen, nämlich „gelangweilt-jugendlichen" Haltung heraus. Zugleich spekuliert die Beobachterin, dass diese Haltung Alexas bewusst inszeniert und explizit als solche der Beobachterin präsentiert sein könnte. Welches Motiv würde sich mit einer solchen *Darstellung* von „Langeweile" verbinden?

Wer sich „langweilt" nimmt ein spezifisches Verhältnis zur Welt ein. Langeweile impliziert zugleich ein Leiden an den Verhältnissen – ein `Gefangen-Sein´ – und ein Sich-darüber-erheben, eine innere Distanz. Alexa signalisiert, dass sie zwar tut, was sie tun muss (wie die anderen zwei) – aber *ohne Interesse und Anteilnahme*. Sie zeigt, dass ihr Tun den Charakter der Pflichterfüllung trägt und nicht mit ihrer „Person" in Verbindung zu bringen ist – mit ihren eigenen Interessen, ihren Motiven, ihren Gedanken. Die Situation langweilt sie zwar, andererseits kann diese ihr nichts anhaben.

In der Art und Weise, *wie* sie es tut, distanziert sich Alexa von dem, *was* sie tut. Sie markiert mit ihrem „gelangweilten" Habitus zugleich eine Differenz zu dem „Eifer", mit dem die anderen beiden ihren Schülerinnen-Pflichten nachkommen. In dem distanzierten Umgang mit der Pflicht, der auf der Unabhängigkeit der eigenen Person beharrt, liegt wohl auch das Moment des „Jugendlichen" in Alexas Langeweile.

Eine ähnliche Beobachtung einer zur-Schau-gestellten „Langeweile" findet sich in dem Protokoll einer Sozialkunde-Stunde derselben Klasse. Es läuft eine „Zukunftswerkstatt" zum Thema „Schule" und die Schülerinnen und Schüler hatten in der letzten Stunde in Form von Gruppenarbeit ihre „Utopien" zu verschiedenen Aspekten einer zukünftigen Schule gesammelt (vgl. auch Kapitel 4.4). Jetzt müssen die Ergebnisse dieser Gruppenarbeit dem Plenum der ganzen Klasse vorgestellt werden. Ich beobachte Marlene:

> Frau Matthes kommt dann auch schnell zur Sache: „Vier Gruppen sind es, es müssen jetzt vier Blätter an die Tafel gebracht werden." Sie zeigt dazu die Magnete, die sie mitgebracht hat. Marlene ist die erste, die das Ergebnis ihrer Gruppe anbringt. Ein Blatt mit großer Schrift, in rosa, aber so, dass ich es von meinem Platz gut lesen kann:
> Unterrichtsgestaltung
> - *Babys wird kurz nach der Geburt ein Chip eingepflanzt (gesamtes Wissen gespeichert, Bspl.: Naturwissenschaften)*
> - *Schüler besuchen Schule, um ihr Wissen zu verstehen und anzuwenden*
> - *Schule wird 1mal in der Woche besucht*
> - *„Chatten" mit dem Lehrer und Klassenkameraden von zu Hause per Laptop (wegen eventueller Fragen etc.)*
> Als Marlene an ihren Platz neben Mechthild zurückkehrt, schaut sie (demonstrativ) „gelangweilt" (hochgezogene Augenbrauen).

Ähnlich wie bei Alexa vermutet der Beobachter die *Darstellung* von „Langewei-le". Er benennt mit den *hochgezogenen Augenbrauen* auch das mimische Mittel dieser Darstellung. Wiederum ist die Darstellung der Langeweile als Mittel der Distanzierung vom eigenen Tun zu interpretieren. Frappierend ist der Kontrast zwischen der Aufgabe, die fordert eigene Wünsche und Phantasien bezüglich der Gestaltung von Schule zu artikulieren, und Marlenes expliziter Darstellung von Langeweile. Marlene zeigt ihrer Freundin Mechthild (und dem Ethnographen), dass sie sich keineswegs identifiziert mit dem, was sie gerade vorne an der Tafel angebracht hat. Es handelt sich für Marlene eben *nicht* um ihre persönlichen Wünsche oder Ideen, sondern schlicht um ein Arbeitsergebnis, das sie im Rah-men ihrer Schülerinnen-Pflichten erstellt hat und zu präsentieren gezwungen ist. Dieser entscheidende Hinweis zur Rahmung der Situation, der die Interpretation von Marlenes Arbeit komplett verschiebt, ist in der winzigen Geste Marlenes, in der minimalen Darstellung ihres „Gelangweilt-Seins" enthalten.[7]

Während es sich in den beiden Szenen am Humboldt-Gymnasium um kleine non-verbale Zeichen der „Langeweile" handelt, die die diffizile Rahmung von Schülerinnen-Tätigkeiten beinhalten, liegen aus dem Unterricht der Ellen-Key-Gesamtschule Beobachtungen vor, in denen Langeweile explizit (und expressiv) angesprochen wird.

Den Rahmen einer solchen Szene bildet die Freiarbeit. Die Schüler gehen unterschiedlichen Aufgaben nach. Robert plagt sich mit der Lektüre einer zu-sammenfassenden Darstellung des Nibelungenliedes. Die Kenntnis der Inhalte des Nibelungenliedes wird in der darauf folgenden Deutschstunde in einem Test abgefragt werden. Als ich nach einem kurzen Rundgang durch die Klasse an Roberts Tisch zurückkehre, werde ich Zeuge der folgenden kleinen Szene:

Frau Schenk sitzt noch bei Susanne. Robert, immer noch über das Nibelungenlied gebeugt: „Oh Shit, ist das langweilig!"

Anders als in den Szenen mit Alexa und Marlene geht es hier weniger um einen diskreten Hinweis, der das eigene Tun zum Zwecke der Etablierung einer Dis-tanz rahmt. – Robert kann sich sicher sein, dass er nicht etwa unter dem Ver-dacht steht, mit der Lektüre des Nibelungenliedes zu stark identifiziert zu sein. In dieser Szene ist eher die *Explizitheit* der Benennung von „Langeweile" bemer-kenswert und die Verbindung mit dem Fluch – zumal in Anwesenheit der Lehre-rin. (Frau Schenk ist allerdings nicht die Deutschlehrerin. Sie äußert im weiteren

---

7   Die Interpretation etwa des Blattes als Manifestation authentischer Wünsche von Schülerinnen würde hier offenbar in die Irre führen, wäre aber möglich, wenn man den rahmenden Hinweis nicht beachtet, der hier in der Art der Durchführung, in dem *Wie*, enthalten ist.

Verlauf sogar ein gewisses Mitleid mit Robert und seiner Aufgabe, von der sie ihn aber natürlich nicht befreien kann.)

Es geht hier nicht um die gewöhnliche, alltägliche Langeweile im Unterricht, die erwartbare Langeweile, auf die man eingestellt ist, sondern um die Markierung der außergewöhnlichen Zumutung, die diese Aufgabe in Roberts Augen darstellt. Das Ausmaß des Desinteresses, das Exorbitante seiner Langweiligkeit lässt das Nibelungenlied herausragen aus dem Alltag des Unterrichts. Robert staunt gewissermaßen, wie weit die Zumutungen des Schülerseins gehen können und nährt daraus seine Flüche – wohl wissend, dass er mit der expliziten Benennung von Unterricht als „langweilig" an ein Tabu rührt!

Das Spiel mit der Tabuisierung der Langeweile wird noch deutlicher in einer Szene mit Basti und Harald. Der Unterricht befindet sich zu diesem Zeitpunkt schon im Zustand der Auflösung:

> Basti läuft durch den Raum, Falco auch. Sie spielen Showdown, schießen aufeinander. Basti ruft dann in die Klasse: „Habt ihr auch so Langeweile wie ich?!" Harald brüllt: „Ja." Basti kommt zu mir herüber gelaufen, redet mit uns, sieht mich schreiben und sagt: „Das sollen Sie aber nicht aufschreiben, Mensch, man kriegt doch einen schlechten Eindruck von uns, Mensch!" Ich schreib's auf, Basti liest es und verbessert mich, zeigt auf das letzte ‚Mensch' und sagt: „Ich hab ‚Mann' gesagt". Ich streiche das ‚Mensch' durch und schreibe ‚Mann' drüber. Basti grinst und zieht wieder ab. (Er hat wohl wirklich „Mann" gesagt.) (Michael Meier)

Die Destruktion des Unterrichts ist schon weit voran geschritten, als Basti es auf den Punkt bringt: „Habt ihr auch so Langeweile wie ich?" Damit *expliziert* er einerseits die Situation: All die Aktivitäten einschließlich des Feuergefechtes müssen als Ausdruck von „Langeweile" verstanden werden. Zugleich enthält Bastis Ausruf in seiner *Form* das Dementi, die Aufhebung der Langeweile – Er gibt das Startsignal zur „Party". Basti zitiert den apellativen Charakter der Anrufung des Publikums bei einem Rock-Konzert oder einer Show („Seid ihr auch so gut drauf wie ich?") – Harald greift diese Rhetorik auf, übernimmt die Rolle des Publikums und brüllt „Ja"! Basti und Harald inszenieren den Übergang von Unterricht in eine Show-Veranstaltung unter dem Zeichen der „Langeweile".

Mit der öffentlichen und unüberhörbaren Benennung der Langeweile verletzt Basti jedoch eine Grenze. Die Exponiertheit dieser Szene drückt sich auch darin aus, dass Basti den Ethnographen auffordert, sie nicht zu notieren. – Zugleich weiß Basti, dass er sie durch ein Verbot für den Ethnographen erst recht interessant macht. Er verlangt dann ja auch nicht etwa, auf die Notiz zu verzichten, sondern verbessert nur ein unwesentliches Detail. In dem (ironischen) Beharren auf der „Korrektheit" der ethnographischen Notiz zeigt sich Bastis ganze Raffinesse, was die Erzeugung von Aufmerksamkeit und das Spiel mit Erwartungen betrifft. – Im Effekt jedenfalls hat Basti durch seine Intervention beim Beobachter die voraus gegangene Szene als notierenswert markiert.

Doch was ist es, was Bastis Ausruf so anstößig macht? Jeder weiß, dass schulischer Unterricht immer wieder und regelmäßig mit Langeweile einhergeht. Es gibt (in den Augen der Teilnehmer) unvermeidliche Anteile der Langeweile in jedem Unterricht, die als solche zwar auch legitimationsbedürftig sind, aber eben letztlich als hinzunehmen gelten.[8] Wenn der Unterricht aber vollständig und pauschal als „langweilig" eingestuft wird, stellt das ein drastisches Verdikt dar. Der Unterricht hätte seine grundlegende Aufgabe – Schüler für die Unterrichtsgegenstände zu interessieren – nicht erfüllt.

Wenn Basti sich öffentlich und lautstark über seine „Langeweile" beschwert und zudem noch Zustimmung zu dieser Kennzeichnung der Situation einfordert, dann sind alle Bemühungen um Unterricht an ein Ende gelangt. Basti macht die Lehrerin und ihren Unterricht für sein Verhalten und das seiner Mitschüler verantwortlich. All die Aktivitäten, Clownereien und Schauspieleinlagen Bastis entspringen ja der „Langeweile" – der Notwendigkeit, die Zeit auszufüllen und die Situation (irgendwie) zu gestalten.

Basti benennt die Grundlage und Rechtfertigung für alles, was Schüler während der Unterrichtssituation außerhalb der Unterrichtsaufgabe tun. Die „Langeweile" ist der Grund dafür, dass Schüler sich (anderweitig) beschäftigen.

Dieser Zusammenhang ist bekannt und wird weithin akzeptiert. Doch ebenso weitreichend ist der Konsens, dass die grundlegende Bedeutung, die die Langeweile für das Schülerhandeln besitzt, als solche nicht expliziert wird. Eine Explikation der Langeweile ist brisant. Sie würde die Arbeitsgrundlage schulischen Unterrichts gefährden. Denn der Arbeitskonsens besteht darin, dass Schülerinnen und Schüler ihren Pflichten nachkommen, *obwohl* es (bisweilen) langweilig ist. Sie nehmen die Langeweile in Kauf und richten sich darauf ein – und im Gegenzug lässt die Lehrperson sie in Ruhe. Schülerinnen und Schüler dürfen sich (in einem gewissen Rahmen) die Langeweile während des Unterrichts vertreiben, solange sie gleichzeitig ihren Schülerjob erfüllen. Die Langeweile selbst wird dabei von den Beteiligten nicht thematisiert.[9] – *Diesen* Konsens verletzt Basti, als er ruft: *„Habt ihr auch so Langeweile wie ich?!"*

---

8 So wurden etwa zähe und langweilige Stunden des Öfteren von der Lehrperson gegenüber den Beobachtern mit dem Hinweis versehen, dass es sich dabei um „Grundlagen" gehandelt habe.

9 Mit dieser unterrichtsalltäglichen Entthematisierung der Langeweile dürfte letztlich auch ihre schulpädagogische Nicht-Thematisierung zusammen hängen.

3.4 Langeweile erörtern

Kerstin Jergus: Vielleicht könnt ihr ja noch was über Langeweile im Unterricht erzählen?
(4 sec.) Kichern.

Anders als in der Unterrichtsinteraktion selbst und im Beisein der Lehrperson, wo die Langeweile weitgehend tabuisiert ist, stellt die Langeweile in den Gesprächen von Schülerinnen und Schülern untereinander durchaus ein Thema dar. Dennoch ist das zitierte Kichern verständlich, als die Forscherin im Rahmen einer Gruppendiskussion auffordert, etwas „über Langeweile im Unterricht" zu erzählen. Was soll man über die Langeweile „*erzählen*"?

Im weiteren Verlauf dieser Gruppendiskussion kommen die Mädchen dann doch noch auf die Langeweile zu sprechen, allerdings nicht in narrativer Form, sondern, indem sie „Langweiligkeit" als Merkmal von Fächern, Lehrpersonen und Themen diskutieren. Bettina tut sich zunächst etwas schwer in der Benennung der Langeweile:

Bettina: Naja, vielleicht noch Deutsch, also, wir, bei uns hat (räuspert sich), mitten im Jahr der Lehrer gewechselt, vorher war Deutsch, also richtig, also na ja, so langweilig, und die ist dann, die war richtig langweilig, und (jemand vom Flur hat die Tür geöffnet, der Lärm tost hinein) jetzt und jetzt macht der Lehrer, bei dem ist's jetzt, na ja, zwar nicht mehr so langweilig, aber der macht alles immer so durcheinander, und weil, na ja, der hat da halt so seine Themen, und da, eigentlich das, was wir irgendwie mal länger vielleicht behandeln müssten, oder wo sich mal alle, na ja, ich weiß nicht, was er mal ausführlicher behandeln sollte, das macht er immer so bloß ganz kurz und gibt uns da mal paar Stichworte und so und das, was dann irgendwie alle als extrem langweilig empfinden, das zieht der dann ewig raus.

(...)

Alice: Naja, ich find ja eigentlich, na ja, jetzt so Geographie und Geschichte find ich eigentlich jetzt gar nicht so schlimm, weiß nicht, find ich irgendwie interessant, aber die anderen nicht so.

Bettina: Na, doch, ich find Geographie das ist jetzt eigentlich nicht, dass das Fach an sich irgendwie langweilig ist oder so, das liegt dann manchmal auch an Lehrern, wie jetzt, also Geographie, gut die Lehrerin, die geht immer noch, aber Geschichte?

Alice: Ist gar nicht so schlimm.

(...)

Kerstin Jergus: Was macht euch Spaß? Also, wenn ihr sagt, allen, allen anderen?

Bettina(?):   Naja, es kommt halt auch aufs Thema an, und auch, ich find's zurzeit auch ziemlich langweilig.

An diesem kleinen Ausschnitt aus einer Gruppendiskussion lassen sich einige Merkmale der *diskursiven* Verwendung der „Langeweile" beobachten: Zunächst ist festzuhalten, dass die Klassifizierung als „langweilig" immer abwertend ist, „langweilig" bezeichnet eine negative, abgelehnte Seite (des Unterrichts) und ist nur durch „extrem langweilig" zu steigern.[10]

Vor diesem Hintergrund eines grundsätzlich pejorativen Bezugs auf „Langeweile" werden Differenzierungen artikuliert, etwa in der Formulierung *„ich find's zurzeit auch ziemlich langweilig"*. Die Empfindung der Langeweile wird hier als persönliche markiert und durch die Zeitangabe und Modalisierung eingeschränkt. Damit kontrastiert eine Formulierung wie *„was dann alle als extrem langweilig empfinden"*. Hier wird mit dem Bezug auf den Konsens „aller" und die Steigerung ins „Extreme" diese Langeweile als ein deutliches und anzuerkennendes Problem herausgestellt.

Außer solchen Differenzierungen sind aber vor allem Bemühungen um *Relationierungen* der Langeweile zu beobachten und die Erörterung der Frage, was genau langweilig ist, das heißt, welcher Dimension des Unterrichts die Langeweile *zuzuschreiben* ist: a) dem Fach, b) der Lehrperson oder c) dem Thema. Hinsichtlich dieser Frage zeichnen sich folgende Feststellungen ab:

a)   Es gibt langweilige *Fächer*. Doch die Klassifizierung von Fächern als „langweilig" (oder „interessant") differiert in der Schülerschaft, sie hängt mit persönlichen Interessen und Vorlieben zusammen (*„Geographie und Geschichte find ich eigentlich jetzt gar nicht so schlimm, weiß nicht, find ich irgendwie interessant, aber die anderen nicht"*).

b)   Auch interessante Fächer können durch langweilige *Lehrpersonen* `verdorben´ werden (*„Geographie das ist jetzt eigentlich nicht, dass das Fach an sich irgendwie langweilig ist oder so, das liegt dann manchmal auch an Lehrern, wie jetzt, also, Geographie"*). Hinsichtlich der Einschätzung von Lehrpersonen als „langweilig" herrscht ein größerer Konsens, d.h. die Verständigung zielt auf die Herausbildung einer Übereinstimmung über die als „langweilig" einzustufenden Lehrpersonen.

c)   In jedem Fach gibt es interessantere und langweilige *Themen*. Das gilt tendenziell als unvermeidbar, die Frage ist, wie lange man sich mit langweiligen Themen beschäftigen muss (*„was er mal ausführlicher behandeln sollte, das macht er immer so bloß ganz kurz und gibt uns da mal paar Stichworte und so und das, was dann irgendwie alle als extrem langweilig empfinden, das zieht der dann ewig raus"*.)

Langeweile erscheint insgesamt als notwendiger, unvermeidlicher Bestandteil von Schule. Man hat sich (jedenfalls im 7./8. Schuljahr) darauf eingestellt, im-

---

10   Diese grundlegende Beobachtung gilt über alle Gruppendiskussionen und Interviews hinweg: Wir haben keine affirmativen Bezüge auf „Langeweile" gefunden.

mer wieder langweiligen Themen und Lehrpersonen ausgesetzt zu sein. Dies ist in gewisser Weise schicksalhaft und zum Beispiel mit der Zuteilung von Lehrern verbunden, auf die man keinen Einfluss hat. Es erscheint auch wenig sinnvoll, gegen Langeweile etwa zu opponieren oder gar zu rebellieren, im Prinzip können weder Lehrpersonen noch Themen etwas dafür, dass sie „langweilig" sind. Im Wesentlichen können auch weder Lehrpersonen noch Themen etwas daran ändern, dass sie langweilig sind.

Langeweile ist aber nicht nur wegen der naturgegebenen Langweiligkeit einiger Lehrpersonen und Themen notwendiger Bestandteil von Schule, sondern auch – jetzt in der Perspektive des Beobachters – aus *klassifikatorischen* Gründen. Zunächst ist festzuhalten, dass die Klassifikation als „langweilig" als Gegenstück die Möglichkeit des „Interessanten" impliziert. Das heißt, es gibt Fächer, die (potentiell) interessieren, Lehrpersonen, die den Unterricht abwechslungsreich gestalten und Themen, denen man etwas abgewinnen kann. Sofern man die Beschreibung des Erlebens von Unterricht qualifizieren will, bietet sich das Gegensatzpaar „langweilig – interessant" an.[11] Es geht darum, die Wahrnehmung und das Urteil zu differenzieren: Unterricht ist nicht gleich Unterricht, sondern es lassen sich auch in Schüleraugen deutliche Unterschiede benennen, die weitgehend in dem Schema „interessant-langweilig" zusammengefasst werden können.

Entscheidend ist die *Verständigung* über diese Einschätzungen. Es muss kein vollständiger Konsens erzielt werden (Vorlieben für Fächer können differieren), aber die Empfindung der Langeweile ist keine „Privatangelegenheit": Man muss „Gleichgesinnte" finden, die das Thema oder die Lehrerin ebenfalls „langweilig" finden. – Die normale Tendenz zur Vergewisserung über gemeinsame Deutungen der Welt dürfte sich bei der Einschätzung von etwas als „langweilig" verstärken, weil diese Klassifikation auf einen selbst zurück zu fallen droht. Wenn ich der einzige sein sollte, der dieses Thema „langweilig" findet, dann könnte es an mir liegen, an meinem Unverständnis oder an meiner Interesselosigkeit. Wenn jedoch auch alle anderen, oder jedenfalls die relevanten anderen, sich ebenfalls bei diesem Thema langweilen, dann kann ich sicher sein, dass es am Thema liegt. Die Verständigung über die Langweiligkeit einer Situation muss nicht explizit und verbal erfolgen, es reicht ein Blickwechsel, hochgezogene Augenbrauen oder ein (simuliertes) Gähnen.

Die Verständigung über die Langeweile kann aber auch expliziert werden, wie in dem folgenden Auszug aus einem „Briefbüchlein". Dieses dient den Freundinnen Alexa und Sophie dazu, während des Unterrichts schriftlich mitein-

---

11   Insofern wird jede Befragung von Schülerinnen und Schülern zu ihren Unterrichtserfahrungen (auch) „langweiligen" Unterricht hervor bringen.

ander zu kommunizieren. Sie schieben das Büchlein (verdeckt) hin und her und gestalten es in Dialogform.[12]

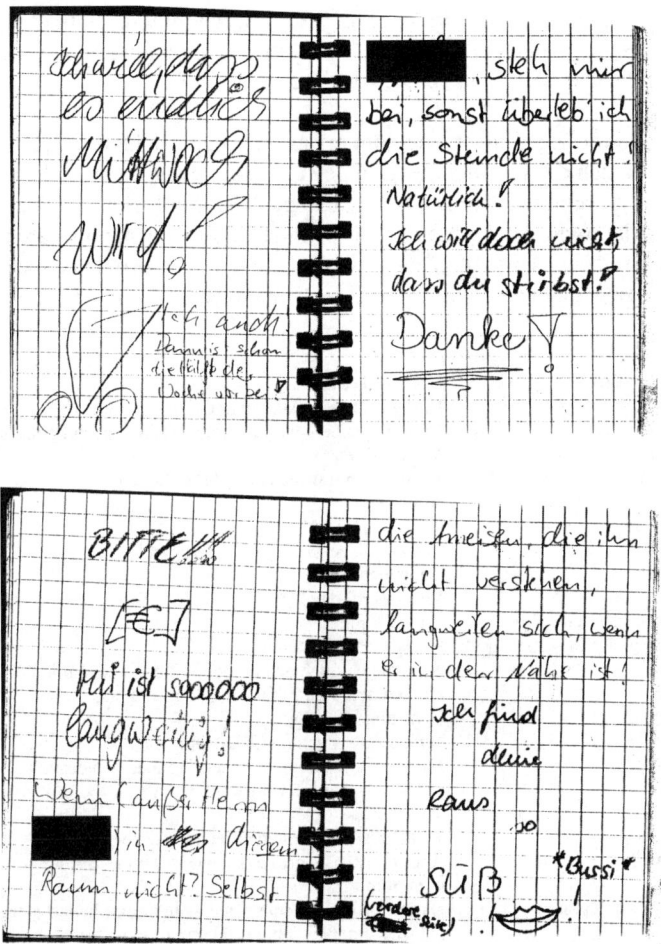

Die Thematisierung der Langeweile droht hier selbst von der Langeweile eingeholt zu werden. Die beiden Freundinnen beschäftigen sich mit der Formulierung möglichst origineller Dialoge und dem Zeichnen von Phantasie-Tieren, doch es

12 Ausführliche Analysen zur Bedeutung des Briefbüchleins finden sich in Bennewitz und Meier (2007).

gelingt ihnen nicht so recht, ihre Langeweile zu vertreiben. Mit dem Bild von den sich langweilenden Ameisen finden sie dann eine ausdrucksstarke Metapher für die sich ausbreitende, alles infizierende und lückenlose Langeweile. – Die Langeweile allerdings, die in ihrer eigenen Beschäftigung enthalten ist, dem Füllen der Seiten des Briefbüchleins, werden sie nicht explizieren, denn für *diese* Langeweile wären sie selbst verantwortlich.

Bis hierhin war die Langeweile immer auf die Unterrichtszeit bezogen. Ganz anders stellt sich der Diskurs der „Langeweile" dar, wenn es um selbst zu gestaltende und zu verantwortende Aktivitäten geht. Der folgende Dialog zwischen Silvio und Janosch, der auch einer Gruppendiskussion entstammt, dreht sich um Janoschs Freizeitgestaltung. Dabei wird deutlich, wie problematisch das Bekenntnis der Langeweile bzw. das Identifiziert-Werden mit Langeweile sein kann.

Interviewer:	Hmh. (10 sec.)
Silvio:	Und guckst d` Pokémon noch?
Janosch:	Nö, ich guck eigentlich nur ganz selten noch Fernsehen.
Silvio	Machst d` da?
Janosch	Langweilen, rausgehen, Fahrrad fahren.
Silvio	Alleene?
Janosch	(..)hm zum Teil.
Silvio	Fährst d` aleene mit `n Fahrrad rum?
Janosch	Na manchmal.
Silvio	Was hast d` davon?
Janosch (gereizt)	Na weeß nich
Silvio (gleich im Anschluss)	Is das nich langweilig?
Janosch	Nö. Ich geh doch och immer in die Crossbahn irgendwie.
Harald	Ich geh och bloß mit meinem Fahrrad raus.
Silvio	Ganz aleene?
Harald	Nuh, es gibt doch ne Crossbahn.
Janosch	Na doch ich hab noch `n paar Freunde in Neustadt aber-
Silvio	Du fährst aber jetzt im Prinzip ganz aleene mit `n Fahrrad raus oder wie?
Janosch	Wenn ich keene- meine Freunde keene Zeit haben schon.
Harald	Aber meistens wart ich solange bis mein Bruder kommt und der kommt mit raus.
Silvio (wie für sich)	Da müsst ich- da müsst ich Langeweile haben aleene mit dem Fahrrad draußen rum zu fahren. (lauter) Och keen Ziel vor Augen oder nich? Fährst einfach `n bisschen rum?
Janosch	Nu.
Silvio	Phff das könnt ich nich. (.) Wenn, dann müsst ich doch irgendwo hin fahren wo ich will wo ich jetzt hin will wo die Kumpel vielleicht <u>doch</u> sind oder so.

Silvio übernimmt hier den Modus des „Interviews", um Janosch (und den zwischenzeitlich sich mit diesem solidarisierenden Harald) hinsichtlich seiner Nachmittagsgestaltung zu befragen. In Silvios Nachfrage „*ist das nich langweilig?*" und seiner Stellungnahme „*da müsst ich Langeweile haben aleene mit dem Fahrrad draußen rum zu fahren*" bringt er seine Geringschätzung der Aktivitäten Janoschs zum Ausdruck. Janosch tut Dinge, die in Silvios Augen „langweilig" sind, und Silvio beansprucht für sich selbst, ein „interessanteres" Leben zu führen als Janosch und Harald. Hier wird spürbar, welche rhetorische Macht die Klassifizierung als „langweilig" entfalten kann. Wie sollte Janosch sich gegen das Verdikt der Langweiligkeit zur Wehr setzen? Die Interessantheit der Aktivitäten einfach zu behaupten erschiene nutzlos, sie bedürfte der Anerkennung durch Dritte (was hier immerhin partiell durch Harald geleistet wird). Silvio ist hier offenkundig im Besitz der Deutungshoheit über die Unterscheidung zwischen „langweiligen" und nicht-langweiligen Aktivitäten, darin gründet seine machtvolle Position in dieser Szene.

Es wird in diesem kurzen Gesprächsausschnitt deutlich, dass die „Langeweile" zu einer hochbrisanten, kaum zu handhabenden Vorhaltung werden kann, sobald sie Bereiche betrifft, die man selbst zu verantworten hat (die eigene Freizeitgestaltung), sobald man sie auf sich selbst beziehen muss.[13]

3.5 Die Bedeutung der „Langeweile"

Was hat der komplizierte Weg durch die Beobachtung der verschiedenen Facetten des Phänomens der Langeweile erbracht? Ich will zwar versuchen, einige der Puzzle-Stücke zusammen zu fügen, doch letzlich werde ich auch im Folgenden eher Fragen aufwerfen als beantworten.

Die Betrachtung war ausgegangen von der irritierenden Beobachtung, dass einer offensichtlichen Bedeutsamkeit und massiven Präsenz der Langeweile im Unterrichtsalltag von Schülerinnen und Schülern ein nahezu kompletter Mangel an empirischer Forschung oder Reflexion gegenüber steht. In den wenigen empirischen Studien zu schulischer Langeweile wird diese über das Instrument der Schülerbefragung erhoben, so dass man zwar die Etikettierung „langweiligen" Unterrichts bekommt, aber wenig über die situative Bedeutung der Langeweile erfährt.

Einer Erschließung des Phänomens der Langeweile für die sozialwissenschaftliche Betrachtung stehen allerdings auch ernsthafte Hindernisse entgegen.

---

13   Es könnte allerdings sein, dass man sich mit einem Habitus der ʼCoolnessʼ auch affirmativ auf die eigene Langeweile beziehen kann. Es könnte sogar sein, dass die Stilisierung von „Langeweile" zur Darstellung von Coolness verhilft.

Die Langeweile stellt sich nicht nur als `asozial´ dar, als Rückzug und Verwiesenheit des Einzelnen auf sich selbst, sondern auch als ein Phänomen, das sich in grundlegender Weise der Beobachtung entzieht. Der Zustand der Langeweile erscheint als ein zu vermeidender, sobald er sich einstellt, sucht man den Zeitvertreib, so dass man, will man die Langeweile fokussieren, zumeist nur den Zeitvertreib beobachtet. Die Langeweile lässt sich phänomenologisch als eine Erfahrung beschreiben, die vor allem in grundlegender Weise die Zeit in ihrem Vergehen (oder Verharren) bewusst werden lässt, die die Zeit als solche beobachtet und thematisiert, weil die Bindungen an die Situation sich lockern und die Suche nach Gegenständen des Interesses auf sich selbst verwiesen wird. Die Langeweile bedeutet den Rückzug der Person aus der Situation, die Situation versinkt in der Irrelevanz.

Diese Lockerung der Bindung an die Situation kann *interaktiv* von enormer Brisanz sein. Wie prekär die Langeweile als *Kommentar* auf eine Situation sein kann, wird deutlich, wenn man sich klar macht, in welchen Situationen und Kontexten es legitim ist und in welchen es nicht in Frage kommt, sich zu „langweilen": Beim Fernsehen, im Theater darf man sich langweilen, das wird dem Stück zugerechnet, das dann „langweilig" war. Auf privaten Verabredungen (im Cafe, in der Kneipe) hingegen darf man sich nicht „langweilen" – die Partnerin müsste das ihrer mangelnden Interessantheit zurechnen, was ein nicht wieder gut zu machender Affront wäre. Selbst ein harmloser Blick auf die Uhr muss in dieser Situation versteckt werden.

Was bedeuten diese Überlegungen für die Langeweile in der Unterrichtssituation? Zunächst ist zu fragen: In welchen Formen zeigt sich die Langeweile in diesem Kontext? Wie wird sie kommuniziert? Und wie wird mit ihr umgegangen? Einer an diesen Fragen ausgerichteten Beobachtung zeigen sich die *Repertoires* der Langeweile. Es zeigen sich minimale mimische Darstellungen der Langeweile, die das eigene Handeln in spezifischer Weise zu rahmen vermögen. Der rahmende Hinweis auf die Langeweile etabliert eine grundlegende Distanz zum eigenen Tun: Dieses ist nicht so `gemeint´, es entspringt lediglich der Notwendigkeit der Situation und nicht etwa dem eigenen Interesse. Diese Möglichkeit, die eigene Person vom eigenen Tun zu differenzieren, die die Darstellung der Langeweile impliziert, verspricht erheblichen Distinktionsgewinn. Vor diesem Hintergrund ist zu fragen, ob sich so etwas wie die *Kultivierung* von Langeweile im Kontext der Schulklasse beobachten lässt.

Darüber hinaus zeigen sich Praktiken der *Verständigung* über die Langeweile. Die Langeweile ist weder rein subjektiv noch „privat": Man vergewissert sich über die *Gemeinsamkeit* der Langeweile, man nimmt ein gemeinsames Verhältnis zur Situation, zum Thema oder zur Lehrperson ein.[14]

Mit Blick auf die Unterrichtsinteraktion ergibt sich eine weitere Entdeckung: Die bemerkenswerte Diskrepanz zwischen einer offenbaren Anerkennung der Normalität der Langeweile und des (dazugehörigen) Zeitvertreibs auf der einen Seite und dem Tabu der Explikation der Langeweile auf der anderen Seite. Wie ist diese Diskrepanz zu erklären? Dass schulischer Unterricht mit Langweile einhergeht ist der stillschweigende Konsens der Beteiligten. Zu immens ist die schiere Menge der im Unterricht zu verbringenden Zeit, zu fremdbestimmt erscheinen die Inhalte des Unterrichts und zu strikt ist das zeitliche Regime, als dass Langeweile gänzlich vermeidbar wäre. Lehrerinnen und Schüler stellen sich gemeinsam auf ein gewisses Quantum an Langeweile ein und kooperieren im Umgang mit dieser Langeweile. Dieser Arbeitskonsens bleibt in der Regel implizit. Wenn die Langeweile angesprochen wird (etwa weil sie zu deutlich die Situation dominiert), dann wird sie externen Instanzen zugerechnet: dem „Stoff", dem „Lehrplan" oder Ähnlichem.[15]

Die Normalität der Langeweile zeigt sich in den Formen des Zeitvertreibs. In der Schule handelt es sich überwiegend um solche Arten des Zeitvertreibs, die Unterricht *ermöglichen*. Die die Langeweile vertreibende Beschäftigung erfolgt nebenbei und parallel zur Unterrichtsbeteiligung. Sie nimmt gerade soviel Aufmerksamkeit in Anspruch, dass man *gleichzeitig* noch dem Unterricht folgen kann, das heißt zum Beispiel Tafelanschriebe in das Heft übernimmt oder antworten kann, wenn man drangenommen wird.[16]

Der Zeitvertreib im Unterricht ist selbst schon Routine – ist die schulische Langeweile eine, die mit dem Zeitvertreib auch zur Routine geworden ist? Gibt es eine Habitualisierung der Langeweile, die (relativ) unabhängig vom jeweiligen Unterrichtsgegenstand eine gleich bleibende Distanz wahrt? Wäre eine solche Grundstimmung der Langeweile für den schulischen Unterricht letztlich nicht sogar funktional? Andererseits – und darin ist der Grund für die Tabuisierung der Langeweile zu sehen – stellt die Langeweile die Sinnhaftigkeit und Kohärenz des Unterrichts grundlegend in Frage. In der Unterrichtssituation verbieten es Höflichkeit und Takt, die Lehrperson mit der eigenen Langeweile *zu*

---

14 In ähnlicher Weise bedarf auch die Langeweile im Kino der Verständigung: Man wird sich bei seiner Begleitung vergewissern, dass diese sich auch gelangweilt hat.

15 Diese Möglichkeit der Externalisierung und Verobjektivierung der Gründe für schulische Langeweile kann jedoch – so ist zu vermuten – nicht in allzu großer Häufigkeit und Regelmäßigkeit verwendet werden.

16 Beispiele für solcherart den Unterricht ermöglichenden Zeitvertreib werden im 4. Kap. zahlreich präsentiert.

deutlich zu konfrontieren. – Zugleich werden *diskrete* Formen des schülerseitigen Zeitvertreibs von der Lehrperson akzeptiert.[17]

Die Langeweile ist aus der Perspektive von Didaktik und Methodik des Unterrichts sicher nicht hinzunehmen. Lehr-Lern-Prozesse sind der Idee nach auf „Interesse" angewiesen. Lernen ist kaum vorstellbar ohne eine innere „Beteiligung" des Lerners. Der Beobachtung des Unterrichts*alltages* hingegen zeigt sich, dass die Erwartung, Schülerinnen und Schüler könnten sich täglich, stündlich und in jedem Moment für das interessieren, was gerade „dran" ist, nicht aufrechtzuerhalten ist. Ist insofern ein gepflegter, `kultivierter´ Umgang mit der Langeweile ein notwendiger Bestandteil der längerfristigen Teilnahme am Unterricht?

---

17   Der Verdacht ergibt sich, dass die Schule sich einen ungeschminkten Blick auf die Langeweile nicht leisten kann, zu groß ist das Risiko, dass die Sinnhaftigkeit des ganzen Unternehmens in Frage gestellt wäre. Es scheint, dass die Schulpädagogik an dem Arbeitskonsens des Unterrichts partizipiert, weder die Langeweile zu thematisieren noch den Zeitvertreib der Schüler zu stören.

4. Der Schülerjob

4.1 Einleitung

Die folgenden Untersuchungen widmen sich der Frage, was Schülerinnen und Schüler im Unterricht *tun* und welche Anforderungen dieses Tun strukturieren. Die Antwort auf diese Frage scheint bekannt und sie scheint banal zu sein: Schüler und Schülerinnen „lernen". Sie eignen sich Wissen an, indem sie Aufgaben lösen, Texte lesen, Übungen durchführen und Fragen der Lehrperson beantworten. Die Anforderungen dieses Lernens – auch das glauben wir zu wissen – werden durch den „Stoff" und die Art seiner „Aufbereitung" durch die Lehrperson bestimmt. Die Anforderungen stellen sich für den einzelnen Schüler je nach seinen Fähigkeiten und Kompetenzen unterschiedlich dar: Manchen fällt „es" leichter, anderen schwerer, manche neigen eher zu diesem Fach, andere zu jenem. Wissenschaftlich interessant scheint es erst zu werden, wenn man die Effekte schulischen Lernens in den Blick bekommen und bestimmen kann.[1]

Die folgenden Beobachtungen zum Schülerjob nehmen jedoch eine andere Perspektive ein: Sie fragen nicht – oder höchstens am Rande – nach dem „Lernen" von Schülerinnen und Schülern. Sie fragen nicht danach, was die schulischen Tätigkeiten beim einzelnen Schüler bewirken und wie sie im Sinne eines „Lernerfolgs" einzuschätzen sind. Gefragt wird stattdessen nach den handlungs*praktischen* und *situativen* Anforderungen von Schülertätigkeiten. Was bedeutet es, als Schülerin oder Schüler am „Unterricht" in seinen verschiedenen Formaten „teilzunehmen"? Welche konkreten Probleme stellen sich in dieser Situation und wie werden sie gelöst? – Gefragt wird also auch weniger nach den normativen Bestimmungen der „Schülerrolle" als nach den praktischen Erfordernissen des „Schülerjobs".

---

[1] Diesem Versuch gilt die „Lehr-Lern-Forschung", die immer ausgefeiltere Untersuchungsanlagen und Operationalisierungen entwickelt, um „Lernvoraussetzungen", „Schülerkompetenzen" und schließlich Kompetenzzuwächse zu ermitteln. Das Forschungsinteresse gilt dabei einer differenziellen Beschreibung der Effektivität einzelner Unterrichtsmethoden, Lehrstile und letztlich der „Unterrichtsqualität". Dabei stößt die Lehr-Lern-Forschung allerdings an Grenzen der Operationalisierbarkeit (vgl. Niegemann 2001; Ditton 2002; Helmke 2003; Lüders/Rauin 2004): Zu viele „Faktoren" beeinflussen den „Unterrichtserfolg", als dass man diesen befriedigend modellieren könnte.

Das Tun von Schülerinnen und Schülern wird als in der Situation lokalisierte Praxis beobachtet. Dabei gilt die Aufmerksamkeit durchaus den *unterrichtlichen* Tätigkeiten im engeren Sinne. „Außer-unterrichtliche" Beschäftigungen und so genannte „Neben-Tätigkeiten" von Schülern geraten zwar immer wieder in den Blick, doch das analytische Interesse richtet sich auf jene Praktiken, die den `Schülerjob´ im Sinne der Bewältigung der *Unterrichts*anforderungen ausmachen. Dabei verwende ich den Begriff des Unterrichts, ich erinnere daran, im *doppelten* Sinn: Als *Unterrichtssituation* gilt all das, was während der für „Unterricht" vorgesehenen Zeit, im dafür vorgesehenen Raum (in der Regel unter Anwesenheit der Lehrperson) passiert. Der *„Unterricht"* hingegen ist das, was die Beteiligten darunter verstehen. Die Unterscheidung zwischen „unterrichtlichen" und „außer-unterrichtlichen" Tätigkeiten ist eine, die in der Unterrichtssituation von Teilnehmern selbst vorgenommen wird. Um diese Unterscheidung beobachten zu können, darf die Analyse sie nicht voraussetzen. Was den „Unterricht" ausmacht (und ihn vom „außer-unterrichtlichen" Geschehen unterscheidet) wird so zur *empirischen* Frage.

Die Perspektive, die die folgenden Beobachtungen zum Job des Schülers und der Schülerin einnehmen, lässt sich den ethnomethodologischen „studies of work" zurechnen (vgl. Garfinkel 1996; Bergmann 2000). Das Forschungsinteresse gilt den Praktiken, die den Job als solchen konstituieren. Die „studies of work" beschreiben die „besonderen praktischen Kompetenzen, die der Ausführung einer spezifischen beruflichen Tätigkeit zugrunde liegen" (Bergmann 2000, S. 130). Diese Kompetenzen der Praktiker beruhen auf einem spezifischen, lokalen und impliziten *Wissen*. Es geht um Wissensbestände, die höchstens zum Teil in Lehrbüchern oder Manualen zu finden sind, sondern die sich erst der sorgfältigen und detaillierten Analyse der Tätigkeiten selbst enthüllen. Es geht um die Explikation des praktischen, performativen, des *Durchführungs*wissens der Beteiligten. Und es geht um die sich in den Tätigkeiten konstituierende Ordnung und Sinnhaftigkeit dieser Praxis. Garfinkel (1996, S. 18) beschreibt als Ziel der Analyse:

> „make instructably observable work´s uniquely coherent definiteness of details, their clarity, consistency, coherence, and the rest of work´s observable properties of logic, meaning, reason, and methods".

Gegenstand der Beobachtung sind die „Prozeduren", die alltäglichen Verrichtungen und routinisierten „Methoden" der Praktiker selbst. Die Analyse verzichtet auf die Annahme von Intentionalität oder (psychologischen) Motiven „hinter" den Praktiken, um die Logik und Methodizität der Praktiken selbst in den Blick zu nehmen. Fragen nach dem Warum werden insgesamt zugunsten von Wie-

Fragen suspendiert.[2] Garfinkel (1996, S. 8) insistiert darauf, dass das Geschäft des Analytikers *kein* hermeneutisches, kein interpretierendes ist:

> „Enacted local practices are not texts which symbolize `meanings´ or events. They are in detail identical with themselves, and not representative of something else. The witnessably recurrent details of ordinary everyday practices constitute their own reality. They are studied in their unmediated details and not as signed enterprises".

Die ethnomethodologische Frage nach der Funktionsweise der situierten Praxis hat Implikationen, die ich noch kurz ansprechen will: Das Augenmerk gilt eher der Organisation und inhärenten Logik von (Arbeits-)Abläufen als etwa möglicher Desorganisation. Den Teilnehmern und Teilnehmerinnen werden grundlegende *Kompetenzen* unterstellt in der Gestaltung und Bewältigung des (Arbeits-)Alltages. Inkompetenz, Versagen und „Störungen" geraten zwar in den Blick, aber wesentlich unter dem Aspekt ihrer „Normalisierung" und „Reparatur".[3] Die Teilnehmer schulischen Unterrichts bilden nicht zuletzt grundlegende Kompetenzen darin aus mit „Inkompetenz" umzugehen und trotzdem „Unterricht" zu machen.

Im Extremfall reduziert sich „Unterricht" auf eine formale Interaktions-Struktur, die zwar die komplementären Lehrer- und Schülerrollen aufrecht erhält und den bekannten Handlungsmustern (frontalen) Unterrichts folgt, aber die Fiktion, dass ein relevanter Teil der Klasse etwas „lernt" in dieser Situation, aufgegeben zu haben scheint. Unterrichtssituationen dieser Art haben einen schwer zu bestimmenden, etwas `unwirklichen´ Status: Man hat den Eindruck einer geisterhaften Version von „Unterricht" beizuwohnen, die sich zwar noch der bekannten Kulissen bedient, aber weitgehend losgelöst von allen Sinngebungen funktioniert. Wenn man Beobachter und Zeuge einer Situation wird, in der allen Beteiligten klar ist, dass nur noch die Fassade von „Unterricht" aufrecht erhalten wird – wie es in der Ellen-Key-Gesamtschule des öfteren und am Humboldt-Gymnasium gelegentlich passiert ist – stellt sich ein Gefühl der Peinlichkeit ein: Dies war nicht für die Augen `Außenstehender´ bestimmt und hätte eigentlich keine Zeugen haben dürfen. Peinlichkeiten müssen von den Beteiligten repariert werden. Stunden der beschriebenen Art ziehen auf Seiten der Lehrerinnen Strategien der `Besonderung´ nach sich: Es handelte sich um eine Ausnahme und war auf spezifische ungünstige Umstände zurückzuführen. Bei dem Ethnographen hingegen finden sich Rhetoriken der Normalisierung: Es machte ihm nichts aus, er hat so etwas schon des Öfteren erlebt und selbst (als Lehramtsanwärter) über sich ergehen lassen müssen.

---

2   Einführend zur Ethnomethodologie immer noch Weingarten/Sack/Schenkein (1976).
3   Auch das ethnomethodologische „Krisenexperiment" stellt den Versuch dar, die Normalität der *Ordnung* anhand ihrer gezielten Störung beobachtbar zu machen.

Wie die (potenzielle) Krisenhaftigkeit der Praxis ist auch ihre Transformierbarkeit nicht im Fokus der ethnomethodologischen `studies of work´. Herausgearbeitet werden eher die Bedingungen der Stabilität als des Wandels. Dazu lässt sich jedoch mit Blick auf den Untersuchungsgegenstand sagen: Angesichts eines Alltags schulischen Unterrichts, der sich in seinen Grundzügen Tag für Tag über Jahre und Schülergenerationen hinweg relativ unverändert zeigt, erscheint die Frage nach den Bedingungen seiner Stabilität und seines Funktionierens durchaus relevant.[4]

Eine weitere Implikation des ethnomethodologischen Blicks ist – gewissermaßen als Warnung – anzusprechen: Während zwar einerseits die Funktionalität und Logik sozialer Praxis fokussiert werden, geraten andererseits selbstverständlich geglaubte Gewissheiten ins Wanken. Denn diese „Gewissheiten" werden in der Analyse (gezielt) außer Kraft gesetzt, um ihre Produktion in den sozialen Praktiken beobachten zu können, das heißt, diese Gewissheiten werden eher als Effekt sozialer Praktiken betrachtet, denn als ihre Voraussetzung hingenommen. Dabei werden die Effekte sozialer Praxis zugleich wieder zu deren – im Alltag unhinterfragten und unhinterfragbaren – Voraussetzungen. Diese Problematik betrifft in den folgenden Beobachtungen den schulischen „Unterricht" als solchen. „Unterricht" wird in der vorgeschlagenen Perspektive zum „practical accomplishment", zu einer Hervorbringung der sozialen Praxis, die diese zugleich fundiert. Schulischer Unterricht ist selbstverständlich eine (soziale) Realität, aber eine, die (wie alle „Realitäten") des „reality work" bedarf (vgl. Patzelt 1987, S. 101 ff).

Während wir eigentlich zu wissen meinen, was Schulunterricht ist und was ihn ausmacht, löst sich diese Gewissheit im Zuge der Detaillierung der Beobachtungen auf. Das Bild vom „Unterricht" als einer gemeinsamen, die ganze Schulklasse betreffenden Veranstaltung, deren Sinn als Lehr-Lern-Situation verbürgt ist, wird fragwürdig. Die angesprochene „Auflösung" des Bildes vom Unterricht kann im doppelten Sinn verstanden werden: Einerseits als Verlust der Konturen der Gesamtgestalt „Unterricht", andererseits aber auch als Gewinn an Auflösungsvermögen im fotografischen Sinne – als Gewinn an Detailgenauigkeit und Tiefenschärfe.

Anzuknüpfen ist durchaus an eine Reihe von Studien zu schulischem Unterricht aus ethnomethodologischer Perspektive, die unter dem Stichwort des „classroom management" diskutiert werden (vgl. Doyle 1986). Gefragt wird in dieser Forschungslinie nach der Beschaffenheit und Herstellung lokaler „Ordnung" in der Unterrichtssituation, doch die Analyse richtet sich überwiegend auf

---

4   Gerade das Interesse an der Veränderung und „Reform" des Unterrichts kommt nicht umhin, sich mit den erstaunlichen Beharrungskräften der tradierten Unterrichtsroutinen auseinander zu setzen.

die Handlungsprobleme der Lehrperson oder auf die Lehrer-Schüler-Interaktion, wobei die praktischen Probleme des *Schüler*handelns hier noch nicht detailliert in den Blick genommen werden. Indem zum Beispiel die Organisation und Funktionsweise des Unterrichtsgespräches fokussiert werden (vgl. etwa Mehan 1979; McHoul 1990; Kalthoff 1997), wird die Lehrerzentrierung des (offiziellen) Unterrichtsdiskurses in der Analyse reproduziert.[5]

Der Beobachtung der Schülertätigkeit in der Unterrichtssituation zeigt sich eine erste grundlegende Strukturierung dieses Tuns, die in den unterschiedlichen *Formaten* begründet liegt, in denen Schüler und Schülerinnen miteinander und mit der Lehrperson interagieren und in der unterschiedlichen Gestalt, die der Unterricht dabei annimmt. Die Probleme des Schülerhandelns sind offensichtlich unterschiedliche, je nach dem, ob man im Unterrichtsgespräch versucht, die Lehrerfrage zu beantworten, ob man in einer Gruppenarbeit sich mit den Mitschülern über eine Vorgehensweise verständigen muss oder etwa sich alleine mit einer Aufgabe im Lehrbuch auseinander zu setzen hat.

Die unterschiedlichen Formen aufeinander und auf den Unterricht Bezug zu nehmen werden in der didaktischen Literatur als „Sozialformen" des Unterrichts beschrieben. In der Regel werden „Frontalunterricht" (oder „Klassenunterricht"), „Gruppenunterricht", „Partner-" und „Einzelarbeit" als die vier grundlegenden Sozialformen des Unterrichts angesehen (vgl. etwa H. Meyer 1987). Die Differenz dieser „Sozialformen" des Unterrichts erweist sich als eine erste und grundlegende Strukturierung der Anforderungen an das Schülerhandeln. Die Situation des Schülers stellt sich im Frontalunterricht anders dar als in einer Gruppenarbeit und dort wieder anders als in der Partner- oder Einzelarbeit. Deshalb sind die folgenden Untersuchungen entlang der Unterscheidung der vier Sozialformen entwickelt. Nach der ersten, groben Differenzierung der Analyse in die verschiedenen Sozialformen des Unterrichts ist innerhalb der jeweiligen Sozialform nach den unterschiedlichen Schülertätigkeiten zu fragen, nach den je spezifischen Praktiken und ihren Bedingungen und Effekten. Es wird für jede der Sozialformen nach der Form der Bezugnahme der Schülertätigkeit auf den „Unterricht" zu fragen sein, oder anders gesagt: Das Interesse gilt der je spezifischen Gestalt des „Unterrichts" in der Praxis der Schülertätigkeit.

Um die Sozialformen des Unterrichts ranken sich zeitweise sehr intensiv geführte Debatten, die ihre didaktischen Vor- und Nachteile betreffen. Die vier Sozialformen werden von der didaktischen Diskussion allerdings mit unterschiedlicher Aufmerksamkeit bedacht. Der *Frontalunterricht* wurde eine zeitlang intensiv diskutiert und zum Teil sehr pauschal kritisiert. Inzwischen ist das Urteil

---

5   Vgl. Breidenstein (2002a) zu einer ausführlicheren Darstellung dieser Forschungslinie und ihrer Einordnung in das Feld qualitativer Unterrichtsforschung.

differenzierter und der Frontalunterricht wird als notwendiger und professionell zu gestaltender Bestandteil eines modernen Unterrichts gesehen (Aschersleben 1999; Gudjons 2003). An die *Gruppenarbeit* knüpften und knüpfen sich eine ganze Reihe didaktischer Hoffnungen und Wünsche, die Literatur über „Gruppenunterricht" und „Gruppenarbeit" füllt Regale (vgl. Gudjons 1993; Huber 1993). Gemessen an der breiten Diskussion um die Gruppenarbeit erstaunt es, dass sich Veröffentlichungen zur *Partnerarbeit* auf einen schmalen Band beschränken (Nuhn 1995) und zur *Einzelarbeit* so gut wie keine ausgearbeiteten Überlegungen vorliegen. Diese beiden Sozialformen sind zwar regelmäßiger und selbstverständlicher Bestandteil alltäglichen Unterrichts, aber einer eigenständigen didaktischen Reflexion bislang kaum für Wert erachtet worden. Die didaktischen Diskussionen werden zwar zu Beginn der jeweiligen Kapitel ganz kurz umrissen, aber die folgenden Untersuchungen verstehen sich *nicht* als Beitrag zu didaktischen Debatten um die Vor- und Nachteile einzelner Sozialformen – obwohl sie zu deren empirischer Fundierung durchaus beitragen können.

Dem „Unterricht" kommen auch für Schülerinnen und Schüler sehr unterschiedliche Bedeutungen zu – je nach dem Prestige, dem Ansehen, das er bei ihnen genießt. Es gibt Unterricht, der (aus unterschiedlichen Gründen) ernster zu nehmen ist und anderen, wo der Aspekt der zu verbringenden Zeit im Vordergrund steht. Diese Bestimmung erfolgt nicht jede Stunde neu, sondern ist geprägt durch Erwartungen, die sich an das Fach und die Lehrperson knüpfen. Man weiß schon vorher, was in der nächsten Stunde auf einen zukommt und wie der „Unterricht" dort ablaufen wird. – Entsprechend sind die Ethnographen schon nach kurzer Zeit mit vielsagenden Hinweisen versorgt worden: Sie sollten sich mal „Wirtschaft" ansehen, da sei was los; und „Biologie" dürften sie auch nicht verpassen. Das Bild, das man sich als Schülerin vom Unterricht einer bestimmten Lehrperson macht, ist Gegenstand einer Praxis der Verständigung, die auf Übereinstimmung hinausläuft. Der Konsens darüber, was von diesem Unterricht zu halten ist, erscheint sehr weitgehend und stabil.[6] Mit dem Grad der `Ernsthaftigkeit´ (des Ernst-Nehmens) des Unterrichts variiert der Grad der Aufmerksamkeit und die Bedeutung der „unterrichtsfremden" Beschäftigungen. Doch jenseits dieser Differenzierung bleibt so etwas wie „Unterricht" letztlich immer erkennbar und wird von allen Beteiligten aufrechterhalten. Wir haben Unterricht sehr unterschiedlicher Qualität gesehen, etwa im Sinne von Intensität oder `Ernsthaftigkeit´, dennoch werden diese Unterschiede im Zuge der folgenden Betrachtungen weitgehend vernachlässigt zu Gunsten der Frage nach den strukturellen und übergreifenden Anforderungen an das Schülerhandeln.

---

6   Die Herausbildung dieser (kollektiven) Erwartungsstruktur gegenüber spezifischem Unterricht auf Schülerseite, die ihrerseits vermutlich massive „Erwartungseffekte" erzeugt, wäre eine eigene Untersuchung wert.

Die Fokussierung auf die Praxis der Schülerinnen und Schüler hat zur Folge, dass die Lehrperson zwar eine Rolle spielt, aber nur gelegentlich und oft nur peripher. Die Lehrperson gerät nur insoweit `in´s Bild´, als sie für die beobachteten Schüleraktivitäten relevant wird.[7] Auch Aspekte der Inhaltlichkeit und Fachlichkeit des Unterrichts bleiben unterbelichtet. Dies hängt zum Teil mit der `Ausblendung´ der Lehrperson zusammen: Mit der Lehrperson gerät auch die Inhaltsdimension des Unterrichts an den Rand des Bildes, denn sie ist es in aller Regel, die Sinnhaftigkeit und Kohärenz des „Unterrichts" verbürgt. Im Rahmen einer Untersuchung der grundlegenden Praktiken, die den Schülerjob konstituieren, werden die Unterrichtsinhalte oft sekundär und auch die Fächer zum Teil austauschbar.[8] All diese Verschiebungen des gewohnten Blicks auf den Unterricht gelten dem Versuch, eine spezifische Perspektive auf das Unterrichtsgeschehen zu entwickeln, die die Eigenart und Eigenlogik des Schülerjobs zu untersuchen erlaubt.

---

7   Eine vergleichbare Irritation der Sehgewohnheiten erzielt eine Kamera, die während eines Fußballspieles nicht dem Ball folgt, sondern einen einzelnen Spieler fokussiert. Sie zeigt zwar dessen, oft auch vergebliche, Bemühungen, Laufwege und kleinen „Ausstiege" aus dem Spiel in ungeahnter Genauigkeit, aber das „Spiel" als Ganzes, das durch die Bewegungen des Balles bestimmt wird, ist nur noch fragmentarisch erkennbar (vgl. Hellmuth Costard (1970): „Fußball wie noch nie ...").

8   Die folgenden Beobachtungen und Analysen streuen über fast alle Unterrichtsfächer, nur der Sportunterricht findet keine Berücksichtigung, denn dieser fordert Schülertätigkeiten ganz eigener Art.

4.2 Frontalunterricht

Er sitzt da, lieb und geordnet, verfolgt den Unterricht. Das heißt, er sitzt da, sagt nichts, guckt entweder auf sein Blatt Papier, das vor ihm liegt, oder zu Frau Kaiser oder zu den Schülern, die sich gerade am Unterrichtsgespräch beteiligen. Hin und wieder zieht Joshua „die Nase hoch": sniiif, sniiif. Das ist die einzige akustische Äußerung, die man von ihm zu hören kriegt. Ein Schüler aus der Parallelklasse liest vor, Joshua lehnt sich zurück, dreht die gegelten Strähnchen seines Ponys zwischen Daumen und Zeigefinger der linken Hand. Sniff. Dann greift Joshua in seine rechte Hosentasche, und versucht die Klinke seines Ohrhörers in seinen Walkman zu fummeln. Währenddessen lesen die Schüler der Klasse den Englischtext vor, abwechselnd. Jetzt ist Gabor dran. Joshuas Blick ist immer Richtung Unterricht gerichtet, d.h. zu Frau Kaiser und kurz zu den Schülern mit Rederecht. Gelegentlich fliegt sein Blick aber auch mal zur Decke. Jetzt lehnt sich Joshua zurück und guckt anschließend zu Gabor, er legt dabei seine linke Hand vor den Mund, gähnt, dann blickt Joshua zu mir und snieft. Frau Kaiser tadelt Falco, dass er nicht sonderlich gut vorgelesen hätte. Warum er das nicht geübt habe, will sie wissen. Falco „I was lerning for..." Frau Kaiser: "learn, learned, learned for" Falco: "Ec-onomy" Frau Kaiser: "Economy (.) Okay.(.) Are you writing a test tomorrow?" Joshua murmelt mit vielen anderen "class test" zurück. Das war die erste aktive Unterrichtsteilnahme von Joshua. Frau Kaiser: "Ah Claaaass test (.) good luck for you." Sniff, sniff, sniff. (Michael Meier)

Ein Wörterbuch der Pädagogik definiert Frontalunterricht wie folgt:

"Frontalunterricht (Syn. Klassenunterricht). Sozialform des Unterrichts, bei dem ein Lehrer versucht, den Lernstoff an eine Schulklasse mit Hilfe sprachlicher Darbietung, Wandtafel, Schulbuch und Overheadprojektor unter Berücksichtigung methodischer Lernschritte an alle Schüler gleichzeitig und effektiv zu vermitteln. Dabei steuert und kontrolliert er mit Fragen und Impulsen den Fortgang des Lernprozesses" (Schaub/Zenke 2000, S. 224).

Frontalunterricht ist das Unterrichtsformat, das in der didaktischen Diskussion am heftigsten umstritten ist. Am Frontalunterricht scheiden sich die Geister: Für manche die Wurzel schulischen Übels und Sinnbild einer entleerten Lehrkultur ist er für andere eine zu Unrecht diskreditierte Unterrichtsform, die in vieler Hinsicht rationell und effektiv ist und einen zentralen Stellenwert in modernem Unterricht behalten muss (vgl. Aschersleben 1999). Während die Debatten der 1970er und 80er Jahre durchaus polarisierten, kann man inzwischen von einer Ent-Ideologisierung der Auseinandersetzung um den Frontalunterricht sprechen. Wurde in einem Themenheft der PÄDAGOGIK 1990 noch um das Für und Wider des Frontalunterrichts gestritten, geht es in einem Themenheft der gleichen Zeitschrift von 1998 um Details der professionellen Gestaltung dieser Unterrichtsform. Mit Gudjons (2003) etwa hat kürzlich ein Protagonist des „handlungsorientierten Unterrichts" (vgl. Gudjons 1986) den Frontalunterricht „neu entdeckt".

Von Konjunkturen der didaktischen Diskussion vermutlich nahezu unabhängig hat der Frontalunterricht seinen beherrschenden Stellenwert im Unterrichtsalltag behauptet. Es liegen leider keine repräsentativen Daten zur Häufigkeit der verschiedenen Sozialformen des Unterrichts an deutschen Schulen vor. Die immer wieder zitierte Studie von Hage u.a. (1985) ist inzwischen 20 Jahre alt, dennoch sprechen Alltagsbeobachtungen dafür, dass der dort referierte Anteil des Frontalunterrichts am gesamten Unterrichtshandeln von 70 – 80% immer noch realistisch sein dürfte. Eine vom Frontalunterricht dominierte Unterrichtskultur wird offenbar von Lehrergeneration zu Lehrergeneration tradiert – wenn auch seit einigen Jahrzehnten vermutlich mit schlechtem (didaktischem) Gewissen.[9]

In Schülerbefragungen allerdings erweist sich Frontalunterricht als relativ beliebt (vgl. Aschersleben 1999; Fichten 1993). In einer eigenen Befragung von Lehramtsstudenten zu ihren Schülererinnerungen an die unterschiedlichen Sozialformen des Unterrichts werden Gründe für die relative Beliebtheit des Frontalunterrichts bei Schülern genannt:

> „Frontalunterricht kam bei mir gut an. Der Lehrer orientierte, `gab vor´ und `legte fest´. Das entlastete und nahm die Verantwortung, selbst zu entscheiden." (Student, Lehramt)

Jemand anders erinnert sich:

> „Die entspannteste Unterrichtsform. Bei möglichst unauffälligem Verhalten schafft man es nur am Unterricht teilzunehmen, wenn man möchte. Sollte man aufgerufen werden und hat nicht zugehört, sondern geträumt, so muss man einen möglichst unschuldigen Blick aufsetzen und dem Lehrer mitteilen, dass man die Frage gerade nicht verstanden hat." (Student, Lehramt)

Die didaktische und schulpädagogische Diskussion um Frontalunterricht soll hier nicht geführt werden. Frontalunterricht ist selbstverständlich nicht gleich Frontalunterricht. Frontaler Unterricht kann langweilig, einschläfernd und monoton oder kann gut gemacht sein: unterhaltsam, spannend, geradezu mitreißend. Der Unterschied zwischen „schlechtem" und „gutem" Frontalunterricht ist entscheidend – auch und gerade in Schüleraugen. Dennoch soll er hier weitgehend vernachlässigt werden zugunsten der Frage nach *strukturellen* Bestimmungen dieses Unterrichtsformates und seiner Anforderungen an das Schülerhandeln – wobei „Anforderungen", ich erinnere daran, im Sinne der Ethnomethodologie die im Alltagshandeln zu bewältigenden *praktischen Probleme* meint. Also: Welche praktischen Probleme wirft die Situation des Frontalunterrichts für die „teilnehmenden" Schülerinnen und Schüler auf? Welche Methoden der Bewältigung dieser Anforderungen lassen sich beobachten?

---

9   Ganser (2005, S. 14) glaubt eine „deutliche Zunahme" kooperativer Unterrichtsformen bei einem Rückgang des Frontalunterrichts gegenüber der Untersuchung von Hage u.a. (1985) feststellen zu können. Da seine Daten aber nicht auf Unterrichtsbeobachtungen, sondern auf der Befragung von Lehrkräften beruhen, sind die Angaben wohl mit Vorsicht zu genießen.

Einen ersten Einblick in die Situation des Frontalunterrichts gibt ein Protokoll einer Englischstunde, das auf Stefan und Eric fokussiert. Die beiden sind befreundet und sitzen nebeneinander – ein eingespieltes Team, das versucht, dem Unterrichtsalltag einige unterhaltsame Aspekte abzugewinnen.

Stefan und Eric wirken über weite Strecken der Stunde so, als hätten sie Spaß, als amüsierten sie sich gut. Stefan hat immer wieder das Englisch-Buch als Sichtschutz vor sich aufgestellt, dahinter quatscht er leise mit Eric. Er scheint mir dabei der aktivere zu sein, aber Eric leistet auch Beiträge und zumindest lacht er immer wieder beifällig über die Geschichten von Stefan. Eine Ressource des Amüsements stellt das Englischbuch dar. Stefan blättert mehrfach darin, anscheinend auf der Suche nach lustigen Stellen. Stefan zeigt Eric eine Stelle im Buch, sagt etwas dazu und Eric zeigt sich belustigt.

Ihr „Neben-Engagement" hält Stefan und Eric nicht völlig davon ab, dem Unterricht zu folgen, d.h. sie sind halbwegs auf dem Laufenden. Aber nur halbwegs: Sie scheinen im Groben zu wissen, worum es gerade geht, ohne immer die genaue Stelle zu kennen. Als Eric das erste Mal von der Lehrerin aufgerufen wird, eine Aufgabe im Workbook zu lösen, zögert er: „äh". Als die Lehrerin ihm die Namen derjenigen nennt, um die es gehen soll „Sindy und Laura", weiß er Bescheid und löst die Aufgabe. Stefan rollt die Augen und grinst, er ist gleich als nächster dran (hat er das geahnt?). Er muss sich auch erkundigen: „Wie heißen die?" Lehrerin: „Marc and Lisa". Der Hinweis reicht Stefan, er löst die Aufgabe, spricht allerdings so leise und zurückhaltend, dass ich mich wundere, dass die vorne stehende Lehrerin ihn versteht.

Die Lehrerin fordert dazu auf, jetzt die Bücher auf Seite soundsoviel aufzuschlagen. Eric und Stefan nutzen die Gelegenheit (den kurzen Moment der Unruhe, der damit verbunden ist, dass alle das Buch aufschlagen) für einen kleinen Austausch, offenbar wieder lustig, sie lachen. Die Lehrerin nimmt Stefan mit der Bemerkung „You want to talk? You can do it!" dran. Stefan zeigt sich wenig erschrocken, tut (leicht grinsend) was von ihm verlangt wird. (...)

Die Lehrerin führt jetzt ein Unterrichtsgespräch über zwei der Figuren in dem Text des Englischbuches: „Why does Tim want to talk to Jasmin?" Es kommen verschiedene Antworten, mit denen die Lehrerin nicht ganz zufrieden ist. Sie will "the deeper reason" wissen. Stefan meldet sich jetzt als einziger, kommt auch dran und sagt: „He likes Jasmin a lot". Die Lehrerin bestätigt: Ja, das sei zu vermuten. Eric applaudiert Stefan leise und ironisch (mit je drei Fingern einer Hand unter dem Tisch) zu dieser Leistung. Im weiteren Verlauf des Unterrichts"gespräches" fällt mir auf, dass in den vorderen Reihen gegebene Antworten von Mitschülerinnen kaum bis gar nicht zu verstehen sein dürften in der letzten Reihe. Stefan und auch Eric gähnen und strecken sich. Stefan versteckt sich hinter dem Englisch-Buch und blättert darin. Die Lehrerin stellt komplizierte Fragen zur Grammatik, niemand weiß die Antwort, es wird jetzt wirklich zäh.

Bewegung kommt in die Szenerie, als die Lehrerin einen neuen Arbeitsauftrag für eine Einzelarbeit erteilt: „Four sentences ...." einer bestimmten Art. Allgemeines Rascheln, Flüstern, Reden – die Aufforderung zu eigener Tätigkeit scheint noch einmal aufzuwecken. Stefan ruft halblaut: „Frau Schmidt, ich dachte ich komme heute noch mit dem Gedicht dran?" – „Nein, das schaffen wir heute nicht mehr, aber ihr kommt alle noch dran mit den Gedichten."

In diesem Protokoll werden verschiedene Formen des Schülerhandelns im Frontalunterricht bereits erkennbar. Der grundlegende Modus ist der des Zuhörens und Zuschauens – das „Verfolgen" des Unterrichtsgeschehens. Schüler sind in der Rolle des Publikums – und der Kommentatoren, wie wir noch sehen werden. Stefan und Eric nehmen diese Aufgabe nur so weit wahr, dass sie nicht völlig `abgehängt´ werden und halbwegs orientiert bleiben über den Stand der Dinge. Denn es besteht das Risiko „drangenommen" zu werden. Man kann unvermittelt in das Zentrum des Frontalunterrichts und der öffentlichen Aufmerksamkeit geraten, man kann für einen kurzen Moment oder für einen längeren Abschnitt auf die Bühne gestellt werden. Diese unterschiedlichen Situationen des Schülers im Frontalunterricht sollen gleich näher betrachtet werden.

In dem zitierten Protokoll wird jedoch auch die Gesamtstruktur der frontalen Unterrichtssituation greifbar: Das Unterrichtsgeschehen findet tatsächlich „vorne" statt, die Lehrerin hat es „in der Hand", sie sorgt dafür, dass es immer „weitergeht", dass keine Lücken entstehen und immer etwas passiert. Eric und Stefan „stören" den Ablauf des Unterrichts nicht, der sich dort vorne abspielt – sie lassen sich aber auch nur wenig „stören" von dem, was dort vorne läuft. Eric und Stefan beziehen sich primär aufeinander, der Mikrokosmos, den sie zu zweit errichten, erscheint nur punktuell mit dem Unterrichtsgeschehen `dort draußen´ verknüpft.[10] Der Unterricht stellt sich hier als ein weitgehend selbstläufiges Geschehen dar, das sich unaufhaltsam fortbewegt, in unterschiedlichem Tempo und Rhythmus, aber letztlich eher gleichförmig mit wenigen Höhepunkten.

Krummheuer (2002, S. 46) beschreibt diesen Modus des Unterrichts als „interaktionalen Gleichfluss". Dieser sei u.a. gekennzeichnet durch „Interaktionsmuster mit starren Rollenzuteilungen" und „Partizipationsmöglichkeiten für tätig werdende Schüler mit geringer Autonomie". „Partizipationsmöglichkeiten für die nicht-tätig-werdenden Schüler" erfordern nur einen „diffusen bzw. geringen Aufmerksamkeitsgrad" – Dieses Muster des interaktionalen Gleichflusses biete zwar keine optimalen Bedingungen für Lernprozesse, aber es zeichne sich durch ein „Energie- und Konfliktminimum" in der Kooperation zwischen Lehrperson und Schülern aus. Krummheuer arbeitet an Transkripten von Mathematikstunden auch interaktionsstrukturelle Merkmale heraus, die eine „interaktionale Verdichtung" erkennen lassen. Eine solche sei allerdings gewöhnlich nicht von längerer Dauer, „so dass nach einiger Zeit das interaktive Geschehen wieder in den Fluss von relativer Gleichförmigkeit zurückkehrt".

Innerhalb der Grenzen des 45-Minuten-Zeitraums einer Schulstunde strukturiert sich die Gleichförmigkeit des Geschehens durch wenige Hervorhebungen, die sich unterschiedlichen Arten von Ereignissen zurechnen lassen. Es gibt einerseits von der Lehrperson gesetzte Markierer und Betonungen, die zum Teil besonders wichtige inhaltliche Kerne und „Merksätze" für das Publikum aus dem Strom des Unterrichtsgeschehens herausheben. Im Übrigen stehen Markierer der Lehrperson oft in Verbindung mit einem Wechsel der Arbeitsform. Diese Wechsel und die damit verbundenen neuen Anforderungen (Tafelanschrieb in das Heft

---

10 Vgl. Bennewitz (2004) für ähnliche Beobachtungen.

übertragen, das Buch auf Seite XX aufschlagen u.ä.) gilt es mitzubekommen. An diesen Stellen zeigt sich, wer noch (halbwegs) `auf dem Laufenden´ ist und wer (gänzlich) die Orientierung verloren hat. Andere Höhepunkte stellen Scherze und besonders gelungene Sprüche und Kommentierungen dar. Eine dritte Klasse von Ereignissen besteht in nicht geplanten und oft ungewollten Handlungen wie etwa Versprechern, Missgeschicken, Missverständnissen oder Ähnlichem. Hier gerät der Gleichfluss des Unterrichtsgeschehens kurz ins Stolpern. Ich werde auf die Frage der grundlegenden Modi der Bezugnahme auf „Unterricht" in der frontalen Situation zurückkommen, zunächst jedoch sollen die unterschiedlichen Formate des Schülerhandelns im Rahmen des Frontalunterrichts im Einzelnen untersucht werden. Die Analyse gilt zuerst dem Dran-kommen-wollen, den Schülerstrategien des Sich-Meldens, dann ist die Situation des unfreiwilligen Drangenommen-Werdens in den Blick zu nehmen und schließlich das Dran-Sein im Frontalunterricht, bei dem man in das Zentrum der Aufmerksamkeit gerückt wird. Die meisten Schülerinnen und Schüler befinden sich jedoch im Frontalunterricht die meiste Zeit in der Situation von Zuschauerinnen und Kommentatoren.

4.2.1 Drankommen-Wollen

Das ist geläufig: Wenn man als Schüler einen „Beitrag" zum Unterricht leisten will, muss man sich in Form der „Meldung" um das offizielle Rederecht bewerben. Fast immer geht es dabei um den Versuch, eine Frage zu beantworten, die die Lehrerin gestellt hat.

Das „Unterrichtsgespräch", oder der „fragend-entwickelnde Unterricht", ist in seinem gesprächsstrukturellen Funktionieren ganz gut untersucht. Konversationsanalytiker und Soziolinguisten haben sich schon früh für Schulunterricht interessiert, der ihnen als ein attraktives Beispiel für die Untersuchung der Kontextgebundenheit und institutionellen Prägung des Sprechens erschien (vgl. Dittmann 1979; Schröder/Steger 1981).

Die Pionierarbeiten zur Mikroanalyse des Unterrichtsgesprächs galten den Regeln des Sprecherwechsels im Schulunterricht (McHoul 1978) und den Interaktionskompetenzen der Teilnehmer, die einen geordneten Ablauf von Unterricht überhaupt ermöglichen (Mehan 1979). Als Kontrastfolie diente immer wieder das Alltagsgespräch mit seinen konstitutiven Strukturen (vgl. Sacks/Schegloff/Jefferson 1974): Im Unterschied zur „Selbstauswahl" des nächsten Sprechers an bestimmten, gesprächstechnisch markierten Stellen im Alltagsgespräch, liegt im Unterrichtsgespräch das zentrale Recht der Turn-Zuteilung in den Händen einer Person, des Lehrers (McHoul 1978). Als entscheidendes gesprächstechnisches Mittel, um die Möglichkeit der Zuteilung des Rederechts in den Händen der Lehrperson zu konstituieren, erscheint die Erweiterung der zweiteiligen Paarsequenz, die die kleinste Einheit des Alltagsgespräches bildet, zu einem Tripel, das neben der Frage und der Antwort noch aus der „evaluation", der Bewertung der Schülerantwort durch die Lehrperson besteht. Der Sprechakt der Bewertung durch die Lehrperson erfüllt einerseits die gesprächstechnische Funktion sicherzustellen, dass die Lehrperson das Rederecht, das sie zwischenzeitlich abgibt, immer wieder zurückerhält. Andererseits bewirkt er die Ratifizierung oder „Konstatierung" von Inhalten. Für Schüler heißt dies: „Sprechen im Unterricht wird damit auch im Hinblick auf die ihm zugrunde liegende Interaktionslogik zu verbalem Probehandeln" (Streeck 1979, S. 250). Man probiert Antworten, Lösungen und auch Meinungen aus, ob sie für „richtig" oder „passend" befunden werden. MacLure und French (1980) untersuchen die subtile interpretative Arbeit, die die situative Orientierung im Unterrichtsgespräch von den Schülern verlangt und identifizieren eine Reihe von Strategien der Produktion von Antwortversuchen, die im Wesentlichen darin bestehen, vorauf gegangene Antwortversuche anderer Schüler zu variieren.

Wir kennen die Geste, mittels derer der Wunsch, einen Antwortversuch zu unternehmen, anzuzeigen ist: der nach oben ausgestreckte Arm. Die genauere Beobachtung der Ausführung dieser Geste eröffnet eine Ahnung von der Bedeutungsvielfalt dieses scheinbar schlichten Zeichens. Die Gebärde des „sich Meldens" zeigt mehr an als die Bewerbung um das Rederecht – sie stellt zugleich die jeweilige Haltung gegenüber dem Wunsch, etwas zu sagen, dar. Dieser Wunsch kann als „dringendes Bedürfnis" (geschwenkter Arm, schnipsende Finger), als „lästige Pflichtübung" (lässige, reduzierte Geste; aufgestützter Arm) oder etwa als „riskanter Versuch" gerahmt sein (langsames, zögerndes, aber ernsthaftes Erheben des Armes).

Es gibt aber auch noch komplexere, vielschichtigere Varianten:

Basti meldet sich, zunächst mit einer Hand und spitzem Zeigefinger, dann streckt er seine Brust heraus, setzt sich aufrecht hin, hört auf zu wippen und streckt beide Arme nach oben, mit spitzen Zeigefingern. (Michael Meier)

Was zeigt Basti hier an? Was zunächst als aufrechter Wunsch und Vorbereitung eines bedeutsamen Beitrages erscheint, bricht sich in der Überzeichnung und ist schließlich als Ironisierung der ganzen Prozedur des Sich-Meldens zu lesen. Die karikierende Übertreibung ermöglicht es Basti, einerseits das `Spiel mitzuspielen´ – sich als eifriger Schüler zu melden, und zugleich sich davon zu distanzieren – seinem Publikum (den Mitschülern und dem Ethnographen) zu zeigen, dass er es nicht ernst meint, sondern eigentlich „drüber steht".[11]

In einer solcherart komplexen Rahmung der Meldegeste geht es um die Haltung zum Schülerjob als solchem. Der Job der Schüler im „fragend-entwickelnden Unterricht" ist heikel. Die Aufgabe besteht darin, nach Kräften zu versuchen, die von der Lehrperson gestellten Fragen zu beantworten. Die Arbeitsgrundlage dieser Unterrichtsform, der „working consensus", wie ihn etwa Voigt (1984) herausgearbeitet hat, besteht darin, dass die Schüler darauf vertrauen, dass der Lehrer Fragen und Bedeutungen letztlich klären wird, während der Lehrer erwartet, dass die Schüler im Rahmen ihrer Möglichkeiten sinnvolle Versuche zur Lösung unternehmen.

Dieser Arbeitskonsens ist jedoch prekär und kann zur Fassade werden. Dies kann etwa dann der Fall sein, wenn Fragen `zu leicht´ sind: Die Beantwortung stellt keinerlei Herausforderung oder Befriedigung dar. Dennoch weiß man, es wird erst „weitergehen", wenn auch diese Frage beantwortet ist. Problematisch wird die Situation auch, wenn deutlich erkennbar ist, dass nur Einzelne in der Klasse sich überhaupt an dem Lehrer-Schüler-Dialog beteiligen.

Es ist `auf die Dauer´ (das heißt über mehrere Redezüge hinweg) gleichermaßen problematisch für den Arbeitskonsens des Unterrichtsgespräches,

a)   wenn sich mehrfach alle oder fast alle melden (dann ist die Frage zu leicht, sie stellt keine Herausforderung dar),

b)   wenn sich keiner meldet (die Frage ist zu leicht oder zu schwer),

c)   wenn sich immer dieselben melden (der Unterricht, der eigentlich „für alle" gedacht ist, wird an einzelne delegiert).

Der „Unterricht" kann (und wird) in allen diesen Fällen trotzdem „weiterlaufen", aber es kann sein, dass er zur Fassade wird, die zwar aufrechterhalten wird, aber eben nur pro forma. Man macht mit, weil man „muss" und man macht dies (für die Mitschüler und den Ethnographen) auch kenntlich. Dieses Weitermachen oder „Weiterspielen" eines Spiels, auch wenn es bisweilen in keiner Weise mehr

---

11   Die Interpretation derartiger körpersprachlicher Rahmungen des Verhaltens kann außerordentlich komplex werden. Vgl. Kaiser (1998) zu einem Versuch der Veranschaulichung anhand von Fotos.

inhaltlich motiviert ist, ist nicht nur den Pflichten im Rahmen des Schülerjobs geschuldet, sondern auch den Zwängen der „Interaktionsordnung" (Goffman 1994). – „The show must go on." Alle Beteiligten müssen ihr Gesicht wahren können. Es handelt sich um eine öffentliche Situation, in der die Eskalation von Peinlichkeit über gewisse Schwellen hinaus vermieden wird. Ich komme darauf zurück.

Neben interaktiven Zwängen verbinden sich andererseits auch konkrete Strategien mit der Praxis des Meldens – Strategien, die zum Teil durchaus bewusst angewendet werden und auch explizierbar sind. Arvid etwa erläutert im Interview seine Strategie zur Verbesserung seiner Zensuren:

> Arvid: Immer melden, immer melden, nur melden. Ob man Scheiße antwortet is ejal, immer melden.

Es geht hier um das Melden, das als solches registriert wird, es wird als „Aktivität" verbucht, unabhängig davon, ob man dran kommt oder nicht. Man muss die Antwort nicht unbedingt wissen, um sich zu melden, denn man kommt auf's Ganze gesehen so selten dran, dass das Risiko dranzukommen, ohne die Antwort zu wissen, nicht sehr hoch ist – zudem fällt eine falsche Antwort nicht besonders ins Gewicht (*„ob man Scheiße antwortet is ejal"*). Entscheidend ist, dass das Melden wahrgenommen und als Zeichen von Engagement gewertet wird.

Es gibt ein (praktisches) Wissen um die Wahrscheinlichkeit, mit der die Meldung auch zur Erteilung des Rederechts durch die Lehrperson führt:

a) Wenn man schon mehrfach oder gerade eben „dran" war, ist die Chance (und das Risiko) relativ gering.

b) Wenn man, zumal als „schwacher Schüler", sich seit langer Zeit zum ersten Mal meldet, ist die Chance (das Risiko), relativ hoch.

c) Wenn man sich als Einziger meldet, kommt man in der Regel dran.

Die Chance und das Risiko, bei einer Meldung auch dran zu kommen, korrelieren also erstens mit der Zahl weiterer Meldungen, zweitens mit der Zeitdauer seit der letzten eigenen Meldung und drittens mit dem eigenen (öffentlichen) Leistungsstatus als Schüler. Auch wenn es keine angebbare Formel geben mag, die diese Faktoren in ein exaktes Verhältnis zueinander setzte, verdient doch festgehalten zu werden, dass die Wahrscheinlichkeit, mit der man „drankommt", wenn man sich meldet, durchaus kalkulierbar erscheint.

Es gibt Strategien, das Drankommen zu forcieren: Man kann etwa die Lösung „in die Klasse rufen" unter Umgehung der Meldung, was in vielen Fällen durch die Lehrperson nachträglich ratifiziert wird, indem sie die Äußerung als offiziellen Beitrag zum Unterrichtsgespräch aufgreift (vgl. Mazeland 1983). Oder man kann gezielt mit seiner Nachbarin den Unterricht stören, um ein disziplinierendes Drangenommen-Werden durch die Lehrerin zu provozieren und dann mit der richtigen Antwort aufzuwarten. Von dieser ungewöhnlichen Schülerstrategie berichtet Kalthoff (1997, S. 91).

Ich werde gleich die Situation des „Dran-Seins", die das Drankommen-Wollen zur Folge haben kann, näher beleuchten. Doch zunächst soll es noch um das Drangenommen-Werden gehen, das ja keineswegs nur auf `freiwilliger Basis´ (angezeigt durch die Meldung) erfolgt, sondern auch als unvermitteltes Aufgerufen- oder Angesprochen-Werden durch die Lehrperson.

4.2.2 Drangenommen-Werden

Bei der Wortmeldung handelt es sich um ein schülerseitiges Angebot, einen „Beitrag" zu leisten, das heißt in der Regel einen Antwortversuch auf eine Lehrerfrage. Innerhalb des Unterrichtsgesprächs hat die Lehrperson das Recht der Turn-Zuteilung inne, die Meldung des Schülers stellt ein „Selektionsangebot an die Lehrperson" dar (Kalthoff 1997, S. 90, Hervorhebung G.B.). Doch die Lehrperson hat auch das Recht, Schüler für einen (potentiellen) Redebeitrag auszuwählen, die sich nicht gemeldet haben.

Auf dieses Risiko richten sich Strategien der *Vermeidung* des Drangenommen-Werdens. Hier ist „Unauffälligkeit" die Maxime. Alice zum Beispiel ist ein Mädchen, das selten dran genommen wird, das die Kunst des Sich-Versteckens beherrscht.

> Alice spielt seit einiger Zeit mit ihrem Zirkel, sie scheint etwas zu malträtieren damit. Später hat sie auch noch Klebstoff, Taschentuch und Radiergummi im Einsatz. Ab und an zeigt sie Julia, was sie gemacht hat. Ich glaube, das geht die ganze Stunde so. Bei dieser Entdeckung fällt mir auf, dass es gar nicht so schwer ist, unbeobachtet und auch unbehelligt zu bleiben. Ich erinnere mich, dass ich Alice schon öfter ‚nicht dem Unterricht folgend' gesehen habe. Wie macht sie das nur, dass es der Lehrerin nicht auffällt? (Hedda Bennewitz)

Das Problem des unfreiwilligen Drangenommen-Werdens besteht darin, dass man (in der Regel) nicht darauf vorbereitet ist und insofern improvisieren muss. Es gilt, blitzschnell die Umstände des Drangenommen-Werdens zu klären und sich für eine Strategie des Umgangs damit zu entscheiden. Bevor die hier in Frage kommenden Interpretationsalternativen und Handlungsoptionen etwas systematischer dargestellt werden, seien einige Szenen des Drangenommen-Werdens aufgeführt, um die Varianz dieser Situation zu verdeutlichen.

Ich beobachte, was Jana und Hanna machen, sie werfen sich einen Zettel zu, lachen, ich versuche rauszukriegen, ob es sich um einen Zettel handelt oder ob sie nur auf dem Arbeitsblatt rummalen. Plötzlich fragt mich die Lehrerin, ob ich das wüsste? Ich schrecke etwas hoch, habe nicht zugehört, sie fragt, ab welchem Studienjahr man Klassenarbeiten beaufsichtigen dürfe, es geht wohl um den Latein-Referendar. Ich kann ihr nicht weiterhelfen. Die Schülerinnen und Schüler grinsen, ich weiß nicht genau, ob sie sich amüsieren, weil ich beim Nicht-Aufpassen ertappt wurde, oder weil es sonst nicht passiert, dass die Lehrerinnen sich auf die Ethnographin beziehen? (Kerstin Jergus)

Die Ethnographin findet sich hier in der Situation einer Schülerin wieder, die überraschend aus einer anderen Beschäftigung gerissen wird und sich dann so schnell wie möglich über die gestellte Anforderung orientieren muss. Selbstverständlich ist die Lehrerin gegenüber der Ethnographin so rücksichtsvoll die Frage zu wiederholen.

Als Nina sich flüsternd mit ihrer Nachbarin verständigt, spricht die Lehrerin sie an: „Do you have any questions?" Nina verneint kopfschüttelnd. Dann fragt die Lehrerin: „Can you answer my question?" Das kann Nina (ich staune!).

In diesem Fall ist eine Schülerin mit einer „Neben-Tätigkeit" beschäftigt und wird von der Lehrerin aufgerufen, um sie zum Unterricht „zurück zu holen". Die erste Frage der Lehrerin, die (möglicherweise rhetorisch) unterstellt, dass sie sich bei ihrer Nachbarin über Belange des Unterrichts erkundigt habe, verneint Nina, womit sie implizit zugibt, dass sie nicht mit dem Unterricht befasst war. Als die Lehrerin sie dann mit einer `Unterrichtsfrage´ konfrontiert, erweist sie sich dennoch als vorbereitet und orientiert. Dies hatte der Beobachter nicht erwartet, er staunt über die Fähigkeit Ninas, gleichzeitig das Gespräch mit ihrer Nachbarin zu führen und dem Unterricht zu „folgen".

Der Lehrer fragt, wer schon einmal Bettler in der Stadt gesehen habe oder um Geld angesprochen worden sei. Da sich keiner meldet, spricht der Lehrer Eric an und fragt ihn, was er darüber denke. Eric spricht sehr leise und zögernd. Er zeigt sich nicht sehr betroffen und äußert die Meinung, dass es darauf ankomme, ob die Armut „selbst verschuldet ist oder nicht", was man ja in der Situation nicht erkennen könne. Der Lehrer kommentiert nicht weiter, sondern sagt nur „Ja, danke. Andere?" Da sich wieder niemand meldet, nimmt er Konstanze dran. Von ihr kommt aber nicht viel, so dass der Lehrer noch einmal selbst ansetzt: „Deutschland ist ein wohlhabendes Land. Seht ihr da nicht einen Widerspruch?" Jetzt wird er vom Klingeln unterbrochen, so dass er nur noch als Schlusssatz anfügen kann: „Denkt dran, dass es viele gibt, denen es viel, viel schlechter geht als euch!"

Es geht um eine die Geschichtsstunde zum Thema „Armut" abschließende „Diskussion". Der Lehrer hat offenbar eine Debatte, einen Meinungsaustausch vorgesehen. Er stellt eine Frage, auf die hin zumindest die meisten Schülerinnen und Schüler sich hätten melden müssen. Dies ist jedoch nicht der Fall – vermutlich ist die Stunde so kurz vor Schluss innerlich schon `abgehakt´, möglicherweise fällt eine Äußerung zu der angesprochenen Thematik auch nicht so leicht. Doch der Lehrer kann und will nicht auf die „Beteiligung" von Schülern verzichten und macht von der Option Gebrauch, von sich aus jemanden aufzurufen. Eric ist klar, dass es sich hierbei nicht um eine „Lehrerfrage" handelt, bei der man die (feststehende) Antwort `herauskriegen´ muss, sondern dass eine Alltagserfahrung angesprochen ist, zu der eine „Meinung" zu haben erwartet werden kann. Eric leistet dann auch einen entsprechenden „Beitrag", wohingegen die als nächste aufgerufene Konstanze auch dieser (minimalen) Anforderung nicht entspricht. – Gehört es auch zu den Pflichten einer Schülerin eine Meinung zu haben?

> Uta wird von der Lehrerin aufgefordert, eine Frage zu beantworten. Uta lächelt, guckt auf den Atlas und schweigt. Die Lehrerin fragt noch einmal nach. Aber Uta schweigt weiter. Einmal guckt sie noch zur Lehrerin. Dann nimmt diese ein anderes Kind an die Reihe. (Hedda Bennewitz)

Die Lehrerin möchte eine Schülerin einbeziehen, die sich selten meldet. Sie verfolgt vermutlich den Anspruch, alle Schülerinnen gleichermaßen anzusprechen und auch jenen eine „Chance" zu geben, die sich nicht melden. Utas einzige Aktivität besteht jedoch in einem Lächeln, das die interaktive Problematik einer Nicht-Antwort etwas entschärft und Zustimmung zum Drangenommen-Werden signalisiert. Ansonsten wartet Uta ab, dass die Situation vorübergeht. Vermutlich hat sie Erfahrungen dahingehend, dass die Lehrerin die Befragung nach ein oder zwei vergeblichen Versuchen beendet.

Ein letztes Beispiel dokumentiert den Fall eines offensiven Umgangs mit der eigenen Desorientierung:

> Fr. Richter: „Yvette, mach bitte den nächsten Satz."
> Yvette: „Fr. Richter, ich hab das nicht (säuselnd). (1 sec.) Ich bin nicht mitgekommen (gespielt traurig)." (Michael Meier)

Yvette ist eine sehr gute Schülerin – sie kann es sich „leisten", Lücken zuzugestehen.

Soweit einige Situationen des Drangenommen-Werdens. Wie lassen sich die Anforderungen an Schüler über die Unterschiedlichkeit der Szenen hinweg beschreiben? Das zentrale Handlungsproblem in der Situation des Drangenommen-Werdens besteht zunächst darin, die Art der Situation und der Anforderung zu identifizieren. Es stellen sich zunächst einige Probleme der Interpretation, bevor man sich sinnvoll für eine Option des Umgangs mit der Situation entscheiden kann. Die Interpretationsleistung, die in Sekundenbruchteilen ablaufen muss, lässt sich etwa folgendermaßen systematisieren:

1. *Aus welchem Motiv heraus hat die Lehrerin den Betreffenden dran genommen?*

a) Es handelt sich um eine Disziplinarmaßnahme: Derjenige soll überführt werden, „nicht aufgepasst" zu haben.

b) Es handelt sich um ein „pädagogisches" Motiv: ein zurückhaltender Schüler soll „einbezogen" werden.

c) Es geht um das Insistieren auf Schülerbeteiligung an sich: es meldet sich niemand und die Lehrerin ruft nach dem „Zufallsprinzip" auf.

d) Alle sollen dran kommen: Die Lehrerin nimmt nach einer Regel (alphabetisch o.ä.) eine nach der anderen dran.

2. *Um was für eine Sorte Frage oder Aufforderung handelt es sich?*

a) Um die Aufforderung zu einer Meinungsäußerung (zu der jeder in der Lage sein müsste).

b) Um das Abfragen einer (in Haus- oder Einzelarbeit) vorbereiteten Aufgabe.

c) Um eine Lehrerfrage im Rahmen eines Unterrichtsgespräches, zu der es eine erwartete Antwort gibt.

Im Falle von 2 b) und c) gibt es zwei Situationen: Entweder *man weiß die Antwort* – dann ist alles in Ordnung, man hat allerdings eventuell die Pflicht des Schülers verletzt, sich zu melden, wenn man etwas weiß.

Oder *man weiß die Antwort nicht*, dann gibt es wiederum verschiedene Optionen:

a) Man wartet ab und verharrt in Passivität. Dies ist
- relativ unproblematisch, wenn keiner sich meldet,
- ein Offenbarungseid, wenn viele sich melden.
(Eine Variante besteht darin. auf eine kleine Hilfestellung der Lehrerin zu warten.)

b) Man versucht die Aufgabe trotzdem zu lösen (zu raten). – Das ist Glückssache.

c) Man gibt offensiv (und möglichst charmant) sein Unwissen zu und hofft, dass die Unaufmerksamkeit als „Kavaliersdelikt" durchgeht.

Vermutlich gibt es noch weitere Strategien, wobei eine entscheidende Differenz im Ergebnis der Situation durch die *Interpretation der Lehrerin* erzeugt wird:

a)   Die Schülerin wusste/konnte es nicht: Die Nicht-Antwort ist ihrem Unvermögen zuzurechnen.
b)   Sie hat nicht aufgepasst: Eigentlich könnte sie es wissen.

In den meisten Situationen wird die zweite Interpretation (die „externale Attribution" des Versagens) der Lehrerin günstiger sein (vgl. Möller 2001), insofern sollte man versuchen, sie dahingehend zu beeinflussen.

Bei diesem kleinen Schema handelt es sich offenkundig um eine idealisierte Modellierung, die auch einen rationalistischen Bias beinhaltet. Es ging jedoch darum, die potentielle Komplexität der Situation zu entfalten, wenn man plötzlich und unerwartet von der Lehrerin namentlich aufgerufen wird. In der Realität des Drangenommen-Werdens gilt es, sich in Sekundenschnelle zu orientieren und nach Möglichkeit eine adäquate Antwort zu finden. Dabei werden selbstverständlich nicht die aufgeführten Alternativen der Interpretation durchgespielt, sondern es wird intuitiv und auf der Basis von Routinen gehandelt.

Die Reaktion besteht dann nicht selten in einer Art „Totstellreflex": Man rührt und regt sich nicht, bis die Situation beendet ist, das heißt, bis die Lehrerin wieder von einem abläßt. Dies funktioniert in der Regel, weil man sich darauf verlassen kann, dass die Lehrerin die Situation nicht eskalieren wird und auch nur begrenzt Zeit und Energie in diese Situation investieren wird, die dem „Fortgang" des Unterrichts nicht nützt.

Doch können auch die wenigen Sekunden, die man in der Situation des Drangenommen-Seins zu verharren hat, quälend sein: Man *weiß*, dass alle Augen auf einen gerichtet sind, dass das Publikum gespannt die Art der Reaktion erwartet und jede kleine Regung registriert wird. – Dies ist allerdings die grundlegende Struktur jeglichen „Dran-Seins" im Frontalunterricht. Ob aufgrund einer Meldung oder aufgrund unfreiwilligen Drangenommen-Werdens, wenn man „dran" ist, steht man für den Zeitraum des Dran-Seins im Zentrum der Aufmerksamkeit. Diese Situation soll im Folgenden genauer betrachtet werden.

4.2.3 Dran-Sein

Die Idee des Frontalunterrichts besteht darin, *ein* Aufmerksamkeitszentrum für die ganze Klasse zu etablieren. Zwischen 20 und 30 Schülerinnen und Schüler blicken auf ein „gemeinsames" Geschehen, an dem gelernt werden soll. Dieses

Zentrum der Aufmerksamkeit bildet in der Regel die Lehrperson, es kann aber auch ein Video sein, eine Folienprojektion, ein Versuchsaufbau – oder eine Mitschülerin bzw. ein Mitschüler.

Bezüglich der Person der Lehrerin oder des Lehrers gelten inzwischen die Körpersprache (Heidemann 1998), die Bewegung im Raum (Gudjons 2003, S. 215ff), der Gebrauch der eigenen Stimme und alle Aspekte der 'Bühnenpräsenz' als wichtige Bestandteile professionellen Lehrerhandelns im Frontalunterricht. Zur Ausbildung und Professionalisierung von Lehrpersonen gehört elementar die Dimension des Auftretens und Darstellens vor Publikum. Dass der Frontalunterricht jedoch auch Schülerinnen und Schüler in die Situation des 'Auftritts' bringt und gewissermaßen 'auf die Bühne' stellt, erscheint noch wenig reflektiert. Um welche Situationen geht es dabei? Welcher Art ist die Bühne für Schüleräußerungen im Frontalunterricht?

Der Grad der Öffentlichkeit von Schüleräußerungen im Unterrichtsgespräch ist ein sehr unterschiedlicher: Bei einer Vielzahl von Schülerbeiträgen verharren die Augen der Mitschüler bei der Lehrperson. Man macht sich nicht die Mühe, die Person des sprechenden Schülers mit den eigenen Blicken aufzusuchen, sich womöglich zu ihm umzudrehen, wenn man davon ausgeht, dass es sich bei dem Beitrag um einen oder wenige Begriffe handeln wird, deren 'Brauchbarkeit' und Relevanz für den Unterrichtsdiskurs sich erst noch erweisen muss. Welche Schülerbeiträge für den Fortgang des Unterrichts inhaltlich relevant werden entscheidet sich bei der Lehrperson – dort kann die Aufmerksamkeit also zentriert bleiben. Außerdem weiß man, dass Schülerbeiträge, die für die Allgemeinheit von Belang sind, dort 'vorne' von der Lehrperson wiederholt werden – in 'bereinigter' Formulierung und akustischer Prägnanz. Manche Schülerbeiträge im Unterrichtsgespräch sind auch akustisch gar nicht für die Öffentlichkeit der Schulklasse bestimmt, sondern gerade so ausgerichtet, dass die Lehrperson erreicht wird – für einen Großteil der Klasse und etwa den entfernt sitzenden Beobachter sind diese Schüleräußerungen akustisch oft nicht zu verstehen (vgl. Kapitel 2.3). Man verlässt sich auf die (zusammenfassende) Wiederholung dieser Äußerung durch die Lehrperson und weiß, dass Schüleräußerungen, die nicht durch die Lehrperson 'veröffentlicht' werden, auch nicht relevant sind. – Diese Selektionsleistung der Lehrperson wird von allen Beteiligten gerne in Anspruch genommen, denn sie entbindet von einer allzu präzisen und ständig neu zu justierenden Fokussierung der eigenen Aufmerksamkeit auf jeden einzelnen Sprecher.

Das „Dran kommen" im Rahmen des laufenden Unterrichtsgespräches bedeutet also nicht notwendig, dass man tatsächlich im Rampenlicht der frontalen Unterrichtssituation steht. – Dies *kann* es aber bedeuten und das Rampenlicht kann auch geradezu gesucht werden. Basti etwa nutzt das Dran-Sein im Unterricht gerne als eine temporäre Bühne für kleine Performances zur Unterhaltung seiner Mitschüler. Ein Beispiel aus dem Musikunterricht:

> Die Lehrerin versucht es mit einer Frage und spricht Basti auf die zwei Arten von „Musikern" an. Basti steht gerade, setzt sich auch nicht hin, als er angesprochen wird, sondern antwortet freundlich ratend: „Dieter Bohlen und (er nennt noch einen aktuellen Pop-Musiker, den ich vergessen habe)." Die Lehrerin reagiert nicht sichtbar auf diese Antwort, sondern wendet sich resignierend jemand anderem zu. Basti setzt sich ungerührt und schiebt nun seinen Tisch etwas nach vorne.

Die Bühne für Auftritte von Schülern ist im Rahmen des *Unterrichtsgespräches* in der Regel zeitlich von relativ kurzer Dauer und oft auch lokal begrenzt. Im *Schülerreferat*, in der Präsentation von Arbeitsergebnissen vor dem Plenum, in Rollenspielen oder ähnlichen Arbeitsformen kann die zeitliche Ausdehnung der Bühnenpräsenz erheblich steigen und die Bühne wird oft neu lokalisiert und „vorne" vor der Tafel installiert.

Nach vorne zu gehen, an die Tafel oder in den Bereich des Lehrertisches, verschafft von vornherein die Aufmerksamkeit des Publikums. Man betritt geradezu ‵öffentlichen Raum'.[12] Das Besondere an dieser Bühne ist zuallererst, dass man dort *steht*. „Vorne" gibt es keine Sitzplätze und keinen Tisch für Schüler. Man ist dort also mit dem ganzen Körper und ohne den Schutz von Möbeln den Blicken ausgesetzt.

Diese Exponiertheit und das Bewusstsein davon kommen in der folgenden Beobachtung eines Schülerinnenreferates zum Ausdruck:

> Nun soll Beata ihr Buch vorstellen, die Lehrerin bittet die anderen darum, sehr gut mitzuschreiben, da im Anschluss an die Vorstellung diese bewertet werden soll. Beata hat etwas rote Wangen, ist aber ansonsten ziemlich ruhig. Während die Lehrerin ihren letzten Satz spricht, steht Beata schon langsam auf, sie spricht noch ein paar Worte in Utas Nacken, lacht dabei etwas verkrampft und geht dann vor. Die Lehrerin setzt sich auf ihren Platz, also neben mich. Den Vortrag finde ich ganz gut, sie formuliert sauber, ohne dass sie ablesen würde, sie hat einen Notizzettel, den sie hinter dem Buch hält, aber sie spricht sehr frei, schaut in die Klasse,

---

12 Göhlich und Wagner-Willi (2001, S. 152 ff.) etwa beschreiben den „Tafelbereich" als Bühne ritueller Inszenierungen bis hin zu „Degradierungszeremonien".

auch wenn ich nicht genau ausmachen kann, ob sie den anderen in die Augen schaut. Wahrscheinlich hat sie den Vortrag vorher schon ein paar Mal geübt? Die anderen schweigen, schauen sie aufmerksam an, schreiben mit, es wird wenig geflüstert. Für Versprecher oder Witziges (die Meerschweinchen der Buchheldin heißen King und Kong) erntet sie höfliches Kichern. Zum Schluss fragt sie, ob noch Fragen bestünden. Niemand meldet sich, sie wartet noch einige Sekunden, da meldet sich die Lehrerin und fragt zuerst nach Beatas Beurteilung des Stils des Buches und dann eher rhetorisch, ob sie dann also das Buch weiterempfehlen würde. Dies bejaht Beata. Dann meldet sich ein Junge und fragt, ob sie das Buch auch für Jungen weiterempfehlen würde oder nur für Mädchen? Beata meint, es wäre auch für Jungen, und führt als Beispiel einen männlichen Charakter des Buches an. Die Lehrerin schließt die Sequenz mit dem Satz, dass Beata und sie nun also wieder die Plätze tauschen könnten.

Als Beata nach hinten geht, deutet Maxi einen Applaus an, der jedoch von niemandem weiter aufgenommen wird. (Kerstin Jergus)

Es ist davon auszugehen, dass der Rest des Publikums nicht weniger genau hinsieht als die Ethnographin: Wie steht diejenige dort? Wie geht es ihr dabei? Ist sie nervös? Außer der Körperhaltung, Stimmlage oder Sprachgebrauch können auch Kleidungstücke, die Frisur oder sonstige Accessoires die Aufmerksamkeit (und Kommentierung) auf sich ziehen. Dieses Beobachtet- und Gemustert-Werden ist den Protagonisten bewusst. Sie gehen mehr oder weniger souverän mit dieser Anforderung um, sie zeigen mehr oder weniger Zeichen von Nervosität.

Noch weniger kalkulierbar als die Situation eines (vorbereiteten) Schülerreferates stellt sich die Situation der unvermittelten Aufforderung an die Tafel zu kommen dar. Man gerät ebenso plötzlich wie unmittelbar in das Zentrum der Aufmerksamkeit und muss dort agieren:

Schließlich sollen die Sätze an die Tafel geschrieben werden. Alice muss als Erste vor. Sie hat keine Ahnung. Sie schaut hilflos lächelnd Julia an. Geht sehr langsam vor. Sie steht vor der Tafel und spricht kurz mit der Lehrerin. Jana: „Die kleine Alice vor der großen Tafel." (Was wirklich stimmt, vor der Tafel sieht man, wie dünn und klein Alice ist. Die körperbetonte Schlaghose und der enge Pulli zeigen nur noch mehr ihre doch noch kindliche Figur). Alice weiß offenbar gar nicht, was sie schreiben soll, die Lehrerin scheint ihr noch etwas Hilfestellung zu geben. Schließlich schreibt sie: „Elle prendre le livre". Von vorne wird ihr zugerufen, dass sie das „re" wegmachen soll. Alice wischt das „p" weg: Elle rendre le livre. Die Lehrerin schickt sie etwas resigniert zu ihrem Platz zurück, sie geht schnell und (tapfer?) lächelnd nach hinten, setzt sich wieder an die Wand und verschwindet. Einige Sätze später wird Julia aufgerufen, Alice lässt ein gehässiges Lachen vernehmen, Julia schreibt an die Tafel: „Elle prend un livre" (also die Verbesserung von Alice!). Als sie wieder hinten sitzt, meint sie entschuldigend, ihr wäre kein anderer Satz eingefallen. Die drei werten noch mal Alices Missverständnis aus, dass sie „p" statt „re" verstanden hätte, amüsieren sich darüber. (Kerstin Jergus)

Wer immer „an die Tafel" gerufen wird, wird potentiell zum Gegenstand von Kommentierung und zur Quelle von Amüsement. Ich werde noch zeigen, wie jeglicher Gegenstand frontalen Unterrichts potentiell Verwendung findet in der das Geschehen begleitenden Kommentierung durch die Zuschauer; ein `Auftritt´ auf der Bühne vor der Tafel ist jedoch in herausgehobener Weise dazu prädestiniert.

In der folgenden Beschreibung aus dem Mathematikunterricht kommt die Unterschiedlichkeit des Umgangs mit der Situation an der Tafel zum Ausdruck. Während Ulla mit der Szenerie und ihrer Verlegenheit zu kämpfen hat, zelebriert Stefan seinen Auftritt:

> Ulla wird an die Tafel gerufen. Sie müht sich, kommt aber nicht gut dran an den Zahlenstrahl. (Ulla ist mit Abstand die Kleinste in der Klasse.) Mehrere lachen, Ulla auch. Die Lehrerin versucht, die Tafel herunter zu ziehen, was aber nicht geht, die Tafel ist schon in der untersten Position. Lachen. Ulla trägt eine Zahl ab, die Lehrerin insistiert: „Du hast aber nicht gesagt, dass es 10 sein müssen." Ulla hatte nicht erläutert, was sie tut. Sie lächelt etwas verlegen, ich höre aber in der letzten Reihe keine weitere Antwort. Ulla ist entlassen, sie huscht zurück auf ihren Platz, blickt zu Katharina und wird von dieser mit Blicken in Empfang genommen.
> Wenig später kommt Stefan dran und geht an die Tafel. Erwartungsfrohe Spannung scheint mir in der Luft zu liegen. Wahrscheinlich darf man bei Stefan immer auf einen Gag hoffen. Die Lehrerin sagt dann auch mit gespieltem Bedauern, es sei leider keine Farbe mehr übrig (die Vorgängerinnen durften sich eine aussuchen), er müsse die weiße Kreide nehmen. Stefan grinst nur (da steht er drüber). Für Stefans Zahlenwert reicht der angezeichnete Zahlenstrahl nicht aus, er steht etwas ratlos an der Tafel. – Leises Lachen und Kichern in der Klasse. – Die Lehrerin fordert ihn auf, den Zahlenstrahl zu verlängern und auf die linke Tafelseite fortzuführen. Stefan fragt, ob er aus der Hand zeichnen dürfe, die Lehrerin verneint (obwohl ihr Zahlenstrahl offensichtlich auch nicht mit dem Lineal gezogen ist.) Stefan nimmt also das Lineal und zeichnet grinsend. Er trägt dann seinen Wert ab und wieder ist Kichern und Lachen zu hören. Stefans Markierung ist deutlich größer als die seiner Vorgängerinnen. Nach vollbrachter Tat geht Stefan (immer grinsend) zurück auf seinen Platz in der letzten Reihe.

Man gerät in doppelter Weise ins Zentrum der Aufmerksamkeit, wenn man „dran" ist: Einerseits wird der Fortgang des Unterrichts auf die eigene Person fokussiert. Ob und wie es „weitergeht" hängt von der eigenen Antwort oder dem Lösungsversuch ab, andererseits fokussiert auch die peer-kulturelle Aufmerksamkeit auf die eigene Person. Urteile über die Person, Abneigungen und Zuneigungen und das öffentliche Image derjenigen, die vorne steht, werden aktualisiert (vgl. auch Breidenstein/Kelle 2002).

4.2.4 Zuschauerinnen und Kommentatoren

> Der Lehrer hat zwei Beispiele für Betonungen an die Tafel geschrieben und doziert darüber, dass dies „perfekte Beispiele" seien.
> Daraufhin Mechthild: Hat er schön ausgesucht
> Marlene: Was?
> Mechthild: Hat er schön ausgesucht
> Marlene: Jaaa
> Mechthild lacht.

Schülerinnen und Schüler nehmen im Frontalunterricht die Rolle des Publikums ein. Das ist unvermeidlich im Falle des Lehrervortrages oder der Vorführung eines Lehrfilmes, dies gilt aber auch für das Unterrichts"gespräch". Vom einzelnen Schüler aus gesehen ist der Anteil der Rezeption immer unvergleichlich viel höher als der Anteil seiner „aktiven" Beteiligung am offiziellen Unterrichtsgeschehen. Dabei differiert der `Aktivitätsanteil´ noch sehr stark zwischen den einzelnen Mitgliedern der Schulklasse. In der Klasse des Humboldt-Gymnasiums etwa ist der Schüleranteil am Unterricht, die „Schülerbeteiligung", weitgehend an einige wenige Mitglieder der Schulklasse delegiert: In erster Linie Christoph und Hanna und dann noch Paul und Mechthild und (in manchen Stunden) Maxi, Helene oder Ulla bestreiten den Großteil der Schülerbeiträge zum Unterricht. Es ist diese Handvoll `Spezialistinnen´ und `Spezialisten´, die sich auf Lehrerfragen in der Regel melden, Antwortversuche unternehmen und gelegentlich sogar (im Falle von Christoph) eigene Fragen beisteuern.[13] Für viele Schülerinnen und Schüler hingegen ist es gar nicht ungewöhnlich, wenn sie während einer ganzen (frontalen) Unterrichtsstunde keinen einzigen „Beitrag" zum offiziellen Unterrichtsgeschehen liefern.

Aber was tun diese in der Rolle des Publikums verharrenden Schüler und Schülerinnen in der frontalen Unterrichtssituation? – Die grundlegende Idee besteht bekanntlich darin, dass sie den Unterricht „verfolgen". Doch was heißt es, den Unterricht zu verfolgen? Welche konkreten Anforderungen an das Schülerhandeln ergeben sich daraus? Wie gestaltet sich der Umgang mit der Situation frontalen Unterrichts in der Rolle des Publikums?

Es ist offenkundig, dass Schülerinnen und Schüler in der frontalen Unterrichtssituation nicht einfach „passiv" sind, sondern zahlreichen Beschäftigungen nachgehen, von denen manche allerdings wenig oder gar nichts mit dem offiziellen Unterrichtsgeschehen zu tun haben. Auf das Verhältnis dieser „Neben-Kommunikationen" (Rehbock 1981) zum Unterricht komme ich noch zurück, zunächst soll es um die „unterrichts"bezogenen Tätigkeiten des (scheinbar) passiven Teils der Schülerschaft gehen. Diese Aktivitäten bestehen in erster Linie aus Kommentierungen des Geschehens: aus geflüsterten oder halblauten Bemerkungen, aus kommentierendem Mienenspiel oder etwa aus Lachen – Gelächter unterschiedlichster Art, wie noch zu zeigen sein wird.

Aufschlussreich für das Verständnis der Aktivitäten des Publikums im Frontalunterricht ist ein Blick in die Forschung zur kommunikativen Struktur gemeinsamer Fernsehrezeption. Generell lässt sich im Bereich der Soziologie

---

13   In der `Lehrersprache´ sagt man: Diese Schülerinnen und Schüler „tragen" den Unterricht.

des Publikums ein Paradigmenwechsel von der Annahme der Dominanz des (medialen) „Textes" hin zur Betonung der Aktivität des Zuschauers feststellen, bis hin zur Akzentuierung des Ereignis-Charakters, den das „Zuschauen" bekommen kann: „Being a member of an audience becomes a mundane event (...) bound up with the construction of the person" (Abercombie/Longhurst 1998, S. 37).

Die gemeinschaftliche Aneignung im fernsehbegleitenden Sprechen untersuchen Holly u.a. (2001) in detaillierten konversationsanalytischen Studien. Holly und Baldauf (2001) arbeiten den Charakter des „empraktischen Sprachhandelns" als zentrales Merkmal der fernsehbegleitenden Kommunikation heraus: Dieses bezieht sich auf gleichzeitig stattfindende Handlungen und ist nur in diesem Bezug verständlich. Charakteristisch ist der „open state of talk" (Goffman 1981), der mit herabgesetzten Kommunikationsverpflichtungen einhergeht: Man kann sprechen – muss aber nicht! Im Rahmen dieser Art von Kommunikation ist man weder verpflichtet zu antworten, noch etwa eigene Äußerungen bei Unverständnis zu erläutern. Pausen werden nicht als problematisch empfunden. Entsprechend besteht die Kommunikation innerhalb des Publikums aus „freistehenden Äußerungen" und „Gesprächsinseln", die durch zeitliche und thematische Diskontinuität gekennzeichnet sind (Holly/Baldauf 2001, S. 46).

Klemm (2001) führt das „Sich Vergnügen" als eine der zentralen Funktionen der fernsehbegleitenden Kommunikation an. Auch in dieser Hinsicht werde der aktive Part des Publikums oft unterschätzt. Wie man sich amüsiert hängt größtenteils von den Aktivitäten der Zuschauer, ihren Kommentaren und Einfällen ab. „Auch miserable Sendungen können großes Vergnügen bereiten" (ebd., S. 101). Die Fernsehrezeption wird zum Beispiel zur „`Probebühne´ für die eigene Schlagfertigkeit umfunktioniert" (ebd., S. 103), es geht dabei primär um die „Unterhaltung der Mitzuschauer" (ebd., S. 104). Das Fernsehen erweist sich im Rahmen der Vergemeinschaftung der Zuschauergruppe „als kommunikative Ressource, als `symbolischer Steinbruch´, aus dem man sich nach Lust und Laune bedienen kann, um sich im eigenen Mikrokosmos zu orientieren und über seine Lebenssituation zu verständigen" (ebd., S. 114).

Was hat dies alles mit dem Schulunterricht zu tun? Das Fernsehen ist schließlich eine Einbahn-Kommunikation und vom Zuschauer nicht zu beeinflussen, während der im Frontalunterricht dozierende Lehrer oder die referierende Schülerin immerhin angesprochen, gefragt oder etwa irritiert werden können. Die Situation des Publikums vor dem Bildschirm und im Frontalunterricht ist insofern durchaus nicht die gleiche, aber hinsichtlich zentraler Merkmale der (publikumsinternen) Kommunikation wird sich zeigen, dass es Parallelen gibt.[14]

Ich zitiere zunächst einen Auszug aus einem Protokoll, das auf Hanna fokussiert. Hanna ist, wie erwähnt, eine sehr gute Schülerin, eine der „Stützen" des Unterrichts, die sich sehr regelmäßig meldet und „beteiligt". Nichtsdestotrotz besteht auch für Hanna der Großteil der Aktivitäten aus zuhören, zuschauen – und kommentieren.

Hanna hat ihren Hefter zugemacht und beiseite gelegt, während der Lehrer über eine bevorstehende Klassenarbeit spricht und sich dabei wieder an alle Schülerinnen und Schüler richtet: „Gibt es Fragen? Das ist eine Sache, die man – die ihr lernen **müsst**. Da habe ich eigentlich gedacht, ihr beherrscht das." „Hmm", meint Hanna daraufhin, „das denkt der immer." Hanna guckt zum Lehrer und hebt dazu den Kopf. Es scheint keine Fragen zu geben. Während der Lehrer trotzdem weiter doziert „... die konjunktiven Formen von **sein** und **haben** werden sehr häufig verwendet und die müsst ihr beherrschen, das heißt, das müsst ihr konjugieren können. Eigentlich denke ich, kann man das automatisch..." „Dreiviertel- Neun" sagt Hanna zu Beata, die sich kurz vorher zu ihr umdrehte und nach der Uhrzeit fragte. „... hoff ich mal für euch heut. Und – eh – deswegen muss man es vielleicht gar nicht lernen, aber wer`s **nicht** beherrscht, der muss es dann lernen, muss das dann als Hausaufgabe aufnehmen. Das wird dann auch in der Klassenarbeit verlangt. Gut. **Also** ihr seid wunschlos glücklich? Und habt keine Fragen? Zumindestens in der Richtung". „Da können wir spielen", wirft Hanna an dieser Stelle ein, was aber wohl nur für ihre und die Ohren von Julia gedacht war. Der Lehrer hört das nicht und leitet zum nächsten Thema über: „So, gut, naja da machen wir das **Nächste**. Jetzt muss ich mal fragen: Habt ihr in Englisch schon Passiv und Aktiv gehabt?" Hanna, wie einige andere halblaut und genervt: „Jaaa".
„Dann könnt ihr mir ja perfekt sagen, worin der Unterschied zwischen **aktiv** und **passiv** besteht – und ich gebe euch nur noch die deutschen Begriffe, die man braucht, die Aus- die Fachausdrücke, die Fachbegriffe, und alles andere können wir dann gleich in Form einer Übung machen." Da reißt Julia die Arme hoch und ,ruft`: „JA!". (Auch eine Reaktion auf die Aussicht eine Übung zu machen!)
Der Lehrer fragt: „Kann mir jemand den Unterschied zwischen „Aktiv" und „Passiv" erklären? Von der Bedeutung her – nicht vom, nicht von der Bildung her, nur von der Bedeutung her." Und schon ist Hannas Arm erhoben; sie lacht dabei – ist immer noch halb im Scherzen mit Julia. Sie nimmt zum Melden die andere Hand vom Gesicht, legt sie auf den Tisch.
Als der Lehrer sich an die Tafel dreht, um dort etwas zu schreiben, gähnt Hanna ausführlich. Dann macht sie für einige Sekunden einen träumerischen Eindruck. Ihr Blick geht ins Leere. Bald aber fokussiert sie wieder den Lehrer und verfolgt sein Tun an der Tafel. (Hedda Bennewitz)

Hanna ist die Unterrichtsinhalte betreffend durchaus `auf dem Laufenden`. Sie „verfolgt" den Unterricht und leistet Beiträge unterschiedlicher Art. Dabei scheint es verschiedene Adressatenkreise für ihre Bemerkungen zu geben. Man-

---

14 Entsprechend dürfte sich auch eine detaillierte konversationsanalytisch orientierte Untersuchung der unterrichtsbegleitenden Gespräche lohnen, wie sie hier nur in Ansätzen geleistet werden kann.

ches ist gemurmelt, im Wesentlichen ein Selbstgespräch und allenfalls noch für die Nachbarin bestimmt (*„Das denkt der immer!"*). Anderes ist unmittelbar an ihre Nachbarin gerichtet (die Auskunft zur Uhrzeit). Eine dritte Sorte Bemerkungen ist halblaut gesprochen, im unmittelbaren Umfeld zu verstehen, aber in der Regel nicht von der Lehrperson (*„Da können wir spielen."*).[15] Eine vierte Sorte Äußerungen ist gewissermaßen öffentlich und zum Teil kollektiver Art (*„Jaaa"* und das Lachen an verschiedenen Stellen) – hier bilden sich ein Chor der Antwortenden und ein gemeinsam durch Lachen reagierendes Publikum.

Während die bis hierhin verzeichneten Äußerungen Hannas noch als unmittelbare Reaktionen auf das Unterrichtsgeschehen – den Monolog des Lehrers – gelten können, gibt es schließlich noch ein weiteres kommunikatives Format, das zwar an Inhalte aus dem offiziellen Unterrichtsdiskurs anknüpft, diese aber weniger kommentiert, denn als `Material´ für eigene Assoziationen nutzt. Wenige Minuten später in derselben Unterrichtsstunde verzeichnet das Protokoll etwa folgende kleine Szene:

> Der Lehrer spricht nun über Benjamin und seine Mutter, das heißt die an der Tafel stehenden Sätze: „Man kann sich das vielleicht ein bisschen verdeutlichen: Die Handlung ist, die Handlung geht von der Mutter aus und ist auf Benjamin gerichtet. Das heißt, die Handlung ist auf ein Objekt gerichtet. Hier in unserem Fall, sowohl grammatisch als auch, äh, umgangssprachlich. Benjamin ist das Objekt, also macht es nicht selbst sondern mit ..." Hanna sagt etwas unvermittelt in Richtung Julia: „Wie kann man sein Kind Benjamin nennen? Vor allem, das is jetzt wieder total, das is jetzt wieder total im Trend ja? Seine Kinder Marcel und Benjamin zu nennen." (Hedda Bennewitz)

Stichworte aus dem Unterrichtsdiskurs werden aufgegriffen, um relativ frei assoziierend Themen zu entwickeln, die dann aber inhaltlich nichts mehr mit dem „Unterricht" zu tun haben bzw. ihren Reiz gerade aus der Umfunktionierung von Unterrichtsinhalten beziehen. Solcherart parallel zum Unterricht laufende Gespräche, die sich jedoch ab und zu des Unterrichts bedienen, werden noch genauer zu betrachten sein, zunächst jedoch soll es weiter um die *Kommentierung* des laufenden Unterrichtsgeschehens durch das Publikum gehen.

Es gibt offenbar Anlässe, die kommentierende Bemerkungen in besonderer Weise herausfordern, es gibt auch Ereignisse im Rahmen des Unterrichtsgeschehens, die nahezu unweigerlich von Publikumsreaktionen begleitet werden. Diese Anlässe lassen sich drei verschiedenen Sparten zurechnen: Es handelt sich erstens um bevorzugte Themen, zweitens um besondere Ereignisse und drittens um

---

15   Diese Sorte Schüleräußerungen können von der Lehrperson auch strategisch ignoriert werden. Sie werden zwar registriert, aber `ausgeblendet´, um den Gang des Unterrichts nicht unterbrechen zu müssen.

spezifische Protagonisten, die Kommentierungen durch das Publikum erwarten lassen.

Zu den *Protagonisten*, die potentiell Kommentare auf sich ziehen, gehört selbstverständlich die Lehrperson. Ihre Kleidung, ihre Frisur, ihr Sprachgebrauch, aber auch persönliche Angewohnheiten oder unterstellte sexuelle Vorlieben bilden jederzeit eine Ressource für die assoziative Kommentierung. Die hervorgehobene Stellung der Lehrperson in den Schülerkommentaren kommt schon durch ihre zentrale Stellung im Unterrichtsgeschehen, durch ihre `Bühnenpräsenz´, zustande. Es sind jedoch auch einzelne Mitglieder der Schulklasse, die in besonderer Weise die Kommentartätigkeit des Publikums hervorrufen. Es gibt gewissermaßen besonders beliebte und bekannte Darsteller, deren Auftritte immer einen erhöhten Unterhaltungswert versprechen. – Ich erinnere etwa an das erwartungsfrohe Publikum, als Stefan an die Tafel gerufen wird, oder verweise auf die Szenen mit `Basti´ in der Ellen-Key-Schule. Bastis Wirkung als Spaßmacher und Showmeister beruht zu einem nicht geringen Teil auf den Erwartungen des Publikums: Basti weiß, was er seinem Publikum `schuldig´ ist und das Publikum, auf der anderen Seite, ist dankbar für jede gute Pointe. Wenn Basti aufgerufen wird, darf man immer auf eine überraschende und unterhaltsame Wendung hoffen.

Neben den personalen Protagonisten sind es besondere *Ereignisse*, die aus dem Gleichfluss des frontalen Unterrichts heraustreten und zum Gegenstand von Kommentierung werden: Das Zug-Spät-Kommen Einzelner, das Fehlen einer Mitschülerin, das von der Lehrerin nicht bemerkt wird, oder die öffentliche Maßregelung Einzelner durch die Lehrperson bis hin zum Rausschmiss. Eine andere Sorte Ereignisse stellen etwa unbekannte Geräusche dar, die plötzlich aus der Außenwelt in das Klassenzimmer dringen.

Schließlich gibt es *Themen*, die in besonderer Weise die Kommentartätigkeit auszulösen scheinen – die regelmäßig zum Anlass von Sprüchen und Scherzen, von Lachen und Blickwechseln werden. Zum Beispiel regen die Themenfelder der Sexualität, des Drogenmissbrauchs oder des gewaltsamen Todes in besonderer Weise die assoziierende Phantasie an.

> Fr. Schenk fragt die Klasse, wie Thomas Münzer wohl hingerichtet wurde. Daraufhin setzt eine breite Spekulation ein. Einige waren für Hängen, andere für Hand abhacken (verstümmeln), Frieda für Kastrieren. (Michael Meier)

Oft reicht schon die bloße Thematisierung des menschlichen Körpers oder einzelner Körperteile hin, um das spezifische Interesse des Publikums zu wecken – etwa die Frage der Kunstlehrerin, wo denn wohl die Mitte des menschlichen Körpers liege.

Es handelt sich in dieser Kategorie offenbar um Themen, die ein Spiel mit Tabus eröffnen, die die Möglichkeit bieten, Elemente aus dem offiziellen Unterrichtsdiskurs in der Kommentartätigkeit so aufzugreifen und zu verfremden, dass sie als Tabuverletzung zu neuer Wirkung kommen. Dazu bedarf es nicht der expliziten Thematisierung eines der angesprochenen Bereiche, sondern es reicht hin, beliebige Formulierungen der Lehrperson „misszuverstehen" und in einen neuen und `verfänglichen´ Kontext zu stellen. Frieda und Yvette bringen es zu einiger Virtuosität im Fach des Kommentierens:

Fr. Florian:	Hausaufgabe zu Montag. (...) Hausaufgabe (.) zu Montag. Besorgt euch Informationen
Yvette	(prustend) Besorgt's Euch, das ist gut!
Fr. Florian	-besorgt Euch Informationen zum Stichwort Siebenjähriger Krieg ihr braucht die Informationen für Station drei
Frieda lacht.	
Yvette	Frieda, jetzt hör aber auf!
Fr. Florian	Sie-ben jähri-ger Krieg!
Frieda lacht.	
Fr. Florian	Mein Gott Walter!
Frieda lacht lauter.	
Fr. Florian	Bei mir in der Klasse ham wir die Kindergartenfraktion bei den Herrn, und hier kommt 's bei den Damen durch.
Yvette	Jetzt ham'ses mir aber gegeben! Jetzt bin ich aber beleidigt!
Frieda lacht noch lauter.	
Yvette	Alter Schwede.
Frieda	Ah. Herrlich!
Fr. Florian	Yvette!
Yvette	Na, natürlich. Schreib ich mir gleich auf. (...) (zu Frieda) Jetz hat se mich aber beleidigt!

Yvette schreibt in ihr Schulheft, was die Hausaufgaben sind.
(Michael Meier)

Lachen ist vielleicht die wichtigste Form des Kommentierens und eine der komplexesten und zugleich wirkungsvollsten Publikumsreaktionen. Lachen gilt einerseits als unwillkürliche, körpergesteuerte Reaktion, die nicht dem freien Willen unterliegt. Insofern sind Lachende schlecht `zur Verantwortung zu ziehen´. – Daraus resultiert ein Teil der Hilflosigkeit der Lehrerin gegenüber der lachenden Frieda. Lachen lässt sich schlecht verbieten. Andererseits, und auch das ist allen Beteiligten bewusst, lässt sich Lachen sehr wohl gezielt einsetzen und strategisch platzieren.

Lachen kann selbst wiederum zum Gegenstand der Kommentierung werden:

Die Lehrerin trägt zusammen und notiert an der Tafel, was „wir" schon alles über „Delia" (eine Figur aus einem lateinischen Text) wissen. „Auf Delos verkauft" – Die Lehrerin: „Wie ist sie dahin gekommen?" Christoph ruft: „Mit dem Schiff". Einige lachen, Ulla murmelt vor sich hin: „höhö" (die Karikatur eines Lachens).

In der Kommentartätigkeit nimmt das Publikum – situativ und kontextbezogen – ein spezifisches Verhältnis gegenüber dem laufenden Unterrichtsgeschehen ein. Ein Verhältnis, das durch Reflexivität und Distanznahme gekennzeichnet ist und Inhalte, Ereignisse und Protagonisten des Unterrichts moduliert, ironisiert und rekontextualisiert und insgesamt versucht, dem Unterricht seine unterhaltsame Seite abzugewinnen. In dieser Hinsicht wirkt die Kommentartätigkeit des Publikums gemeinschaftsstiftend. Zugleich jedoch differenziert sich das Publikum in der Praxis des Kommentierens aus. Es geht um Zugehörigkeiten und Distinktion innerhalb des Publikums, um Unterscheidungen der Zuschauerinnen untereinander: „Wer lacht worüber?" ist eine entscheidende Frage zur Bestimmung von Differenzen innerhalb der Schulklasse.

Es gibt die Gruppe der Mädchen, die regelmäßig und ausgiebig über die Witze der Mathelehrerin lacht (sich offenbar prächtig amüsiert), während gleichzeitig die Mitglieder der andern Mädchenclique keine Miene verziehen oder die Augenbrauen hochziehen über die Witze der Lehrerin und die lachenden Mitschülerinnen. Die Frage, wer, wann und worüber lacht, etabliert „feine Unterschiede" zwischen den Mitgliedern der Schulklasse, die auch genau registriert werden.

Neben dem Lachen stellen *Blicke* ein subtiles und differenziertes Mittel des Kommentierens und der Verständigung dar. Daniel, Eric und Stefan z. B. haben im Unterricht laufend `Blickkontakt'. Auch wenn sie auseinandergesetzt werden, reißt die Verständigung über bedeutungsvolle Blicke nicht ab. Sie vergewissern sich ihrer gemeinsamen Haltung sowohl gegenüber dem Unterricht als auch und vor allem gegenüber den Mitschülerinnen und Mitschülern. Die Beobachterin versucht diese Haltung in Worte zu fassen:

Stefan verfolgt die Lehrerin – zumindest mit seinen Blicken – kaum, ob er zuhört, ist wirklich schwer zu sagen. Seine Blicke wandern immer wieder zu Eric, weniger oft zu Daniel, der wiederum auch stärker an Eric orientiert ist. Sie gucken sich an – so im Kreis – wenn Kinder Antworten geben. Lächeln dann wissend-überheblich. Sie scheinen bei der Einschätzung dessen,

117

was in der Klasse passiert, einer Meinung zu sein. Das Spektrum liegt wohl irgendwo so zwischen peinlich und pseudo-erstaunt abwertend. Selten ist etwas lustig oder wird wohlwollend betrachtet. (Hedda Bennewitz)

Bei genauer Betrachtung löst sich also die Einheit des „Publikums" im Frontalunterricht auf. Die Situation scheint eher durch eine Ausdifferenzierung in verschiedene Publika mit je spezifischen Haltungen gegenüber dem Unterrichtsgeschehen gekennzeichnet und durch die Etablierung unterschiedlicher 'Kommentierungsgemeinschaften', die nur zum Teil über dasselbe lachen und im Übrigen nach Distinktion streben.

4.2.5 Formen des Bezugs auf den „Unterricht"

Nach dem Durchgang durch die einzelnen Formate des Schülerhandelns im Frontalunterricht, das Drankommen-Wollen, Drangenommen-Werden, Dran-Sein und das Kommentieren in der Rolle des Publikums, möchte ich abschließend den Blick noch einmal auf das 'Ganze' der frontalen Unterrichtssituation richten: Wie lässt sich der Umgang von Schülerinnen und Schülern mit Frontalunterricht insgesamt kennzeichnen? Wie beziehen sie sich auf jenes Unterrichtsgeschehen, das dort 'vorne' abläuft und was macht ihren 'Job' im frontalen Unterricht aus?

Doch zunächst ist zu relativieren: Mit der Fokussierung auf einzelne Schüler oder Schülerinnen – das war immer wieder die Erfahrung unserer Beobachtungen – 'zerfällt' die Einheit des „Unterrichts". Was mit Blick auf die ganze Klasse und auf die Lehrperson immer (auch in seinen krisenförmigen Ausprägungen) in seiner Grundstruktur als „Unterricht" erkennbar bleibt, löst sich in eine Vielzahl von Mikrokosmen und nahezu selbständigen kleinen Welten auf, sobald man den Blick auf einzelne Schülerinnen oder Schüler konzentriert. Wenn die Protokolle zweier Beobachterinnen auf zwei unterschiedliche Ecken der Schulklasse fokussieren, wird unter Umständen nur an wenigen Stellen deutlich, dass sie von ein- und derselben Unterrichtsstunde berichten. Die parallelen Welten sind in sehr unterschiedlicher Weise und zum Teil nur sehr punktuell auf das (frontale) Unterrichtsgeschehen bezogen.

Die Varianz des Umgangs mit Unterricht ist in der Ellen-Key-Gesamtschule besonders ausgeprägt. Hier finden sich stark kontrastierende Formen, die Situation des Schülers im Frontalunterricht zu gestalten.

Eingangs dieses Kapitels war Joshua schon vorgestellt worden, der ungerührt seine triefende Nase hochzieht und dabei zu einer Haltung unvergleichlicher Stoik findet. Mit dem ungerührt schniefenden Joshua, der eine Haltung des geduldigen Ertragens, des leidensbereiten Erduldens verkörpert, kontrastieren Frieda und Yvette. Diese Freundinnen, beide (sehr) gute Schülerinnen, sind immer darauf bedacht, dem Unterricht einen gewissen Unterhaltungswert abzugewinnen. Hier sei ein Protokoll zitiert, das eine non-verbale, aber ausdrucksstarke Gestaltung der Schülerinnen-Rolle dokumentiert:

Im Biounterricht wird sich durch den Freiarbeitsplan durchgearbeitet – als Wiederholung und Zusammenfassung für alle. Das Ganze läuft im typischen Frage-Antwort-Spiel. Der Unterricht plätschert vor sich hin und Frieda und Yvette ist offensichtlich etwas langweilig. Frieda sitzt gerade, Yvette schmiegt sich leicht an sie an. Ihre Köpfe sind sehr eng nebeneinander. Frieda legt nun ihren rechten Arm um Yvettes Schulter. In ihrer rechten Hand hält sie einen goldfarbenen Stabilostift. Sie drückt Yvette ein bisschen an sich heran, greift mit ihrer linken Hand Yvettes linken Arm und positioniert so Yvettes linken Arm dort, wo sie ihn haben möchte: in die Nähe ihrer rechten Hand. Jetzt schreibt sie mit dicken Lettern „HDGDL" (Hab Dich Ganz Doll Lieb) auf ihre Hand. Frieda wird nun von Frau Zahn drangenommen und soll mehrere Fortpflanzungsmöglichkeiten von Pflanzen benennen. Das macht sie – und lässt dabei ihren Arm um Yvette gelegt. Dann schreibt sie weiter „Dein Engelchen" auf Yvettes Hand. Ich entdecke dies wortgleich an der Kopfseite von Yvettes Etui. Der Unterricht geht weiter. (Michael Meier)

Schließlich sei Nele als eine dritte Variante des Umgangs mit Unterricht in dieser Klasse angeführt. Nele verbleibt in der Rolle der in jeder Hinsicht aufmerksamen, stillen Schülerin, auch wenn um sie herum alles aus den Fugen gerät:

Arvid liest – lässig im Stuhl liegend – aufmerksam die Drogeninfobroschüre. Nele sitzt aufrecht, hat ihren Blick auf ihrem Füller liegen. Sie schreibt, wartet einen kleinen Augenblick, wartet, schreibt ... Sie scheint zu rechnen. Susanne meldet sich und möchte die Aufgabenstellung beantworten. Ich bin überrascht, war sie doch längere Zeit nicht in der Schule gewesen. Mathe scheint ihr zu liegen, ja sogar direkt Spaß zu machen. Nele hält nun einen Stabilostift in der Hand. Mit rechts umschließt sie den Stift, mit links fasst sie die Stiftkappe an. Sie dreht die Kappe nach vorn von sich weg, den Stift hingegen zu sich hin: So finden beide Hände Beschäftigung (und die Stiftkappe am Stift Reibung). Sie sitzt dabei aufrecht, ihre Arme umschließen das Blatt, ihr Blick liegt auf der Tafel, flackert nach rechts und links der Lehrerin hinterher. Ein längerer Blick nach unten, der sichere Griff zum Lineal, ein sauberer Strich in himmelblau – das Ergebnis ist richtig. Zeitgleich springt Yvette auf, tönt laut rum, geht zum Tisch von Gabor, schiebt diesen Richtung Tafel, dann den nächsten von Nancy, dann zuletzt ihren eigenen. Sie brüllt dabei unbestimmt alle an, dass sie mit der Nerverei aufhören sollen. Frau Knopf versucht, Yvette zur Ordnung zu brüllen, dass sie sich setzen soll! Aber Yvette sind Frau Knopfs Sanktionsversuche herzlich egal. Erst wenn der Tisch wieder da steht, wo er stehen soll, wird sie an so etwas wie Unterricht wieder denken. Frau Knopf lässt sie gewähren, tadelt sie jedoch erneut, als die Tische ihre alte Position wieder gefunden haben: Jetzt ist Unterricht! Basti springt auch hin und her, scherzt über drei Tische hinweg mit der sich echauffierenden Yvette, aber auch mit Gabor. Nele sitzt gerade auf ihrem Stuhl (ein dicker Ranzen würde zwischen die Lehne und ihren Rücken passen), ihr Blick ruht auf der Lehrerin, wartend. Ihr Fuß wackelt den Takt einer Musik, die sie allein zu hören vermag. Dann wirft sie einen kurzen Blick auf ihre rotlackierten Fingernägel. (Michael Meier).

Die Diskrepanz der unterschiedlichen Haltungen gegenüber Unterricht ist am Humboldt-Gymnasium nicht so groß – oder nicht so offensichtlich. Auf den ersten Blick scheint es hier, dass der Unterricht sehr strukturiert und routiniert `abläuft´. Doch auch dieser Eindruck trügt. Es war schon erwähnt worden, dass der Schüleranteil am (frontalen) Unterricht in dieser Klasse weitgehend an eine Handvoll `Spezialistinnen´ delegiert ist. Die übrigen „verfolgen" anscheinend aufmerksam das Geschehen. Die Blicke sind nach vorne gerichtet und auch Schülerinnen oder Schüler, die unvermittelt dran genommen werden, erweisen sich in der Regel orientiert über den `Stand´ des Unterrichts. Ein zweiter und genauerer Blick eröffnet jedoch auch in dieser Klasse Parallelwelten. Erst als wir einzelne Schülerinnen baten, das Mikrophon des Aufnahmegerätes an ihrem Kragen zu befestigen, erschlossen sich uns geflüsterte Gespräche wie das folgende:

Lara und Julia flüsternd:	
Lara:	Hast du gestern „Adamsfamily" geguckt?
Julia:	Es woar ne Neue. Es woarn goar nich die Alten. Es woar Scheiße.
Lara:	Ich weeß.
Lehrerin laut	Also, es ist viel viel leichter. scheinbar. Obwohl die **Masse** des Körpers die **gleiche** bleibt, die Gewicht- oder die Kraft, mit der der Körper von der **Mond**oberfläche angezogen wird ist. **kleiner.**
Lara:	Müssen wir das jetzt alles malen? (Nicken) So`ne Scheiße.
Lehrerin:	Es gibt nämlich den so genannten Ortsfaktor
Stefan: (*laut genug für mich und bestimmt einige Kinder*)	Furzfaktor
Lehrerin:	Dieser **Ortsfaktor** (.) beträgt auf dem Mond nur 1, 62 Kilogramm. **Wie weit** schlägt also das der Federkraftmesser auf dem Mond aus? Auf alle Fälle ist die Anziehung **kleiner.** (.) Nämlich? Wie weit schlägt´s aus?
Lara: (*flüsternd*)	Wenn ich heute den Bus verpasse, hol ich heute die „Ashcom"
Julia: (*flüsternd*)	Ah ich versuch´s zu schaffen.
Lara: (*flüsternd*)	Komms´te mit?
Lehrerin:	Also 1, 6. könn`ma **groß**zügig runden. \ Bisschen weniger als zwei. Ja?
Julia: (*flüsternd*)	Das is Bestechung.
Lehrerin:	Also der Körper, der eine Masse von einem
Lara:	Warum Bestechung?
Lehrerin:	Kilogramm hat, hat auf dem Mond eine viel kleinere Gewichtskraft etwa nur (.) (unverständl.) nenne ich euch noch zwei weitere Ortsfaktoren, damit man ma sieht, wie groß die Anziehungskräfte auf anderen Planeten wären (.) nämlich der Ortswe-faktor auf dem Jupiter. beträgt 24,9. Newton (.) pro Kilogramm. Und ich denke wir können auch mal gleich äh, erkennen. Wovon (unverständl.)
Lara: (*flüsternd*)	Ja
Julia: (*flüsternd*)	Eh, du wollst mir ehn Sticker noch geben
(Hedda Bennewitz)	

Gespräche dieser Art erfolgen in einem sorgsam konstruierten akustischen Sonderraum (vgl. Kapitel 2.3) und können völlig unabhängig vom offiziellen Unterrichtsdiskurs verlaufen. Sie halten die Nachbarinnen aber nicht davon ab, gleichzeitig die Anweisungen der Lehrperson zu befolgen, ihren Verrichtungen als Schülerin nachzugehen und etwa den Tafelanschrieb in das Heft zu übertragen. Aus der Sicht des „Unterrichts" mag es sich bei Parallelwelten dieser Art um „Hinterbühnen" (Zinnecker 1978) oder „Neben-Tätigkeiten" handeln. Aus der Sicht der Schülerinnen geht es um die hohe Kunst der Gleichzeitigkeit und um eine ausgefeilte Ökonomie der Aufmerksamkeit.

Alexa ist eine weitere Meisterin in diesem Fach:

> Die Stunde ist ein ständiger und dynamischer Wechsel zwischen Tafel/Lehrerin – Zettel/Buch. Alexa sieht immer konzentriert und nachdenklich aus beim Schreiben – egal was sie schreibt. Wenn Alexa zur Lehrerin oder an die Tafel schaut, tut sie das mit einem interessierten und oft leicht fragenden Gesichtsausdruck. So entsteht der Eindruck einer nicht nur interessierten, sondern auch das Gehörte und Gelesene und Geschriebene verarbeitenden Schülerin.
> In der Pause frage ich Alexa, ob sie alles mitbekommen habe, worauf sie wie selbstverständlich meint: Na klar. Möglicherweise ist sie sogar etwas irritiert über meine Vermutung, dass das anders sein könnte, so als sei es selbstverständlich, dass sie im Unterricht alles verstehen würde – egal, was für Beschäftigungen sie nach geht.
> Trotzdem bin ich dann überrascht, als ich die Aufnahmen abhöre. Alexa redet mehr mit Nina, als ich dachte, und sie scheint tatsächlich auch die wesentlichen Physikschritte nachzuvollziehen, was sich im Wiederholen von Formeln, ‚lautem' Denken, etc. widerspiegelt. (Hedda Bennewitz)

Das Management der Aufmerksamkeit ist (zumindest bei ‘guten' Schülerinnen) so ausgerichtet, dass ein bestimmtes Minimum an Orientierung über das laufende Unterrichtsgeschehen gewährleistet ist. – Dies ist eine Fähigkeit, die die Ethnographin immer wieder verblüfft, denn ihr geht regelmäßig der ‘Faden' des Unterrichts verloren, wenn sie sich auf die Beobachtung der Tätigkeit einzelner Schülerinnen konzentriert. – Zugleich sind die Neben-Tätigkeiten guter Schülerinnen so geschickt in den Unterrichtsablauf eingepasst, dass sie in der Regel nicht ‘stören' (vgl. Doyle 1986, S. 420; Bennewitz 2004).

Abgesehen von dieser Untergrenze der Beachtung des Unterrichts verlagern sich die Schwerpunkte der Aufmerksamkeit permanent. Sie verschieben sich von der Lehrerin zur Banknachbarin, zum Briefbüchlein, zu einem interessanten Geschehen, das einige Plätze weiter stattfindet und wieder zurück zur Lehrerin. Im Rahmen einer solcherart ‘wandernden' Aufmerksamkeit, die sich auf der Suche nach Ereignissen, nach ‘Interessantem' befindet, ist das frontale Unterrichtsgeschehen ein möglicher Punkt der Fokussierung unter anderen. Ob und wie lange die Aufmerksamkeit dort verweilt, hängt von beidem ab: Der Attraktivität des aktuellen Unterrichtsgeschehens und von der Anziehungskraft der konkurrierenden „Neben-Tätigkeit". Auch die Unterhaltung mit der Nachbarin, das Zetteln oder Malen ist nicht *per se* spannend, sondern kann durchaus auch von Leerlauf und Langeweile gekennzeichnet sein (vgl. Kapitel 3). Manchmal ist der

Unterricht dort vorne das einzig (halbwegs) Interessante, was passiert. Auch der Unterricht kann zum `Zeitvertreib´ werden.

Noch einmal die Beobachtung Alexas:

Bei Alexa hat sich ein Leerlauf ergeben. Kurz zuvor hat sie nach langem Schreiben Zettel und Buch abgegeben und keines von beidem ist bislang zurückgekommen. Aus lauter Not fängt Alexa dann an, die Erklärungen der Lehrerin zu notieren, als eine Art Mitschrift. Die Schülerinnen und Schüler um mich herum schreiben in dieser Zeit nichts, denn eigentlich markiert es die Lehrerin immer sehr deutlich, wann es sich lohnt, etwas aufzuschreiben. Alexa schreibt dann auch wirklich nur solange das von der Lehrerin Gesagte mit, bis das Büchlein wieder auf ihrem Tisch ist. Gierig beginnt sie sogleich zu lesen, um sofort mit einer Antwort zu beginnen. (Hedda Bennewitz)

4.3 Exkurs: Vertretungsstunden[16]

Es mag überraschen, aber die Beobachtung von „Vertretungsstunden" erscheint in mancher Hinsicht besonders geeignet zu beobachten, wie sich Kinder und Jugendlichen zur Unterrichtssituation und zur Schülerrolle ins Verhältnis setzen. Die Vertretungsstunde ist im Rahmen des schulischen Alltags durch einige Besonderheiten gekennzeichnet, die sie einerseits (zunächst) wenig „repräsentativ" erscheinen lässt, die aber andererseits ein spezifisches Erkenntnispotential begründen und die Bedingungen der „Normalität" von Unterricht in deutlicherer Weise hervortreten lassen: Expliziter als in herkömmlichen Stunden muss der Rahmen der Unterrichtssituation hergestellt werden. Wer ist die Lehrperson? Wird jetzt „richtiger" Unterricht abgehalten? Welches Fach wird behandelt? Bezieht sich der Inhalt auf andere Unterrichtsstunden? All diese Fragen bedürfen der Klärung. Andere Schwierigkeiten treten hinzu: Es ist weitaus problematischer für die Lehrperson, auf ihre Sanktionsgewalt zurückzugreifen, insbesondere in Form der Notengebung, wenn es sich zudem um eine der Lehrperson unbekannte Klasse handelt. Das Thema knüpft selten an den vorausgegangenen Unterricht an, so dass es auch für die Schülerinnen und Schüler zur Schwierigkeit wird, den Inhalt der Stunde einzuordnen. Dennoch sind alle Teilnehmer aufgefordert, diese 45 Minuten mit etwas Sinnvollem zu füllen und die Situation aufrecht zu erhalten.

In der Vertretungsstunde werden die ansonsten impliziten Strukturen und Routinen von „Unterricht" zumindest zum Teil zum Gegenstand der Aushandlung und damit der Beobachtung zugänglich. Insofern könnten sich gerade Beobachtungen aus Vertretungsstunden eignen, um Handlungsmuster und Routinen des Umgangs mit Unterricht zu analysieren. Im Folgenden sollen die Protokolle zweier Vertretungsstunden genauer betrachtet werden, die auf den ersten Blick wenig miteinander gemein haben. Im ersten Fall handelt es sich um eine der Klasse unbekannte junge Lehrerin, die „Deutschunterricht" machen will, im zweiten Fall ist die ehemalige Klassenlehrerin für „Vertretung" eingeteilt, die diese Gelegenheit nutzt, das „Gespräch" mit ihren ehemaligen Schülerinnen und Schülern zu suchen. Die Gemeinsamkeit dieser beiden Stunden besteht jedoch darin, dass beide Lehrerinnen (in unterschiedlicher Weise) die Situation der „Vertretung" nutzen, um etwas Ungewöhnliches, außerhalb der Routinen des „normalen" Unterrichts Liegendes zu tun. Interessant ist es zu beobachten, wie die Schülerinnen und Schüler mit diesen Versuchen umgehen. Beide Protokolle stammen aus dem achten Schuljahr am Humboldt-Gymnasium.

---

16 Diese Studie ist in ausführlicherer Form unter der Autorenschaft von Breidenstein und Jergus veröffentlicht in Breidenstein/Prengel (2005). Die Protokolle stammen von Kerstin Jergus, die Interpretationen sind gemeinsam erarbeitet.

4.3.1 Vertretung bei Frau Unbekannt

Vorm Klassenraum beeilen sich Maxi und Helene, die besten Sitzplätze zu bekommen. Sie setzen sich etwas anders als sonst in diesem Raum.
Die Lehrerin kommt rein, ich stelle mich vor, sie ist jung und dynamisch. Sie begrüßt die Klasse, mit der sie noch nie das Vergnügen gehabt habe. Sie beginnt, ein Gedicht vorzulesen:

Eine sachliche Romanze

Als sie einander acht Jahre kannten
(Und man darf sagen, sie kannten sich gut),
Kam ihre Liebe plötzlich abhanden.
Wie andern Leuten ein Stock oder Hut.

Sie waren traurig, betrugen sich heiter,
Versuchten Küsse, als ob nichts sei,
Und sahen sich an und wussten nicht weiter.
Da weinte sie schließlich und er stand dabei.

Vom Fenster aus konnte man Schiffen winken.
Er sagte, es wäre schon Viertel nach vier
Und Zeit, irgendwo Kaffee zu trinken.
Nebenan übte ein Mensch Klavier.

Sie gingen ins kleinste Café am Ort
Und rührten in ihren Tassen.
Am Abend saßen sie immer noch dort.
Sie saßen allein, und sie sprachen kein Wort
Und konnten es einfach nicht fassen.

Sie nennt den Autor nicht, ich frage sie später danach: Erich Kästner. (Kerstin Jergus)

In dieser Anfangssequenz wird die Andersartigkeit der Situation deutlich: Die normalerweise festgelegte „Sitzordnung" ist bei einer Vertretungslehrerin aufgehoben und man ist frei, sich neue Plätze zu suchen. Die Lehrerin geht mit ihrer saloppen und etwas ironischen Begrüßung kurz auf das Neue und Außergewöhnliche der Situation ein. Dann beginnt sie sehr unvermittelt, ohne weitere Rahmung oder Klärung der Situation, mit dem Verlesen eines Gedichtes. Sie stellt sich nicht näher vor, sie formuliert kein Ziel für die Stunde, sie nennt noch nicht einmal das „Fach", dem die folgenden Aktivitäten zuzuordnen wären. Für die Schülerinnen ist zu diesem Zeitpunkt nicht klar, ob es sich hier um wirklichen „Unterricht" handelt, ob dies ein Auftakt zu einem (Unterrichts-)Gespräch darstellen soll, und welcher Art dieses sein könnte. Eine Reihe von Schülerroutinen können bei der unbekannten Lehrerin, die zudem orientierende Rahmungen verweigert, noch nicht greifen: Weder weiß man, welches Heft herauszuholen ist, noch welcher Art die Anforderungen an das eigene Handeln sein werden und welcher Raum für Nebenbeschäftigung sich eröffnet. (In der Verweigerung dieser Routinen liegt möglicherweise auch die didaktische Absicht dieses ungewöhnlichen Stundenbeginns.)

Sie fordert die Schülerinnen und Schüler auf, zu sagen, was denn verloren gegangen sei. Niemand meldet sich. Frau Unbekannt zeigt auf einige, was sie nicht gerne mache, wie sie meint, aber leider kenne sie die Namen nicht. Hanna kommt dran, sie antwortet pflichtbewusst wie immer. Dann fragt die Lehrerin „die Herren der Schöpfung, die müssen ja auch ne Meinung dazu haben? Hier, im weinroten Pullover." Felix hat einen weinroten Sweater an, er tut erst so, als sei er nicht gemeint, fasst seinen Sweater an, beäugt ihn, zeigt dann auf Stefan. Dann meint er nur, er habe keine andere Meinung. Die Lehrerin fragt noch mal, was denn abhanden gekommen sei, Julia hinten halblaut: „Das Auto." (Kerstin Jergus)

Die Lehrerin mobilisiert jetzt bekannte Routinen der Unterrichtskommunikation: Sie stellt eine Verständnisfrage zum verlesenen Gedicht. Es handelt sich um eine klassische „Lehrerfrage", bei der die Schüler davon ausgehen müssen, dass die Lehrperson die Antwort auf ihre Frage weiß und dass die Frage dazu dient, das Verständnis der Schüler zu überprüfen (vgl. z.B. Kalthoff 1995). Doch die Schülerinnen und Schüler lassen sich in dieses „Unterrichtsgespräch" nicht so schnell einbeziehen. Sie melden sich nicht freiwillig, sondern lassen die Leitung des Geschehens vollkommen in der Hand der Lehrerin, diese muss die Schülerinnen aufrufen und auf sie zeigen. Sie antworten nur, wenn sie dran genommen werden und auch dann nur *pflichtbewusst* – Kooperation nur so weit wie unbedingt notwendig, Mitarbeit nur unter dem Vorzeichen der Unvermeidlichkeit. Felix markiert den Charakter der Unfreiwilligkeit mit großer Deutlichkeit: Er zögert seine Antwort hinaus, bis sie unausweichlich wird und lässt sie dann belanglos ausfallen. Frau Unbekannt fehlt eine wichtige Voraussetzung für ein klassisches „Unterrichtsgespräch": Spezifisches Wissen über die Klasse, das es ihr ermöglichen würde, einzelne Schülerinnen mit genaueren Erwartungen anzusprechen. Sie verfügt zwar über die Macht des „Drannehmens", aber sie muss die Klasse pauschal und anonym ansprechen. In dieser (schützenden) Anonymität verharren die Schülerinnen und Schüler. Julias halblauter Kommentar schließlich bringt zugleich die Banalität der Frage der Lehrerin und die Absurdität der Situation auf den Punkt.

Nun meint die Lehrerin, so könne das Ende einer Liebe aussehen, nun würden sie sich mal dem Anfang zuwenden. Damit teilt sie den Text *Meine erste Liebe* von Stefan Mielchen aus. Dort geht es darum, dass ein Schüler, der sich zu den weniger Attraktiven zählt, während einer Schuldisco von einer Schülerin zum Tanzen aufgefordert wird. Daraufhin „verliebt" er sich in sie, als er sie jedoch am nächsten Tag in der Schule ansprechen will, sieht er sie mit einem anderen Jungen, der eher zu den Coolen zählt, händchenhaltend den Schulflur entlang gehen. Ich denke mir, dass es doch ganz spannend wird, packe schnell das Mikro aus und lege es ungefragt Daniel und Eric auf den Platz.

125

Die Lehrerin bricht das „Unterrichtsgespräch" ab, indem sie das erste Gedicht sehr knapp resümiert und danach mit einem neuen Text ansetzt. Auch jetzt wird zwar eine allbekannte Handlung im Unterricht vollzogen (einen Text lesen), allerdings ist immer noch nicht klar, worum es denn in dieser Stunde nun gehen soll? Will die Lehrerin über „Liebe" und „Verliebtheit" sprechen? Ist das eine Deutschstunde?

Interessant ist die Reaktion der Ethnographin: Sie hält die Situation jetzt doch für so aufschlussreich, dass sie sie in detaillierter Form per technischer Aufzeichnung dokumentieren möchte. Sie ist sogar so unhöflich, das Mikrophon, ohne sich das explizite Einverständnis der beiden Jungen zu holen, vor diese hinzulegen. Was macht die Situation auf einmal so „spannend"? Offenbar die Herausforderung, die in der Thematik des Textes liegt: Liebe unter Schülern und Schülerinnen. Wie werden sich die Mädchen und Jungen dazu verhalten? Fühlen sie sich in ihrem eigenen Umgang mit dem Thema Liebe und Verliebtheit angesprochen?

Den Text lesen nacheinander Eric, Paul und Daniel laut vor. Währenddessen lesen einige ernst mit, zwischen Jana und Susan geht ein Block hin und her, Maxi und Helene grinsen, Hanna und Julia amüsieren sich über Hannas Kommentare. Die Lehrerin fragt, ob es immer noch diese Unterscheidung in zwei Klassen von Jungs gäbe, die Coolen und die Loser? Dann nennt sie einfach einen Namen aus dem Klassenbuch: „Sophie." Die antwortet nicht. „Wer ist Sophie?" Alexa und Katharina zeigen auf die zwischen ihnen sitzende Sophie. Die wird rot bei ihrer Antwort, dass es jetzt andersrum wäre: Die Mädchen bräuchten nur mit den Fingern schnipsen und die Jungs würden ihnen hinterher rennen.

Das Vorlesen des Textes mit verteilten Rollen ist eine im Deutschunterricht übliche Handlungsweise. Auch die Schülerinnen scheinen sich nun einigermaßen in der Situation eingerichtet zu haben, zumindest so weit, dass sie einen sicheren Raum für ihre Nebenbeschäftigungen ausgemacht haben.

Die anschließende Frage der Lehrerin ist brisant: Einerseits bezieht sie sich auf den Inhalt des Textes (das ist Unterrichtsroutine), zugleich jedoch fragt sie nach einem auch außerhalb des unterrichtlichen Kontextes relevanten Thema. Wenn im Unterricht das Geschlechterverhältnis angesprochen wird, dann kann der Unterrichtsdiskurs direkt zum Material im Rahmen peer-kultureller Auseinandersetzungen werden (vgl. Breidenstein/Kelle 1998, S. 47ff; Rusch/Thiemann 2003, S. 26ff.).

Sophie versucht zunächst, der Beantwortung auszuweichen, indem sie sich nicht zu erkennen gibt – sie verweigert damit aber auch die Schülerrolle. Als die Lehrerin insistiert, wird Sophie schließlich von ihren Freundinnen „verraten". Aber auch diese Form der Kooperation mit der Lehrerin war schon (fast) unausweichlich geworden: Wie hätte Sophie ihre Identifizierung noch länger verweigern sollen ohne die Situation eskalieren zu lassen? Der Spielraum war ausgereizt. Zugleich haben Alexa und Katharina vermutlich Spaß daran, Sophie in Verlegenheit zu bringen. An Sophies Antwort wird deutlich, dass sie sich des doppelten Rezeptionskontextes bewusst ist: Einerseits der Lehrerin jetzt antworten zu müssen, andererseits sich nicht vor ihren Mitschülerinnen und Mitschülern mit `pikanten´ Geständnissen zu blamieren. Sophie löst ihr Dilemma nur notdürftig, indem sie zu Ironie und Überzeichnung greift.

> Derweil unterhalten sich Daniel und Eric über Klamotten. (Dunkelblaues Jackett, ockerfarbene Hose, Schlips oder Fliege? Welche Schuhe? Es geht wohl um die Jugendweihe?) Dann fragt die Lehrerin nach Discos, erzählt, dass es früher Schuldiscos gegeben habe von 16 bis 21 Uhr, sie fragt: „Wie ist das heute? Wer war schon mal zur Disco? Wann fangen die heute an? Wer hat da Informationen?" Sie nimmt Bettina dran, die meint, es gebe hier eine von 15 bis 18 Uhr, die fetze aber nicht, sie gehe nicht so oft in die Disco. Ihre Freundin und Banknachbarin Susan lacht, während Bettina redet. Die Antworten scheinen mir insgesamt eher unwillig gegeben. Die Lehrerin sitzt vorn recht entspannt, ist ziemlich locker. Niemand meldet sich auf ihre Fragen, sie muss immer wieder jemanden dran nehmen. Die Jungs lesen derweil das auf der Rückseite der Textkopie abgedruckte Gedicht und amüsieren sich darüber.

Wie Sophie zuvor gerät nun Bettina in eine schwierige Lage: Sie kann sich weder der Aufforderung der Lehrerin noch der Rezeption ihrer Antwort innerhalb der Peer-Welt entziehen. Bettina ist im Besitz von „Informationen", was sie gleichzeitig als eine „Jugendliche" auszeichnet, die offensichtlich auch die Qualität einer Disco einschätzen kann. Ein wichtiges Merkmal der Distinktion in dieser Klasse ist die Unterscheidung zwischen den „Kindlichen" und den „Jugendlichen". Bettina gehört zu jener Clique, die sich gegenüber anderen Schülerinnen als den viel zu „kindlichen" abgrenzt. Susan amüsiert sich über Bettinas etwas prekäre Situation.

Erstaunlich ist dabei die Haltung der Lehrerin, die als entspannt und locker beschrieben wird, obwohl man bei der ihr entgegen gebrachten Ablehnung eher Frustration erwarten würde. Rechnet sie damit, dass auf ihre Frage nur stockende Antworten kommen können, weil sie in brisantes Terrain hineinfragt?

> Dann lässt die Lehrerin abstimmen, wer der Meinung sei, dass es dieses alte Rollenbild noch gebe, mit einer Zwei-Klasseneinteilung der Jungs in Draufgänger und so? Niemand meldet sich. Wer fürs neue sei, dass die Mädchen nur mit den Fingern schnipsen müssten und die Jungs scharen sich um sie? Wieder niemand. Sie macht kurz Pause, fragt, wer für beides sei, da melden sich die meisten. Die Lehrerin stimmt dem zu, sie denkt auch, dass es charakterlich abhängig sei. Dann fragt sie, was sich zwischen dem ersten und letzten Satz geändert habe und nimmt Lara dran. Daniel und Eric amüsieren sich auf ihre Art über den Text: Eric: „Oder: Die hat sich aus Versehen den falschen gesucht, die wollte eigentlich mit nem andern tanzen." Dann singen sie beide: „Marmor, Stein und Eisen bricht, aber unsere Liebe nicht, alles, alles geht vorbei, doch wir sind uns treu."

Mit der Abstimmung scheint die Lehrerin nun eine der zentralen Schüleraktivitäten des Unterrichts erzwingen zu wollen: das Melden. Allerdings führt auch dieser Versuch in eine `Sackgasse´, als sich auf die ersten beiden Alternativen niemand meldet – obwohl die zweite Alternative wenige Minuten zuvor von Sophie selbst formuliert worden war, stimmen weder sie noch eine ihrer Mitschülerinnen dem nun zu. Auch die Lehrerin scheint irritiert zu sein, erst nach einer kurzen Pause bietet sie eine dritte Variante an, die die vorherigen Alternativen harmonisiert. Hier melden sich nun die Schülerinnen – zumindest so viele, dass die Situation als gerettet angesehen werden kann: Hätte es hier wiederum keiner getan, wäre es ein offener Affront gegen die Lehrerin gewesen, und die Unterrichtskommunikation wäre endgültig gescheitert. Doch daran scheint niemandem gelegen zu sein. Frau Unbekannt und die Schülerinnen finden einen Weg, die Situation nicht eskalieren zu lassen. Nach dieser Sequenz geht Frau Unbekannt schnell wieder zu herkömmlichen Routinen des Unterrichts über: Inhaltlich geht es nun um Fragen des Textverständnisses. Währenddessen amüsieren sich Daniel und Eric miteinander auf ihre ruhige und routinierte Art – sie haben sich in dieser „Vertretungsstunde" längst eingerichtet.

Die Lehrerin scheint jetzt keine Lust mehr auf dieses Spiel zu haben (obwohl sie sich weder frustriert oder ärgerlich anhört): „So, Deutschhefter raus, Überschrift: Meine erste Liebe, Stefan Mielchen." Einige stöhnen, einige sitzen einfach rum, als hätte es diese Aufforderung nicht gegeben, die Jungs haben ihren Stuhl gekippt an die Wand gelehnt. So langsam merken sie, dass es unausweichlich wird, hier etwas machen zu müssen und holen ihre Hefter raus (Eric: „Der Hefter für die Vertretungsstunden!") und schreiben langsam ab:

Meine erste Liebe

Stefan Mielchen

1. Welche Probleme hat er beim Umgang mit dem anderen Geschlecht und warum?
2. Welche Veränderungen der Gefühle erlebt er? Wie sind sie zu erklären?
3. Bestimme die Erzählperspektive!

Die Beobachterin interpretiert das Verhalten der Lehrerin als Registerwechsel (*das Ende dieses Spiels*). Die Rahmung des Geschehens wird jetzt vollständig geklärt und expliziert: Es handelt sich um eine Unterrichtsstunde im Fach Deutsch. Der *Deutschhefter* hat Signalwirkung und entspannt gleichzeitig die Situation: Auch das vorherige, etwas holprige Geschehen kann nun als Annäherung an den Text verstanden werden und die Fragen der Lehrerin werden in einen sachlichen Kontext gestellt. Mit dieser Geste wird also nicht nur das zukünftige Geschehen in einen klareren Rahmen eingeordnet, sondern auch das bisherige Geschehen entschärft. Die Lehrerin zieht sich auf basale Unterrichtsroutinen zurück: Das Bearbeiten von Aufgaben. Haben die Schülerinnen sie zu diesem „Rückzug" gezwungen? Wäre der Lehrerin mehr an einem Gespräch über das Gedicht gelegen gewesen und die Bearbeitung der Aufgaben ist ein resignierter und Zeit füllender Ersatz? Erics Kommentar *("Der Hefter für Vertretungsstunden")* bringt allerdings die gerade mühsam als „Deutschstunde" restaurierte Situation in ihrer Nicht-Selbstverständlichkeit auf den Punkt: Es gibt eigentlich keinen Ort für den behandelten Stoff, es handelt sich bei dem Ganzen nach wie vor um „Vertretung".

> Während die Lehrerin anschreibt, sehe ich Maxi und Helene Gummitiere essen. Eric und Daniel schreiben ab. Es wird etwas ruhiger, als die Lehrerin sich in die Mitte der Klasse neben Beata stellt. Dann kommt sie rum und setzt sich neben mich, fragt, was ich hier genau mache. Sie ist sehr nett und sehr interessiert. Ich bekomme einige Blicke, unter anderem von Sophie, Jana, Susan, als ich mich mit ihr unterhalte, sie schauen wohl, wo die Lehrerin gerade ist. Frau Unbekannt versperrt mir allerdings die Sicht auf Eric und Daniel. Die unterhalten sich über Musik, wie ich auf der MiniDisc nachhören kann, um sich dann nach einer geraumen Weile den Aufgaben zuzuwenden.

Das klärende Wort „Deutschhefter" hat die Situation tatsächlich beruhigt: Jeder weiß, was nun zu tun ist, wie man sich zu verhalten hat und welcher Freiraum gegeben ist. Während die Ethnographin das gesamte Geschehen in der Klasse im Blick hat, zeichnet das Mikrophon die Unterhaltung zwischen Eric und Daniel auf:

Eric:	Welche Probleme hat er beim Umgang mit dem anderen Geschlecht und warum?
Daniel:	Er will sie ficken.
Beide lachen.	
Daniel:	Oh.
Eric:	Tja, tja, jetzt biste drauf.
Daniel:	Er hat sexuelle, äh-
Die Lehrerin ermahnt wieder.	
Eric:	Findet keine Freundin.
Daniel:	Was isn das fürn Problem?
Beide lachen.	
Eric:	Also: hat keine Chance gegen die coolen Jungs.
Daniel wiederholt, leiser.	
Daniel:	Er hat Angst-
Eric:	Welche Veränderung der Gefühle erlebt er-
Daniel:	Er ist zu schüchtern.
Eric:	Na, erst ist er verliebt, erst, ist er, verliebt, dann, dann kann er-
Daniel unterhält sich wohl mit Felix.	
Eric:	-zwischen, nee, ich bin schon bei zweitens, dann ist er sauer auf, dann ist er eifersüchtig.
Daniel:	-auf den anderen.
Eric:	eifersüchtig. Und später-
Daniel:	Böse.
Eric:	-kann er sie nicht mehr leiden.
Daniel:	Ist er enttäuscht.
Eric:	Bestimme die Erzählperspektive. Das lyrische Ich. Nee. Oder?

Daniel:	Was? Was erzählst du?
Eric:	Das lyrische Ich.
Daniel:	Was ist mit dem?
Eric:	Das ist die Erzählperspektive.
Daniel:	Ach nee, das ist hier, wie heißt er? Stefan Mielchen.
Eric:	Na, das ist doch das lyrische Ich.

Der Austausch zwischen Eric und Daniel konstituiert hier eine ‚eigene' Welt. Die beiden distanzieren sich von der offiziellen Unterrichtssituation und ihren Anforderungen an sie als Schüler und zugleich erfüllen sie diese Anforderungen buchstabengetreu. Nach dem coolen Spruch („*er will sie ficken*") suchen Eric und Daniel nach der Formulierung einer Antwort, die mit dem Unterrichtsdiskurs kompatibel ist. Sie zeigen dabei (einander), dass sie die Fragen im Sinne der Intentionen der Lehrerin relativ mühelos beantworten und sich *gleichzeitig* spielerisch davon distanzieren können.

Die Doppelstruktur dieses Geschehens ist mit der Unterscheidung von „Vorder-" und „Hinterbühne" (vgl. Zinnecker 1978) nicht hinreichend beschrieben, denn die Schülertätigkeit im Rahmen des offiziellen Unterrichts und ihre peer-kulturelle Kommentierung und Konterkarierung sind hier unmittelbar aufeinander bezogen und ineinander verflochten. Gerade das Beharren auf ihrer Rolle ermöglicht es ihnen hier, sich von dieser Rolle zu distanzieren. Indem sie augenscheinlich nur ihren „Job" tun, eröffnen sie sich den Spielraum, sich zu ihrem „Job" verhalten zu können.

Die Ironie dieser Vertretungsstunde: Während die Lehrerin offenbar eine Thematik aus der Lebenswelt für „Deutschunterricht" nutzen wollte, wird der „Unterrichtsstoff" im Diskurs der beiden Schüler wiederum zum Material des Amüsements und der (Selbst-)Inszenierung. Die „Normalität" der Unterrichtssituation erscheint jetzt endgültig (wieder) hergestellt. Die anfänglich vergleichsweise offene und wenig vorstrukturierte Situation ist in routinierte und distanzierte Pflichterfüllung überführt worden – nicht zuletzt durch die Schülerinnen und Schüler selbst: Sie zwingen Frau Unbekannt in die Rolle der Lehrerin, indem sie ihren Anteil am „Gespräch" nur wahrnehmen, wenn sie qua Schülerrolle darauf verpflichtet werden. Die Jugendlichen verweigern, jedenfalls in dieser Vertretungsstunde, ein Engagement über ihren „Job" als Schüler hinaus, zugleich erscheinen sie äußerst kreativ und produktiv, wenn es um die Kommentierung und Ironisierung einzelner Situation oder Themen geht. Ein „normales", das heißt routiniertes und entspanntes Verhältnis zur Unterrichtssituation stellt sich (für Schüler) gerade in dieser Doppelstruktur her: Einerseits das offizielle Unterrichtsgeschehen, an dem man sich im Rahmen seiner Rolle als Schüler (seines

„Jobs") beteiligt, andererseits die Ebene des Kommentierens, die Distanz ermöglicht und Freiräume bietet.

4.3.2 Vertretung bei Frau Martens

Das folgende Protokoll einer weiteren Vertretungsstunde bietet in mancher Hinsicht einen deutlichen Kontrast zur Stunde bei Frau Unbekannt, es zeigt aber letztlich in ähnlicher Weise das Insistieren der Kinder bzw. Jugendlichen auf ihrer Schülerrolle. Auch diese Stunde ist davon gekennzeichnet, dass die Lehrerin, Frau Martens, die Sonderbedingungen der Vertretungsstunde für etwas anderes nutzen möchte als herkömmlichen Unterricht. Frau Martens war drei Jahre Lehrerin in dieser Klasse, die sie vor einem halben Jahr abgegeben hat. Jetzt ist sie für eine Vertretungsstunde in ihrer ehemaligen Klasse eingeteilt. Im Unterschied zur Stunde bei Frau Unbekannt treffen hier also Beteiligte aufeinander, die bereits eine intensive gemeinsame Geschichte haben.

An diesem Tag hatte mit dem Angriff der USA der Irakkrieg begonnen.

Dann kommt die ehemalige Klassenlehrerin Frau Martens als Vertretungslehrerin rein, redet laut die Klasse an, dass sie ihrer anderen Klasse gesagt habe, dass heute die Demo sei und sie erst mal zurück müsse: „Ich muss die stoppen." Als sie aus der Tür raus ist, meint Felix recht trocken: „Na, sehr verändert hat se sich ja nicht." Die Jungs schmeißen sich weg vor Lachen. Frau Martens kehrt zurück und meint, dass sie die Demo ganz wichtig fände, allerdings habe sie ein Problem mit dem Slogan: „Protest statt Mathe" – „Und das find ich also schon ziemlich bedenklich. (4sec) Oder klingt das gut? Eric." Eric: „Na ja." Stefan lacht im Hintergrund. Frau Martens: „Na, wie klingt'n das?" Eric: „Na, das klingt so, als ob wir keine Schule machen wollen und egal, was da ist, hingehen würden." Frau Martens: „Ja" schaut im Raum rum, „das ist doof, oder?" Sie sitzt in der ersten Bankreihe auf einem Stuhl mit überschlagenen Beinen, der Klasse zugewandt, die Arme hat sie auf die Lehne des Stuhls gelegt, sehr leger sieht das aus. „Ist das doof?" Ulla: „Also ich find Mathe ja schon wichtig..." Lachen in der Klasse, danach wird es hörbar lauter, lockerer.
Dann fragt Frau Martens, ob sie über diesen Krieg schon gesprochen hätten? Mehrfach gemurmeltes „Nee", Eric zu seinem Nachbarn: „Nicht dass die noch Deutschland wegbomben" (scherzhafter Tonfall). Bettina und Susan halten sich an den Händen unter der Bank. Frau Martens: „Und was denkt ihr, wär's wichtig, darüber zu reden?" Einige „Ja" sind zu vernehmen. Frau Martens: „Na, ich mein, wir hören ja jetzt seit **Monaten** davon, dass das passieren wird und ward ihr dann heute früh irgendwie **besonders** betroffen oder überrascht oder eher enttäuscht oder war's eher so: na ja, is klar gewesen, jetzt können wir auch so zur Tagesordnung übergehen, es musste halt so sein? Weiß ich nicht, ist das für euch so? Oder fühlt ihr euch gar nicht betroffen? (..) Daniel?" Daniel: „Naja es war ja von vornherein klar, dass die heut angreifen, ich hab heut in Videotext geguckt, naja, kann man nichts dagegen machen." (5sec.) Frau Martens erzählt noch mal ihre verschiedenen Informationen zum Tag der Demo. Dann: „Also ich möchte das, also wenn es für euch jetzt **keinen** Diskussionsbedarf gibt, dann möchte ich euch das Thema auch nicht aufdrängen, heute in der elften Klasse, da wollte ich Unterricht machen, die haben gesagt, sie wollen drüber reden. Aber es ist bei euch nicht so?" Nina: „Na, wir haben heute früh schon bei Frau Patzer darüber geredet (Susan stöhnt)." Frau Martens:

„Habt ihr gemacht. Gut, okay. Ist ja auch schön, dass ich euch mal wieder sehe. Und sehe, wie ihr erwachsen werdet, keine Kinder mehr seid, (Eric zu Stefan: „Oahr, ich fühl mich schrecklich alt."), manchmal werde ich auch gefragt, ja wie ist´s euch denn ergangen, da sag ich dann immer: gut, und wenn ich euch jetzt so sehe, seht ihr auch alle sehr gut aus, kann man ja mal sagen. Manche haben sich **sehr** verändert: Susan, Bettina, (Bettina: „Ich?" Susan ironisch: „Ja, du hast dich sehr verändert, alles klar.") Julia, Alice weniger, ja." Es wird recht laut und unruhig, viel Lachen ist zu hören. (Kerstin Jergus)

Auch zu Beginn dieser Stunde ist zunächst unklar, worauf es `hinauslaufen´ soll und wie der offene Rahmen der „Vertretung" gefüllt werden wird.

Mit dem Einstieg in das hoch aktuelle Thema des Irakkrieges kann Frau Martens durchaus persönliche Betroffenheit und Gesprächsbedarf bei den Schülerinnen und Schülern ihrer ehemaligen Klasse vermuten. Die Reaktion seitens der Schüler bleibt jedoch eher verhalten, worauf Frau Martens klar stellt, dass sie den Schülern das Thema „*nicht aufdrängen*" wolle und wechselt dann auf die Meta-Ebene: „*Ist ja auch schön, dass ich euch mal wieder sehe*". Sie expliziert damit die Sinnfigur, die sie sich für diese Stunde vorgestellt hat: Alte Bekannte begegnen einander unverhofft und tauschen sich aus.

Frau Martens spricht dann körperliche Veränderungen und das „Aussehen" zuerst kollektiv und dann auch Einzelner namentlich an. Dieses Ausgreifen der Lehrerin ins Persönliche wird von ironischen Kommentaren der Schülerinnen untereinander begleitet und dadurch auf Distanz gebracht.

Dann fragt Frau Martens, wann ihre Jugendweihe sei und wer überhaupt eine mache und fragt, wo sie sei. Es wird ausgelassener, die Jungs werfen sich Kommentare zu. Frau Martens nach einer Weile: „Ja, was gibt's noch Neues? Klassenfahrt?" Lautes Gemurmel, mitschwingende Ablehnung. Eric versucht auf sich aufmerksam zu machen: „Frau Martens?" Diese unterhält sich noch mit einigen Mädchen, Eric: „Frau Martens, wir müssen gegen unseren Willen nach Nürnberg fahren." Die Klasse lacht laut auf. Frau Martens: „Wie bitte, wie das?" Eric: „Na, wir wollen, das hat Frau Siebert so festgelegt." Frau Martens: „Petz mal, los." Gemurmel. Frau Martens: „Ihr fahrt nach Nürnberg. Und wann?" Daniel: „Na, das steht auch noch nicht so richtig fest." Beata von hinten: „Es wurde abgelehnt." Susan: „Was?!" Verwirrte Überraschung in der Klasse, Lachen. Susan zu Bettina: „Oh Shit, ey." Die Jungs sind begeistert, klatschen sich ab, Eric: „Klassensprecher sind echt cool!" Frau Martens: „In der Schulkonferenz oder wo?" Beata: „Ich glaube. Ich weiß es nicht genau, ich hab´s auch nur über Ecken gehört." Aufregung in der Klasse. Susan und Bettina sind den Jungs zugewandt und unterhalten sich mit ihnen. Eric nutzt Frau Martens´ Angebot: „Wir müssen auch ein Buch lesen, das wir gar nicht lesen wollen! Frau Siebert hat gesagt, wir dürfen uns das zweite aussuchen. **Aussuchen** war zwischen drei Büchern, die sie uns vorgestellt hat. (Lachen in der Klasse.) Und die sind alle ungefähr das gleiche." Frau Martens: „Das ist dann Wahlpflicht, Eric, du hast die Wahl und dann musste was nehmen." Susan lacht: „Na toll, dann muss man was nehmen." Frau Martens: „Aber da wird schon ein Sinn dahinter sein, dass ihr das Buch nun gerade lesen sollt. Was lest ihr denn?" Daniel wenig begeistert: „Anne Frank". Frau Martens findet das Buch schön. Es wird wieder viel gescherzt, lautes Lachen, Reden ist zu hören. Ulla fragt Frau Martens noch mal nach der Klassenfahrt. Frau Martens weiß jedoch auch nicht, warum der Antrag abgelehnt worden sein soll. Frau Martens erkundigt sich nach Marlenes kleinem Geschwisterchen und nach Hannas, das erst eine Woche alt ist. Sie wird ausgefragt, wie sie das findet, wie es ihr damit geht und Frau Martens meint, dass Hanna ja durchaus schon einige Hilfe leisten könne. Frau Martens: „So, was gibt's noch Neues? (...) Noch irgendjemand irgendwelchen Nachwuchs?" Lachen. Bettina zu Susan: „Klatsch und Tratsch der 8b" Wieder eine halbe Minute Unruhe, Gespräche, Lachen.

Erics Versuch, sich Gehör zu verschaffen ist die erste deutliche Initiative seitens der Schüler, diese ungewöhnliche und nach wie vor in ihrer Zweckbestimmung offene Situation zu gestalten: Er will die Unterstützung ihrer ehemaligen Lehrerin in einem Konflikt der Klasse mit der Klassenlehrerin gewinnen. Frau Martens nimmt jedoch ihre Kollegin in Schutz, indem sie die Problematik der Pseudo-Partizipation mit dem Ausdruck „*Wahlpflicht*" belegt, dadurch legitimiert und bekundet: „*Da wird schon ein Sinn dahinter sein*".[17] Nachdem Frau Martens in zwei der Klasse wichtigen Punkten jedoch keine Hilfe sein kann, geht die Initiative wieder vollständig an sie über: Sie fragt zwei Schülerinnen nach Themen aus deren Privat- und Familienleben. Dass Frau Martens weiß, wer Geschwister bekommen hat, impliziert wiederum die „persönliche" Ebene, die auf der gemeinsamen Geschichte beruht.

Frau Martens: „Dann möchte ich natürlich noch wissen: Wer hat sich in Englisch ver**bessert**?" Es melden sich ca. 10 Schüler/innen, unter ihnen Alice, Julia, Susan, Hanna. Nun fragt Frau Martens, wer sich verschlechtert habe. Das sind zwei, darunter Daniel, der jedoch dann mitkriegt, dass es hier speziell um Englisch geht und seinen Arm wieder runter nimmt. Wieder eine Weile Lachen, Scherze, Gespräche.
Frau Martens: „Ich hoffe, dass die mehr oder weniger großzügige Einstellung zur Schule sich wieder ein klein wenig wandeln wird. Wenn sie sich gewandelt hat, dann hat sie sich sozusagen dahingehend gewandelt, dass ihr euch besonnen habt (Eric: „Ich hab ne Eingebung gehabt.") oder hat das Ganze sich noch verschärft? (..) Ehrliche Antworten, wenn ich bitten darf."
Unruhe, keiner antwortet so richtig, Lachen. Frau Martens: „Ich hab euch eine Frage gestellt. Daniel, schätz dich mal selber, euch mal selbstkritisch ein!" Daniel schaut ratlos. Frau Martens: „Na, vergleich mal das Ende des siebten Schuljahres und jetzt." Daniel: „Ist noch genauso." Frau Martens: „Genauso. Also noch genauso **coole** Einstellung."
Frau Martens: „Ja, wenn ich euch schon mal wieder 45 Minuten habe, dann müssen wir ja auch die Zeit mal ein bisschen nutzen." Aus der Klasse ruft jemand: „Noch 10 Minuten." Lachen. Stefan: „Nutznutz." Frau Martens wiederholt: „Nutznutz, ja." Es wird wieder lauter.

Das Protokoll verzeichnet immer wieder Lachen, Scherze, man ist guter Stimmung und amüsiert sich. Und doch stimmt irgendetwas nicht, mit fortschreitender Stunde bzw. sich entfaltendem Protokoll, wird die Verkrampfung immer deutlicher spürbar. Das „Gespräch" wirkt nicht locker, sondern bemüht, die Art der Beteiligung ist doch sehr ungleich: hier Frau Martens, dort „die Klasse". Der Ton und die Themen entsprechen einem privaten Gespräch, die Gesprächsrollen jedoch entstammen immer deutlicher den verteilten Rollen des Unterrichtsge-

---

17   Zur Problematik der Pseudo-Partizipation von Schülern vgl. Combe und Helsper (1994, S. 164ff.)

sprächs: Die Lehrerin fragt, die Schülerinnen und Schüler antworten, wenn sie aufgerufen werden.

Frau Martens steuert aus dem Privaten und Familiären wieder zurück in den Bereich des genuin Schulischen. Sie fragt nach dem aktuellen Leistungsstand in Englisch und nach Veränderungen in der allgemeinen Einstellung zur Schule, womit sie gleichzeitig Bezug auf die gemeinsame Geschichte nimmt, vor deren Hintergrund Vergleiche möglich sind. Doch auch diese „Themen" tragen nicht länger als wenige Minuten.

Schließlich flüchtet sich Frau Martens wieder auf die Meta-Ebene: „*Ja, wenn ich euch schon mal wieder 45 Minuten habe, dann müssen wir ja auch die Zeit mal ein bisschen nutzen.*" Die Situation ist prekär geworden in der Unklarheit ihrer Zweckbestimmung und Frau Martens vergewissert sich und alle anderen des Sinns dieser Veranstaltung. Der Verweis auf die „*45 Minuten*" erinnert einerseits an die schulische Rahmung der Situation, andererseits betont er die Kostbarkeit dieses exklusiven Moments, den es zu *nutzen* gelte – zu nutzen, so könnte man ergänzen, für die Gestaltung der gemeinsamen Beziehung, die auch durch das rhetorische „*wir*" in diesem Satz aufgerufen wird. Dieser Versuch der Vergewisserung einer gemeinsamen Sinngebung auf der Meta-Ebene wird durch die beiden Schülerkommentare gnadenlos dekonstruiert. Der Hinweis auf die nur noch verbleibenden „*10 Minuten*" ironisiert das Motiv der Kostbarkeit der gemeinsamen Zeit und Stefans Verballhornung des „Nutzens" in der lautmalerischen Verdopplung steigert diesen Effekt noch: Er überführt die Explikation des Nutzens in den Sprechakt (im Aussprechen des Nutzens läge dann der Nutzen) und führt diese dadurch ad absurdum. Frau Martens wiederholt etwas hilflos Stefans Kommentar – der Versuch der Vergemeinschaftung der Situation im „Wir" ist zurückgewiesen, die Lehrerin steht (nach wie vor) allein in der Verantwortung.

> Frau Martens: „Dann erzählt mir doch mal, was ihr in Englisch gerade macht." Stöhnen, es ist laut, irgendjemand sagt: „gerund". Es geht ein wenig um das Thema in Englisch. Dann fragt Frau Martens: „Und wer hat Englisch nicht mehr als Lieblingsfach?" Niemand meldet sich. Frau Martens ist verständnisvoll: „Ja, da muss man aufpassen. Nachher stehe ich dann wieder mal vor eurer Klasse, oh, dann hat man das Falsche gesagt."
> Frau Martens: „So. Wollt ihr was wissen?" Susan halblaut: „Nein." Dann lacht sie, weil die Lehrerin es doch gehört haben muss. Katharina fragt, welche Klassen die Lehrerin jetzt in Englisch unterrichtet. Derweil amüsieren sich Susan und Bettina vorne, mit den Jungs und dem Mikro. Ulla fragt, wie oft die Lehrerin denn das Abschiedsvideo angeschaut habe? Sie meint, sie hätte es einer Freundin gezeigt, welcher sie aber noch erklären musste, dass das nur eine Parodie gewesen sei und die Schülerinnen und Schüler schon ein bissel was gelernt hätten bei ihr. Lachen in der Klasse. Dann zählt Frau Martens die verschiedenen Male, wie sie das Video gezeigt hat, auf. „Und ich find es schon schön, das letzte mal, als ich es gesehen habe, das war in den Weihnachtsferien und da hatte ich ja schon den Vergleich gehabt, wie ihr jetzt aussieht und da hab ich schon gestaunt, wie ihr euch, in diesem **halben** Jahr! Das wär jetzt für euch auch schön, das jetzt noch mal zu sehen."

Dann, fünf Minuten vor Schluss, ruft Frau Martens recht laut: „So. (..)So. Jetzt fangen wir an mit Englisch, nein, (Lacher bleiben aus), es war schön, euch wieder mal gesehen zu haben, ich hab absichtlich nichts vorbereitet, weil ich einfach wirklich neugierig war (Lachen), was es denn so Neues gibt, wie ihr denn jetzt so zuhört, (Lachen, Eric: „Ganz schwach.") Dürft ihr immer so sitzen, wie ihr jetzt sitzt?" Aus der Klasse verschiedene „Nöö" zu hören, jemand meint, „teils, teils". Die Lehrerin vermutet, wer nicht zusammen sitzen dürfte und ist ungläubig, dass diese doch zusammen sitzen dürfen. „Na gut, lasst's euch gut gehen, es war schön, euch wieder mal gesehen zu haben. (Susan: „Zum fünften Mal.") Macht's gut!" Ein geleiertes „Wiedersehen" ist zu hören. Sie packen ein, Eric meint zu Stefan: „Hab ich dir doch gesagt, dass die das so macht."

Die Einseitigkeit des Frage-Antwort-Schemas wird irgendwann so eklatant – gemessen am Anspruch eines „Gesprächs" – dass Frau Martens sich explizit in die Rolle der Antwortenden begibt: „So. Wollt ihr was wissen?" Susans halblaute Antwort „Nein" bringt die Schieflage der Situation auf den Punkt und demaskiert die Idee des gesprächsweisen Austauschs. Ernst genommen, bzw. wahrgenommen, hätte diese Bemerkung Susans das Ende der Bemühungen Frau Martens' bedeuten müssen. Kennzeichen von „halblaut gesprochenen" Bemerkungen wie dieser ist jedoch, dass sie zwar für alle vernehmlich sind, dennoch übergangen werden können – man muss nicht darauf reagieren. Katharina „rettet" die Situation, indem sie fragt, welche Klassen Frau Martens jetzt in Englisch unterrichte. Die Aktivitäten der anderen Schülerinnen, die das Protokoll verzeichnet, machen deutlich, dass sie sich nicht tatsächlich für die Antwort auf diese Frage interessieren, sie ist relativ beliebig – es musste einfach eine Frage gestellt werden. So ist wenigstens formal die Symmetrie wechselseitigen Interesses aneinander wieder hergestellt.

Kurz vor Schluss macht Frau Martens eine klare Aussage zur Rahmung („Jetzt fangen wir an mit Englisch"), die sie hier aber ironisch verstanden wissen will. Offenbar ist auch ihr die Problematik der Situation präsent, und sie versucht, sie scherzhaft aufzuheben. Auf den Scherz reagiert allerdings keiner. So geht sie dazu über, sich von der Klasse zu verabschieden, was sie jedoch noch einmal unterbricht. Sie sucht nach einem sinnvollen Ende dieser etwas ‚missratenen' Stunde und versichert sich schließlich noch einmal der Sinnhaftigkeit der Situation auf der Meta-Ebene: „Es war schön euch mal wieder gesehen zu haben" – da sie dies aber zum wiederholten Mal tut, fällt auch diese Bekundung der Ironie der Schülerinnen anheim: Susan hat mitgezählt. Schließlich kommt in Erics abschließendem Kommentar zu seinem Nachbarn die ganze Abgeklärtheit des routinierten Schülers zum Ausdruck: „Hab ich dir doch gesagt, dass die das so macht"! Bei aller Reserviertheit gegenüber den Vertraulichkeiten ihrer ehemaligen Klassenlehrerin wird hier zugleich ein großer Fundus an Vertrautheit demonstriert. Erics Bemerkung stellt den Verlauf der Vertretungsstunde noch einmal in ein anderes Licht: Er unterstellt der Lehrerin die strategische Absicht, den

Rahmen eines ‚natürlichen' Gesprächs herstellen, vielleicht sogar: keinen ‚richtigen' Unterricht machen zu wollen. Die Schüler haben ihrerseits so weit kooperiert, wie es eben nötig war, um die Situation aufrecht zu erhalten. Sie haben zwar den Wunsch der Lehrerin nach „Privatheit" zurückgewiesen, aber sie haben dabei `die Form gewahrt´.

4.3.3 Das Insistieren auf dem Schülerjob

Der routiniert-distanzierte Umgang der Schülerinnen und Schülern mit der Unterrichtssituation und ihren Anforderungen wird in den beiden protokollierten Vertretungsstunden in gewisser Weise herausgefordert und dadurch deutlicher beobachtbar. In Vertretungsstunden sind einige der Routinen `normalen´ Unterrichts außer Kraft gesetzt bzw. neu auszuhandeln. Es gibt selbstverständlich bei allen Beteiligten auch für Vertretungsstunden Routinen und Normalitätserwartungen, aber einige Bestimmungen erscheinen offen und klärungsbedürftig: die Fachlichkeit, der Modus des Unterrichts, der Grad der Verbindlichkeit. Vertretungsstunden stellen exterritoriale `Lücken´ in dem ansonsten fest gefügten Stundenplan dar, die der didaktischen Gestaltung durchaus eigene Möglichkeiten und Chancen eröffnen. Hier scheint es möglich, aus den Routinen des „Stundenhaltens" (Rumpf 1996) kurzfristig auszubrechen und einmal „etwas anderes" zu machen.

Von den beiden Lehrerinnen wird diese Ausnahmesituation in unterschiedlicher Weise „genutzt": Frau Unbekannt hat ein `besonderes´ Thema vorbereitet – Verliebtheit zwischen Teenagern, Frau Martens hingegen sucht das „Privatgespräch" mit ihrer ehemaligen Klasse. In beiden Entwürfen ist eine Form der Bewegung `auf die Schüler zu´ erkennbar: Frau Unbekannt wählt ein Thema aus der Lebenswelt der Schülerinnen und Schüler, Frau Martens interessiert sich für ihre Meinungen und Erlebnisse.[18]

Die Kinder und Jugendlichen reagieren auf diese (letztlich recht verschiedenartigen) Projekte in ähnlicher Weise: Sie beharren auf ihrer Schülerrolle und sie überführen die Situation in `normalen´ Unterricht. In beiden hier analysierten Vertretungsstunden sind der Rahmen und damit die Sinnhaftigkeit des Geschehens prekär. Die Brisanz besteht für die Schülerinnen (und auch für die Lehrerinnen, wie die Verläufe der Protokolle zeigen) darin, eine Situation gemeinsam ‚bestehen' zu müssen, deren orientierender Rahmen für die Verortung des Geschehens wenig geklärt ist. Die Aufrechterhaltung der „Interaktionsordnung"

---

18 Mit Wernet (2003) lassen sich derartige Versuche als „pädagogische Entgrenzungen" kennzeichnen. Beobachtet wurde in unserem Fall die Bearbeitung der daraus resultierenden situativen Probleme auf Seiten der Schülerinnen und Schüler.

(Goffman 1994) erscheint immer mühsamer und kann von beiden Seiten nur noch geleistet werden, indem man sich auf basale, den Unterricht tragende Handlungsmuster und Unterrichtsroutinen und deren stabilisierende Funktion bezieht. Wenn sich Schülerinnen und Schüler in dieser Situation des Mediums ihrer ‚Rolle' bedienen, gibt ihnen das die Möglichkeit, sich zum Unterricht in ein Verhältnis zu setzen. – Erst das Befolgen der Konvention erlaubt, einen Spielraum zwischen sich selbst, der ‚Rolle' und der Situation einzuziehen, den man etwa im Widerstand zur Konvention nicht erhalten kann.[19]

Gleichzeitig kann darin eine Form des ‚Taktes' gesehen werden: Die Schüler kooperieren gerade im Rahmen ihrer ‚Rolle' in der Aufrechterhaltung von Sinn und Legitimität. „Takt" kann mit Luhmann (2004) überhaupt als ein zentrales Merkmal der Unterrichtssituation und pädagogischer Kommunikation herausgestellt werden. Takt ist aber prekär:

> „Taktvolle Kommunikation führt ganz allgemein das Problem mit sich, dass sie als taktvoll erkennbar ist und man deshalb wissen kann, dass sie nicht ganz so gemeint ist, wie sie sich darstellt. Den Beteiligten wird ein abweichendes Bewusstsein freigestellt. Hauptsache ist, dass diese Ambivalenz nicht in die Oberflächenstruktur der Kommunikation eindringt, nicht selbst zum Thema wird, weil das die Beteiligten zwingen würde, darauf `digital´ im Schema von Ja/Nein zu reagieren." (Luhmann 2004, S. 248)

Auf einer zweiten Ebene markieren die Schülerinnen und Schüler zugleich ihre Distanz zum offiziellen „Unterrichtsgespräch", das es in beiden Fällen geworden ist. In Form ironischer Kommentierungen wird auf der Differenz sozialer Identitäten insistiert. Diese zweite Ebene wird durchaus nicht nur versteckt auf der „Hinterbühne" (Zinnecker 1978) des offiziellen Unterrichtsgeschehens agiert, sondern parallel und in dieses hineinragend – manche der Kommentierungen sind halblaut gesprochen und an eine (begrenzte) Öffentlichkeit gerichtet, und auch offizielle Beiträge zum Unterrichtsgespräch können die implizite Distanzierung in Form von Ironie enthalten.

Die Mitglieder dieser Schulklasse insistieren, das zeigt die Beobachtung der beiden Vertretungsstunden, auf ihrem „Schülerjob". Dieser erfordert die *Doppelstruktur* von Unterricht, die sie auf *einer* Ebene in ihrer Schülerrolle agieren lässt und die *gleichzeitig* die Distanzierung im Rahmen der Peer-Kultur erlaubt.

---

19 Vgl. Sennett (1986) zur Verteidigung der Konvention als Bedingung der Möglichkeit, sich zur Konvention verhalten zu können.

4.4 Gruppenarbeit

Der Tisch der vier Jungen albert viel herum und wird mehrfach von der Lehrerin ermahnt. Einige halbherzige Versuche, sich mit Latein zu beschäftigen führen hier nicht weit. Stefan: „Okay wir übersetzen jetzt den Text!" – Daniel: „Mach mal!" – Stefan: „Du auch." Die Lehrerin droht, die Jungs auseinander zu setzen und nicht noch einmal in dieser Konstellation zusammenarbeiten zu lassen.

Bei H. Meyer (1987, S. 242) findet sich folgende Definition:

> „Gruppenunterricht ist eine Sozialform des Unterrichts, bei der durch die zeitlich begrenzte Teilung des Klassenverbandes in mehrere Abteilungen arbeitsfähige Kleingruppen entstehen, die gemeinsam an der von der Lehrerin gestellten oder selbst erarbeiteten Themenstellung arbeiten und deren Arbeitsergebnisse in späteren Unterrichtsphasen für den Klassenverband nutzbar gemacht werden können."

Für den „Gruppenunterricht" stellt sich das Verhältnis zwischen didaktischer Diskussion und Unterrichtswirklichkeit genau spiegelbildlich zum „Frontalunterricht" dar: Die Veröffentlichungen zu „Gruppenunterricht", „Gruppenarbeit" und „Gruppenlernen" (zumeist aus den 1970er und -80er Jahren) füllen ganze Regalbretter, während der Anteil der Gruppenarbeit an den praktizierten Sozialformen des Unterrichts bei vermutlich 5 – 10 % stagniert. Es scheint einige `Fans´ von Gruppenarbeit zu geben, die regelmäßig in dieser Sozialform arbeiten lassen, aber für viele Lehrpersonen dürfte Gruppenunterricht eher exotischen Charakter besitzen und jedenfalls nicht zu ihrem Standardrepertoire an Unterrichtsformen gehören.

Gudjons (1993, S. 13) weist darauf hin, dass Gruppenunterricht nicht per se schon eine „Methode" darstellt, sondern zunächst einmal (nur) eine „Sozialform" des Unterrichts – allerdings eine, mit der sich weit reichende Hoffnungen verknüpfen. In der erwähnten Literatur zum Gruppenunterricht lassen sich verschiedene Diskurse unterscheiden, die sich mit den Schlagworten der „Emanzipation" (im Rahmen „kritisch-kommunikativer Didaktik"), der „Schülerorientierung" (im Rahmen „Offenen Unterrichts") und des „Sozialen Lernens" umreißen lassen. Gruppendynamik, Rollentheorie und „Themenzentrierte Interaktion" werden als „theoretischer Hintergrund" in der Begründung von Gruppenarbeit zitiert (z.B. Freudenreich 1986; Gudjons 1993).

Auch wenn viele Versuche Erkenntnisse aus der „Gruppendynamik" auf Unterrichtsgruppen im Rahmen von Schule zu übertragen mit Vorsicht zu genießen seien, bedürfe es auf jeden Fall „der bewussten Akzeptierung der Beziehungsebene einer Gruppe neben der Sachaufgabe", schreibt Gudjons (1993, S. 22). Er nennt drei grundlegende „Funktionen" des Gruppenunterrichts: die „Schülerorientierung auf der Sachebene", die „Kooperation auf der Ebene des

Arbeitsvorhabens" und die „Kommunikation auf der Ebene der sozialen Beziehungen" (ebd., S. 44). Hier deuten sich die anspruchsvollen und komplexen Erwartungen an das Schülerhandeln im Rahmen von Gruppenarbeit an. Während jedoch ausführlich über die veränderte Auffassung von der Lehrerrolle im Gruppenunterricht nachgedacht wird (vgl. schon E. Meyer 1975), ist relativ selten von der neuen Schülerrolle die Rede. Skeptisch ist zum Beispiel Terhart (1989, S. 156):

> „So sehr die Anhänger der Gruppenpädagogik die Vorteile ihrer Methode in den glühendsten Farben ausmalen – sie widerspricht in aller Regel den üblichen unterrichtlichen Erfahrungs- und Handlungsmustern nicht nur der Lehrer, sondern auch der Schüler."

Auch die empirische Forschung richtet sich größtenteils auf geeignete Strategien des Lehrerhandelns im Gruppenunterricht (vgl. Huber 1993; Cohen 1994) oder auf den Zusammenhang von „kooperativem Lernen" und „Leistung" (vgl. Slavin 1998). Die konkreten Arbeitsabläufe innerhalb der Gruppen jedoch sind noch wenig untersucht. Eine der wenigen empirischen Untersuchungen zur Gruppenarbeit im Schulalltag (Dann/Diegritz/Rosenbusch 1999) hat Gruppenarbeitsphasen in Klassen des 5. und 6. Jahrgangs an bayrischen Hauptschulen aufgezeichnet und analysiert. Dabei wurden Verlaufstypen des „Absturzes" (bezogen auf die „Aufgabenorientierung"), des „Einbruchs" (wenn vom Nebenengagement wieder zur Aufgabenorientierung zurückgefunden wird) und des „gleich bleibend hohen Niveaus der Aufgabenorientierung" unterschieden (Diegritz u.a. 1999, S. 60 ff.). Es zeigt sich, dass das „Zurückfinden zu Aufgaben, wenn die Gruppe erst einmal ins Nebenengagement abgestürzt ist, sehr schwer und selten" ist (ebd., S. 80). Als Erfolgsbedingungen für eine gleich bleibend hohe Aufgabenorientierung nennen die Autoren ein „stabiles Beziehungsgeflecht" innerhalb der Gruppe, eine „flexible, nicht-autoritäre Führungsstruktur", sowie „Konfliktfähigkeit und Kooperationsbereitschaft" (ebd., S. 87ff.). Hinsichtlich einiger Aspekte erweisen sich Analysen aus diesem Forschungsprojekt als anschlussfähig für unsere Beobachtungen, doch insgesamt begibt sich die Untersuchung leider nicht auf die Ebene des Nachvollzugs der tatsächlichen Abläufe innerhalb der Gruppenarbeit.[20]

---

20 Dann, Diegritz und Rosenbusch (1999) nehmen für die Beobachtung des Schülerhandelns auch nur die Erhebung der „Außensicht" in Anspruch, im Unterschied zur Erhebung der „Innenperspektive" der Lehrkräfte mittels Interview- und Legetechnik. Genauere Rekonstruktionen von Gruppenarbeitsprozessen aus interaktionistischer Perspektive liefern Krummheuer (1997) und Naujok (2000). Sie untersuchen Interaktionen, wie sie in Gruppenarbeit im Mathematikunterricht in der Grundschule auftreten, doch konzentrieren sie sich aus mathematikdidaktischer Perspektive auf „aufgabenspezifische Bearbeitungssequenzen" (Krummheuer) und „Kooperationsformen" (Naujok).

Ich will im Folgenden fragen, welche konkreten Anforderungen die Sozialform Gruppenarbeit an das Schülerhandeln stellt. Die grundlegende Struktur besteht darin, dass drei bis sechs Schülerinnen und/oder Schüler über einen begrenzten Zeitraum hinweg „zusammenarbeiten", das heißt, dass sie ein gemeinsames Arbeitsprodukt zu erstellen haben, ein Produkt, das von ihnen gemeinsam zu verantworten ist, oft in Form einer öffentlichen Präsentation. – Damit finden sich Schüler in einer vom Frontalunterricht durchaus verschiedenen Situation wieder. Welche Umgangsweisen mit dieser spezifischen Unterrichtssituation lassen sich beobachten?

Der Anteil der Gruppenarbeit an dem von uns beobachteten Unterricht ist relativ gering. Er lässt sich nicht exakt beziffern, liegt jedoch deutlich unter 10 %. Dabei stellt sich – vielleicht etwas überraschend – heraus, dass in der Gesamtschulklasse noch seltener Gruppenarbeit stattfindet als in der Gymnasialklasse, obwohl die Sitzordnung in Tischgruppen dort die Durchführung von Gruppenarbeit begünstigen würde. Vielleicht ist es dem hohen Anteil an „Freiarbeit" in der Stundentafel der Gesamtschule geschuldet (8 Stunden in der Woche), dass der übrige Unterricht nahezu ausschließlich im Wechsel von Frontalunterricht und Einzelarbeit stattfindet, zum anderen sprechen vermutlich die „Disziplinprobleme" dieser Klasse gegen das „Risiko" der Gruppenarbeit. Beobachtet haben wir in der Klasse an der Gesamtschule die länderkundliche Erarbeitung unterschiedlicher Regionen in arbeitsteiliger Gruppenarbeit und die tischgruppenweise Herstellung von Weihnachtsgestecken für den Schulbasar. Am Gymnasium war immerhin eine Gruppenarbeit über mehrere Stunden hinweg (Wochenplan) in Latein zu beobachten, die Erarbeitung unterschiedlicher Aspekte von „Armut" in arbeitsteiliger Gruppenarbeit im Geschichtsunterricht und die Durchführung einer „Zukunftswerkstatt" zum Thema „Schule" in Sozialkunde, die Arbeitsphasen in Kleingruppen einschloss. Hinzu kommen einige kleinere Gruppenarbeitsphasen im Deutschunterricht und einige Situationen aus dem Physik- oder Chemieunterricht, in denen es um den Aufbau und die Durchführung von Schülerversuchen ging – auch dies geschieht in der Regel in Kleingruppen, schon weil nicht genügend Geräte für alle Schülerinnen und Schüler zur Verfügung stehen.

Es handelt sich also bei den von uns beobachteten Situationen um sehr unterschiedliche Varianten von Gruppenarbeit, die in unterschiedlicher Weise in den ´Gesamtverlauf´ des Unterrichts eingebettet sind und denen unterschiedliche didaktische Funktionen zuzusprechen wären. Dennoch will ich im Folgenden nach strukturellen Gemeinsamkeiten dieser Situationen fragen. Vor diesem Hintergrund gilt die Analyse zunächst der Bildung von Arbeitsgruppen: der Problematik der Gruppeneinteilung und der Zuordnung einzelner zu den Gruppen. Dann sind Aspekte der Arbeitsorganisation und Arbeitsteilung zu untersuchen und z.B. die Etablierung von „Spezialistentum" für bestimmte Tätigkeiten. Schließlich werde ich die Situation der Gruppenarbeit als Gelegenheit für Gespräche betrachten und nach dem Verhältnis dieser Gespräche zum „Unterricht" fragen.

Ich werde diese drei unterschiedlichen Aspekte der Sozialform „Gruppenarbeit" jeweils anhand der detaillierten Beobachtung einer exemplarischen Gruppenarbeitssituation untersuchen und weitere Protokollstellen nur dort hinzuziehen, wo es für die Differenzierung der Betrachtung notwendig erscheint.

4.4.1 Gruppeneinteilung, Zuordnungen und die Konkurrenz der Gruppen

Das im Folgenden zu betrachtende Protokoll einer Gruppenarbeit stammt aus dem Sozialkunde-Unterricht des Humboldt-Gymnasiums. Die beobachtete Stunde ist Bestandteil einer „Zukunftswerkstatt" zum Thema „Schule".[21] Während die Methode der „Zukunftswerkstatt" jedoch eigentlich eine aus dem Unterrichtsalltag und dem 45-Minuten-Takt heraus gelöste Situation erfordert (z.B. Albers/Broux 1999), versucht die Lehrerin hier die Idee der Zukunftswerkstatt im Rahmen ihrer wöchentlichen Sozialkunde-Stunde zu verwirklichen. Dies mag ein Grund für den (den Beobachter zunächst verblüffenden) insgesamt sehr emotionslosen und instrumentellen Umgang der Schülerinnen und Schüler sowohl mit der Methode als auch mit der Thematik sein. Die Schülerinnen und Schüler dieser Klasse überführen auch die „Zukunftswerkstatt Schule" in „normalen Unterricht", jenen Unterricht, für den ihnen die gesamten Routinen des `Schülerjobs´ zur Verfügung stehen. Zu diesen Routinen gehört am Humboldt-Gymnasium durchaus auch die `Erledigung´ von „Gruppenarbeit".

Der Gruppenarbeitsphase ging hier die „Kritikphase" der Zukunftswerkstatt und die Sammlung und Sortierung der Kritikpunkte an der Tafel voraus. Unter deutlicher Steuerung der Lehrerin hatten sich vier „Themenbereiche" `ergeben´, die in der nun anstehenden „Utopiephase" zu bearbeiten sind:

- „Organisation des Schullebens",
- „Schule als Ort sozialer Kontakte",
- „Mitbestimmung der SchülerInnen"
- und „Unterrichtsgestaltung".

Die Lehrerin erläutert, es gehe jetzt darum, nachdem die Kritikpunkte gesammelt sind, „ein Zukunftsbild" zu entwerfen. Sie sollten sich die Schule im Jahr 2200 vorstellen. Die Lehrerin

---

21 Eine solche Zukunftswerkstatt ist auch in den Rahmenrichtlinien für Sozialkunde in der Klasse 7/8 des Gymnasiums in Sachsen-Anhalt vorgesehen.

141

spricht jetzt lebhaft und motivierend. Man solle die eigenen Phantasien keinerlei Einschränkungen unterwerfen, alles sei erlaubt, Geld spiele keine Rolle. – Ich meine so etwas wie Interesse oder Neugier bei einigen Schülerinnen zu spüren. Wird es jetzt dynamischer? – Die Lehrerin kündigt an, zu den vier Themenbereichen seien jetzt vier Gruppen zu bilden. Die Nachbarinnen verständigen sich rasch, welches Thema sie machen wollen: „Soziale Kontakte?" Maxi fragt: „Was soll'n wir denn machen?" – Helene: „Keine Ahnung." Mechthild möchte anscheinend mit den beiden eine Gruppe bilden und fragt von zwei Reihen weiter vorne: „Kommt ihr vor?" Helene fragt zurück: „Was ham wir überhaupt für'n Thema?" – Mechthild: „Weiß nicht". Doch jetzt ist die Gruppenbildung schon gescheitert. Es dauert der Lehrerin zu lang (obwohl es meiner Schätzung nach noch keine zwei Minuten waren) und die Verteilung auf die Themen ist zu ungleich. Sie legt die Gruppen jetzt von sich aus nach Klassenbuch und Alphabet fest.

Nach der Ankündigung der Gruppenarbeit durch die Lehrerin beeilt sich die Gruppe der Freundinnen, die Gruppenbildung zu organisieren. Da es sich um eine arbeitsteilige Gruppenarbeit mit vier Gruppen zu vier unterschiedlichen Themen handelt, ist den Freundinnen klar, dass die Gruppenbildung über die Entscheidung für ein *Thema* laufen muss und sie versuchen, sich rasch über ein gemeinsames Thema zu verständigen. In dem Protokoll wird allerdings deutlich, dass die Präferenz für ein Thema gegenüber den präferierten Gruppenmitgliedern absolut nachrangig ist. Zur Frage der Themenwahl sagt Helene *„keine Ahnung"* und Mechthild wenig später *„weiß nicht"*. Welches der unterschiedlichen Themen man zu bearbeiten hat, erscheint zu diesem Zeitpunkt wenig relevant gegenüber dem Wunsch mit den Freundinnen zusammen zu arbeiten.

Die Lehrerin bricht diese Form der Gruppeneinteilung, die auf eigener Wahl und selbstorganisiertem Zusammenfinden beruht, ab. Offenbar hat die Verständigung über Thema und Gruppenzusammensetzung in anderen Teilen der Klasse nicht so reibungslos funktioniert wie in der beobachteten Gruppe der Freundinnen. Stattdessen greift die Lehrerin jetzt auf das Zufallsprinzip zurück, um Gruppen einzuteilen und Themen zu zu ordnen.

Die Anforderungen an den Prozess der Gruppenbildung sind komplex: Alle Themen müssen verteilt sein, alle Mitglieder der Schulklasse müssen eingeteilt bzw. zugeordnet sein und die Gruppen müssen (in etwa) gleich groß sein. Dieses Ergebnis muss in kürzester Zeit bewerkstelligt werden, denn der Prozess der Gruppenbildung gilt nicht eigentlich als „Unterricht", sondern geht der Unterrichtszeit „verloren" (in den Augen der Lehrkraft).

Wenn die Bildung von Arbeitsgruppen auf freier Wahl beruht, kommt vornehmlich das Kriterium der Freundschaft und peer-kultureller Zugehörigkeit zum Tragen. In Frage kommt aber auch etwa eine strategische Wahl, die auf dem Kriterium der (angenommenen) `Leistungsfähigkeit´ der Gruppe bzw. einzelner Gruppenmitglieder beruht. – Als zum Beispiel Simon, ein äußerst „schwacher" Schüler der Gesamtschul-Klasse, klassenöffentlich erklärt, er wolle *„zu Melanie in die Gruppe"* (Melanie ist zu diesem Zeitpunkt die „Klassenbeste"), gelingt es ihm bei der Lehrerin zu `punkten´: Sie schließt aus diesem Wunsch Simons, dass er sich „anstrengen" wolle!

Der Prozess der Gruppenbildung kann für diejenigen in der Klasse, die in Cliquen- und Freundschaftszusammenhänge weniger eingebunden oder ganz `außen vor´ sind, eine sehr schwierige und belastende Situation darstellen. Das „Übrig-Bleiben" bei der Gruppenbildung markiert klassenöffentlich die soziale Stellung und kann sogar zu einem Stigma werden (vgl. auch Breidenstein/Kelle 1998, S. 64ff.). Für den Prozess der Bildung von Arbeitsgruppen reicht auch die Ressource einer (noch so stabilen) Zweier-Freundschaft nicht aus, denn das „Paar" muss weitere Mitglieder der Schulklasse finden, mit denen es sich zu einer „Gruppe" zusammen schließen kann.

Ich kehre nun jedoch zu der „Zukunftswerkstatt Schule" zurück und zu einer Gruppe, die sich, von der Lehrerin eingeteilt, unter den Augen des Beobachters konstituiert:

> So findet sich in der Nähe meines Platzes folgende Gruppe zusammen: Katharina, Lara, Felix, Bettina, Sophie und Konstanze. Katharina schimpft lautstark über das Thema, das die Lehrerin ihnen zugeteilt hat: „Ort sozialer Kontakte!" (Ihr Tonfall drückt aus, dass es sich um eine absolute Zumutung handeln muss.) Sophie stimmt mit ein: „Ich dachte, mir kann heute keiner mehr die gute Laune verderben." (Und jetzt ist es doch passiert!)

Die von der Lehrerin eingeteilte Gruppe findet sich zusammen. Katharina führt als erste das Wort und beschwert sich über das ihnen zugedachte Thema. Sophies Steigerung der Positionierung Katharinas etabliert eine erste Gemeinsamkeit in dieser Gruppe. Man verständigt sich im Medium der gemeinsamen Empörung über das zu bearbeitende Thema. Diese Verschiebung ist bemerkenswert: Während die spezifische Thematik im ersten Versuch der Gruppenbildung, als es um die *eigene* Entscheidung für Gruppenmitglieder und Thema ging, bedeutungslos erschien gegenüber der Zusammensetzung der Gruppe, wird das Thema jetzt, da die Zuordnung nicht mehr auf eigener Entscheidung beruht, relevant gemacht – allerdings als Bezugspunkt gemeinschaftlicher *Ablehnung*.

> „Was ham wir denn jetzt für ne Aufgabe?", will jemand wissen. Lara fragt sich: „Wie willste das denn bei soziale Kontakte machen?" – sie meint, Zukunftsentwürfe zu entwickeln. Jemand kommt auf die Idee: „Ja, wir lieben uns dann alle!" (Ich muss schmunzeln. Das finde ich witzig.) Jetzt kommt die Lehrerin bei uns vorbei und erläutert noch einmal die Aufgabe: Es gehe darum, ein Zukunftsbild zu entwerfen, in Stichworten oder auch als Bild, es sei jedenfalls nächste Woche „mindestens auf A3" zu präsentieren.
> Felix malt vor sich hin. Sophie regt sich weiter über das Thema auf. Allgemeine Ratlosigkeit. Sophie: „Kann das sein, dass wir genau das falsche Thema erwischt haben?" Sie meint, die anderen, wie etwa „Organisation des Schullebens", seien viel leichter zu bearbeiten.

Nach der Phase der Gruppenkonstituierung und einer ersten Vergemeinschaftung im Modus der Distanzierung vom gemeinsamen Thema tritt man jetzt in die Phase einer vorsichtigen Annäherung an die Bearbeitung der Aufgabe ein. Eine Annäherung, die gleichzeitig weiterhin von deutlicher Distanznahme gekennzeichnet ist, die von Katharina und Sophie eingebrachte und etablierte Ablehnung des Themas bleibt in Kraft. – Diese war auch so machtvoll, dass die Artikulation von Zustimmung zu dem zu bearbeitenden Thema in dieser Gruppe kaum noch möglich scheint. – Ein erster Vorschlag zur Beantwortung der Fragestellung ist in seiner ironischen Überspitzung ebenso Ausdruck der Distanz zur Aufgabe wie Felix' demonstratives Desinteresse.

Sophie aktualisiert ihre Empörung über das Schicksal, das sie mit diesem Thema bedacht hat, und verbindet dies mit einem neidischen Blick auf die anderen Gruppen, die es in ihren Augen alle „leichter" haben. Sophie treibt die Vergemeinschaftung weiter voran, allerdings als eine „Schicksalsgemeinschaft" der „Benachteiligten".

Ist in dieser Gruppe, die sich im Modus der Ablehnung der gemeinsamen Thematik konstituiert hat, eine produktive Bearbeitung der Aufgabe überhaupt noch möglich?

> Konstanze ergreift jetzt die Initiative. Sie schlägt „kleine Schulen" als Utopie vor, „dass jeder jeden kennt." Sophie kommentiert: „Toll, Stichpunkt Nummer 1". Lara hat jetzt den Hefter aufgeschlagen vor sich liegen und schreibt mit. Katharina fragt: „Was hast du denn jetzt aufgeschrieben?" Lara liest vor, Katharina wiederholt, allerdings in einem Tonfall, der mir beißende Ironie auszudrücken scheint. Die Lehrerin tritt heran und fragt: „Kommt ihr voran?" Lara antwortet stellvertretend für die Gruppe: „Naja, so etwas."
> Die anderen Gruppen wirken, jedenfalls auf die Entfernung, lebhafter als unsere. Ich verstehe leider akustisch nicht gut, wovon zwischen Konstanze, Lara und Katharina und Sophie die Rede ist. (Ich glaube, der neben mir sitzende Felix versteht auch nicht viel mehr als ich, aber er stört sich wohl nicht daran.) Es geht offenbar zwischendurch ums Duzen zwischen Lehrern und Schülern, dann überlegt Konstanze: „Zusammen schlafen zur Pflicht machen ist auch blöd...." Katharina und Sophie lachen, dann merkt Konstanze, was sie gesagt hat und lacht auch. Felix meint jetzt: „Vielleicht fällt Frau Matthes ja noch etwas ein?" Sie beginnen, Überlegungen zur Präsentation anzustellen und wer eine schöne Schrift habe. Lara meint: „Ach Mann, wir haben doch noch ne Stunde!"

Konstanze versucht, einen neuen Modus in dieser Gruppe zu initiieren, einen Modus, der durch Pragmatismus und den Versuch die Aufgabe zu bearbeiten gekennzeichnet ist.[22] Es gibt unter den Schülerinnen neben dem gemeinsamen Spaß an der Empörung über die Ungerechtigkeit des Schicksals auch den Konsens darüber, dass man letztlich seinen Job als Schülerin erfüllt und gestellte

---

22 Ein solcher „Verlaufstypus" der Gruppenarbeit, der nach anfänglichen `Schwierigkeiten´ sich zunehmend der Aufgabe widmet, ist bei Dann u.a. (1999) nicht beschrieben, obwohl er nicht selten sein dürfte.

Aufgaben erledigt. Man weiß, dass man im Anschluss an eine Gruppenarbeitsphase etwas vorzuweisen hat. – Die Lehrerin hatte die Materialität dieser Anforderung mit ihrem Hinweis auf das Format „mindestens A3" heraus gestellt. – Sophies Kommentar stellt Konstanzes Vorschlag genau in diesen Rahmen: Man wird sich nicht inhaltlich mit der Aufgabe auseinander setzen und etwa Ideen diskutieren, sondern „Stichpunkte" sammeln, um nachher ein „Ergebnis" präsentieren zu können. Die weitere Verständigung über die „gemeinsame" Arbeit in dieser Gruppe läuft dann tatsächlich nahezu ausschließlich auf der Ebene der Pragmatik: „Was hast du jetzt aufgeschrieben?" Wie ist das Ganze zu präsentieren? Und: Wer hat die schönste Schrift?

Ich werde auf einige Aspekte der Arbeitsorganisation, Pragmatik und Routine im Rahmen von Gruppenarbeit noch genauer eingehen. Hier geht es mir zunächst darum festzuhalten, wie in dieser Gruppe ein Modus der pflichtgemäßen und pragmatischen Bearbeitung der Aufgabe gefunden wird, der durchaus im Einklang steht mit der gemeinschaftlichen Ablehnung des Themas, die die Phase der Konstitution der Gruppe kennzeichnete. Denn der Modus der instrumentell-strategischen Pflichterfüllung erfordert kein inhaltliches Interesse an der Aufgabe. Die Frage nach Phantasien in Bezug auf die Schule als „Ort sozialer Kontakte" bleibt dieser Gruppe äußerlich – sie behandeln sie als schulische Aufgabe wie andere schulische Aufgaben.

Entscheidend ist, das verdient weiterhin festgehalten zu werden, wie die Situation in dieser Gruppe durch die Konkurrenz und den Vergleich mit den anderen Gruppen geprägt ist. Die anderen Gruppen haben in der Wahrnehmung der Mitglieder dieser Gruppe die „besseren" Themen und auch der Ethnograph kann sich der Logik des Vergleichs nicht entziehen: Er findet die anderen Gruppen „lebhafter" als die `eigene´ (und bedauert wohl insgeheim die `falsche´ Gruppe `erwischt´ zu haben).

Wenn Gruppenbildung und Themenwahl auf „Zufall" beruhen bzw. von der Lehrerin bestimmt werden, laden sie dazu ein, Vergleiche zwischen den Gruppen anzustellen und dabei die bessere Gruppe, das bessere Thema, die bessere Stimmung „woanders" zu vermuten. Denn Gruppen- und Themenwahl liegen in diesem Fall nicht in der eigenen Verantwortung und man kann entlastet mit dem „Schicksal" hadern. Anders stellt sich die Konkurrenz der Gruppen dar, wenn die Gruppenbildung auf eigener Wahl beruht: Dann sollte die eigene Gruppe besser, schneller und unterhaltsamer als die anderen Gruppen sein. Ich komme auf diesen Effekt des Vergleichs zwischen den Gruppen zurück. Der Modus der Gruppenbildung, soviel kann man schon sagen, wird sich unmittelbar auf die Form auswirken, in der sich die Gruppe (als „Gruppe") konstituiert und auf das Verhältnis zu den anderen Gruppen, das sie einnimmt.

4.4.2 Arbeitsorganisation und Arbeitsteilung

Um Aspekte der Arbeitsorganisation und Arbeitsteilung im Rahmen von Gruppenarbeit näher zu untersuchen, wähle ich das Protokoll einer Gruppenarbeitsphase im Lateinunterricht des Humboldt-Gymnasiums, anhand dessen sich der Prozess der Organisierung der Arbeit besonders konturiert beobachten lässt. Vielleicht etwas überraschend gehört die Lateinlehrerin zu denjenigen, die ab und zu auch längere Phasen der Gruppenarbeit in ihren Unterricht einbeziehen.

> Eigentlich wollte ich von meinem Platz aus Hanna beobachten. Aber die Lehrerin verteilt einen Wochenplan, den die Kinder in Gruppen bearbeiten dürfen. Die Kinder dürfen sich nach Sympathie zusammen finden. Beata, Hanna und Uta sitzen nebeneinander. Uta und Beata legen je eine Hand auf die linke und rechte Hand von Hanna, als Zeichen ihrer Verbundenheit. Hanna legt dann alle Hände ganz eng aneinander. Sie halten ihre Hände so lange fest zusammen, bis das Okay der Lehrerin kommt. Beata verdreht auch noch die Augen und freut sich, dass Hannas Hände so schön warm sind. Hanna nimmt Beatas Hände dann auch später noch einmal und wärmt sie. (Heddda Bennewitz)

Wieder (wie zunächst auch in der oben betrachteten Szene) geht es um nebeneinander sitzende Freundinnen, die sich rasch über ihren Wunsch zusammen zu arbeiten verständigen. Die Bildung von Gruppen für die Wochenplanarbeit stellt sich hier als Gelegenheit dar, Beziehungen zu pflegen und Freundschaften zu gestalten. Dabei weist die nonverbale Aushandlung der drei Schülerinnen hier sinnbildliche Qualitäten auf: Während zunächst Beata und Uta von zwei Seiten auf die zwischen ihnen sitzende Hanna zugreifen, führt diese dann alle Hände in der Mitte zusammen. Ist Hanna das `verbindende Element´ in der Gruppe der drei Mädchen? Wie steht es um die Beziehung zwischen Uta und Beata? Wie wird diese Struktur die gemeinsame Arbeit prägen?

> Beata nimmt ihren Stuhl und stellt ihn auf die andere Seite des Tisches, dann komme ich dazu. Jetzt geht die Arbeit schon los. Während die Lehrerin noch ein paar Erklärungen gibt, fangen die drei mit der Arbeit an.
> Uta: „Hat einer von euch das Grammatikbuch?" – „Nö." Uta beginnt damit, den Wochenplan vorzulesen und macht dann Vorschläge zum Vorgehen. Hanna liest selber noch das Aufgabenblatt, sagt: „Wir nehmen ein Schmierblatt und eins, wo alles raufkommt" und reißt auch schon eine Seite vom Block. In der Zwischenzeit haben Beata und Uta sich wohl auf ein Vorgehen geeinigt, denn Beata beginnt damit, einen Text vorzulesen. Dann geht Hanna noch einmal zu ihrem Schließfach, um das Grammatikbuch zu holen. Beata hört mit dem Lesen auf und Uta macht wieder Vorschläge, wie man arbeiten könne. Sie fangen beide an, über die Wahlpflichtaufgaben zu sprechen, bis Hanna zurückkommt. Daraufhin sagt Beata: „Ich fang noch mal an" und liest nun wieder vor. Uta und Hanna gucken auch auf das Buch, aus dem Beata liest. Als Beata fertig ist, nimmt Uta den herausgerissenen Zettel und einen Bleistift. Beata fragt: „Was muss ich jetzt machen?" Hanna und Uta gleichzeitig: „Gar nichts." Aber dann haben sie doch eine Aufgabe für Beata: „Du machst die I-Konjugation". Das macht Beata dann auch. Jetzt hat Hanna das Buch; die Aufgabe besteht wohl darin, den Text zusammenzufassen. Hanna diktiert nun Sätze, die den Inhalt des Textes wiedergeben, und Uta schreibt die Sätze auf.

Beata brabbelt so vor sich hin. „Prima! Ich hab's gefunden", dann blättert sie weiter in ihrem Buch.

Die drei sind gute Schülerinnen, Hanna gehört sogar zu den Besten innerhalb dieser insgesamt sehr leistungsstarken Klasse. Sie beginnen unmittelbar, sie `stürzen´ sich gewissermaßen in die Arbeit, ohne die Erläuterungen der Lehrerin vollständig abzuwarten. Sie haben `keine Zeit zu verlieren´, so scheint es.

Die ersten Aktivitäten gelten der Organisation der Arbeitsmittel, der Arbeitsrollen und dem Versuch eine Arbeitsteilung zu entwickeln. Aber was passiert hier im Detail? Man gewinnt einerseits den Eindruck einer sehr sach- und aufgabenorientiert arbeitenden Gruppe, andererseits spürt man, dass die Arbeitsorganisation geprägt ist durch die Struktur der Beziehungen zwischen den drei Freundinnen. Dies wird deutlicher, wenn man den verwickelten Verlauf der Etablierung von Arbeitsrollen und einer expliziten Arbeitsteilung in dieser Gruppe rekonstruiert.

Uta ergreift als erste die Initiative und begibt sich in die Rolle der `Organisatorin´: Indem sie den Wochenplan *vorliest* und *Vorschläge* zum Vorgehen macht, versucht sie den Prozess der Arbeitsorganisation als (gruppen-) *öffentlichen* zu initiieren. Hanna hingegen zeigt sich davon unbeeindruckt und wählt einen anderen Weg, die Arbeit anzugehen: Sie liest sich die Aufgaben für sich selbst durch, entscheidet sich für ein Vorgehen (*„ Wir nehmen ein Schmierblatt und eins wo alles drauf kommt"*) und setzt dieses auch gleich in die Tat um.

Während Beata sich auf Utas Modus der gemeinsamen Aushandlung der Arbeitsorganisation einlässt und mit ihr gemeinsam eine Herangehensweise entwickelt, kümmert sich Hanna weiterhin nicht darum und `geht ihrer Wege´ (zum Schließfach), wobei sie sehr zielstrebig erscheint. Als Hanna zurückkommt, wird sie sofort (re-)integriert: Beata *fängt nochmal an* – womit ihre bisherige Aktivität allerdings entwertet ist. Während Beata nun wieder vorliest, schauen Hanna und Uta auch in das Buch, das heißt, sie überlassen sich nicht dem Vorlesen Beatas, sondern vergewissern sich durch mitlesen über den Text – damit erübrigt sich allerdings Beatas Tätigkeit als Mittel der Herstellung gemeinsamer Textkenntnis.

Als nächstes ergreift Uta den (von Hanna vorbereiteten) Zettel und einen Stift: Sie ergreift damit die Rolle der „Schreiberin". Dieser Akt ist es vermutlich, der Beata zu der (etwas überraschenden) Frage veranlasst: *„ Was muss ich jetzt machen? "* Die Rolle der Schreiberin ist vergeben – und dass die komplementäre Rolle der `Diktiererin´ nur Hanna zukommen kann, ist zwischen diesen drei Schülerinnen implizit wahrscheinlich längst klar. Beata jedenfalls begibt sich explizit in die Position der Auftragsempfängerin. Umso krasser erscheint die Antwort der beiden anderen: *„ Gar nichts!"* Sie billigen Beata zunächst keinen produktiven Beitrag zur gemeinsamen Arbeit zu. Damit ist ihre Mitgliedschaft in

147

der Gruppe gleichermaßen für überflüssig erklärt. Diese Situation halten Hanna und Uta jedoch nicht lange aufrecht und weisen Beata doch eine Aufgabe zu, womit sie (halbwegs) wieder integriert ist.

Diese Phase der Organisierung der Arbeit endet mit der Etablierung einer festen Aufgaben- und Arbeitsteilung: Hanna diktiert, Uta schreibt und Beata bearbeitet unabhängig davon eine andere Aufgabe. Hanna, die zunächst nicht an dem Prozess der Aushandlung des „gemeinsamen" Vorgehens beteiligt war, hat nun die entscheidende Rolle der inhaltlichen Bearbeitung der Aufgabe und der Formulierung von Ergebnissen übernommen und monopolisiert. – Hannas Monopol auf die inhaltliche Arbeit in dieser Gruppe drückt sich jetzt deutlich in ihrem (alleinigen!) Zugriff auf das Buch aus.

Worauf beruht die strikte Arbeitsteilung in dieser Gruppe? Und worin gründet der Anspruch Hannas, die inhaltliche Arbeit allein zu übernehmen? Dazu sind im Anschluss an die Betrachtung des weiteren Verlaufs der Arbeit in dieser Gruppe Vermutungen zu entwickeln.

Hanna diktiert jetzt etwas über den Fluss Arno, woraufhin Uta sagt: „Den hab ich gesehen, der ist total dreckig". Hanna greift das nicht auf, sondern diktiert weiter. Beata brütet über ihrem Buch, Kopf auf ihre Hand gestützt. Uta sagt zu Beata: „Guck doch einfach mal bei Lektion 17". Beata antwortet: „Na ja ich hab das hier...", schlägt dann aber doch Lektion 17 auf.
Uta guckt jetzt wieder auf den Text und Hanna diktiert weiter. Beata brütet wieder vor ihrem Buch. Hanna diktiert den nächsten Stichpunkt und gibt nun auch Ordnungstipps. Doppelpunkt oder Pfeil, Überschrift, Teilüberschrift etc. Dann geht es nicht so schnell weiter, Hanna muss überlegen. Uta wartet. Hanna sagt: „Vereinigung von kleinen Hügeln" – sie lacht, Uta lacht mit, ausgiebig. „Nein. Vereinigung von kleinen Dörfern. So ist Rom entstanden".
In der Klasse ist es übrigens sehr leise, obwohl viel miteinander gesprochen wird.
Beata blättert wieder, nach vorne, nach hinten. Sie gähnt, hat die Hände unterm Tisch und sieht traurig oder unzufrieden aus. Uta und Hanna lachen über etwas, das Uta geschrieben hat. „Ärschaftssystem" glaube ich zu verstehen. Dann wendet sich Hanna an Beata. „Ej Beata, kommst du klar?" „Naja, dis hier ist ein bisschen doof". Hanna diktiert weiter.
Hanna scheint zufrieden, sagt: „Wir haben schon so viel geschrieben" (3/4 Seite). „Zeig mal" sagt Beata, „wo seid ihr jetzt?" Hanna zeigt Beata, was schon geschafft ist und diktiert weiter.
Die Lehrerin spricht nun die Gruppe einmal an, sie meint, dass sie nicht zu ihnen durchkomme. Hanna gibt ihr zu verstehen, dass das auch nicht nötig sei, denn sie würden schon klarkommen.

Die Arbeit in dieser Gruppe nimmt jetzt ihren geordneten Gang. Die etablierte Arbeitsteilung zwischen den drei Mädchen stellt das organisierende Prinzip dar und wird strikt eingehalten. Zudem dominiert zunächst eine fast rigide erscheinende Sachorientierung die Arbeitsatmosphäre. Als Uta ein Stichwort aus dem Unterrichtsstoff aufgreift, um assoziativ eine Reiseerinnerung anzusprechen, geht Hanna nicht darauf ein. Hier hätte sich die Gelegenheit für ein kleines „privates" Nebengespräch und etwa weitere Reiseerzählungen ergeben, aber Hanna lässt sich nicht in ihrer Konzentration auf die Arbeit stören.

Uta gibt zwischendurch und gleichzeitig mit ihrem Job als Schreiberin Beata einen Tipp zur Bearbeitung ihrer Aufgabe, sie zeigt, dass sie durchaus auch Beatas Arbeit betreffend orientiert ist. Hanna weitet dann ihren Zuständigkeitsbereich über die Formulierungsarbeit hinaus auch auf Fragen der Gestaltung und Präsentation aus, obgleich diese wohl eigentlich in das Ressort der `Schreiberin´ fallen.

Schließlich ergibt sich doch eine kleine Auflockerung innerhalb der konzentrierten Arbeit, als Hanna sich verspricht. Wenn Hanna lacht, lacht Uta auch. Ein weiteres gemeinsames Gelächter Utas und Hannas – diesmal über einen Fehler Utas – verstärkt die Gemeinsamkeit dieses Paares und markiert zugleich dessen Exklusivität. Beata steht außen vor, sie lacht nicht mit und bekommt vermutlich auch den Anlass des Gelächters, der der gemeinsamen Arbeit von Hanna und Uta entstammt, nicht (oder jedenfalls nicht `rechtzeitig´) mit. Ähnlich ergeht es der Beobachterin.

Nach der kleinen Demonstration der Exklusivität des (Arbeits-)Paares spricht Hanna Beata an und fragt sie, ob sie *„klar komme"*. Dies stellt das Minimum an Aufmerksamkeit dar, das Beata als Mitglied der Gruppe zukommt. Die Frage Hannas war jedoch eher rhetorischer Natur, denn Beatas Hinweis auf ihre Schwierigkeiten löst keine Reaktion, geschweige denn ein Hilfsangebot aus.

Immerhin ist der bis hierhin praktizierte Arbeitsstil der Gruppe effektiv. Hannas Zufriedenheit bemisst sich an der Quantität des bereits Geschriebenen. Auf Beatas Nachfrage wird diese einbezogen in die Besichtigung des Zwischenstandes der „gemeinsamen" Arbeit – schließlich wird das Ergebnis dieser „Gruppenarbeit" von ihr nachher mit zu verantworten sein und zugleich geht es wohl darum, dass Beata die Produktivität eines Vorgehens anerkennt, das mit ihrem weitgehenden Ausschluss von der gemeinsamen Arbeit einhergeht.[23]

Als die Lehrerin die Gruppe anspricht, zeigt sich, dass Hanna auch nach `außen´ als `Sprecherin´ der Gruppe fungiert.

Beata liest nun noch einmal den Wochenplan, macht ein Häkchen an die von ihr bearbeiteten Aufgaben. Hanna und Uta sind immer noch nicht fertig. Sie diskutieren wieder über einen Satz. Hanna formuliert, Uta fragt, ob sie das schon aufschreiben soll. Hanna meint: „Noch nicht" und Beata hat nichts mehr zu tun. Dann guckt sie die beiden vorwurfsvoll an und meint, dass sie auch noch etwas aufschreiben müsse. Hanna meint daraufhin, man könne ja jetzt mit dem Text aufhören und nächste Stunde an ihm arbeiten (insgesamt haben sie vier Stunden Zeit). Uta findet das nicht so gut. Sie sagt deswegen zu Beata: „Fang doch an, du musst es doch nicht auf dieser Rückseite schreiben" (das Blatt auf dem sie selbst gerade schreibt). So richtig zufrieden ist Beata nicht, aber Hanna beginnt nun wieder zu diktieren. Dafür sagt Beata jetzt: „Wir geben uns dann unsere eigenen Hausaufgaben auf. Was machen wir in den Stunden und

---

23   Diegritz u.a. (1999, S. 101) haben zu ihrer eigenen Überraschung das von ihnen vermutete Phänomen des „Trittbrettfahrers" im Rahmen von Gruppenarbeit nicht in größerem Umfang beobachtet. Auch „statusniedrige" Kinder erweisen sich als durchaus „aufgabenorientiert".

was machen wir zuhause." Uta will das jetzt nicht entscheiden und sagt: „Na, da warten wir aber mal ab. Nicht, dass ich was kriege, was ich nicht kann".
Auf einmal ist Alexa von der Nachbargruppe laut zu hören. „Ist das nicht ein süßes Monster?". Beata wiederholt das, betont gelangweilt, in ihre Gruppe hinein: „Ein süßes Monster". Uta: „Wer?" „Alexa hat das gerade gesagt" „Ach so".
Dann arbeiten alle weiter. Beata guckt jetzt Uta beim Schreiben zu, die meint, dass irgendetwas komisch aussehe. Hanna diktiert weiter. Uta versteht den Satz aber nicht so richtig, er ist etwas kompliziert. Hanna bemerkt das jetzt auch, und beide arbeiten an einer Neufassung. Also besser: Hanna arbeitet an einer Neufassung, Uta macht nur darauf aufmerksam, dass es so nicht gut ist.

Als Beata mit ihrem Job fertig ist, markiert sie ihren Beitrag zur gemeinsamen Produktion einerseits mit einem Häkchen auf dem Wochenplan, andererseits möchte sie ihr Ergebnis auf dem Blatt notieren, das nachher das gemeinsame Arbeitsprodukt darstellen wird. Dieses Blatt rückt Uta aber noch nicht heraus. Auch Beatas Versuch, einen Vorschlag zur weiteren Organisation der Arbeit anzubringen, wird nicht aufgegriffen. Beatas diffamierende Zitierung einer Äußerung aus der Nachbargruppe schließlich stellt möglicherweise den Versuch dar, die Kohäsion innerhalb der eigenen Gruppe zu erhöhen mittels der Distinktion von den „Anderen", „Kindischeren" und „Alberneren", die weitaus weniger ernsthaft arbeiten, als man selbst.

Der Modus der Arbeit in dieser Gruppe bleibt jedoch unverändert: Hanna behält die alleinige Zuständigkeit für die inhaltliche Seite der Arbeit. Auch die Konstellation des eng zusammen arbeitenden Paares Hanna und Uta einerseits und einer etwas unverbunden daneben sitzenden Beata andererseits wird durch das Fertig-Werden Beatas nicht in Frage gestellt.

Dann ruft Hanna lachend und laut: „Fertig!". Und Uta gibt Beata das Papier. Beata beginnt gleich, aber nicht mit Schreiben, sondern sagt: „Okay, ich erklär euch das jetzt". Uta und Hanna sind ganz aufmerksam, können aber nicht bei allem mitgehen. Als Beata sich nach einem Stift bückt, verdreht Uta die Augen und guckt zu Hanna.
Dann fährt Beata fort. Beata lässt sich auch nicht irritieren und erklärt weiter, als die Lehrerin die Schülerinnen auffordert, ihre Sachen zusammenzupacken. Hanna und Uta hören auch noch ganz interessiert zu. Schließlich scheinen die beiden mit Beatas Erklärungen einverstanden.
Dann ergreift Uta wieder die Initiative: „Wir müssen noch nach den Wahlaufgaben gucken". Hanna holt das Buch mit den Aufgaben heraus und liest sie. Beata fragt: „Was krieg ich?" Uta, die auch ins Buch guckt und auf eine Aufgabe deutet, sagt: „Das versteh ich nicht". Beata wieder: „Welche soll ich nehmen?" Hanna: „Zwei". Dann Uta: „Und ich?"
Ich denke sie einigen sich, obwohl ich den Rest nicht mehr mitbekommen habe.

Schließlich hat Beatas Warten ein Ende, denn Hanna beendet die Arbeit. Jetzt lassen sich Uta und Hanna auf Beata und ihre Ausführungen zu ihrer Arbeit ein. Erst mit Beatas Erklärungen (bzw. deren Nachvollzug durch Uta und Hanna) wird Beatas Arbeit für die „Gruppe" produktiv – davon, dass umgekehrt Hanna und Uta ihr Ergebnis für Beata erläutern, ist allerdings nicht die Rede! Auch in

Utas Augenrollen über Beata gegenüber Hanna kommt zum Ausdruck, dass die Konstellation des „Zwei plus Eins" in dieser Dreiergruppe keineswegs nach Beendigung des arbeitsteiligen Vorgehens außer Kraft ist.

Bis zuletzt ist der Stil dieser Gruppe durch einen ausgesprochenen `Arbeitseifer´ gekennzeichnet: Sie arbeiten sogar über die Beendigung der Arbeitszeit durch die Lehrerin hinaus. Auch in der Verteilung der weiterhin anstehenden Aufgaben geben sie sich ganz den Anstrich eines produktiv und auf der Basis von Arbeitsteilung effektiv arbeitenden `Teams´. Dabei sind funktionale Arbeitsrollen nach wie vor klar zugeordnet: Uta spricht die zu treffenden arbeitsorganisatorischen Entscheidungen an, und Hanna entscheidet.

Was lässt sich nun aus der Beobachtung dieser Gruppe heraus über Merkmale der Organisation von Gruppenarbeit unter Schülerinnen sagen? Es handelt sich hier um den Fall einer Gruppe von Freundinnen, die aufgrund eigener Wahl zusammen arbeiten. Es war zu sehen, wie die notwendige Verständigung über das gemeinsame Vorgehen sehr pragmatisch gelöst wird, wobei die inhaltliche Arbeit vollständig an ein Gruppenmitglied delegiert wird. Der hier beobachtete Vorgang stellt keinen Einzelfall dar. Wir haben verschiedene „Gruppenarbeiten" beobachtet, deren inhaltliche Ergebnisse (weitgehend) von einzelnen Gruppenmitgliedern erarbeitet bzw. „diktiert" wurden. – In einem Fall bot Arvid seiner Gruppe sogar an, dass er die Arbeit zuhause allein erledigen würde (wo er sich „besser konzentrieren" könne!), um dann aber zu revidieren und mit Kathrin ein weiteres Gruppenmitglied einzuspannen, das seine Texte dann abschreiben soll. (Arvids Schrift erfordert tatsächlich die Installation eines `Schreibdienstes´.)

In den Vorgängen der Delegierung des gemeinsamen Arbeitsauftrages (oder relevanter Teile davon) an Einzelne ist immer klar, *wer* dafür in Frage kommt. Die Mitglieder der Schulklasse kennen einander und die jeweiligen Stärken und Schwächen genau genug, um zu wissen, wem in der Gruppe die inhaltliche `Federführung´ zukommt, wer für graphische Umsetzungen zuständig ist, wer „die schönste Schrift" hat. Das Wissen über einander bewegt sich nicht nur auf der Ebene der inhaltlichen Anforderungen. Man weiß auch, wer die Organisation

151

von Gruppenprozessen in die Hand nimmt, wer sich von vornherein zurück halten wird und an wem etwa unangenehme Aufgaben `hängen bleiben´ werden. Das extensive Wissen über einander prägt nicht nur solche Gruppen, die auf Freundschaft und eigener Wahl beruhen, sondern auch von der Lehrerin zusammen gestellte Gruppen. Die gemeinsame Geschichte der Klasse und permanentes klassen-öffentliches Bewertet-Werden sorgen dafür, dass man das spezifische `Leistungsvermögen´ und etwaige spezielle Fähigkeiten aller Mitglieder der Schulklasse genau kennt. Dieses Wissen bildet die Grundlage für die präzise und effektive Delegierung von Aufgaben im Rahmen von Gruppenarbeit und für die Ausbildung eines ausgeprägten `Spezialistentums´. Das beobachtbare Spezialistentum betrifft nicht zuletzt die Präsentation von Gruppenergebnissen, den Bereich der rhetorischen oder künstlerisch-graphischen Aufbereitung von Arbeitsergebnissen.

Gruppeninterne Entscheidungen über Fragen der Arbeitsorganisation und Arbeitsteilung bedürfen meist keiner großen Verhandlungen und werden oft auch gar nicht expliziert.[24] Sie rekurrieren auf das angesprochene (gemeinsame) Wissen über einander und gründen in einem (gemeinsamen) Streben nach Effektivität und Produktivität der Arbeit. Das Ziel der Arbeit wird in dem (gemeinsam zu verantwortenden) Produkt gesehen und die Arbeit wird so organisiert, dass dieses in möglichst ökonomischer und `vorzeigbarer´ Weise herzustellen ist.

Unsere Beobachtungen deuten darauf hin, dass eine solche an Pragmatik und Ökonomie orientierte Organisation von Gruppenarbeitsprozessen in der Schule dazu tendiert, im Kern der Gruppenarbeit ein Arbeits*paar* zu installieren und die `restlichen´ Gruppenmitglieder darum herum zu `gruppieren´. Das Protokoll der Gruppenarbeit von Hanna, Uta und Beata beschreibt die Installierung einer (sehr rigiden) Zwei-plus-Eins Konstellation, es lassen sich jedoch auch Zwei-plus-Zwei und Zwei-plus-X Konstellationen beobachten, die die eigentlich intendierte „Gruppenarbeit" zur Partnerarbeit mit (mehr oder weniger interessiertem) Publikum werden lassen. Das arbeitende Paar – und zwar in der funktionalen Differenzierung zwischen inhaltlicher Arbeit und `Schriftführung´ – scheint den produktiven und produktorientierten Kern vieler Gruppenarbeitsprozesse darzustellen.

Eine letzte Folgerung, die sich aus der Beobachtung des Arbeitsprozesses von Hanna, Beata und Uta ziehen lässt, betrifft das Management der `Beziehungs-

---

24 Auch Diegritz u.a. (1999, S. 102) stellen fest: „Wenn die Beziehungen innerhalb der Gruppe geklärt und intakt sind, erübrigt sich in der Regel die Diskussion über Arbeitsorganisation, d.h. z.B. darüber, wer welche Funktion in der Gruppe übernimmt oder welche Teilaufgabe erledigt."

ebene´ in der Gruppe: Auch eine so rigide Orientierung an Effektivität und Produktivität wie in dieser Gruppe der drei Mädchen, die zu der weitgehenden Exklusion eines Gruppenmitgliedes aus dem zentralen Arbeitsprozess führt, muss (zwischendurch) durch `Beziehungsarbeit´ moderiert werden. Es gibt Szenen der (Re-)Integration der Ausgeschlossenen – schließlich muss der Arbeitsprozess als „gemeinsamer" gerahmt werden, als der einer „Gruppe".

4.4.3   Die Form der Bezugnahme auf den „Unterricht"

In einem dritten Zugriff will ich Gruppenarbeit als `Gesprächsgelegenheit´ und hinsichtlich des Verhältnisses zwischen dem offiziellen Unterrichtsdiskurs und den daran anknüpfenden `Neben-Gesprächen´ beleuchten. Wir haben bereits gesehen, wie auch innerhalb sehr `ernsthafter´ und `sachorientierter´ Arbeitsprozesse kleine Scherze eingestreut werden, kleine ironische Spitzen, eine abwegige, aber amüsante Assoziation, oder das gemeinsame Lachen über einen Versprecher oder Fehler. Mittels dieser kleinen Scherze zeigt man sich in der Gruppe wechselseitig an, dass man nicht etwa vollständig identifiziert ist mit dem Unterrichtsstoff oder der Bearbeitung der Aufgabe, sondern dass man jederzeit in der Lage ist, den Modus zu wechseln und Gelegenheiten für gemeinschaftliches Amüsement zu erkennen und zu ergreifen.

In der Kultur der Klasse am Humboldt-Gymnasium bezieht sich gruppeninternes Lachen oft auf kleine Fehler oder Versprecher, die einzelnen Gruppenmitgliedern bei der gemeinsamen Arbeit unterlaufen. Dabei scheint es sich weniger um höhnisches Gelächter oder das `Auslachen´ des Pechvogels zu handeln, als um ein vergemeinschaftendes Lachen im Sinne von: „Wir haben unseren Spaß, aber es bleibt unter uns!"

Folgende allgemeinere Überlegung zeichnet sich ab: Es scheint, dass in vielen Prozessen gruppen*interner* Kommunikation das Außen, die anderen Gruppen und die Lehrerin, im Hintergrund steht und den immanenten Bezugspunkt darstellt. Diese Konstellation kommt in der folgenden Transkription der Aufzeichnung einer Gruppenarbeitssituation besonders deutlich zum Ausdruck.

Es handelt sich um eine Gruppenarbeit an der Gesamtschule im Rahmen des Geographieunterrichts. Diese Gruppenarbeit ist tischgruppenweise organisiert, die vier bis sechs Schülerinnen und Schüler, die an einem Tisch sitzen, arbeiten zusammen. Die Tischgruppe stellt in der Regel ein sehr vertrautes `Team´ dar. Unzählige Unterhaltungen, Geplänkel, Neckereien und Konflikte haben an diesem Tisch schon stattgefunden, die Beziehungen unter einander und mögliche Arbeitsrollen sind `eingespielt´.

Im vorliegenden Fall geht es um die Länder Asiens, und die Tischgruppe von Kathrin, Juliette, Robert und Arvid hat das Thema „China" in einem länderkundlichen Sinne zu bearbeiten und eine Präsentation in Form einer Wandzeitung für die Klasse zu erstellen. Das MD-Gerät zeichnet den Austausch der Vier über ihre Arbeit auf, das folgende Transkript präsentiert einen kurzen Ausschnitt daraus:

1	Juliette:	Arvid, hast Du Internetzugang? Ja wa?
2	Arvid:	Äh-ja
3	Juliette:	Dann dürften wir ja was über das chinesische Sexleben finden
4	Robert:	Ich kann auch mal gucken
5	Arvid:	Juliette, probieren wir die dann ooch mal aus, wenn wenn wir jenügend dicht sind, ja?
6	Juliette:	Oh du, das zählt man nicht. Weil, soll ich ma was sagen
7	Arvid:	Jetzt kommts
8	Juliette:	Mit André! 's reicht mir schon. (.) Ich würd sagen ich möcht mit Flori
9	Arvid:	Ich habs doch jenau gewusst
10	Robert:	Äh, aber Juliette, du kannst es doch mit ihm ausprobieren ...
11	Arvid:	(unverständlich neben Robert weiterredend zu Juliette)
12	Robert:	dann, dann photographieren wir das, ich nehm das mit nach Hause, scan das und, und dann verunstalte ich euch, also das man euer Gesicht, ah, nicht mehr erkennt, ja? Dann ham wa nen Anschauungsobjekt, wa. (einige Sek. Pause) Arvid, ich hab ne bessere Idee. Ihr führt das gleich vor der Klasse vor
13	Arvid:	(lacht) Hee, das wär auch ne Idee.
14	Robert:	Arvid und Juliette, ha!
15	Juliette:	Nee, da könn wa Kuscheltiere mitnehmen.
16	Robert:	(lacht) Haaa
17	Arvid:	(lacht) Hahah. Sach bloß, Du hast noch nen alten Teddybär?
18	Robert:	Ja, ja, ih, ih.
19	Arvid:	Da müssen wa mal auf dem Dachboden gucken, da ham wa noch genug Kuscheltiere.
20	Robert:	Ja, ja, Juliette bringt, bringt, bringt nen irgendwie nen Kuscheltier mit, Arvid en Kuscheltier mit, ahm, mmm,
21	Arvid:	Wenn ich dann mit Juliette das vormache, also ja ich meine, dann bin ich (unverst.) (...)
22	Robert:	Hey Arvid, da würden alle so gucken! Ah.
23	Arvid:	(lacht leise)
24	Juliette:	Wenn wenn wir das vortragen müssen, wird sich Simon bestimmt feiern, weil wir das Sexleben dran genommen haben.
25	Robert:	Naja, wir hatten eben so ne Idee, weißt de.
26	Juliette:	Aber bei Simon könnte ich mir vorstellen, dass er auch auf so ne Idee kommt.
27	Robert:	Nee, quatsch doch nicht. (.) Aber Arvid, so was könntest Du doch mal zeichnen, so eben so als Anschauungsmodell gleich
28	Juliette:	Frau Zahn tritt uns in Arsch
29	Arvid:	(leise) haha
30	Robert:	(spitz) ahoa, Nee glaub ich nicht. (.) Weil wenn wir das drannehmen, dann könn wa auch, dann müssen wir auch irgendwie auch ein Anschauungsobjekt haben
31	Arvid:	Aber ich glaube die Hälfte der Klasse geht dann raus, wenn wa mit dem Sexleben anfangen...

32	Robert:	Wieso, wir hatten doch sexuell könnte schon in äh Bio
33	Arvid:	(parodiert Robert) und ich sexuelle könnte, irgendwie?
34	Kathrin:	Ich mach grad die Überschrift. (geflüstert...)
35	Robert:	Und ich gucke grad, dass wir
36	Fr. Zahn:	unverständlich im Hintergrund
37	Arvid:	... dass wir das hier draufpacken
38	Juliette:	(laut zu Fr. Zahn) Das eine Thema ham wa schon! (...) (leise) Sexleben.
39	Arvid:	(lacht leise vor sich hin)
40	Juliette:	Man, ich finde das aber auch scheiße, wir sind siebte Klasse und wir können nicht mehr verklemmt über sowas reden, wir sind
41	Robert:	Genau!
42	Juliette:	Wir müssen offen sein!
43	Robert:	In Sexualkunde haben wir gelernt, dass wir nicht mehr so verklemmt darüber reden sollen.
44	Juliette:	Genau! (.) Meine Mutter sacht auch immer zu mir: "Du bist ja keen bisschen verklemmt, ne." (kurz unverständl.)
45	Robert:	Ne, wir sind im 21. (verschluckt) 21., ne 22. Jahrhundert, oder? (.) Ja.

Ich will dieses Gespräch hier nicht im Detail interpretieren, obwohl es spannende Beobachtungen ermöglicht: Sowohl hinsichtlich des Sexualitäts-Diskurses und der Gestalt, die der „Wille zum Wissen" (Foucault 1977) hier annimmt, als auch hinsichtlich der Beziehungen in dem Dreieck Robert-Arvid-Juliette. (Kathrin tritt nur mit einem „geflüsterten" und arbeitsbezogenen Beitrag in Erscheinung, Z. 34). Insbesondere Roberts Rolle als `Adjutant´ Arvids, als Gehilfe, der selbst keinen Status als (sexueller) Akteur beansprucht, sondern seine Phantasien komplett auf Arvid und Juliette projiziert, wäre eine eingehendere Betrachtung wert.

Im Rahmen der Analyse von Anforderungen der „Gruppenarbeit" an das Schülerhandeln will ich hier den Blick jedoch auf das Verhältnis des aufgezeichneten Gesprächs zum *Arbeitsauftrag* der Gruppe richten und in dieser Hinsicht auf ein paar Details hinweisen.

Ihren Ausgang nimmt die Episode von der (scheinbar harmlosen) arbeitsorganisatorischen Frage Juliettes, ob Arvid über Zugang zum Internet verfüge. Ihre Idee, dass man im Rahmen des Arbeitsauftrages, Sitten und Gebräuche der Chinesen darzustellen, auch Erkundungen zum „*chinesischen Sexleben*" anstellen könnte, heizt dann die Phantasie an. Alle nun folgenden Ausarbeitungen und `Variationen´ des „Themas"[25], vom „Ausprobieren" unter Drogeneinfluss, über das Fotografieren, Vorführen vor der Klasse, bis hin zur Demonstration sexueller `Stellungen´ mithilfe von Kuscheltieren, bleiben an die ursprüngliche Idee, im Rahmen von Ausarbeitungen über chinesische Kultur auch „Sexualität" einzubeziehen, gebunden. Das Reden über „Sex" bleibt (notdürftig) legitimiert durch den Rahmen der Gruppenarbeit über „China".

---

25 Zur Funktionsweise solcherart sexualisierender Diskurse vgl. Breidenstein/Kelle (1998, S. 155ff.).

Die Situation der „Gruppenarbeit" fungiert in doppelter Weise als legitimierender Rahmen für diese kleine Episode. Mit Blick auf die Anforderungen des Unterrichts und des Schülerjobs kann man reklamieren, es gehe doch um das Thema „China" und Überlegungen zur Präsentation der Gruppenarbeit. Das gleiche `Argument´ lässt sich geltend machen gegenüber dem Tabu, öffentlich über Sexualität zu sprechen. Diese Legitimationsfigur ist in beiderlei Hinsicht (fast) nur noch formaler Art und kaum noch `inhaltlich´ gefüllt. (Immerhin hat die Lehrerin auf Juliettes Nachfrage erlaubt, dass unter der Rubrik „Sitten und Gebräuche" auch etwas über Sexualität ausgeführt werden könne.) Doch auch ein so dürftiger inhaltlicher Bezug zum Auftrag der Gruppenarbeit reicht hin, das lustvolle kleine Spiel um sexuelle Phantasien, Voyeurismus und Öffentlichkeit zu ermöglichen. Diese kleine – scheinbar „private" – Szene am Tisch von Arvid, Juliette, Robert und Kathrin hätte nicht in der Pause stattfinden können, sondern bedurfte des Rahmens der „Gruppenarbeit".

Ein weiterer Aspekt von Gruppenarbeit erscheint bedeutsam für das Verständnis der präsentierten Szene: das Verhältnis der Gruppe zu dem Rest der Klasse und die Präsentation von Gruppenarbeitsergebnissen in der Klassenöffentlichkeit. Denn der Reiz der immer weiter ausgebauten Thematik „Sexleben der Chinesen" liegt in der imaginierten „Präsentation" des Themas vor der Klasse. Dabei ist den Beteiligten bewusst, dass die Präsentation in der am Gruppentisch phantasierten Form nie durchgeführt werden wird. Dennoch reizt die (fiktive) Möglichkeit, die anderen mit solcherart „Ergebnissen" der Gruppenarbeit zu verblüffen, dazu an, immer neue Versionen des Geschehens zu entwerfen. Man stellt sich den Effekt der entworfenen Präsentation vor: *„Da würden alle so gucken!"* (Z. 22) und man entwirft die Reaktionen Einzelner, signifikanter Anderer: *„Wird sich Simon bestimmt feiern, weil wir das Sexleben dran genommen haben"* (Z. 24f.). Simon kann als der „Weiteste", in mancher Hinsicht „Coolste" und jugendkulturell Versierteste in dieser Klasse gelten. Seine (imaginierte) Anerkennung ihrer Tat bedeutet also gewissermaßen den `Ritterschlag´ in Sachen Coolness und jugendkultureller Avantgarde. Den gleichen Effekt zeitigt die (vorgestellte) Reaktion der Lehrerin: *„Frau Zahn tritt uns in Arsch"* (Z. 28). Um Frau Zahn aus der Ruhe zu bringen bedarf es extremer Provokationen. Schließlich vermutet Arvid: *„Ich glaube die Hälfte der Klasse geht raus, wenn wa mit dem Sexleben anfangen"* (Z. 31). – Das ist der Höhepunkt der gemeinschaftlich entwickelten Imagination einer Präsentation über das „Sexleben der Chinesen": Dass diese so radikal tabulos ausfallen könnte, dass ein Teil der Klasse in seinem Anstandsgefühl verletzt wäre und den Raum verließe. Diese letzte Phantasie unterstreicht den Avantgarde-Anspruch der beobachteten Gruppe in besonderer Weise: Man ima-

giniert sich in eine Position, in der man den anderen weit überlegen und „voraus"
ist.

In der untersuchten Szene zeigt sich, dass und wie die verschiedenen Gruppen
einer „Gruppenarbeit" im Rahmen der Schulklasse keineswegs nur um schulische „Leistungen" konkurrieren, sondern auch um `Stimmungswerte´. Die Frage
ist nicht nur, welche Gruppe das beste (schönste) Produkt erstellt hat, sondern
auch in welcher Gruppe es am lustigsten war, wo man sich am besten amüsiert
hat.

Wir hatten bereits in der ersten Szene aus dem Sozialkunde-Unterricht des
Humboldt-Gymnasiums gesehen, wie Mitglieder der beobachteten Gruppe neid-
voll zu den benachbarten Gruppen schauten und dort die „besseren" und „leich-
teren" Themen vermuteten. In der zweiten Szene, der Gruppenarbeit von Beata,
Uta und Hanna war die „Außenorientierung" der Gruppe zwar nicht so dominant, immerhin war aber der Versuch Beatas zu beobachten, sich von der Nachbargruppe abzugrenzen (und dadurch womöglich die Kohäsion in der eigenen
Gruppe zu erhöhen). In der dritten Szene schließlich, die sich um eine imaginierte Präsentation zum „Sexleben der Chinesen" drehte, war der Bezug auf das
„Außen" der Gruppe, den Rest der Klasse und die Lehrerin offenkundig. Die
Frage stellt sich also, wie das Geschehen *innerhalb* einer Gruppe im Rahmen
einer Gruppenarbeit in der Schulklasse durch deren (Konkurrenz-)Verhältnis zu
den *anderen* Gruppen geprägt wird. – Diese Frage kann hier nur aufgeworfen
werden, sie zu verfolgen, würde die systematischere und parallele Beobachtung
von verschiedenen Gruppen im Rahmen von „Gruppenarbeit" erfordern.[26]

---

26 Das Verhältnis der Gruppen untereinander wird von der Literatur zum „Gruppenunterricht"
    bislang vernachlässigt. Diese befasst sich mit den Prozessen und der Dynamik *innerhalb* von
    Gruppen, aber wenig mit der Dynamik *zwischen* Gruppen innerhalb der Schulklasse.

4.5 Partnerarbeit

Verglichen mit der ausführlichen Diskussion der Gruppenarbeit und des „Gruppenunterrichts" erstaunt die geringe Beachtung der Partnerarbeit als Sozialform des Unterrichts. Es gibt in Deutschland eine einzige Studie, die sich explizit mit Partnerarbeit in der Schule beschäftigt (Nuhn 1995). Diese Arbeit ermöglicht immerhin einen Einstieg in das Nachdenken über Partnerarbeit (allerdings auch nicht viel mehr). Neben dem allgemeinen Verweis auf die Bedeutung der Zweierbeziehung und der „Partnerschaft" schlechthin werden als Motive für die Partnerarbeit im schulischen Unterricht zusammenfassend die Erhöhung der Schüleraktivität, die Möglichkeit der Binnendifferenzierung und die Erhöhung der Motivation genannt. Außerdem wird die Idee des „Helfersystems" angesprochen, in dessen Rahmen der schwächere Schüler von dem stärkeren profitiere, welcher seinerseits „seine Fähigkeiten durch Erläutern, Erklären, Vormachen" steigere (ebd., S. 15).[27]

Partnerarbeit werde meist als begrenzte Phase und als „willkommene Ergänzung bzw. Abwechslung vom Klassenunterricht" eingesetzt (ebd., S. 17). In Partnerarbeit sind eher kleinere Aufgaben zu lösen und die Anforderungen sind geringer als bei der Gruppenarbeit. Partnerarbeit ist üblicherweise nicht arbeitsteilig organisiert, sondern alle Paare arbeiten parallel an der gleichen Aufgabe. Der Anteil der Partnerarbeit am gesamten Unterricht wird auf 10-20% beziffert, und eine Schülerbefragung ergibt ein Votum für einen „gleichstarken Partner".[28]

In dem von uns beobachteten Unterricht spielt die Sozialform der Partnerarbeit eine alltägliche Rolle. Sie kommt gelegentlich zum Einsatz, unspektakulär und routiniert. Nicht selten scheint die Organisation des Unterrichts als Partnerarbeit auf durchaus pragmatische Motive zurückzugehen. Im Englischunterricht wird paarweise ein Dialog eingeübt, im Computerlabor teilen sich zwei Schülerinnen oder Schüler einen PC und bei Schülerexperimenten in Chemie oder Physik arbeiten auch üblicherweise zwei Schüler oder Schülerinnen zusammen – die meisten Geräte sind in der Anzahl eines halben Klassensatzes vorhanden.

Neben den Situationen einer offiziellen Partnerarbeit gibt es auch gewissermaßen `inoffizielle´ Varianten: Partnerarbeit, die nicht von der Lehrperson für alle und verbindlich angekündigt ist, sondern die sich aus der Einzelarbeit als Zusammenarbeit zweier Nachbarinnen herausbildet und als solche auch akzeptiert oder geduldet wird. Situationen des „Helfens", des Nachfragens, Erklärens

---

27   Vgl. zum „Helfen" unter Schülerinnen und Schülern jedoch Bennewitz/Breidenstein (2004) und weiter unten (Kapitel 4.7).

28   Die empirische „Bestandsaufnahme" zur Partnerarbeit in Nuhn (1995) ist allerdings angesichts einer unklaren und kleinen Stichprobe (LehrerInnen N = 67, SchülerInnen N = 238) nicht überzubewerten.

oder Verweigerns von Hilfe werde ich jedoch noch gesondert im Rahmen der Betrachtung von „Einzelarbeit" diskutieren.

Ich werde im Folgenden zunächst Aspekte der „Paarbildung" betrachten und dabei unter anderem auf Unterschiede zur „Gruppenbildung" aufmerksam machen. Dann werde ich nach den Formen der Zusammenarbeit im Rahmen von Partnerarbeit fragen und schließlich nach der Art der Bezugnahme auf den „Unterricht" fragen.

4.5.1 „Paarbildung"

Anders als Gruppen, die für die „Gruppenarbeit" erst gebildet werden müssen, ob als Zuordnung durch die Lehrperson oder durch Selbstwahl und Zusammenfinden der Schülerinnen und Schüler, sind Paare für die „Partnerarbeit" in der Regel bereits gegeben.

Die übliche Anweisung für Partnerarbeit lautet: *„Jeder arbeitet mit seinem Nachbarn zusammen!"*[29] Für die Zuordnung wird also die Sitzordnung der Schulklasse verwendet. Das ist einerseits unaufwändig und vermeidet Stühle-Rücken und Umzüge innerhalb des Klassenraums und andererseits (relativ) eindeutig: Bei Tischen in der Schule handelt es sich um Zweier-Tische, so dass klar ist, wer zusammen gehört. Zudem ist die Nachbarschaft in der Sitzordnung oft auch mit Freundschaft verbunden. Zumindest aber sind diejenigen, die Tag für Tag nebeneinander sitzen, die sich den Tisch und den Nahraum teilen (vgl. oben Kapitel 2), vertraut miteinander und aufeinander `eingespielt`, so dass auch eine unkomplizierte Kooperation im Rahmen von „Partnerarbeit" erwartet werden kann. Bei einer solchen Aufteilung der Schulklasse in Nachbarschafts-Paare bleibt übrig, wer alleine sitzt. Sitzen zwei alleine an einem eigenen Tisch, werden sie als „Partner" zusammen gefügt. Ist die Zahl der Schülerinnen und Schüler ungerade, wird ein Paar zu einer Dreier-Gruppe erweitert.

Die „Partnerwahl" ist also in der Regel keine echte Wahl, sondern Ergebnis einer möglichst raschen und möglichst pragmatischen Aufteilung der Klasse in (Arbeits-)Paare durch die Lehrperson. – Dass dann oft Freundinnen oder Freunde zusammen arbeiten, ist nicht unerwünscht im Sinne einer reibungslosen Kooperation.

So stellt sich der Regel- und Normalfall der Paarbildung für die Partnerarbeit dar. Interessant sind aber Fälle, in denen die Paarbildung so nicht funktioniert, denn diese versprechen nicht zuletzt Rückschlüsse auf den `Normalfall`. In der

---

29 Der Gebrauch der weiblichen Form ist an ostdeutschen Schulen nicht sehr verbreitet.

folgenden Szene `vertreibt´ Melanie ihren Nachbarn Florian, als die Lehrerin „Partnerarbeit" ankündigt:

> Melanie zu Florian: „Florian, du musst dich woanders hinsetzen." Florian: „Warum?" Melanie: „Weil ich mit Jakob zusammen machen will."[30] Unbestimmt: „Genau." Frau Richter: „So, zwei jetzt immer zusammen. Ähhh, ich würde Euch empfehlen, äh" „Leise", tönt es unbestimmt dazwischen. Melanie: „Du kannst auch mit Kathrin zusammen machen." Frau Richter ist zu vernehmen: „...nehmt nen Bleistift (.) sonst rutscht einer darüber, und der ist auch alleine." Melanie zu Florian: „Komm, mach´s mit Beatrice zusammen." Jakob zu Florian: „Florian, mach dich mal weg da." Melanie: „Du kannst es mit Harald Höblich zusammen machen." „... ja dann los!..." Florian ruft rüber zu Harald: „Höblich, Höblich machen wir, Höblich!?! (.) Machen wir?!" Harald ruft zurück: „Hat denn noch jemand gar keenen?" Gemurmel. Melanie genervt zu Florian: „Floh-rian." Florian zu Melanie auf Harald zeigend: „Wir machen jetzt zusammen." Harald ruft zurück: „Ich hab kein Bock mit dir zu machen!" Florian: „Wen willst denn sonst nehmen?" Jakob: „Dich nich." Harald: „Weeeß ich nicht." Gemurmel. Harald dann zu Frau Richter: „Na, dann nehm ich Florian." Florian schließt sein Etui und zieht zu Harald um. Der Ethnograph auch. (Michael Meier)

Melanie konfrontiert ihren Nachbarn Florian recht brüsk mit der Aufforderung sich *woanders* hinzusetzen. – Wie kommt Melanie dazu, in dieser Weise über Florian zu verfügen? (Dass sie sich Jakob als Partner ausgesucht hat, könnte ja auch zur Konsequenz haben, dass sie sich an dessen Tisch setzt.) Florian widerspricht (erstaunlicherweise) nicht ernsthaft. Allerdings bleibt er zunächst sitzen und Melanie macht Vorschläge, mit wem er *zusammen machen* könne. Sie weiß, dass Florian seinen Platz erst räumen wird, wenn er einen Partner und damit einen neuen Arbeitsplatz gefunden hat. Das Protokoll verzeichnet keine weitere Reaktion Florians. Erst als Jakob kommt und recht barsch insistiert: *„Mach dich mal weg da"*, wird es für Florian unausweichlich und er greift Melanies neuesten Vorschlag auf und fragt Harald. Dieser geht jedoch nicht auf ihn ein. Und Florians Misere setzt sich fort, denn auch Harald lehnt ihn als Partner ab. Erst als offenbar wird, dass kein anderer Partner für Harald zur Verfügung steht, lässt er sich *notgedrungen* auf Florian ein: *„Na, dann nehm ich Florian"*.

Florian fügt sich insgesamt widerstandslos in sein Schicksal, hin und her geschoben, mehrfach abgelehnt und schließlich nur widerstrebend als Partner akzeptiert zu werden. Er kann sich zwar darauf verlassen, letztlich (von der Lehrerin) `untergebracht´ zu werden, aber er ist nicht in der Position, selbst zu wählen, sondern er muss warten, bis er zuletzt (von irgend jemand) als Partner angenommen wird.

Der Prozess der „Partnerwahl" für die Partnerarbeit erscheint, wenn er nicht pragmatisch und routiniert gelöst werden kann, sondern wie in dem obigen Bei-

---

30 Jakob sitzt Melanie am Gruppentisch gegenüber. Da ein Schüler an diesem Sechser-Tisch heute fehlt (an dessen Platz der Ethnograph sitzt), ist tatsächlich eine Person in gewisser Weise `überzählig´.

spiel explizit und problematisch wird, noch prekärer als die Gruppenbildung für die Gruppenarbeit. Die Zweier-Gruppe, das Paar, begründet eine exklusivere und intimere (Arbeits-)Beziehung als die aus vier oder fünf Mitgliedern bestehende Gruppe, die in sich immer noch eine gewisse Öffentlichkeit repräsentiert. Die Aufnahme in die Gruppe ist nicht zwingend an das positive Votum aller anderen Gruppenmitglieder gebunden, denn ein solches Votum für alle (potentiellen) Mitglieder einzuholen wäre zu kompliziert. Die Bildung einer Partnerschaft hingegen setzt die beiderseitige (explizite) Zustimmung voraus. Schon die Frage nach dem Einverständnis eines potentiellen Partners ist so heikel, dass sie in der Regel nur stellen wird, wer sich der Zustimmung relativ sicher sein kann. Der Fragende begibt sich in die Hand des anderen, dessen Antwort allein über das Zustandekommen der gewünschten Partnerschaft entscheidet.[31]

Die Unsicherheit, die mit der Frage nach einer Zusammenarbeit verbunden sein kann, und das darin enthaltene Risiko kommen auch in der folgenden Szene deutlich zum Vorschein:

> Die Lehrerin erklärt Robert eine Aufgabe des Wochenplanes erklären: Es geht darum, ein „Tafelbild" zu entwickeln. Sie nennt die Kriterien für ein gutes Tafelbild: Viel Information aber wenig Text. Robert will noch wissen: „Kriegen bei Partnerarbeit beide die gleiche Note?" („Partnerarbeit erlaubt", steht hinter „Pflicht 1".) Ja, bestätigt die Lehrerin. Robert wendet sich kurz darauf an Arvid: „Wollen wir das Tafelbild zusammen machen, irgendwie?" (etwas unsicher). Arvid lässt ihn abblitzen: „Willst wohl abschreiben von mir? Nee, das mach ich nicht."

Arvid unterstellt, dass Robert von ihm *abschreiben* wolle, das heißt von einer Zusammenarbeit einseitig profitieren würde. Arvid ist einer der leistungsstärksten Schüler in dieser Klasse, was ihn in die Lage versetzt, sich die Partner aussuchen bzw. Anfragen ablehnen zu können. Die Zuschreibung schulischer Leistungsfähigkeit verbindet Arvid mit Melanie: Speist sich daraus auch Melanies „Recht", sich einen Partner auszusuchen? In dieser Klasse müssten mit Blick auf das Ergebnis der „Partnerarbeit" die meisten froh darüber sein, mit Melanie oder Arvid zusammen arbeiten zu dürfen. Aus dem potentiellen Gewinn, den andere aus einer Zusammenarbeit ziehen (würden), scheint sich ein gewisses Privileg der Partnerwahl für die `besten´ Schüler und Schülerinnen abzuleiten.

Die Paarbildung für die Partnerarbeit ist allerdings in der Regel (darauf hatte ich oben hingewiesen) nicht den Kräften auf dem `freien Markt´ überlassen, sondern von der Lehrperson reguliert. Sie fügt nach Maßgabe von Praktikabilität, Zufall oder pädagogisch-didaktischen Erwägungen die Partnerschaften zusammen.

---

31 So wird man z.B. einen ernst gemeinten Heiratsantrag nur stellen, wenn alle Zeichen darauf hindeuten, dass er positiv beschieden werden wird.

Dabei werden oft die miteinander befreundeten oder sehr vertrauten Schülerinnen für die Partnerarbeit eingeteilt. Der Zufall kann es jedoch auch so fügen, dass Schülerinnen, die ansonsten wenig miteinander zu tun haben, die gar in „unterschiedlichen Welten" leben, zusammen arbeiten sollen. Die Ethnographin der folgenden Szene wittert interessante Beobachtungen, als Nina und Hanna an einen gemeinsamen PC gesetzt werden. Nina ist eigentlich mit Alexa befreundet und pflegt einen offensiv-lustvollen, aber leistungsbewussten Umgang mit Schule, während Hanna zwar auch eine sehr gute Schülerin ist, sich aber der Clique der „jugendlicheren" Mädchen zurechnet, die sich für Mode, Musik und Jungen interessieren und auf „kindliche" Mädchen (wie Nina und Alexa) und deren Albernheiten herab blicken.

Englischunterricht im Computerlabor

Immer noch sind einige PCs nicht funktionstüchtig. Kurzerhand wird Hanna gebeten, sich neben Nina zu setzten, denn beide sitzen alleine; Alexa ist noch immer in Portugal. An den Tisch von Hanna setzen sich dafür Eric und Stefan. Zwei Mädchen aus verschiedenen Welten zusammen vor einem kaputten Computer. Das scheint mir interessant. (Das sind in gewisser Weise Ausnahmesituationen in der Schule, mit denen andererseits immer zu rechnen ist.)
Ich kann mich gar nicht daran erinnern, in welchen Zusammenhängen diese beiden Mädchen Kontakt zu einander hatten oder denke, dass sie sich ziemlich fremd sein müssten. Ja, wenn Alexa nicht da ist, dann gibt es tatsächlich eine Menge Herausforderungen für Nina.
Hanna verzieht zwar etwas skeptisch das Gesicht, macht sich aber auf den Weg zu Nina, die zwei Reihen weiter vorne sitzt. Nina scheint auch nicht sonderlich begeistert von der Idee, dreht aber den Stuhl so in Richtung Hanna, dass sie sich gut hinsetzen kann. Eine einladende Geste ist das.
Hanna setzt sich zu Nina. Das Problem ist aber, dass auch dieser Computer nicht geht. Eine Zeit lang wird noch daran herumgedoktert und auch die Lehrerin in Rate gezogen. Nein, der PC will sein CD-Rom Laufwerk nicht finden. Die Lehrerin bietet den beiden Mädchen als Ersatz einen Besuch im Internet an. Das scheinen sie okay zu finden. Aber auch hiermit scheitern sie. Die Verbindung wird nicht aufgebaut. Aus lauter Verzweiflung und Langeweile schauen sie nicht nur Christoph und Paul zu, die neben ihnen sitzen, sondern mischen sich auch hilfreich in die Lösung der Englischaufgaben ein. Bis dahin ist die Unterhaltung etwas steif. Einen gemeinsamen Modus zu finden, scheint mir die schwierige Aufgabe zu sein. Zusehends werden die Körperhaltungen aber lockerer, drehen sich auch mal die Stühle aufeinander zu, lachen sich die beiden an.
Beide haben ihre Headsets aufgesetzt. Nina erzählt mit glänzenden Augen, was sie das letzte Mal mit Alexa gemacht hat und wie lustig das war. Da haben sie ins Mikro rein gesungen, das gibt merkwürdige Geräusche und sie konnten auch Kontakt zu Beata herstellen. „Beata? Kannst du uns hören?" Beata schüttelt mit dem Kopf. Zaghaft und zunächst peinlich berührt, pustet und tönt nun auch Hanna ins Mikro. Dieses Spiel steigert sich. Hanna überwindet sich und steigt mehr und mehr in die Unterhaltung ein. Die beiden haben sichtlich Spaß miteinander. Und Ninas Lachen und Witzeln ist auch wirklich ansteckend. Die anfängliche Anstrengung ist überwunden.
Nun ist klar, dass sich das Internet nicht aufbaut. Nina: „Wollen wir malen?" „Au ja! Ich mal ein Auge!". Die beiden rufen „paint" auf, ein Malprogramm. Nun übernimmt Hanna die Maus: Sie zieht die Maus etwas näher, später legt sie sie direkt neben sich und schiebt die Tastatur einfach weiter nach oben.

Hanna entscheidet, ein Auge zu zeichnen. Und natürlich ist es mangamäßig.[32] Christoph, der bislang intensiv mit Paul auf den Bildschirm guckte, ist fasziniert. Paul sitzt nun mehr oder weniger allein, während Christoph seine Blicke nicht mehr vom Bild des Mädchens loseisen kann. Als Hanna einen falschen Befehl eingibt, sagt er schnell ‚bearbeiten, rückgängig'. Hanna zieht die Linien routiniert nach. Stück für Stück wird das Auge erkennbarer. Als sie es schließlich rot einfärbt, ist Christoph schier begeistert: „Guck mal Paul, ..."
Für Nina ist das ein bisschen langweilig. Sie hat nichts zu tun. Sie singt unaufhörlich ins Mikro und gackert vor sich hin, während Hanna das Reden eher eingestellt hat. Aber beim Malen ist Hanna einfach die Expertin. „Ich kann nur Delphine malen" meint Nina, Hannas Talent anerkennend. Aber einfaches Zugucken unterfordert Nina. Mehr und mehr mischt sie sich in das Zeichnen von Hanna ein. Zum einen kennt sie das Programm besser, so dass sie zunächst ‚technische' Hinweise und Support geben kann. Später spricht sie über die Linien und kommentiert das Geschehen „Was ist der weiße Punkt in der Mitte? Was stellt das dar?" oder „Ich glaube mit paint geht das nicht so gut". (Hedda Bennewitz)

Die „Partnerarbeit" besteht in dieser Szene in der gemeinsamen Gestaltung der Zeit. Dieser Aspekt spielt in der Partnerarbeit immer eine Rolle, aber Nina und Hanna sind in besonderer Weise auf sich selbst und ihre Partnerschaft verwiesen, als sich herausstellt, dass das vorgesehene Lernprogramm nicht laufen würde. Die Anforderung der Unterrichtssituation an das Schülerhandeln reduziert sich in dieser Szene in geradezu paradigmatischer Weise darauf, die Zeit mit jemandem zu verbringen und zu gestalten, den man sich nicht ausgesucht hat.

4.5.2 Formen der Zusammenarbeit

Die folgende Szene stammt wieder aus dem Computerlabor, wo die Schülerinnen und Schüler mittels eines Lern-Programms lateinische Vokabeln üben sollen. Dieses Mal ist Alexa dabei und selbstverständlich setzen sich Nina und Alexa gemeinsam an einen PC. In der Regel teilt man sich zu zweit einen Rechner, doch Katharina am Nachbartisch von Alexa und Nina sitzt alleine vor ihrem Monitor. (Die Ethnographin setzt sich neben sie.) Katharina scheint es zu langweilig zu sein allein zu arbeiten, so wendet sie sich des Öfteren an ihre Nachbarinnen. Aus der Partnerarbeit von Nina und Alexa wird zwischenzeitlich eine Zusammenarbeit zu dritt an zwei Arbeitsplätzen.

Alexa und Nina scheinen ein gutes Team zu sein: Beide haben ungefähr dasselbe Niveau an Vokabelkenntnissen und sind sehr gewitzt und phantasiereich darin, Eselsbrücken für ihre Vokabeln zu finden. Nina zu Alexa: „Potenz, das ist mächtig: na, potent eben!" Katharina fragt Alexa: „Was heißt porrigere?" Alexa: „Hinreichend, zureichend: Reich mir den Porree!" Auf Katharinas Bildschirm steht gerade die Vokabel „cibus", die Übersetzung hat sie noch nicht

---

32 „Mangas": Japanische Comics, die sich durch einfache, schablonenhafte, aber expressive Linienführung auszeichnen. Hanna ist Spezialistin im Manga-Zeichnen.

hingeschrieben. Alexa, schnell und gutgelaunt: „Das heißt Essen: Kiwi!" Nina: „Kannste hinschreiben: E, s, s, e, n!" Katharina tippt es ein, und es stimmt: Cibus = Speise, Nahrung, Essen.
Katharina schaut ab und zu rüber auf ihren Bildschirm, Alexa genauso auf Katharinas Bildschirm. Sie machen gerade denselben Programmteil: Vokabelabfragen. Die nächste Übersetz-
zung bei Alexa und Nina lautet „zugleich". Nina sagt mehrmals, begleitet durch Lachen und
eine Geste, die Anfeuern andeutet: „Zuuuu- gleich! Zuuuu- gleich!" Alexa erzählt, wie sie so
zu einer Eselsbrücke zur Vokabel „aperire" gekommen ist (was ich nicht richtig hören kann),
dann lacht sie auf, Nina und Katharina auch. Alexa hatte die Geschichte vorrangig Richtung
Nina erzählt und wendet sich nun erst im Lachen zu Katharina, als deren Lachen auch zu vernehmen ist. Die Lehrerin, die gerade vorne ist, fragt auf das Lachen hin, was los sei. Die drei
lachen weiter, antworten nicht.

11.50 Uhr. Alexa und Nina machen nun den Programmteil, wo aus vier Vorschlägen die richtige Übersetzung anzuklicken ist, während Katharina noch den Abfrageteil macht. Nun scheint
die Kommunikation zwischen den beiden PC-Plätzen, zwischen den dreien, unterbrochen. Katharina schaut rüber auf Alexas und Ninas Bildschirm, dann auf die andere Seite zu Ulla und
Sophie, die sich hörbar amüsieren. Alexa und Nina scheinen jetzt in ihrer Zweierwelt zu sein,
äußerst selten schauen sie kurz zu Katharinas Bildschirm. So ist Katharina verdonnert, stumm
und beflissen ihr Vokabelprogramm zu machen. Wir unterhalten uns auch nicht. (Kerstin Jergus)

Was zeigt sich in diesen Beobachtungen aus einer Lateinstunde im Computerlabor über die spezifischen Bedingungen und Möglichkeiten von „Partnerarbeit"?
Von außen betrachtet könnte man denken, dass eine Partnerarbeit beim Üben
von Lateinvokabeln mithilfe eines Lernprogramms eher eine „Notlösung" darstellt – der Ausstattung der Schule geschuldet, die es nicht erlaubt, jede Schülerin an einen eigenen PC zu setzen. Das Lernen von Vokabeln stellt scheinbar
einen höchst individuellen Vorgang dar (jede muss die Vokabeln nachher
schließlich selbst können), wobei das klassische „Vokabeln abhören" in höchst
effektiver und rationeller Weise von dem Lernprogramm übernommen wird.
Zudem ist die Arbeit zu zweit am PC dadurch eingeschränkt, dass die zentrale
Aktivität nur von einer Person ausgeführt werden kann: Das Führen der Maus
und die Entscheidung über verschiedene Optionen. Diese Entscheidung kann
zwar zu zweit diskutiert werden, aber nur eine kann sie umsetzen – diejenige, die
die Maus in der Hand hat. Während die eine Partnerin mit dem Programm „in-
teragiert", ist die andere auf die Rolle der Zuschauerin und Kommentatorin verwiesen.

Diesen Einschränkungen zum Trotz erscheint „Partnerarbeit" in dieser Szene attraktiver als Einzelarbeit. Katharina freut sich nicht etwa, dass sie sich ihren
Rechner mit niemand teilen muss, sondern wendet sich immer wieder ihren
Nachbarinnen Alexa und Nina zu und schaltet sich in deren Zusammenarbeit ein.
Die beiden akzeptieren das auch. Sie helfen Katharina mehrfach und lassen sie
mitlachen. – Sie zeigen sich in gewisser Weise `solidarisch´ mit der Mitschüle-
rin, die keine Partnerin abbekommen hat.

Die kommunikative Aus- und Umgestaltung der Arbeit mit dem Lern-Programm erscheint hier als die zentrale Herausforderung. Es geht einerseits darum, sich an die Bedeutung der lateinischen Vokabeln zu erinnern. Zugleich aber gilt es, sich möglichst witzige Assoziationen und Kommentare zu den Vokabeln einfallen zu lassen. Ähnlich wie bei der Gruppenarbeit scheint auch für die Partnerarbeit zu gelten, dass der `Unterhaltungswert´ der Arbeit ebenso zu sichern ist wie der Ertrag auf der Ebene der `Produktion´.

In bemerkenswerter Weise gelingt es Nina und Alexa in dem präsentierten Beispiel, den Spaß mit dem assoziierenden Wortspiel für das Vokabel-Lernen nutzbar zu machen. Das Prinzip der „Eselsbrücke" ermöglicht hier, die beiden zentralen Anforderungen der Zusammenarbeit – die Kooperation in der Bearbeitung der Aufgabe und die Kooperation in der Gestaltung einer unterhaltsamen Zeit – miteinander zu verknüpfen. Ihr Geschick in der Verkopplung der beiden Anforderungsdimensionen ist es wohl, das die beobachtete Zusammenarbeit von Alexa und Nina so gelungen und produktiv erscheinen lässt.

Allerdings bleibt anzumerken, dass die Dokumentation der Partnerarbeit aus der Perspektive der teilnehmenden Beobachterin stellenweise zu `glatt´ geraten sein mag. Die Beobachterin war zwar nah dran, aber sie war nicht Teil der Welt von Alexa und Nina. – Dies macht überhaupt einen Unterschied in der Beobachtbarkeit der Arbeit in den einzelnen „Sozialformen" aus: Während die Rolle der „teilnehmenden Beobachterin" im Frontalunterricht vorgesehen und konstitutiver Bestandteil des Geschehens ist, erscheint sie im Rahmen von Gruppenarbeit zwar prekärer, aber immerhin möglich: Die Gruppe hat dann eben ein (beobachtendes) Mitglied mehr. Die Partnerarbeit hingegen duldet eigentlich keine zusätzliche Person und entzieht sich in gewisser Weise der Beobachtung.[33]

Einblicke anderer Art ermöglicht eine Erhebungssituation, als eine von zwei Partnerinnen das Mikrophon im Knopfloch ihrer Bluse trägt und das Aufnahmegerät ihren verbalen Austausch komplett aufzeichnet. Die Audioaufzeichnung dokumentiert, wie die Partnerinnen sich aufeinander beziehen – und allerdings auch, wo sie nicht aufeinander reagieren. Manche Frage bleibt unbeantwortet, manche Bemerkung ohne Reaktion. Schließlich produziert die technische Aufzeichnung auch einige Passagen, die (im Nachhinein) „unverständlich" bleiben.

Lara trägt das Mikrophon. Während des ersten Teils der Physikstunde, der frontal verläuft, verzeichnet das Gerät intensive geflüsterte Unterhaltungen Laras mit ihrer Nachbarin Julia. Die Lehrerin spricht über den „Ortsfaktor", der die „Gewichtskraft" spezifischer „Massen" etwa auf dem Mond (im Unterschied zur Erde) oder auf dem Jupiter beschreibt. Währenddessen unterhalten sich Lara und

---

33   Vgl. zu den Möglichkeiten und Grenzen der Beobachtung eines Paares auch Bennewitz (2004).

Julia flüsternd über Fernsehserien (die „Adamsfamily" und die „Simpsons") und lästern über Jana, die *alles kriegt* und *so viel Geld für Klamotten ausgibt*. Die Unterhaltung der beiden Freundinnen verstummt, als die Lehrerin einen Schülerversuch erklärt: Es geht darum, mittels einer Feder Gewichte zu messen. Jede Gruppe bekommt eine Vorrichtung zur Aufhängung, eine Feder und ein Satz Gewichte.

Dass die beiden Freundinnen Julia und Lara bei der Durchführung des Versuchs zusammen arbeiten werden, erscheint selbstverständlich. Jedenfalls ist der (Audio-)Aufzeichnung keine Verhandlung darüber zu entnehmen. Lara holt die erforderlichen Geräte aus dem Schrank und kommt damit an den gemeinsamen Tisch.

1	Julia baut auf, überlegt, „ehhh" wie geht das nur?
2	Lara:	Holst du dir die Farin-Single?
3	Julia:	Was?
4	Lara:	die ‚Froh und glücklich' ?
5	Julia verneint das wohl und baut weiter auf.
6	Julia (lachend) Halt ma dis Teil da
7	Lara hält. Julia baut. Lara guckt sich das an. Macht Verbesserungsvorschläge:
8	Lara:	Vielleicht sollte man das Ding da'n bisschen weiter nach vorne machen.
9	Julia folgt dem Rat von Lara und baut um. Julia hat wieder Schwierigkeiten.
10	Lara:	Vielleicht muss das Ding noch weiter?
11	Julia lachend:	Ahhhh (befolgt wieder den Vorschlag)

Beim Aufbau des Versuches zeichnet sich eine klare Arbeitsteilung ab: Julia ist praktisch tätig und Lara beratend. Lara hat zwar die Geräte beschafft, aber dann übernimmt Julia die Verantwortung für die „gemeinsame" Arbeit. Lara unternimmt einen 'Ausflug' in die Welt der Hobbys und außerschulischen Relevanzen, der aber 'ins Leere läuft', da Julia sich nicht weiter darauf einlässt. Dann tritt die Lehrerin an den Tisch der beiden heran.

12	Lehrerin:	Ihr habt die Feder angehängt?
13	Julia:	Ja ham wa. (.) lass doch ma los
14	Lehrerin:	Wenn diese Feder jetzt angehängt ist, bitte ohne dass ein Körper dranhängt die Länge der Feder ermitteln und notieren.
15	Lara:	Ohh
16	Julia:	Was isn das?
17	Lehrerin:	Macht das ma über den Tisch hinaus, dass ihr über die Länge (unvst.)
18	Julia:	Fünf Zentimeter

Die Lehrerin spricht die beiden gemeinsam an, es antwortet aber im Wesentlichen Julia (wenn man das „Oh" Laras mal vernachlässigt). Julia hat die Organisation der Arbeit jetzt fest in der Hand. Julia misst die Länge der leeren Feder und gibt das Ergebnis mit fünf Zentimetern an.

19	Julia:	Ich fang schon mal an die Teile zusammenzuhängen (...) bau ma erst mal die 100 Gramm, wa?
20	Lara:	Jaja
21	Julia:	Schreib ma: 100 Gramm Doppelpunkt (5 Sek. Pause) 6,5 Zentimeter
22	Lara:	Wieviel jetze?
23	Julia:	Sechs komma fünf

Die Lehrerin ist weitergegangen und Julia fährt fort in der Durchführung des Experiments – unter rhetorischer Einbeziehung ihrer Partnerin. Jetzt wird auch eine weitere Form der Arbeitsorganisation deutlich: Lara hat den Job der `Schriftführerin´ übernommen, während Julia den Versuch durchführt und die Ergebnisse `diktiert´. Dabei entmündigt sie ihre Partnerin soweit, dass sie ihr sogar die genaue Interpunktion diktiert – womit Lara zur reinen `Schreibkraft´ wird. Sie fragt nach, als sie das Ergebnis akustisch nicht verstanden hat, offenbar vergewissert sie sich aber nicht etwa über die Richtigkeit des Ergebnisses durch eigene Inaugenscheinnahme.

Die Lehrerin spricht jetzt wieder frontal zur ganzen Klasse, Julia und Lara sind weiterhin mit ihrer Arbeit beschäftigt.

24	Lehrerin:	Jetzt Folgendes (Pause) Und wieder zuhören!
25	Julia (unbeeindruckt von der Lehrerin):	Fünf komma zwei
26	Lara:	Kann doch gar nich sein oder?
27	Lehrerin:	Wieder zuhören! (Pause) Hängt jetzt bitte – Christoph was war das?! – Hängt jetzt bitte nacheinander verschiedene Wägestücke an. Rechnet dabei aber die entsprechende Gewichtskraft. Schreibt nicht die Masse auf, sondern die zugehörige Gewichtskraft.
28	Lara:	Wie macht man das?
29	Lehrerin:	und (..) hängt einige Körper nacheinander an. Schreibt auf, die Gewichtskraft und die zugehörige Ausdehnung der Feder.
30	Julia (belustigt)	guck ma, 200.
31	Lara:	Hm, mach doch
32	Lehrerin:	Wichtig ist die Ausdehnung der Feder zu (unvst.)
33	Lara:	Na, wo ham wir´n das berechnet? Wo ham wa das, wie man das berechnet?
34	Keine Antwort, sie sucht im Heft nach Antworten	
35	Lehrerin:	die Länge der Feder soll (unvst.) die Feder länger geworden. Die Ausdehnung ist entscheidend für die Messung der Gewichtskraft.
36	Lara:	Wieviel?
37	Julia:	Was? – 200. Und auch – (Pause) komm noch die andern dran
38	Lara:	Ohh, wie sie misst. Ej. Musst du nicht eigentlich noch – ej das war, das hat gefehlt. So ne Scheiße.
39	Julia:	Also vier (Pause) 208
40	Lara:	Ohh
41	Nina:	Was macht ihr´n da für ne Kette?
42	Julia:	Alle dran. 208 (unvst.)
43	Lara lacht	
44	Lara:	Im Internet war so´n übelst geiles Bild von´n Ärzten. Weeßte war von jedem die Unterschrift mit druf. Und das jing aber nich. Da ich bin irgendwie nich uf die Seite gekomm.

| 45 | Lara: | Ei das kann ja gar nich sinn (.) guckma hier sind's 50 Gramm mehr ja? Da is es nur null komma zwei Zentimeter, ja?. Und jetzt sind`s nur acht Gramm mehr und ´s is drei Zentimeter mehr äh null komma drei Zentimeter mehr |

Julias Bekanntgabe des Wertes „fünf komma zwei" und Laras verwunderte Reaktion darauf dürften sich auf die nun wieder leere Feder beziehen, die Julia vorhin mit fünf Zentimeter gemessen hatte. Der Hinweis der Lehrerin, dass man die Gewichtskraft notieren solle (nicht die Masse) versetzt Lara in unruhige Suche. Sie fragt (sich) „*Wie macht man das?*" und sucht in ihren Unterlagen nach der Formel, die Masse in Gewichtskraft umrechnet. Julia antwortet nicht und kümmert sich offenbar nicht um „Laras" Problem. Sie fühlt sich wenig verantwortlich für diese Anforderung und spielt stattdessen mit den Gewichten (Z. 37). Auch im weiteren Verlauf scheint es jetzt eher Lara zu sein, die sich um die Produktion von Ergebnissen bemüht, während Julia sich dem Unterhaltungswert der Materialien zuwendet. Auf die erstaunte (und bewundernde?) Reaktion einer Außenstehenden (Nina) hin stimmt Lara in den Modus der Belustigung mit ein und lacht (Z. 43).

Dann nimmt sich Lara eine `Auszeit´ von der Arbeit: Sie erzählt von ihrer Entdeckung im Internet. Dass ihr Denken und Trachten um die Band „die Ärzte" kreist, kann sie bei ihrer Freundin Julia als bekannt voraussetzen.[34] Die Erzählung Laras erfährt allerdings keine Reaktion, die Aufnahme verzeichnet weder eine Nachfrage Julias, noch etwa ein solidarisches Bedauern. Lara ihrerseits insistiert auch nicht auf einer Reaktion oder auf einer Fortführung des Themas. Sie wendet sich wieder der Arbeit und einem Problem zu, das sie als Protokollantin stutzen lässt.

Welche Bedeutung kommt Laras Erwähnung der blockierten Homepage ihrer Lieblingsband im Rahmen dieser Partnerarbeit zu? Lara, als diejenige, die eigentlich an der Lösung von Problemen arbeitet (die nach der Formel für die Umrechnung von Masse in Gewichtskraft sucht), während Julia zum Spielen übergegangen ist, wirft die Erinnerung an ihr (gestriges?) Erlebnis im Internet in das Gespräch ein und lässt das Thema ebenso schnell wieder fallen, wie sie es aufgeworfen hat. Sie will (sich selbst) nicht von der Arbeit ablenken. Es handelt sich lediglich um einen kurzen Verweis auf jene Welt, die für sie bedeutsam ist. Die Probleme, die Lara und Julia mit der Messung von Gewichten haben, relati-

---

34 Die regelmäßige Bezugnahme auf kulturelle Ikonen wie etwa die „Ärzte" kann als notwendig für die Ausgestaltung der Zweierbeziehung beschrieben werden: „Für die Paarbildung ist es erforderlich, dass eine gemeinsame Welt geschaffen wird. Das heißt nicht und kann nicht heißen, dass diese geschaffene Welt die private `Erfindung´ eines Paares ist. Diese Aufgabe kann nur im vielfältigen Rückgriff auf einen kulturell vorgegebenen Vorrat von Handlungs- und Deutungsmustern geleistet werden. Aus kulturellen Vorgaben und Versatzstücken gestaltet sich das Paar seine eigene private Welt" (Lenz 1998, S. 51).

vieren sich durch die Erwähnung der „Ärzte" und ihrer Fan-Kultur. Lara signalisiert, dass es für sie andere (wichtigere) Relevanzen gibt, aber sie lässt sich nicht von ihrem Job abbringen, sondern wendet sich unmittelbar wieder dem Versuch zu.

46	Julia hängt immer wieder Gewichte an die Feder	
47	Lara:	Hast`n Schlüssel oder sowas?
48	Julia:	Nen Schlüssel?
49	Lara:	Zum dranhäng
50	Julia:	Weest doch nich wie schwer der is
51	Lara:	Is doch ejal... (enttäuscht) Ohh
52	(Lachen)	
53	Lara (lachend):	Bist du blöd
54	Julia:	Das war`s, jetzt is eins schon kaputt
55	Lara:	Oh schön
56	Julia:	– schön
57	Lara (singend)	Schwanz ab, Schwanz ab (unvst.)
58	Julia:	Ähm, (..) ähm (..) ähm
59	Lehrerin:	dass ich euch jetzt einen Körper geben kann, der – unbekannte Gewichtskraft hat und ihr müsst jetzt rausfinden: wie schwer ist der
60	Julia:	- is egal (unvst.)
61	Lara:	Fehlt da nich noch was?
62	Julia:	`s fehlt noch zwei was

Laras Idee, einen Schlüssel an die Feder zu hängen, entspricht dem Ziel des Versuchs, einen Körper unbekannter Gewichtskraft zu messen (vgl. die Lehrerin in Z. 59), aber Julia scheint die Aufgabe nicht so klar zu sein, und Lara lässt sich auch wieder abbringen von ihrem Vorschlag. Beide Partnerinnen wirken jetzt etwas ratlos und als auch noch etwas kaputt geht, fühlt Lara sich zu dem Zitat eines Liedes von den „Ärzten" animiert – für einen echten Fan ergibt sich in jeder Lebenslage ein Bezug zu dem Objekt seiner Verehrung.[35]

63	Lehrerin:	Ziel dieses Experiments ist jetzt herauszufinden, wie groß ist die Ausdehnung der Feder, wenn ich ein Newton dranhänge
64	Julia:	Guck, guck, guck
65	Eric:	ein Newton
66	Julia:	Ach shit
67	Lehrerin:	Es muss `ne elastische Verformung sein.
68	Julia	Guck ma
69	Lara:	Hm. was soll ma messen? (...) Nina, was soll ma messen? Ausdehnung oder?
70	Nina:	Ja, die Ausdehnung der Feder und dann soll ma gucken äh, wie viel Newton da – also, bei uns sind`s zum Beispiel ähm zirka zwei Zentimeter ein Newton
71	Lara:	Zwei Zentimeter sind ein Newton
72	Nina:	Bei uns. Bei euch kann`s anders sein, weil ihr habt ja nich die selbe Feder

---

35 Vgl. etwa die eindrückliche Beschreibung der Welt eines Fußballfans in Nick Hornbys „Fever Pitch".

73	Lara:	Ach soo!
74	Julia:	Aha
75	Lara:	Ich gloob, ich hab`s verstanden. (.) Ein Newton sind 100 Gramm
76	Julia:	Ne bei uns is eher bei uns is eins komma fünf
77	Lara:	Ja
78	Julia:	Eins komma fünf is ein Newton bei uns (Pause) Na gucke und da, äh drei also das Doppelte.. (schnell) eins komma fünf!
79	Lara:	Nu gut
80	Julia:	Das kürzt sich.
81	Lara:	Und wo soll ich das nu hinschreiben? Schönes Blatt!
82	Julia:	Ein Newton sind dann eins Komma – ach man! Bei einem Newton beträgt die Ausdehnung eins komma fünf Zentimeter. (...) Sollen wir schon wieder abbauen?
83	Julia (?):	Runter mit der Männlichkeit
84	Lara:	Das is nämlich, äh. Das war nur die Live-Version was dann so rauskam von Elke. (.) Das war auf dem (.) 87er-Album da, is es schon mit druf, richtig so als Lied.
85	Sophie:	Welche Gewichtskraft hat dieser Körper?
86	Lehrerin:	Welche Gewichtskraft hat dieser Körper?
87	Die Lehrerin kommt hinzu, sie bleibt lange bei Nina & Co und lobt deren Messung, sie kommt dann auch zu Lara und Julia, dort scheint das Ergebnis nicht zu stimmen.	

Die Lehrerin nennt eine neue Aufgabe im Rahmen des Schülerversuchs (in Z. 63) und Julia und Lara versuchen, wieder Anschluss zu finden. Lara zieht Erkundigungen bei der Nachbargruppe ein und die beiden Freundinnen scheinen erst jetzt nach Ninas Hinweis auf die Unterschiedlichkeit der Federn den Sinn des Experimentes zu verstehen (nämlich Federn als „Waage" zu eichen). Sie reaktivieren ihr Ergebnis vom Anfang, als sie schon einmal 100 Gramm gemessen hatten, aber Lara weiß nicht, wo und wie sie „das nun hinschreiben" soll. Durch die Umwege und mangelnde Orientierung ihres Experimentierens ist auch kein konsistentes Protokoll zustande gekommen. „Schönes Blatt", bedauert Lara, aber Julia ist schon `weiter´ und will „abbauen" (Z. 81, 82).

Nun lässt sich auch Julia auf die „Ärzte" als Referenz ein und zitiert eine Zeile aus dem Lied, das auch Lara vorhin schon angestimmt hatte. Lara kann sofort Details aus ihrer Parallelwelt beisteuern. Die Welt der Ärzte-Fans erscheint als jederzeit aktivierbarer Referenzrahmen, der als solcher konsistent und in sich stabil ist und unzählige Details enthält, die in kaum überschaubaren Verweisungszusammenhängen stehen. Dieser alternative Rahmen `begleitet´ die Arbeit der Freundinnen. Zwar ist es vor allem Lara, die ihn regelmäßig aktiviert, doch sie kann sich des Einverständnisses und der notwendigen Kenntnisse auf Seiten Julias sicher sein.

88	Julia baut ab, Lara unterstützt sie dabei.	
89	Lehrerin:	Bei diesem Experiment hatten wir heute kein Protokoll (leise und schnell) – ab und zu kann man das schon mal ohne Protokoll machen – (wieder langsam und laut) Wir werden (..) nach Abschluss diese Stoffabschnittes „Kraft"

90	?: (leise)	einen Test schreiben
91	Lehrerin:	Kraftmessung dieses Experiment als Leistungskontrolle zur Benotung (unvst.)
92	Lara:	Scheiße, ich mach mit Maxi zusammen (lacht)
93	Lehrerin:	So, jetzt bitte alles ordentlich wieder wegräumen
94	Ich frage, wer Maxi ist und erfahre, dass Maxi eine der Besten ist.

(Hedda Bennewitz)

Als die Lehrerin ankündigt, diesen Versuch noch einmal für Zwecke der Leistungsbewertung durchführen zu wollen, kündigt Lara spaßhaft die Zusammenarbeit mit Julia auf. – Für eine erfolgreichere Teamarbeit müsste sie eine „bessere" Partnerin haben. Lara lacht bei dieser Bemerkung, die, wäre sie ernst gemeint, einen schweren Affront gegenüber ihrer Freundin darstellen würde. Und doch wird auch in der ironischen Bemerkung deutlich, wie der „Erfolg" von Partnerarbeit mit der (angenommenen) „Leistungsstärke" zumindest einer der Partnerinnen verbunden wird.

Wie ist nun die Zusammenarbeit von Julia und Lara zusammenfassend zu kennzeichnen? Die beiden erscheinen als `eingespieltes Team´. Das Protokoll verzeichnet nahezu keine arbeitsorganisatorischen Absprachen. Die Übernahme unterschiedlicher Arbeitsrollen und Tätigkeiten funktioniert reibungslos – wie `von selbst´. Zugleich läuft einiges nebeneinander her. Jede der beiden Partnerinnen macht zwischenzeitlich `ihr eigenes Ding´. Fragen bleiben unbeantwortet und Probleme ungelöst im Raum stehen.

Julia nimmt die praktische Durchführung des Experimentes in die Hand und verfügt während der ganzen Zeit über die Geräte, doch mehr und mehr wird deutlich, dass es eher Lara ist, die die Verantwortung für die Produktion brauchbarer Ergebnisse übernimmt. Ergibt sich diese Verantwortung aus ihrem Job als Schreiberin? – Sie muss ja schließlich etwas `zu Papier bringen´!

Auffällig ist schließlich, dass die Freundinnen, die vorher in der frontalen Unterrichtssituation intensiv über `Privates´ kommuniziert hatten, die Situation der Partnerarbeit in dieser Hinsicht gar nicht `nutzen´. Lara hält zwar die Parallelwelt eines Ärzte-Fans `im Spiel´, aber es findet kein Austausch darüber statt, und die Interaktionen der beiden Mädchen verzahnen sich eher in dem Bemühen, den Versuch doch noch zu einem Resultat zu führen.

Die Zusammenarbeit von Lara und Julia `funktioniert´ ebenso gut wie die von Nina und Alexa, es gibt weder Konflikte noch erkennbare Reibungsverluste, allerdings wirkt die Kooperation merkwürdig formal und wenig von gemeinsamem Nachdenken geprägt. Immerhin erscheint das `arbeitende Paar´, das schon im Zentrum der „Gruppenarbeit" zu entdecken war, auch in Form der „Partnerarbeit" durchaus funktional. Nahe gelegt werden funktionale Arbeitsteilungen, etwa in die Handhabung des Lernprogramms und Beratertätigkeiten oder die Durchführung des Experiments und dessen Protokollierung. Zudem finden sich im Rahmen von Partnerarbeit offenbar weitere (funktionale) Differenzierungen, etwa in die Verantwortung für den Fortgang der Arbeit und die Verantwortung für Stimmungswerte.[36]

4.5.3 Die Form der Bezugnahme auf den „Unterricht"

Anders als im Frontalunterricht spielt sich der „Unterricht" bei der Partnerarbeit nicht `vorne´ ab, sondern ist unmittelbarer Bestandteil der eigenen Tätigkeit. Anders als in der Gruppenarbeit besteht die Anforderung meist nicht in der Erstellung eines gemeinsamen Produktes (das dann in der Öffentlichkeit der Schulklasse und in Konkurrenz zu den anderen Gruppen zu präsentieren ist), sondern in der Lösung von Aufgaben. Im Rahmen von Partnerarbeit sind oft Übungsaufgaben zu bearbeiten, Experimente durchzuführen oder Arbeitsblätter auszufüllen. Es geht in der Partnerarbeit zumeist weniger um das Diskutieren, Entwickeln und Gestalten von Produkten, als um die Suche nach der „Lösung" und die Durchführung der Übung oder des Versuchs.

Dabei konstituiert das (Arbeits-)Paar eine eigenständige und relativ unbeobachtete Einheit inmitten der Öffentlichkeit der Schulklasse. Ähnlich der wechselseitigen Beobachtung der Gruppen in der Gruppenarbeit nehmen sich zwar auch Paare gegenseitig wahr, aber die Situation der parallel arbeitenden Paare scheint weniger durch Konkurrenz geprägt. In der Regel entsprechen die Partnerschaften den gegebenen Nachbarschaften, man muss also nicht befürchten, in die `falsche´ Gruppe zu geraten. In der Regel bearbeiten alle Paare die gleiche Aufgabe, man konkurriert also auch nicht um das `beste´ Thema. Insofern es nicht um ein öffentlich zu präsentierendes Produkt geht, wetteifert man nicht um das schönste Arbeitsergebnis.

Man mag vielleicht mitbekommen, dass sich ein benachbartes Paar besonders gut amüsiert bei der Arbeit, und sich dadurch aufgefordert fühlen, auch selbst den Unterhaltungswert der Zusammenarbeit etwas deutlicher heraus zu

---

36 Auch diese Beobachtung bedürfte der Spezifikation in weiteren Untersuchungen.

stellen. Man mag auch wahrnehmen, dass andere Paare schon fertig sind mit der Bearbeitung der Aufgabe und sich infolgedessen beeilen. – Doch insgesamt stellt sich die Partnerarbeit eher als `Mikrokosmos zu zweit' dar.[37] Man kennt sich gut, der Modus gemeinsamen Arbeitens bedarf keiner weiteren Verständigung, die Arbeit kann unmittelbar und routiniert angegangen werden. (Anders kann sich die Situation für `neu' zusammengestellte Partnerschaften darstellen, wie am Beispiel von Nina und Hanna zu sehen war.)

Die Organisation der Arbeit ist von Pragmatik und Ökonomie geleitet. Die gegebene Zeit und der Umfang der Aufgabenstellung sind im Blick zu behalten und ins Verhältnis zu setzen. Beobachten lassen sich in dieser Hinsicht unterschiedliche Strategien: Es gibt Paare, die sich erst nach und nach der Aufgabe zuwenden und die Situation der Partnerarbeit zunächst für den entspannten Austausch nutzen – man weiß, dass die Zeit ausreicht und man nicht in Bedrängnis geraten wird. Man zeigt sich gegenseitig an, dass die Arbeit (etwas) warten kann und vergewissert sich (zunächst) anderer Prioritäten. Andere hingegen begeben sich unmittelbar an die Aufgabe, möglicherweise in dem Bestreben, etwas früher fertig zu werden und sich dadurch etwas `Freizeit' am Schluss zu erarbeiten – auch dieses Modell impliziert die Höherwertigkeit `arbeitsfreier' Zeit.

Im Rahmen von Partnerarbeit ist man der Anforderung des Unterrichts (der Aufgabe) gemeinsam ausgesetzt. Entweder man findet die Lösung – oder nicht. Wenn beide Partner nicht weiter wissen, bleibt zwar die Möglichkeit, `Dritte' um Rat zu fragen. (So etwa als Lara und Julia sich von ihren Nachbarinnen den Sinn des Experimentes erklären ließen, das sie schon seit geraumer Zeit durchführten.) Doch letztlich bleibt das Paar auf sich verwiesen.

Dass man das Ergebnis der Arbeit gemeinsam zu verantworten hat, mag entlastend wirken, aber es birgt auch eine Tücke: Eine *richtige* Lösung ist (von außen) nicht genau zuzurechnen, wenn man Leistungen Personen zuschreiben möchte und nicht Kooperationsbeziehungen. Es könnte sein, dass nur eine der beiden Beteiligten den Erfolg der Partnerarbeit erreicht hat – Bei einer *falschen* Lösung jedoch haben jedenfalls *beide* beteiligte Personen „versagt". Insofern sind die beiden Partner aufeinander angewiesen – `auf Gedeih und Verderb'!

---

37 Die soziologische Besonderheit der Zweier-Beziehung bekommt man mit Simmel (1908/1992) in den Blick: Der Teilnehmer nimmt diese nicht als über-individuelle Einheit wahr (wie die Gruppe), sondern sieht sich nur dem Anderen gegenüber. Er bindet sich an „die Unmittelbarkeit der Wechselwirkung" (ebd., S. 104), indem er, nach seiner Wahrnehmung, immer an ihr teilhat. Dieses unmittelbare Aufeinander-Angewiesensein ist zugleich die soziologische Basis für „Intimität".

4.6 Einzelarbeit

Gabor bespricht sich kurz mit Basti (leise), beugt sich dann zu Basti rüber, verharrt einige Sekunden in dieser Stellung und geht dann wieder zurück. „Quatsch", sagt Basti dann. Gabor
kehrt wieder in seine gewohnte Sitzhaltung zurück, welche er im Großen und Ganzen eher gra-
duell variiert: nach vorn rübergebeugt, sich aufstützend, halb schlafend, habitualisiert. Doch
dann fliegt Gabors Kopf hoch, er fasst sich irritiert-denkend-lutschbeißend an den Mund, sagt
dann halblaut „die H_G_L", beugt sich wieder herunter und schreibt ein wenig, richtet sich
wieder auf, blättert, beugt sich wieder herunter und schreibt weiter! Basti – zuvor am Schreiben
– blickt suchend hoch. Seine Stirn liegt in Falten. Gabor fleckt derweilen mit seinem Füller ein
Wort komplett zu: krick_krick_krick und das Wort hat sich in einem rechteckigen Tintenfleck
verflüssigt. (Michael Meier)

„Einzelarbeit" wird von R. Winkel (1991) in einem kühnen Versuch der Klassifikation aller Unterrichtsmethoden nach ihrer kommunikativen Dimension den
„Methoden der zweipoligen Interaktion" zugeordnet:

> „Bei der der zu beobachtenden Interaktion kommuniziert im Idealfall ein Schüler mit einem
> Gegenstand, Sachverhalt, Lerninhalt, das heißt, es handelt sich um Lehr-Lern-Prozesse vom
> Merkmal einer wechselseitigen Relation zwischen Schüler und Gegenstand ohne Interferenz
> durch Lehrer und Mitschüler." (Winkel 1991, S. 16; vgl. auch Kunert 1991)[38]

Wesentliche Ziele der Einzelarbeit liegen in der „Selbsttätigkeit" von Schülerinnen und Schülern und in einer „Individualisierung" des Lernens (vgl. z.B. Einsiedler 1981, S. 157ff.). Schüler können ihrem eigenen Tempo entsprechend
arbeiten, ihrem eigenen Lernweg folgen und – der Idee nach – die jeweils ange-
messene Aufgabe bewältigen.

Die Sozialform der „Einzelarbeit" kommt im Unterrichtsalltag in einer großen Variationsbreite vor. Sowohl kurze Übungsphasen von wenigen Minuten,
die in den frontalen Unterricht eingestreut sind, als auch etwa die Arbeit an
„Wochen-" oder „Monatsplänen", die sich über viele Stunden erstreckt, zählen
dazu. Dass so weit auseinander liegende Arbeitsformen wie das Lösen einer
einzelnen Mathe-Aufgabe und die komplexe Organisation von „Freiarbeit" hier
gemeinsam betrachtet werden, mag überraschen, doch die strukturellen Anforderungen an das Schülerhandeln betreffend sind sie tatsächlich vergleichbar: Man
hat in einer vorgegebenen Zeit eine bestimmte Arbeit zu erledigen, sei es eine zu
lösende Aufgabe, ein zu übersetzender Text oder ein auszufüllendes Arbeitsblatt.
Das Ergebnis dieser Arbeit hat man anschließend alleine zu verantworten. Die
Richtigkeit des Ergebnisses kann man oft selbst kontrollieren durch den Vergleich mit dem klassenöffentlich vorgetragenen Ergebnis einer Mitschülerin.

---

38 Partner- und Gruppenarbeit wären entsprechend „dreipolig" (Schüler-Mitschüler-Gegenstand)
    und der Frontalunterricht „vierpolig" (Schüler-Mitschüler-Lehrer-Gegenstand).

Bisweilen werden Ergebnisse der Einzelarbeit auch von der Lehrerin „eingesammelt" und korrigiert.

Dabei ist eines offenkundig: Die in der Schule zu beobachtende „Einzelarbeit" findet nie „ohne Interferenzen durch Lehrer und Mitschüler" statt, wie Winkel (s.o.) postuliert, sondern immer situiert im Kontext der Schulklasse: Man sieht, wie und was die anderen arbeiten, und arbeitet selbst unter den Augen der anderen. Der eigene Arbeitsprozess ist auch in zeitlicher Hinsicht mit dem Kontext der Schulklasse synchronisiert: Einzelarbeitsphasen (auch wenn sie ganze „Monatspläne" umfassen) sind terminiert, Beginn und Beendigung gelten für alle Mitglieder der Schulklasse gleichermaßen. Schließlich ist die Einzelarbeit auch in ihren inhaltlichen Anforderungen für die ganze Klasse zumeist eine ʻgemeinsame'. In aller Regel bearbeiten alle die gleiche Aufgabe. – Die „Individualisierung" des Lernens in der Einzelarbeit fand in dem von uns beobachteten Unterricht jedenfalls kaum über eine Differenzierung des inhaltlichen Anforderungsprofils der zu bearbeitenden Aufgaben statt,[39] sondern über einen unterschiedlichen, „individuellen" Umgang mit ein- und derselben Aufgabe.

Zunächst sollen einige kleinere, gewöhnliche, in den frontalen Unterrichtsalltag eingestreute Situationen der Einzelarbeit betrachtet werden. Hier ist vor allem der unterschiedliche Umgang mit Problemen der Arbeits- und Zeitökonomie zu beobachten. Die „Freiarbeit", die einen festen Bestandteil des Unterrichts der Gesamtschulklasse bildet, lässt zwar zum Teil auch Partner- oder Gruppenarbeit zu, doch in der Regel ist sie als Einzelarbeit angelegt. Jeder hat seinen „Plan" abzuarbeiten. Die „Freiarbeit" stellt zwar einerseits einen Sonderfall gegenüber dem ansonsten beobachteten kleinschrittigen Wechsel der Sozialformen dar, andererseits zeigen sich gerade dort Probleme der Arbeitsorganisation, der Zeiteinteilung und der „Produktivität" in besonderer Deutlichkeit. Schließlich ist anhand eines ausführlichen Protokolls zweier Freundinnen, die gleichzeitig, parallel und sich austauschend ihr Arbeitsblatt bearbeiten, nach dem Verhältnis

---

39 Zum Teil wird eine „innere Differenzierung" der Anforderungen über die Freiarbeits-Pläne versucht, wo neben „Pflichtaufgaben", die alle erledigen müssen, auch „Küraufträge" aufgeführt sind, die darüber hinaus gehen.

zu den Unterrichtsinhalten bzw. nach dem `Unterhaltungswert´ der Arbeit zu fragen. In einer als Exkurs angelegten, eigenen Betrachtung werden Situationen und Probleme des „Helfens" unter Schülerinnen in den Blick genommen. Denn gerade im Rahmen von Einzelarbeit kommt es zu kleinen Szenen des Nachfragens, Anbietens und Erteilens von „Hilfe", wenn ein Schüler oder eine Schülerin mit der Aufgabe nicht allein zurechtkommt.

4.6.1 Arbeits- und Zeitökonomie

Die folgenden Beobachtungen stammen aus einer Mathematikstunde der Ellen-Key-Gesamtschule, in der sich frontale Versuche der Lehrerin, etwas zu erklären, mit Phasen der „Einzelarbeit" abwechseln.

> Als wieder eine Aufgabe in Einzelarbeit zu lösen ist, ruft Falco bald wieder grinsend: „Ich bin fertig, Frau Bauer!" Währenddessen murmelt Harald an meinem Tisch resignierend: „Ich krieg das nicht raus." (Es wirkt allerdings nicht so, als würde ihn diese Erkenntnis sonderlich belasten.)

Falco bekundet *grinsend* seine Fertigstellung der Aufgabe in der Klassenöffentlichkeit. Er weiß um die Provokation, die sein Ausruf für seine Mitschüler darstellt. Sobald jemand öffentlich „fertig" ist mit der Aufgabe, erhöht sich der (Zeit-)Druck für die anderen. Es steht jetzt im Raum, dass man (bis hierhin) fertig geworden sein kann und es steht im Raum, dass Falco nichts mehr zu „tun" hat. Je mehr Schüler die Arbeit an der Aufgabe abschließen, desto ungeduldiger wird die Lehrerin werden. Mit der in Einzelarbeit zu erledigenden Aufgabe fertig zu sein ist eigentlich nichts, was man öffentlich verlautbaren würde. Zum einen sprechen die genannten Kosten dagegen, die dies für die Arbeitsorganisation der anderen mit sich bringt, zum anderen geht man auch das Risiko ein, dass man selbst noch eine zusätzliche Aufgabe gestellt bekommt, die die verbleibende Zeit, bis alle fertig sind, zu „füllen" vermag. Und schließlich kann eine öffentlich wahrgenommene `Planübererfüllung´ schnell als „Strebertum" gebrandmarkt werden. – Dies alles ist in Falcos Grinsen enthalten, als er ruft: *„Ich bin fertig, Frau Bauer!"* Er verletzt bewusst und provokativ ein schülerkulturelles Tabu.

Den Gegenpol zu dem triumphierenden Falco bildet in dieser kleinen Szene Harald, der gleichzeitig die Bearbeitung der Aufgabe mit der Bemerkung *„Ich krieg das nicht raus"* abbricht. Die in Klammern notierte erwartungswidrige Beobachtung des Ethnographen ist hier bedeutsam: Nicht Zeichen der Frustration und Niedergeschlagenheit kennzeichnen Haralds Verhalten ob seines Eingeständnisses, dass er die Aufgabe nicht zu lösen vermag, sondern Routine und Gelassenheit. Handelt es sich um jene Routine, die Schüler auch im Umgang mit der Erfahrung der Grenzen der eigenen Fähigkeiten entwickeln müssen? Oder ist in dieser Beobachtung der Hinweis enthalten, dass Haralds halb-öffentliche Bekundung seiner Inkompetenz durchaus auch mit der strategischen Funktion verbunden ist, sich nicht weiter mit der Aufgabe befassen zu müssen. – In gewisser Weise ist auch Harald (ähnlich wie Falco) „fertig" mit der Arbeit.

In dieser Mathematikstunde waren noch weitere Phasen der Einzelarbeit zu beobachten:

> Die Lehrerin diktiert die Aufgabe und fordert auf: „Dann rechnet!" Harald sagt bald zu sich selbst: „Versteh ich nicht." Joshua hingegen schlägt im Mathebuch eine Seite mit Formeln auf und fängt an, in seinen Taschenrechner zu tippen. André rechnet offenbar im Kopf.
> Joshua sitzt entspannt zurückgelehnt, die Lehrerin spricht ihn an: „Bist du fertig?" Dies scheint der Fall. Harald sagt: „Ich kann das nicht." Die Lehrerin: „Harald!" Harald wiederholt: „Ich kann das nicht!"
> André greift jetzt auch zum Taschenrechner. Joshua verkündet: „Ich hab's raus!" Die Lehrerin sagt in die Klasse hinein: „Ich merke, ihr seid fertig!" Harald sagt: „Nein!!" Er fängt jetzt auch an zu rechnen, jedenfalls tippt er etwas in seinen Taschenrechner. André und Joshua sitzen zurückgelehnt, André erzählt irgendetwas, dann tippt er gelangweilt auf seinem Taschenrechner herum. Schließlich sagt die Lehrerin: „So, wir wollen vergleichen." Jetzt ruft Harald: „Bin fertig!" Joshua schaut: „Was hast du raus? Ich hab das Gleiche."

Harald ist diesmal noch schneller bei der Hand mit dem Eingeständnis seines Unvermögens. Die Einzelarbeit, die Anforderung „selbständig" eine Aufgabe zu bearbeiten, legt die Alternative des Könnens/Nicht-Könnens bzw. Verstehens/Nicht-Verstehens nahe. Da hier keine Zusammenarbeit vorgesehen ist, ist der einzelne Schüler auf sich gestellt, und die Entscheidung für ein „Ich kann das nicht" oder „Ich versteh das nicht" ist in der Regel mit einer Beendigung des Arbeitsprozesses verbunden. (Es sei denn, es eröffnet sich die Option der „Hilfe" durch Mitschüler oder durch die Lehrerin; ich komme darauf zurück.)

Mit Harald kontrastieren hier Joshua und André, die sich in unterschiedlicher Weise an die Arbeit begeben. Als Joshua dann wenig später fertig ist, setzt er sich *entspannt zurückgelehnt*. Anders als Falcos öffentlicher Ausruf vorhin setzt Joshua hier ein leiseres, non-verbales Zeichen seines Fertig-Seins, das aber von der Lehrerin durchaus wahrgenommen und verstanden wird.

Harald `outet´ sich jetzt auch gegenüber der Lehrerin mit seinem „Unvermögen", worauf sie überraschenderweise nur mit der auffordernden Nennung seines Namens reagiert. Die Lehrerin scheint hier Haralds Eingeständnis seines Nicht-Könnens als strategisch (im explizierten Sinne) zu interpretieren, so dass sie keinen Bedarf an Hilfestellung, sondern an zusätzlicher Motivation zu eigener Anstrengung sieht. Die wenig später erfolgende Feststellung der Lehrerin *„Ich merke, ihr seid alle fertig!"* reagiert auf die Vermehrung der Zeichen für die Beendigung der Arbeit der Einzelnen. Die Lehrerin `liest´ die Situation in der

177

Klasse, sie sucht nach den entsprechenden Zeichen bei Einzelnen, um das Ende der Einzelarbeitsphase festzustellen – dann für alle und verbindlich.

Diejenigen Schülerinnen und Schüler, die fertig mit der Arbeit sind, haben es in der Hand, ihr Fertig-Sein zu `zeigen´ – oder zu `verbergen´, indem sie etwa die Arbeitshaltung beibehalten. Schließlich ist in den Verhandlungen um den Zeitpunkt der Beendigung der Einzelarbeit immer wieder zu beobachten, wie Einzelne der Feststellung des Fertig-Seins durch die Lehrperson widersprechen: Hier ist es Harald, der jetzt doch mit der Bearbeitung der Aufgabe beginnt. Die Lehrerin wartet noch (vermutlich nicht nur auf Harald) mit der offiziellen Beendigung der Einzelarbeit, und während André und Joshua längst die Arbeit abgeschlossen haben und sich *zurückgelehnt* langweilen, gelingt es auch Harald noch das richtige Ergebnis zu ermitteln (jedenfalls entspricht es Joshuas Ergebnis).

Kennzeichnend sind hier – in der Beobachtung einer einzigen Tischgruppe während der Einzelarbeit – die unterschiedlichen arbeits- und zeitökonomischen Strategien: Während André und Joshua schnell und zügig mit der Bearbeitung der Aufgabe beginnen, um dann „freie Zeit" bzw. Wartezeit zu erlangen, bis alle fertig sind, zögert Harald den Beginn der Arbeit hinaus und steigert seine Anstrengung erst, als das Ende der Arbeitszeit in den Blick rückt.[40]

Die Ungleichzeitigkeit der Arbeitsprozesse wird auch in einer letzten Szene aus dieser Mathematikstunde noch einmal deutlich:

Joshua und André rechnen jetzt, Harald sitzt vom Tisch (und von der Aufgabe) abgewendet, dann malt er auf seinem Etui herum. André will jetzt von der Lehrerin wissen: „Wie lange haben wir dafür Zeit?" Die Lehrerin: „Bis die Stunde zu Ende ist." (Das sind noch etwa 5 Minuten.) André meint: „Ich bin schon mit der ersten Aufgabe fertig." Jetzt fängt Harald auch an zu rechnen. Dann klappert er mit seinem Stift auf dem Tisch und fragt sich: „Wie soll ich `n das machen?" Er scheint wieder abzuschalten. André meint resümierend: „Jut, c kann ich nicht." Er rechnet dennoch weiter.

Festzuhalten ist jedenfalls, dass die Prozesse der Arbeitsorganisation im Rahmen von „Einzelarbeit" keineswegs unabhängig von den Arbeitsprozessen der anderen stattfinden, sondern auf diese bezogen sind. Man beobachtet, wie „weit" die anderen sind und kommuniziert auch regelmäßig `Zwischenstände´ und Fortschritte der eigenen Arbeit.

Auch wenn es sich bei der „Einzelarbeit" nur um die kurze Phase des Abschreibens eines Tafelbildes handelt, können sich schon gravierende Differenzen und Probleme der Synchronisierung ergeben, wie ein Beispiel aus dem Humboldt-Gymnasium verdeutlicht:

---

40 Doyle (1986, S. 401) referiert den Befund größerer Schüleraktivität zum Ende der vorgesehenen Arbeitszeit hin: „Students do most of their work at the end of seatwork activities".

Nun sollen die Kinder wieder ihre Hefter herausholen und etwas vom Tageslichtprojektor abschreiben. Während Jana schon mit dem Abschreiben beginnt, holt Alice ein Lineal aus ihrer Rolle, guckt es an, ganz versonnen und sagt dann zu Jana, so als ob sie etwas Wunderbares entdeckt hätte: „Guck mal". Jana guckt, erwidert etwas, schüttelt eher verständnislos den Kopf und schreibt dann weiter. Alice ist noch eine Weile mit ihrem Lineal beschäftigt, ehe sie mit dem Schreiben beginnt. Es dauert ab hier nicht mehr lange, und der erste Schüler (Paul) ist mit der Abschrift schon fertig. Sein Preis für die Schnelligkeit sind etwa drei Minuten rumsitzen und Löcher in die Luft starren. (Hedda Bennewitz)

4.6.2 „Freiarbeit" (als Sonderfall der Einzelarbeit)

Die Anforderungen, die die Sozialform der Einzelarbeit in pragmatischer Hinsicht stellt, lassen sich zum Teil in der Situation der „Freiarbeit", gewissermaßen `unter der Lupe´ als `Vergrößerung´, studieren, denn die Freiarbeit dehnt das Auf-sich-selbst-gestellt-Sein des Schülers auf ganze Stunden aus. In der Freiarbeit ergeben sich zusätzliche Anforderungen der Organisation und Strukturierung der Arbeit, doch die grundsätzlichen Probleme der Orientierung über die Aufgabenstellung, des Anfangens mit der Arbeit, des Austauschs mit dem Nachbarn und des Umgangs mit der Beendigung der Arbeit, die die Sozialform der Einzelarbeit kennzeichnen, stellen sich auch hier – und zwar in größerem Maßstab.

„Freiarbeit" ist an der Ellen-Key-Gesamtschule von der fünften bis zur achten Klasse ein fester Bestandteil des Stundenplans. An vier Tagen in der Woche sind je zwei Stunden Freiarbeit vorgesehen, oft handelt es sich um die ersten beiden Stunden. In die „Freiarbeit" gehen Anteile verschiedener Fächer ein. In Klasse sieben etwa sind es Geographie, Geschichte, Deutsch und Mathematik. Für jedes dieser Fächer gibt es einen Plan mit Arbeitsaufträgen für die Freiarbeit, der entweder als „Wochen-" oder als „Monatsplan" organisiert ist. Auf den Monatsplänen sind die einzelnen Aufgaben mit „Abgabeterminen" versehen (die in der Regel in der zweiten Monatshälfte liegen).

So finden sich zum Beispiel auf dem Plan für Deutsch im Monat Mai folgende Aufträge:

Vorarbeiten
(Es folgen eine Reihe von Fragen, bzw. Arbeitsaufträgen zum Nibelungenlied, zum Heldentum, zum historischen Hintergrund und zur originalen Sprachform des Nibelungenliedes.)
Abgabeschluss = 7. 5.

Lektüre
und 3. Lesevortrag
Lies deinen Auszug aus dem Nibelungenlied (Leseheft). Dich erwartet am Donnerstag, 17. 5. ein Lektüretest.
Bereite ein Kapitel für einen Lesevortrag vor. Er steht am 21.+22.5. an.

unter *4. Lektüreaufträge* finden sich eine Reihe von Fragen zu Inhalten des Nibelungenliedes
A*bgabetermin = 23. 5.*

und *5. Wahlaufgaben* bietet folgende Alternativen:

A   Bereite eine Szene als Rollenspiel vor. (z.B. Streit der Königinnen)
B   Erarbeite bzw. gestalte einen Bucheinband. (z.B. als Zeichnung, Collage)
C   Schreibe einen Klappentext, der nicht zuviel verrät.
D   Verfasse einen Tagebucheintrag, der einen Einblick in Kriemhilds oder Hagens Ge-
       fühlswelt gewährt.
       Letzter Termin = 30.5.

Für Mathematik gibt es einen Wochenplan in Form eines Arbeitsblattes zu geometrischen Körpern (Prismen), und die Fächer Geographie und Geschichte sind
auf einem gemeinsamen Monatsplan untergebracht, der auf Arbeitsblätter und
Aufgaben in Lehrbüchern zum Thema „Indien" einerseits und zum Thema
„Dreißigjähriger Krieg" andererseits verweist. Dieser Monatsplan gibt insgesamt
neun „Termine" an.

Die Freiarbeitsstunden werden von den unterschiedlichen Lehrerinnen betreut, das heißt entweder die Mathematik-, Deutsch- oder Geographie- und Ge-
schichte-Lehrerin ist anwesend und versucht, Hilfestellung bei der Bearbeitung
der Pläne zu geben. Die Lehrerinnen berichten, dass die Entwicklung der Pläne
und vor allem die anschließende Durchsicht, Kontrolle und Bewertung der Arbeitsergebnisse sehr aufwändig sei, sie gingen oft mit großen Stapeln an Heften
nach Hause. Letztlich aber befürworten die Lehrerinnen die Einrichtung der
„Freiarbeit", die eines der Kernelemente der reformpädagogischen Ausrichtung
der Schule bildet.

Auch wenn die Arbeit mit Wochen- und Monatsplänen eine verbreitete Variante von Freiarbeit darstellt, steht sie in gewissem Widerspruch zu der Idee der
Freiarbeit, insofern sie den Schülern oft keine großen Freiräume gewährt.[41] Das
Konzept der Freiarbeit, das vor allem in der Montessori-Pädagogik verankert ist,
wird folgendermaßen beschrieben:

> „'Freiarbeit' ist eine schülerorientierte Organisationsform von Unterricht, die durch innere Dif-
> ferenzierungsmaßnahmen zur Individualisierung der Lernprozesse beiträgt und größtmögliche
> Freiheit zu selbständigem Lernen gibt." (Krieger 1994, S. 1).

Die Schüler haben die „freie Wahl von Arbeitsthemen und Materialien und der
Reihenfolge ihrer Bearbeitung" (ebd., S. 2). Die „vorbereitete Lernumgebung"
und „didaktische Materialien" sorgen für eine „sachimmanente Führung", die die
Lehrperson für die „individuelle Betreuung" der Schüler freistellt. Dabei wird

---

41   Vgl. dazu auch Huf (2005) für ethnographische Beobachtungen aus der Schuleingangsphase
       der Bielefelder Laborschule.

durchaus betont, dass die Freiarbeit eine ausgesprochen „anspruchsvolle Unterrichtsform" sei, deren „erfolgreiche Praktizierung an Lehrer und Schüler hohe Ansprüche stellt" (Steenberg 2003, S. 97).

Im Folgenden geht es um die Handhabung von „Freiarbeit" durch die Schüler. Ich werde ein Protokoll verwenden, das auf Arvid und seine Absolvierung der Freiarbeit fokussiert. Arvid gilt zum Zeitpunkt dieser Beobachtungen als guter Schüler, der seine „Sachen gut auf die Reihe" bekomme und „immer sehr gut vorbereitet" sei (eine Lehrerin). Arvid sitzt an einem Vierer-Tisch zusammen mit Robert, Susanne und Kathrin. Ich zitiere das Protokoll sehr ausführlich, weil es darauf ankommt, den ganzen Verlauf der Doppelstunde zu verfolgen, wenn man die Situation der Freiarbeit in den Blick nehmen will. Die zentrale Anforderung der Freiarbeit besteht ja in der Planung, Organisation und Strukturierung der eigenen Tätigkeiten über einen längeren Zeitraum. Arvid ist so freundlich, mich nicht nur zuschauen zu lassen, sondern mir auch eine Reihe seiner Tricks und Kniffe zu erläutern. Er präsentiert sich dem Ethnographen gegenüber gewissermaßen als `Freiarbeits-Profi´. Bei den Monatsplänen, mit denen Arvid es hier zu tun hat, handelt es sich um die oben beschriebenen. Es ist der 17. Mai.

7.35 Uhr: Arvid leitet die Freiarbeit ein, indem er sich an sein Gegenüber wendet: „Ey Robert, weißte, dass wir nächste Woche Geo abgeben müssen?"

7.40 Uhr: Robert schreibt jetzt etwas, es geht wohl um ein Arbeitsblatt. Arvid verhandelt mit Frieda, dass er ihre Physik-Hausaufgabe abschreiben darf. Er schlägt eine Reihenfolge vor, in der er die Hausaufgabe dann an andere Interessenten weitergeben wolle. Arvid argumentiert: „Es muss ja eh nur einer vorlesen." (Macht also nichts, wenn mehrere das gleiche geschrieben haben, da es nicht auffallen wird!) Arvid bekommt das Physikheft von Frieda und macht sich ans Abschreiben.

Währenddessen spricht er mit Robert über das Nibelungenlied. In Deutsch werde nachher ein Test darüber geschrieben. Arvid hat es zu Hause gelesen, Robert sagt, er sei darüber eingeschlafen. Es handelt sich um eine knapp 20seitige kopierte Zusammenfassung der Personen und Handlungsstränge des Nibelungenliedes. Robert holt die Broschüre heraus und schlägt sie an der Stelle auf, an der er offenbar stehen geblieben war. Arvid schildert genüsslich, wie er gestern, nahezu komplett entkleidet in der Sonne gesessen und das Nibelungenlied gelesen habe. Langweilig und einschläfernd fand er´s allerdings auch.

Robert wollte den Text beim Friseur lesen, wo er gestern war und stundenlang warten musste, bis seine Färbung fertig war. Über das Nibelungenlied zeigt er sich jedoch nicht orientiert.

Die Lehrerin tritt jetzt an den Tisch und mahnt: „Ihr sollt hier keinen Plausch führen!" Arvid charmant lächelnd: „Frau Bauer, nehmen Sie´s doch nicht so eng!"

7.45 Uhr: Arvid packt jetzt sein Physikheft weg. Er notiert zufrieden etwas auf einem kleinen quadratischen Zettel. Dann überprüft Arvid seine Stifte. Es wirkt wie ein Anwesenheitsappell: Er holt die Stifte einzeln aus seinem Etui, kommentiert sie kurz, und resümiert abschließend: „Die anderen sind nicht so wichtig, die können ruhig wegkommen."

Dann denkt Arvid laut über eine Hausaufgabe nach, die er noch nicht erledigt hat, es geht wohl um Geschichte, denn das steht heute auf dem Stundenplan. „Dann krieg ich ne Sechs. Ist egal. Vielleicht merkt sie´s nicht", erzählt Arvid lässig vor sich hin. Er beschließt: „Ich mach´s bis Mittwoch!" und erläutert dann vor sich hin sprechend (Für wen? Für Robert? Für mich?): „Macht meine Mutter". Er komme Diensdagabend erst 20 Uhr nach Hause, dann könne er es nicht mehr machen. Robert fragt: „Habt ihr kein Fax?" Arvid reagiert etwas verständnislos: Doch, im Hotel hätten sie schon ein Faxgerät, aber es wird keine konkrete Verabredung daraus. (Bietet Robert Arvid tatsächlich an, ihm die Aufgabe zu faxen? Oder sollte es einfach nur eine coole Idee sein?)

7.55 Uhr: die Lehrerin kommt an unseren Tisch und beginnt, Susanne die Matheaufgaben zu erklären. Sie ermahnt Arvid, leise zu sprechen. Arvid nennt inzwischen irgendwelche Stichworte zur Nibelungengeschichte. Er rechtfertigt sich gegenüber Frau Bauer: „Wir fragen uns gegenseitig ab!" (Er und Robert, wobei mir das „abfragen" nicht so recht ersichtlich ist, es ist eher so, dass Arvid vor sich hin erzählt.) – Ja, aber das müsse leiser sein, damit sie die anderen nicht stören, erwidert die Lehrerin. Arvid: „Wie leise soll ich denn noch sprechen? Soll ich ihm ins Ohr flüstern?" Robert murmelt zum wiederholten Mal inzwischen: „Ist Scheiße die Geschichte!"

Arvid spekuliert über die bevorstehenden Tests: „Wird ne vier. Und in Geschichte wird´s nen richtig schöner Bauchlander. So wie Frau Schenk immer vormacht." Er zeigt mit ausgebreiteten Armen den „Bauchplatscher".

Ich lasse mir von Arvid seinen Zettel zeigen, auf den er ab und zu schaut und sich auch etwas notiert. Es handelt sich um eine Art „Merkzettel", auf dem Arvid sich notiert hat, was er heute mitnehmen und was er in Freiarbeit erledigen will. Der Zettel sieht etwa so aus (allerdings in Arvids kaum leserlicher Schrift):

Ich frage ihn, was er mit „klären" meint. – „Gucken, ob ich das noch mache oder nicht", erklärt Arvid mir. Dann lasse ich mir die Aufträge für die Freiarbeit zeigen, die Arvid sich auch immer wieder vor Augen führt. Die Aufgaben sind mit Terminen versehen, einige hat Arvid schon durchgestrichen, diejenigen, die er erledigt hat. Es sind ziemlich viele Abgabe-Termine, die „sich knubbeln, die auf einen Haufen fallen" erklärt er mir fachmännisch. (Mir scheint, das Timing ist so kompliziert, dass er im Grunde gar nichts anpackt.) Geo und Geschichte mache er zu Hause, das sei nicht so „sein Ding". Ja, da helfe seine Mutter ihm, bestätigt er mir. In der Schule mache er nur so leichte Sachen, „Arbeitsblätter oder so". „Mathe krieg ich hier hin, Deutsch auch."

Dann wendet sich Arvid wieder den Spekulationen über den Geschichtstest zu: „Wenn Frau Schenk schlau ist, macht sie nochmal so´n Lückentext und dann ...“ er überlegt sich noch eine weitere Aufgabe „schon hat sie 35 oder 40 Punkte!“

Frau Bauer spricht Arvid an: „Na, haste heute was geschafft?“ (Die Stunde neigt sich dem Ende zu.) Arvid: „Hab für Geschichte gelernt. Da schreiben wir heute einen Test.“ (Eigenwillige Interpretation von „lernen“, denke ich mir.) Frau Bauer erwidert scherzhaft, dann hoffe sie, dass er auch ein entsprechend gutes Ergebnis erzielen werde, sie werde sich erkundigen! Arvid wendet sich jetzt noch mal an die Lehrerin: „Frau Bauer, Import von Indien, wissen Sie da was?“ Aber Frau Bauer ist an dieser Stelle überfragt. (Es geht um eine Geo-Aufgabe, Arvid hatte mich vorhin auch schon mal gefragt, ich wisse, welche Güter Indien importiere. Ich war allerdings auch auf Vermutungen angewiesen – Erdöl zum Beispiel?)

8.15 Uhr: Die Stunde ist zu Ende, Frau Bauer verabschiedet sich und wenig später ist Frau Schenk als nächste Aufsicht da. Es gibt aber keine Pause, die Stunden gehen ineinander über.

Arvid liest jetzt in einem Erdkunde-Atlas. Als die Lehrerin, es ist ja jetzt die Erdkunde/Geschichte-Lehrerin, an unseren Tisch tritt, spricht Arvid sie auf sein Problem mit der Frage nach den Importen Indiens an. Diese verweist ihn jedoch auf sein Lehrbuch. Arvid holt es heraus, die Lehrerin schlägt ihm die passende Stelle auf. Dort hat Arvid schon nachgelesen, er findet die Lösung nicht. Aber er hat sich vertan: „einführen“ heißt ja importieren, die dort aufgeführten Güter kann er im Arbeitsblatt eintragen (Erdöl ist dabei!). Als Arvid von der Lehrerin wissen will, ob es richtig ist, sagt sie: „Das vergleichen wir Dienstag im Unterricht.“

Arvid blättert in seinen Arbeitsblättern. Er zieht verschiedene aus verschiedenen Klarsichtfolien heraus, wirft meist nur einen kurzen abschätzenden Blick darauf und legt sie wieder weg. Robert macht einen weiteren Versuch mit dem Nibelungenlied. Susanne und Kathrin spielen mit einem kleinen Plastikteil (aus einem Überraschungsei o.ä.), das sie hin und her rollen lassen. Die Lehrerin kommt wieder an den Tisch und mahnt: „So Kathrin!“ Robert beschwert sich bei ihr: „Das ist so langweilig zu lesen!“ Die Lehrerin „Da kann ich dir auch nicht helfen. Da musst du wohl alleine durch.“ Sie meint dann noch, es wäre wohl auch besser das zu Hause zu lesen. Robert erklärt ihr: „Wir schreiben heute einen Test darüber.“ Die Lehrerin trocken: „Dann sollte man´s gelesen haben.“

Arvid und Robert versuchen, Frau Schenk Angaben über die Geschichtsarbeit zu entlocken: Sieben Aufgaben werden es sein. „Und wie viel Punkte kann man erreichen?“ Die Lehrerin: „Jede Menge!“

Arvid schaut mal wieder auf sein Freiarbeits-Aufgabenblatt Geo/Geschichte, kann sich offenbar zu nichts entschließen und seufzt: „Ach Robert, ich les auch noch mal Kriemhild“ Er legt die Arbeitsblätter zusammen und meint zuversichtlich: „Das krieg ich schon hin.“ Er erkundigt sich, ein Arbeitsblatt betreffend: „Frau Schenk, ist das zu Wallenstein?“ Die Lehrerin: „Nee, das ist Geo, guck mal, da geht´s doch um Indien.“ Dann will Arvid noch wissen, wie die „Abschlussübung“ laufe. Die Lehrerin erklärt, da gebe es Antwortsätze auf dem Arbeitsblatt, und in der Übung werde sie dann Fragen austeilen, die zugeordnet werden müssten. Arvid: „Wie sollen wir das machen? Auseinanderschneiden und wieder aufkleben?“ Die Lehrerin bestätigt und Arvid kommentiert: „Das wird lustig, ein Klebe-Schnippel-Test!“ Die Lehrerin sagt: „Du bist wie so´n alter Opa geworden, dauernd am quasseln, du musst in letzter Zeit immer alles kommentieren!“

Arvid sortiert seine Arbeitsblätter alle wieder in Folien ein. Kathrin putzt hingebungsvoll eine CD. Susanne lacht, albert herum, kichert gut gelaunt.

8.45 Uhr: Arvid holt einen „Wochenplan Mathe“ hervor. Er steht auf und geht zur Pinnwand, die an der rückseitigen Wand des Klassenraumes hängt.

Ich stehe auch auf und mache einen kleinen Rundgang: Beatrice und Nele arbeiten gemeinsam an Geschichte-Arbeitsblättern, anscheinend recht konzentriert. Nancy und Adrienne lösen gemeinsam Geo-Aufgaben. Dann gehe ich zu Arvid, der immer noch an der Pinnwand steht und etwas abschreibt. Es handelt sich um die Lösungen des Wochenplanes Mathe! Das sei für die

„Selbstkontrolle", erklärt Arvid mir lachend, aber er schreibe sich das vorher schon ab. „Das erleichtert die Arbeit!" (Er will die Aufgaben wohl zu Hause rechnen. Dass das leichter ist, wenn man die Lösungen schon kennt, leuchtet mir ein.)
Zurück am Tisch. Frau Schenk sitzt bei Susanne. Robert, immer noch über das Nibelungenlied gebeugt: „Oh shit, ist das langweilig!" Arvid kommt auch zurück, er hat die Lösungszettel für die Matheaufgaben dabei, er hat sie einfach abgenommen von der Pinnwand. Robert: „Waaas? Ist das nicht die Lösung, Arvid?" Arvid (grinsend): „Ist nicht wahr! Nee." Er verdeckt die Blätter schnell mit dem Aufgabenzettel. Dann verstrickt er die Lehrerin in ein Gespräch über „Spicker", über die Praxis des Spickzettel-Schreibens damals und heute. Denn die Lehrerin hat in ihrer Jugend sich auch ab und zu eines Spickers bedient.
8.55 Uhr: Es ist jetzt erstaunlich ruhig geworden in der Klasse. Doch noch konzentriertes Arbeiten zum Ende hin? Oder allgemeine Erschöpfung nach zwei Stunden „Freiarbeit"?
In der Pause unterhalte ich mich noch ein bisschen mit Arvid über die „Freiarbeit": Ja, er nutze sie meist für Hausaufgaben oder um für irgendeine Klassenarbeit zu lernen. Aber man könne auch mal „zwei Stunden knallhart durcharbeiten", betont Arvid. Wenn man auf niemanden um einen herum höre, sich nicht ablenken lasse und „durchziehe", dann schaffe man schon was. Zum Beispiel die Mathe-Aufgaben, das sei eigentlich „kein Thema"!

Das Protokoll soll hier nicht en detail analysiert werden, denn viele der Beobachtungen sprechen für sich. Stattdessen will ich diese beiden Stunden Freiarbeit noch einmal zusammenfassend in den Blick nehmen und einige Charakteristika des Arbeitsprozesses ansprechen, die die Beobachtung von Arvid offenbart.

Was „tut" Arvid in dieser Doppelstunde? Er schreibt eine Hausaufgabe ab, spekuliert über die Gestalt bevorstehender Tests und seine Chancen diese erfolgreich zu bestehen, er bindet seine Nachbarn und die Lehrerin kommunikativ ein, liest zwischendurch ein wenig, versucht sich an einem Arbeitsblatt, organisiert sich arbeitserleichternde Hilfen und erscheint insgesamt als der Planer, Verwalter und „Manager" einer Arbeit, die als solche kaum stattfindet, sondern weitgehend ausgelagert wird.

Es gibt durchaus auch andere Formen des Umgangs mit Freiarbeit in dieser Klasse zu sehen.[42] – Die Beobachtung Arvids jedoch verdeutlicht die potentielle Verselbständigung von Fragen der Arbeitsorganisation und Arbeitsökonomie. Die *inhaltlichen* Anforderungen des Unterrichts, die hier in den Aufgaben der Monatspläne repräsentiert sind, verschieben sich in Anforderungen der Arbeits*organisation*.

Folgende Kennzeichen der Organisation von „Freiarbeit" deuten sich an:[43]

1. Angesichts der überragenden Bedeutung der Abgabetermine und Termine für überprüfende Tests lässt sich von einer *Finalisierung* der Arbeitsorganisation

---

42 Die beiden Freundinnen Nele und Beatrice etwa arbeiten in der Regel ruhig, konzentriert und unaufgeregt die Aufgaben der Monatspläne ab (vgl. unten Kapitel 4.6.3).
43 Diesen Vermutungen müsste selbstverständlich in weiteren und gezielten Beobachtungen zur Handhabung der „Freiarbeit" genauer nachgegangen werden (vgl. etwa Lähnemann 2006). – Ich beanspruche hier nicht, die Praxis der Freiarbeit als solche zu beschreiben.

sprechen: Arbeitsabläufe werden vom (zeitlichen) Endpunkt her strukturiert. Zudem werden sie von dem erwarteten Anforderungsprofil des Tests her entworfen.

2. Beobachten lässt sich die Praxis einer `last-minute´ Produktion: Erst der unmittelbar bevorstehende Abgabetermin macht eine Arbeit so dringend, dass sie auch angegangen wird.

3. Aus der zwar individualisierten, aber parallelen Arbeit an den gleichen Aufgabenstellungen ergibt sich die *Verknüpfung mit den Arbeitsprozessen der Mitschüler*: Wer hat welche Aufgaben bereits? Von wem lassen sich Lösungen übernehmen?

4. Schließlich besteht ein beachtlicher Teil der Tätigkeiten Arvids in der *Darstellung* von Arbeit. Die die Freiarbeit betreuenden Lehrerinnen kontrollieren nicht nur die Arbeitsergebnisse (in Form von Tests oder der Korrektur der Arbeitsblätter), sondern auch (und zunächst), dass während der Arbeitszeit etwas „getan" wird. Arvids Geschäftigkeit zeigt der Lehrerin (und wohl auch dem Ethnographen und sich selbst), dass er „etwas tut" und seine Zeit „nutzt".

Möglicherweise wird hier, unter den Bedingungen von „Eigenverantwortung" und „Selbständigkeit", der Status schulischen Arbeitens besonders prekär, so dass es für die Beteiligten besonders bedeutsam wird, an der Darstellung von Arbeit zu arbeiten und einander zu zeigen, dass „gearbeitet" wird. Die Verbürgung der Sinnhaftigkeit und Kohärenz von „Unterricht", die etwa in der frontalen Unterrichtssituation (fast) vollständig an die Lehrperson delegiert ist, muss hier (zum Teil) von den Schülern selbst geleistet werden. An dieser Aufgabe arbeitet Arvid durchaus sehr ernsthaft, den `Sinn´ der Freiarbeit stellt er nicht in Frage.

Auch in der folgenden kleinen Szene kooperieren die Beteiligten in der Verbürgung von „Unterricht":

> Die Mädels wirken erschöpft, sie gammeln ein bisschen, indem sie rummalen oder nix tun oder schwatzen. Fr. Kaiser tritt von hinten an sie heran. Sofort, und das verblüfft mich wirklich, fangen sie wieder an ernsthafte Arbeit vorzutäuschen. Dies gelingt ihnen insbesondere dadurch, dass beide unabhängig voneinander der Lehrerin, kaum dass sie da ist, sach- und problembezogene Fragen stellen können und sie so in ein Unterrichtsgespräch verwickeln. (Michael Meier)

Der Ethnograph, der den Kontrast zwischen Ab- und Anwesenheit der Lehrerin beobachtet, spricht hier zwar von der „Vortäuschung" ernsthafter Arbeit (gegenüber der Lehrerin), – es könnte aber auch sein, dass hier tatsächlich ein neuer Arbeitsprozess einsetzt, es könnte auch sein, dass die Lehrerin (bereitwillig) kooperiert in der Darstellung „ernsthafter Arbeit" – denn auch sie hat ein Interesse an interessierten und nachfragenden Schülerinnen.

4.6.3 Der Unterhaltungswert der Arbeit

Auch die Frage nach dem Verhältnis, das Schülerinnen zum „Gegenstand" ihres Arbeitens einnehmen, lässt sich unter den Bedingungen von Freiarbeit besonders gut beobachten. Ich verwende also wiederum ein Protokoll aus der Freiarbeit der Gesamtschul-Klasse, das diesmal auf die beiden Freundinnen Beatrice und Nele fokussiert. Die Arbeitsweise an diesem Tisch bildet, auf den ersten Blick, den denkbar größten Kontrast zu der in Arvids Tischgruppe. Dem `vorbei schauenden´ Beobachter zeigt sich ein konzentriert arbeitendes Pärchen, zwei Schülerinnen, die durchaus „bei der Sache" sind (vgl. das Protokoll oben). Nele und Beatrice fallen wenig auf: Sie unterhalten sich zwar miteinander, aber so leise, dass es in der Freiarbeitssituation nicht „stört" und gut toleriert werden kann. Die beiden nehmen auch sonst nicht viel Raum ein: Sie sitzen eng beieinander und verlassen ihren Platz während der ganzen Stunde nicht.

Erst die Fokussierung der Beobachtung und das direkt auf dem Tisch von Beatrice und Nele platzierte Mikrophon des Aufnahmegerätes ermöglichen einen genaueren Blick auf die Arbeit der beiden Freundinnen, auf ihre die Arbeit begleitenden Gespräche und letztlich auf den ganzen Mikrokosmos einer Freundschaft zweier Schülerinnen.

> Die Lehrerin kommt an unseren Tisch und meint, die beiden ansprechend: „Bei euch geht´s auch los?!" – „Ja." – Die Lehrerin: „Wunderbar." Beatrice und Nele holen ihre Geo-Sachen raus. Sie haben jetzt jeweils ein Arbeitsblatt vor sich liegen (das gleiche) und das aufgeschlagene Lehrbuch zwischen sich, in das sie gemeinsam hineinschauen.

Ganz anders als bei Arvid bedarf es keiner großen Überlegungen und Planungen, was zu tun sei, welche Aufgabe zu bearbeiten wäre. Der synchrone Griff zu einem Geographie-Arbeitsblatt wirkt hier sehr selbstverständlich und unproblematisch. Beatrice und Nele stellen prompt und unspektakulär „Arbeitsbereitschaft" dar. – Haben sich die beiden vorher bereits abgesprochen über die heutige Freiarbeit?

Klar ist jedenfalls, dass sie zusammenarbeiten werden. Ein gemeinsames Exemplar des Lehrbuchs, das sie in der Mitte zwischen sich platzieren, reicht ihnen. Doch es handelt sich nicht eigentlich um eine „Partnerarbeit", denn beide Schülerinnen haben jeweils ihr eigenes Arbeitsblatt auszufüllen, sie werden auch jeweils ihr eigenes Arbeitsergebnis zu verantworten haben. Im weiteren Verlauf des Protokolls ist dann auch zu beobachten, wie Nele und Beatrice zwar parallel an dem gleichen Arbeitsblatt arbeiten, aber nur punktuell „zusammen" arbeiten. – Als `Einzelarbeit zu zweit´ wäre diese Konstellation vielleicht zu kennzeichnen.

Es geht um das Klima in Indien, Regenzeit, Trockenzeit etc. Nele wird auf das Bild eines Fahrradfahrers im strömenden Regen im Buch aufmerksam: „So kam ich mir gestern vor! Meine Hose sah aus!" Sie erzählt ihrer Nachbarin, wie sie gestern in den Regen geraten war. Wie die Tabelle auf dem Arbeitsblatt auszufüllen ist, ist den beiden aber nicht klar. Nele meldet sich und die Lehrerin kommt zu ihnen und erklärt es: In einer Grafik sind Niederschlagsmenge und Temperatur abzulesen. Dann zeigt die Lehrerin Beatrice und Nele den Absatz im Buch: „Die Kennzeichen, die stehen hier. Das kommt also hier drunter (sie zeigt es in der Tabelle auf dem Arbeitsblatt). Und dann sollt ihr hier überlegen: das Leben. Das heißt also: was können die Bauern in der Trockenzeit machen, in der Übergangszeit und während der Regenzeit? Ja?" – „Ja." Die beiden machen sich an das Ausfüllen der Tabelle. Die Zusammenarbeit der beiden wirkt sehr vertraut und intim. Sie schauen sich zwischendurch an, ihre Arme berühren sich manchmal.

Der Einstieg in die Arbeitssituation besteht in einer Assoziation Neles zu einem Foto im Lehrbuch. Einmal komplett durchnässt zu werden ist (unter Freundinnen) durchaus ein erzählenswertes Erlebnis, bei dem sie sich aber nicht sehr lange aufhalten, um sich stattdessen dem Arbeitsblatt zu zu wenden.

Nele ruft die Lehrerin zu Hilfe, die es „erklärt" – sie erklärt hier offensichtlich weniger inhaltliche Zusammenhänge der Thematik, sondern gibt pragmatische Hinweise, die das „Ausfüllen der Tabelle" ermöglichen. Beatrice und Nele quittieren in der kürzestmöglichen Form die Erklärung der Lehrerin, woraufhin diese sich wieder zurückzieht.

Dann setzt die Abschrift der Tonbandaufnahme ein:

Nele erklärt es Beatrice: „Kannst du hier ablesen, gucke. Das ist doch zwischen zehn und null?" – „Ja." – „Die hier, und bei hier, das ist hier die (.) Dingsdabumsdakurve (lachen), die geht da ´n bisschen hoch bis (.) 40. Ich hab da 20 bis 40." – „Aha." – „Jetzt so ungefähr verstanden?" – „Naja" (etwas zweifelnd, beide lachen.)

Diese Szene dokumentiert eine erste aufgabenbezogene Kooperation. Nele „erklärt" es ihrer Freundin Beatrice, genau genommen sagt sie ihr die Lösung. Praktiken des „Helfens" unter Schülerinnen sind prekär und voraussetzungsvoll, wie ich weiter unten noch zeigen werde (in Kapitel 4.7).

Harald kommt vorbei und wischt Neles Etui vom Tisch. Nele hebt es wieder auf und schimpft (nicht besonders aufgebracht, eher routiniert): „Spinner! Grüner Frosch!" (Harald hat heute ein grasgrünes T-Shirt an.) Beatrice wendet ein: „Das ist aber keine Beleidigung." Nele setzt noch einen drauf: „Warzenfrosch!" Beatrice lacht.

Als die `Außenwelt´ kurzzeitig in den Mikrokosmos von Beatrice und Nele hereinbricht, kooperieren die beiden Freundinnen in der gemeinsamen Beschimpfung Haralds und deren Steigerung[44] – fast erscheint die Untat Haralds als willkommene kleine Unterbrechung der Arbeit.

> Beatrice: „Kennzeichen?" Nele: „Hab ich doch schon gesagt! (gespielte Verzweiflung) Das ist hier. Da musste das dann hier ..." – „Den ganzen Scheiß abschreiben?" leises Lachen. Beatrice: „Hilfe!" Nele: „Ja! Bei den Klammern. Alles was in den Klammern steht. Das ist kein Scheiß." Dann kommen die beiden auf das Bild des Fahrradfahrers im Regen zurück. Nele zeigt noch mal: „Ich fühlte mich wie der da!" – „Das ist ne **die** da." – „Das ist `n **der**!" Beatrice: „`N der würde nie mit nem Rock rumrennen." – „Na und? Wie in Schottland." Beide Lachen. „Das ist in (.) Indien. Da rennen die nicht mit´m Rock rum die Männer."

In einer zweiten Szene aufgabenbezogener Kooperation ist es wieder Nele, die in die Lehrerinnen-Rolle schlüpft und ihrer „Schülerin" Beatrice sagt, was zu tun ist. Neles erneute Assoziation und Bemerkung zu dem Foto im Lehrbuch verschafft wiederum Beatrice die Gelegenheit, auf Exaktheit zu bestehen und Nele zu „korrigieren". Die kleine freundschaftliche Debatte dreht sich durchaus um landeskundliche Aspekte, sie wirkt im Kontext von „Geographie-Unterricht" gar nicht so deplatziert. – Dennoch ist die Frage nach der Geschlechtszugehörigkeit der abgebildeten Person ersichtlich jenseits der didaktischen Intentionen angesiedelt, die das Lehrbuch mit dieser Abbildung verbindet. Es geht hier darum, in spezifischen Details des „Unterrichts" (in diesem Fall des Lehrbuchs) ihren potentiellen Unterhaltungswert zu `entdecken´, indem man ihnen neue und überraschende Aspekte abgewinnt.

> Kurz darauf: „Dass Gabor mal still ist! Wow!" Gabor füllt ein Arbeitsblatt zu „Wallenstein" aus.
> Wenig später Beatrice: „Meine Cousine kommt morgen." – „Ja? Wow." – „Weißte, was das Schlimmste ist?" – „Ja?" – „Die bringt ihr´n Hund mit." – „Cool." – „Das ist nicht cool!" – „Wieso?" – „Was denkste was Lisa dann macht? Die zerfleischt den Hund." (leises lachen) – „Ne Katze zerfleischt `n Hund?" (ungläubig) – „Na! (...) Lisa könnte das, denk ich mal. Oder?" Nele: „Heut hat Lili mich angegriffen und zweimal in Finger gebissen." – „Ist auf dich losgegangen, ne?" – „Mhm. Hab ich da so auf, äh, so angestubst, der würde mich wieder anspringen!" – „Ich hab gestern Fly in mein Zimmer gestellt. Damit er nicht so allein ist. Kann er sich mit den anderen beiden Vögeln unterhalten. (..) Das blöde ist nur, er tut´s nich!" kurzes Lachen. (Wenige Sek. Pause.) Nele: „Jetzt hab ich mich irgendwie verrechnet (jammernd)". Beatrice: „Ist ja nichts Neues bei dir." Leises Lachen. Nele: „Ich schreib 14 hin. Meine Lieblingszahl." Beatrice: „Und wenn´s falsch ist? (..) Und vielleicht deine Pechzahl ist? (..) Was machst`n dann?" – „Was?" – „Wenn´s 15 ist? Oder 17?" – „Die boah, gerade ..."

Der Fokus der gemeinsamen Aufmerksamkeit wandert: Von einer Beobachtung im Klassenzimmer (das überraschende Verhalten ihres Mitschülers Gabor) zu der Erzählung von dem bevorstehenden Cousinen-Besuch (und einem daran anknüpfenden Gespräch über Haustiere) und zum Ausfüllen des Arbeitsblattes

---

44 Zur Struktur des Lästerns vgl. Eder/Enke (1991) und Breidenstein/Kelle (1998, S. 209 ff.).

(und der Kommentierung eines Fehlers). Die Wahrnehmung dessen, was um sie herum passiert, die Pflege der Konversation und die Bearbeitung der Aufgabe stellen gleichzeitig und parallel zu betreibende `Handlungsstränge´ dar. Die gemeinschaftliche Verschiebung der Aufmerksamkeit rückt mal den einen, mal den anderen Strang in den Vordergrund.

Auf allen drei Feldern vergewissern sich Nele und Beatrice ihrer Freundschaft. Sie *praktizieren* ihre Freundschaft in den unterschiedlichen Dimensionen: In der Bemerkung über Gabor kommt ihr gemeinsames (freundschaftlich-neckendes) Verhältnis zu Gabor – und darüber hinaus zur Außenwelt der Schulklasse – zum Ausdruck. Das kleine assoziativ weiter gesponnene Gespräch über Haustiere erfordert intime Kenntnisse über die Verwandtschaft der Freundin und die Namen ihrer Haustiere. Das wechselseitige intime Wissen übereinander kann als „Beziehungszeichen" (Goffman 1974) verwendet werden und stellt eine zentrale Ressource der Praktizierung von Freundschaft dar.[45] Drittens enthält Beatrices neckendes *„Ist ja nichts Neues bei dir"*, als Nele sich verrechnet hat, das Zeichen, dass sie weiß, dass die Freundin ihr einen solchen Spruch nicht übel nehmen wird.[46] – Die Situation der `Einzelarbeit zu zweit´ bietet Beatrice und Nele also zahlreiche Gelegenheiten unterschiedliche Register ihrer Freundschaft zu aktivieren.

(13 sec.) Nele: „Mist, jetzt passt das nicht mehr hin." – „Musste drunter schreiben. Da ist doch auch noch Platz." – „Hm" –
Beatrice: „Sag mal, was die jetzt machen können? Was die anziehen können, oder was wollen die?" – „Ja, was die da machen müssen." (..) Beatrice: „Ne ganze Menge, jeden Tag essen machen-". Nele stöhnt zustimmend, beide lachen. Nele: „Ah ja, zum Beispiel hier: ähm Trockenzeit, Wasserstellen sind ausgetrocknet, (.) verendete Tiere." – „Oh!"(kurz, hoch) – „Verendete Tiere (lachend)" – (...) – Nele: „Die armen Tiere."
Beatrice direkt anschließend: „Oh, oh, ich glaub ich schreib n bisschen zu groß oder?" – **Ja. Sehr groß."** – „Reicht das?" – „Na." – „Kann man das lesen?" – Nele bestätigend: „Hm." – „Ach, ich nehm` n Kugelschreiber, kann ich kleiner schreiben." –

Neles Ausruf nach einer Pause im Gespräch bezieht sich auf ein pragmatisches Problem ihrer Arbeit. Die Freundin weiß Rat.

Der folgende kurze Dialog impliziert die Verständigung über die gemeinsame Haltung gegenüber den Unterrichtsinhalten. Angesprochen sind (offenbar) der Arbeitsalltag in Indien und Notlagen aufgrund von Trockenzeiten. In der Verwendung der Formulierung *„verendete Tiere"* als zusammenhangsloses Zitat und Neles halb-ironischem Bedauern der *„armen Tiere"* werden Inhalte der Geographie-Lektion moduliert in Gegenstände gemeinsamen Amüsements. Ein-

---

45 Das kann hier nicht ausgeführt werden, vgl. aber Bennewitz (2004) zu ausführlicheren Analysen zur Gestaltung von Freundschaft in der Unterrichtssituation.
46 Vgl. Eder (1991) zur gemeinschaftsstiftenden Funktion des Neckens.

zelne Begriffe werden als Versatzstücke aus dem „Unterricht" einer neuen Verwendung zugeführt, wodurch Beatrice und Nele zugleich eine deutliche Distanz gegenüber der inhaltlichen Dimension ihrer Arbeit etablieren.

Gleich darauf wird die Dimension der Arbeitspragmatik wieder dominant. Das `eigentliche´ Problem beim Ausfüllen des Arbeitsblattes scheint darin zu bestehen, dass die auszufüllenden Lücken bisweilen zu klein sind. Die Lesbarkeit des Geschriebenen und die Wahl eines geeigneten Stiftes werden zwischen Beatrice und Nele mit größerer Ernsthaftigkeit erörtert als inhaltliche Fragen hinsichtlich der Bearbeitung der Aufgaben.

> (6 sec.) Beatrice: „Na, ähm, die richten sich doch nach der Temperatur und nach´m Wetter, oder?" – Nele bestätigt dies gähnend, sie fragt etwas Unverständliches. Beatrice: „Bin bei 11." – „Ach so." – „Richten sich nach der Temperatur (unverstdl.)." – „Weiß ich nicht." – „Hab dich aber gefragt." – „Weiß ich nicht!" – „Muss ma da nicht (unverstdl.) dranschreiben?(..) Oder Übergangszeit." – „Ach, Übergangszeit, hab ich das übernommen? Saat kann aufgehen, Felder werden grün." – „Die Saat (.) kann das nur bei Regenzeit (unverstdl.)?" – „Überschwemmungen." – „Okay" – „Wenn so was passiert, brauchen wir nicht in die Schule.(.) Geh mer schwimmen." – „Ohne Eintritt, wow." – „Juhu!" – „Ich hab aber ne Chlorallergie, kann ich nicht schwimmen." – „Ohne Chlor." – „Dann eben ohne Chlor." – „Okay."
> Nele: „Geb ich später ab, bin jetzt zu faul aufzustehen."
> Beatrice: „Na, ne richtige Chlorallergie hab ich nicht, aber musst mal meine Augen angucken." – „Hm" – „Meine Augen sehen danach immer aus wie zwei rote Tomaten." – „Meine auch." – Nele: „Was machmer´n in der Saline komm. (unverstdl.)" – „Hm?" – „Wo wir in der Saline waren. (lacht) Dann schau ich aus." (..) Beatrice: „Ich hab Sonnenbrand." – „Ich nicht." – „Voll auf der Schulter."

Beatrice füllt ihr Arbeitsblatt aus und vergewissert sich bei ihrer Freundin über die Richtigkeit zweier Lösungs-Stichworte. Als Nele ihrerseits eine Frage hat, orientiert Beatrice sie über den Stand ihrer Arbeit: Sie ist noch nicht so weit.

Dann folgt ein interessanter Wortwechsel: Beatrice erkundigt sich noch einmal nach einem Detail hinsichtlich der Lösung, woraufhin Nele mit einem kurzen „ Weiß ich nicht" antwortet. Beatrice insistiert jedoch mit dem seltsamen Argument „Hab dich aber gefragt" – Inwiefern begründet Gefragt-zu-werden die Notwendigkeit, die Antwort zu wissen? – Als Nele ihrerseits ungerührt auf ihrem Nicht-Wissen besteht, wechselt Beatrice die Strategie und fragt was dran zu schreiben sei. – Diese Auskunft muss Nele, die schon weiter fortgeschritten ist beim Ausfüllen des Arbeitsblattes, geben können. Sie nennt dann auch die entsprechenden Stichworte („Saat kann aufgehen, Felder werden grün"), Beatrice hat ihr Ziel erreicht. Das Rätsel dieses kleinen Wortwechsels löst sich auf, wenn man zwischen wissen und dranschreiben unterscheidet: Nele insistiert darauf, die Antwort nicht zu wissen (im Sinne ausreichender und begründeter Kenntnisse), dass sie jedoch etwas „dran geschrieben" hat, bestreitet sie nicht (im Sinne eines Lösungsversuches).

Das Stichwort „*Überschwemmungen*" löst dann eine Assoziationskette aus, die über „*schulfrei*", „*schwimmen gehen*" bis zur „*Chlorallergie*" führt. Dabei scheint es wesentlich auf die prompte und unmittelbar anknüpfende Fortführung der Assoziationsfolge anzukommen. Witz und Überraschungseffekte zählen mehr als die konsistente Entwicklung eines Themas. (Dass Überschwemmungs-wasser kein Chlor enthalten kann, scheint hier nicht zu stören.)

Währenddessen hat Nele ihr Arbeitsblatt fertig gestellt. Sie priorisiert je-doch das Sitzen-bleiben gegenüber der Möglichkeit einer offiziellen Beendigung des Arbeitsprozesses. („*Geb ich später ab, bin jetzt zu faul zum Aufstehen.*") Wichtig ist ihr der Erhalt der entspannten gemeinsamen (Gesprächs-)Situation, die erfolgreiche Bearbeitung der Aufgabe erscheint dabei als `Neben-Produkt´.

Beatrice greift dann das Thema „Chlorallergie" noch einmal auf und die beiden führen eine kleine Unterhaltung, die persönliche Bekenntnisse und Erin-nerungen enthält und somit wiederum als Praktizierung von Nähe und Freund-schaft gelten kann.

> Nele (gähnend): „Oh Gott. (.) Wie alt ist das Kastensystem?" – „Hm?" – „Das Kastensystem."
> Lehrerin: „Noch fünf Minuten!"
> Beatrice: „Fünf Minuten noch?" (3 sec.) Nele gähnt wieder. Beatrice: „Sind noch fünf Minuten (Satzende geht in Neles Gähnen unter.)"
> Beatrice: „Regnets, nö, wa?" – „Nein. Leider. (.) Müssmer raus. Meine Hose wird wieder nass." – „Wieso?" – „Na, (unverstdl.) draußen. (.) Meine schöne Hose." (Mit weinerlichem Ton unterlegt.")
> (15 sec. Gemurmel)
> Beatrice: „Wie alt isn das Kastensystem?" – „Muss hier noch irgendwo drinne sein." – „Ir-gendwo."- „Irgendwo ist gut. (..) Warum gibt se uns nicht gleich die Lösungen." – „Naa, bleibt halt noch ne Aufgabe." – „Wär einfacher." – „Welche Seite haben die gesagt?" – „82" – „82? Hm."

Beatrice stößt (zu guter Letzt) noch auf eine schwierige Frage: „*Wie alt ist das Kastensystem?*" Die Verkündung der Restzeit durch die Lehrerin unterbricht jedoch die Lösungsversuche. Nun hat zunächst die Vorbereitung auf die bevor-stehende Pause Vorrang: Es ist zu klären, ob sie „raus müssen". Als Beatrice dann jedoch auf das „Kastensystem" zurückkommt, setzen sie doch noch einmal mit der Suche nach der passenden Stelle im Lehrbuch ein.

Neles Frage „*Warum gibt se uns nicht gleich die Lösungen?*" zieht den Sinn ihres Tuns in fundamentaler Weise in Zweifel: Die Arbeit einer ganzen Stunde beruht nur darauf, dass die Lehrerin, die die Lösungen ja kennen muss, diese `versteckt´ und `verrätselt´ hat![47] Beatrices Antwort „*bleibt halt noch ne*

---

47 Diese Zweifel erscheinen auch aus didaktischer Perspektive angebracht: Wenn sich die Schü-lertätigkeit auf die Suche nach geeigneten Stellen im Lehrbuch beschränkt, die in die Lücken eines Arbeitsblattes zu füllen sind, ist fraglich, was (und wie) dabei „gelernt" wird.

Aufgabe" bringt ihr instrumentell-pragmatisches Verhältnis zu ihrer Tätigkeit auf den Punkt: es geht (jenseits von Sinnfragen) um das Lösen von Aufgaben.

Wie sind die Beobachtungen zu Beatrice und Nele in der Freiarbeit zu resümieren? Im Unterschied zu Arvid, der mehr mit der Organisation und Verwaltung als der Bearbeitung von Aufgaben beschäftigt war, sind Beatrice und Nele während der Freiarbeits-Stunde durchaus mit dem Ausfüllen eines Arbeitsblattes, mit der „Erledigung" einer Aufgabe befasst. Anders als bei Arvid, dessen Tätigkeiten während der Freiarbeit etwas prekär erschienen und in ihrem Status ungesichert, haftet dem Tun von Nele und Beatrice Selbstverständlichkeit und Gewissheit an. – Die kurze Artikulation eines Zweifels an der Sinnhaftigkeit des „Stellen Suchens" führt Nele schließlich schnell wieder auf das sichere Terrain schulischer *„Aufgaben"*.

Bei aller Selbstverständlichkeit, mit der das Ausfüllen des Arbeitsblattes Bestandteil der Aktivitäten von Beatrice und Nele ist, bleibt doch nach dem Stellenwert dieser unterrichtsbezogenen Tätigkeit im Verhältnis zu all den anderen Tätigkeiten zu fragen. Führen wir uns zunächst noch einmal vor Augen, worin die beobachteten sprachlichen Aktivitäten von Nele und Beatrice in dieser einen Stunde bestehen: Eine kurze Interaktion mit der Lehrerin, die ihnen eine Hilfestellung für das Ausfüllen des Arbeitsblattes gibt; zwei helfende Hinweise Neles für Beatrice; Neles Erzählung, wie sie gestern klatschnass wurde; die Suche nach einer geeigneten Beschimpfung Haralds; eine kurze Kontroverse über das Geschlecht einer Person auf einem Foto; die Ankündigung des bevorstehenden Cousinen-Besuches und ein Gespräch über Haustiere; die Verständigung über pragmatische Aspekte der Arbeit (Schriftgröße und Schreibgerät); Beatrices Insistieren, dass Nele ihre Lösungsversuche bekannt gibt; die fröhliche Assoziationskette zum Thema *Überschwemmung* und schließlich die gemeinsame Suche nach Informationen über das Alter des Kastensystems. – Von all diesen Themen sind nur die Beantwortung von Haralds Störung und der bevorstehende Besuch von Beatrices Cousine nicht an das Ausfüllen des Arbeitsblattes angebunden. Alle anderen Gegenstände von Austausch und Gespräch entstammen Lehrbuch oder Arbeitsblatt. Die Unterrichtsinhalte stellen also im Wesentlichen das Material, aus dem Themen und Gegenstände der Konversation generiert werden.

Der Status der Themen in den Gesprächen von Nele und Beatrice ist allerdings ein höchst unterschiedlicher: Während sich Beatrices helfende Hinweise zum Ausfüllen des Arbeitsblattes in pragmatischer Weise auf die notwendigen Stichworte beschränken, werden die Ideen zur Fahrradfahrerin im Regen und zur Überschwemmung ausgebaut, weiter gesponnen und für kleine Episoden gemeinschaftlichen Amüsements genutzt. Es handelt sich um kleine ´Sprach-Spiele´, in denen einzelne Elemente aus dem Unterrichtsdiskurs aufgegriffen und in einen neuen Kontext gestellt werden. Der Reiz dieser spielerischen Umfunktionierung von Unterrichtsinhalten scheint gerade darin zu liegen, möglichst schnell möglichst weit weg von der Bedeutung zu gelangen, die diesen Elementen im Kontext des Unterrichts zukommt.

Eine ähnliche Verwendung und Umfunktionierung von Unterrichtsinhalten für Zwecke des Amüsements und der Unterhaltung ist auch in frontalen Unterrichtssituationen zu beobachten. Dort bleibt der offizielle Unterrichtsdiskurs, der vorne `auf der Bühne´ stattfindet, in der Regel von seiner anderweitigen Verwendung in „Neben-Kommunikationen" unberührt (vgl. Rehbock 1981). Wie aber stellt sich dieses Verhältnis dar, wenn der „Unterricht" in Gestalt von Einzelarbeit am Tisch der Schülerin stattfindet? Hier wird der unterrichtliche Arbeitsprozess zwar kurzzeitig unterbrochen durch eingelagerte Neben-Aktivitäten, aber zumindest Nele und Beatrice fahren – wie selbstverständlich – immer wieder fort mit dem Ausfüllen des Arbeitsblattes. In den kleinen „Abschweifungen" demonstrieren die Mädchen (sich) ihre Souveränität gegenüber dem Arbeitsprozess: Sie sind frei und in der Lage, die Arbeit für kurze Zeit ruhen zu lassen zugunsten eines Gespräches mit der Freundin, und sie sind frei und in der Lage, einzelne Elemente des Unterrichts in kreativer Weise ihrer Zwecke zu entfremden. Die Kontinuität des unterrichtlichen Arbeitsprozesses wird dadurch (letztlich) nicht in Frage gestellt, sein Status ist allerdings des eines routiniert (und zum Teil nebenbei) zu betreibenden `Jobs´.

Auch in der „Einzelarbeit" setzt man sich gemeinsam mit den Mitschülern zum Unterricht ins Verhältnis. In Kommentierungen des eigenen Tuns, in der Bekanntgabe von Zwischenständen oder Arbeitsvorhaben, in dem Austausch über Lösungen und Lösungsversuche und in den „Abschweifungen" werden fortlaufend Positionierungen und Haltungen gegenüber den Anforderungen des Unterrichts entworfen und dargestellt.

4.7 Exkurs: Über das „Helfen" zwischen Schülerinnen

In Szenen des „Helfens" zwischen Schülerinnen und Schülern wird das Verhältnis zum Unterricht in spezifischer Weise thematisch und bearbeitet. Sie sollen deshalb hier einer eigenen Analyse unterzogen werden.[48]

Aus pädagogisch-didaktischer Perspektive erscheint die Idee des Helfens einfach und viel versprechend: Teamarbeit und soziale Kompetenz auf der einen und Wissenszuwachs auf der anderen Seite. Die Vorstellung, dass sich Schülerinnen und Schüler gegenseitig helfen oder stärkere Schüler schwächere unterstützen, gehört zu den zentralen Elementen vieler didaktischer Konzeptionen. Während die *Kooperation* von Schülerinnen und Schülern im Rahmen von Gruppen- oder Partnerarbeit konstitutiv für diese Sozialformen des Unterrichts ist, scheint es sinnvoll zu sein, von „*Hilfe*" vor allem im Rahmen von Einzelarbeit zu sprechen, insofern man hier Hilfe für seine *eigene* Arbeit erfragt, bekommt oder ablehnt. Deshalb ist dieser kleine Exkurs im Kontext der Betrachtungen über „Einzelarbeit" angesiedelt.

Wenn man Szenen des „Helfens" zwischen Schülerinnen und Schülern genauer untersucht, wird man darauf aufmerksam, dass diese – zumindest interaktiv – keineswegs selbstverständlich und unproblematisch sind, sondern komplexe und diffizile Anforderungen stellen.

Krappmann und Oswald (1995) befassen sich ausführlich mit Interaktionen, die sie als „Hilfe" klassifizieren. Die Autoren schätzen fast die Hälfte der von ihnen protokollierten Fälle von Hilfeleistungen als „problematisch" ein, wobei im Rahmen von stabilen Beziehungen und Freundschaften „helfen" deutlich besser gelinge. Gerade im Bezug auf das Lösen schulischer Aufgaben jedoch scheine ein großer Teil der gewährten Hilfen „nebensächlich und oft sogar unproduktiv" zu sein (ebd., S. 146). Krappmann und Oswald (1995, S. 154) fassen ihre Analysen dahingehend zusammen:

> „dass Hilfe selten ist und den Lernerfolg von Kindern kaum beeinflussen dürfte, dass in erstaunlich vielen Fällen Hilfe verweigert, erbetene Hilfe zu einer asymmetrischen Gestaltung der Beziehung ausgenützt wird und Kooperation misslingt".

Die „Probleme des Helfens unter Kindern" werden schließlich folgendermaßen resumiert:

> „Unabhängig von der Ausgangslage und dem Bereich, in dem Hilfe geleistet wird, besteht eine Asymmetrie zwischen Helfer und Hilfsbedürftigem, die dem Helfer besondere Einflusschancen einräumt und dem Hilfeempfänger nahe legt, Vorkehrungen zu treffen, die Abhängigkeit zu

---

48   Dieser Abschnitt ist die überarbeitete und erweiterte Fassung eines Beitrags in der PÄDAGO-GIK unter der Autorenschaft von Bennewitz und Breidenstein (2004).

mildern, auszugleichen oder gar umzukehren und negative Folgen für Ansehen und Stellung zu vermeiden" (ebd., S. 169).

Naujok (2000) hat in einer Studie zu „Schülerkooperationen" ebenfalls Beobachtungen und Analysen zum „Helfen" vorgelegt. Sie führt aus, dass sich die Rollen des Hilfegebers bzw. -nehmers hinsichtlich ihres Status und „in Bezug auf Handlungsmöglichkeiten und -präferenzen in der Interaktion" unterscheiden. Nicht zu halten und zu relativieren sei allerdings die gängige Annahme, dass Hilfe zu benötigen gleichgesetzt werden kann mit einer unterlegenen und abhängigen Position. Auch die Hilfe gebende Person kann im Umkehrschluss nicht automatisch als überlegen betrachten werden. In den von Naujok untersuchten Gruppen entwickelte sich „eine Kultur des Helfens, zu der gehört, dass die Rolle des Helfers und des Hilfe-Nehmers als gleichwertig betrachtet werden" (ebd., S. 179 ff.). Neben etwa beiderseitigem Stolz bei erfolgreicher Hilfe, könnten Hilfeinteraktionen aber auch Unannehmlichkeiten für beide Seiten mit sich bringen: Für den Hilfegeber etwa die Unterbrechung des eigenen Arbeitsprozesses und für den Hilfeempfänger das Problem der „Überhilfe", die die Eigentätigkeit „verunmöglicht".

Die Untersuchungen von Krappmann/Oswald und von Naujok warnen also vor allzu optimistischen Annahmen über die Realität des Helfens von Schülerinnen und Schülern untereinander. Interaktiv problematisch ist unseren Beobachtungen zufolge aber nur ein bestimmter Typus von Kooperationshandlungen und nur dieser soll im Folgenden als „helfen" gefasst werden. „Helfen" soll hier (anders als bei Krappmann/Oswald oder Naujok) deutlich unterschieden werden von „unterstützen".

Unterstützung ist im Unterrichtsalltag selbstverständlich und erscheint weitgehend unproblematisch. Da geht es etwa um das Teilen und Verleihen von Arbeitsmaterialien, es geht um Orientierungshilfen und Auskünfte (Auf welcher Seite? Wo sind wir? Was sollen wir jetzt machen? Wie hieß das? etc.), aber auch das Vergleichen von Ergebnissen oder Abschreiben lassen von Stundennotizen und Hausaufgaben gehören zu den Formen gegenseitiger Unterstützung. Bei diesen technisch-handwerklichen Hilfestellungen geht es in erster Linie darum, den Anforderungen des Unterrichts gerecht zu werden und diese erfüllen zu können. Als Vorraussetzung für diese Art der Unterstützungsleistungen reicht in der Regel die gute Nachbarschaft. Diese Formen der Hilfe beruhen (potentiell) auf Gegenseitigkeit (‚eine Hand wäscht die andere'). Dieser Form der Nachbarschaftshilfe liegt zwar situativ auch eine asymmetrische Konstellation zugrunde, jemandem fehlt etwas oder er hat es nicht mitbekommen, sie ist aber letztlich symmetrisch angelegt: Das nächste Mal könnte es anders herum sein. Hier geht es um die ‚Solidarität unter Gleichen' und das Zusammenstehen gegenüber schu-

lischen Anforderungen. Diese Art von Unterstützung findet jenseits pädagogisch-didaktischer Arrangements statt.

„Helfen" beruht demgegenüber auf zumindest aufgabenbezogen asymmetrisch verteilten Kompetenzen und auf der Idee, dass ein Schüler dem oder der
anderen etwas zeigt, erklärt oder „beibringt". Diese Form der Kooperation ist
interaktiv weitaus komplizierter als die „Unterstützung", sie erscheint viel prekärer.

Im Folgenden sollen drei Szenen einer solchen „Hilfe" einer etwas genaueren Analyse unterzogen und dabei die spezifischen interaktiven Konstellationen
und Strategien der Beteiligten herausgearbeitet werden. In der ersten Szene wird
eine *erbetene* Hilfe verweigert, in der zweiten wird ein Hilfe*angebot* abgelehnt,
bei der dritten Szene handelt es sich um eine (auf den ersten Blick) erfolgreiche
Hilfe unter Freundinnen – hier komme ich noch einmal auf das Protokoll zur
Zusammenarbeit von Beatrice und Nele zurück.

Alle drei Beobachtungen stammen wiederum aus der „Freiarbeit". Insofern
die Idee der „Freiarbeit" auf die Selbständigkeit der Schülerinnen und Schüler
und auf ihre Kooperation untereinander setzt, ist gerade in dieser Unterrichtsform das Vorkommen von Interaktionen des Helfens erwartbar und gewünscht.

4.7.1 Verweigerte Hilfe

In der folgenden Szene bearbeiten die nebeneinander sitzenden Arvid und Robert
unterschiedliche Aufgaben im Rahmen eines „Wochenplans".

> Simon geht zu Arvid, will sich bei der Aufgabe (die „Kalesche") helfen lassen, die Arvid in der
> letzten Freiarbeitsstunde gemacht hatte. So wie es für mich erscheint, möchte Simon die Lö-
> sungen von Arvid abschreiben. Dieser sträubt sich, sagt zu Simon: „Da musst Du schon ein
> bisschen rätseln." Simon zieht wieder ab. Arvid dies kommentierend zu Robert: „So einfach
> geht das." Kurz darauf ein Ruf von hinten aus der Klasse von Simon: „Arvid?!" – Arvid:
> „(laut:) Jaaaa. (leise zu Robert:) Der geht mir immer noch auf den Sack." Simon kommt zu Ar-
> vid, fragt diesen: „Heißt das Kieling?" Arvid: „Nö." Robert und Arvid: „Kiel." Simon: „a_Ha
> (kurzes a, langes Haa)" und geht wieder. Arvid zu Robert: „Sind wir denn im Englischunter-
> richt?" (...) Simon kommt wieder zurück, fragt was. Arvid gibt keine Antwort. Simon geht
> wieder. (Michael Meier)

Arvid gilt als guter Schüler, bekundet aber regelmäßig, dass er sich nicht viel aus
den Anforderungen und Regeln der Schule mache. Simon kann sich hier also
einerseits eine korrekte Lösung und andererseits die Bereitschaft ihn abschreiben
zu lassen erhoffen. Arvid „sträubt sich" jedoch. Gibt es im Rahmen der Peer-
Kultur eine moralische Verpflichtung abschreiben zu lassen? Oder hat er vor
allem keine Lust sich ‚ausnutzen' zu lassen? Interessant ist die Form der Abwei-

sung: *„Da musst du schon ein bisschen rätseln"*. Arvid nimmt hier die offizielle (schulische) Position ein, die besagt, dass die Lösung der Aufgabe auf (eigener!) Anstrengung beruhen soll. Arvid zitiert gewissermaßen die pädagogische Maxime der Eigenständigkeit, um die angefragte Kooperation, zu der er sich im Rahmen von peer-kulturellen Normen möglicherweise verpflichtet fühlt, zu verweigern. Das ist wirkungsvoll: Simon muss die Verweigerung seines (im Rahmen der offiziellen Doktrin) als ‚illegitim' markierten Anliegens akzeptieren, (er *zieht wieder ab*). In Arvids Kommentierung der Szene gegenüber Robert rahmt er sein Verhalten nachträglich und eindeutig als strategisch: *„So einfach geht das"*. Bei der Berufung auf die offizielle Norm des Selber-Rätselns handelte es sich also nur um eine instrumentell-strategische Bezugnahme, die keineswegs mit der Identifikation mit dieser Norm zu verwechseln ist, stellt Arvid für seinen Nachbarn (und den Ethnographen) klar.

Simon hat sich inzwischen offenbar tatsächlich ans „Rätseln" gemacht und seine neuerliche Frage betrifft einen konkreten Lösungsvorschlag und ist insofern im Rahmen der von Arvid zitierten `pädagogischen´ Beziehung durchaus legitim. Arvid kostet seine Position mit dem extrem kurzen *„Nö"* bis zur Neige aus. In Roberts und Arvids gemeinsamer Korrektur machen sie deutlich, dass Simon genauso gut Robert (und wahrscheinlich jeden anderen) hätte fragen können. Simons Kommentierung (*„a_Ha"*) wirkt in dieser Betonung schon fast ironisch und auch die identische Wiederholung des Versuchs, noch weitere Informationen zu ‚ergattern' legen den Verdacht nahe, dass Simons Ehrgeiz die Aufgabe aus eigener Anstrengung zu lösen verschwindend gering ist.

Simon verfolgt nicht mehr die Idee etwas zu lernen in der Schule. So kann er sich mit großer Souveränität in die Position der Inkompetenz und Hilfsbedürftigkeit begeben. Arvids Versuch, auf die offizielle pädagogisch-didaktische Normenstruktur zu rekurrieren, perlt an Simon ab, auch die implizite Verweigerung der Hilfe im „Nö" beeindruckt ihn nicht, Simon kommt beharrlich wieder, bis Arvid die Kommunikation komplett verweigert und dadurch der Szene eine Ende setzt.

Hier wird letztlich auch die Zwangslage erkennbar, in der sich der um Hilfe Gebetene befindet: Es ist nicht leicht, ein Hilfegesuch abzulehnen, und selbst ‚gute Gründe' verfangen nicht immer.

4.7.2 Abgelehntes Hilfeangebot

Robert und Juliette sitzen an einem Gruppentisch, sie sind insofern „Nachbarn".

Wenig später hilft Robert wieder Juliette zu ihr hinüber gelehnt bei ihrer Aufgabe. Juliette bekundet, es sei ihr eigentlich „scheißegal". Aber Robert lässt sich nicht beirren: „Das ist irgend etwas anderes, du musst mal gucken. (Es handelt sich um jeweils eine Reihe mit vier Begriffen, von denen einer als unpassend zu streichen ist.) Juliette lässt sich noch mal helfen und sagt dann: „Guck. Ich hab 31 raus." „Ist mir egal, ob´s richtig ist oder nicht", fährt Juliette fort. Robert erkundigt sich: „Was soll´n da rauskommen? Ne Zahl oder was?" – „Na."[49] (Die Positionen der gestrichenen Begriffe lassen sich in eine Zahl übersetzen, mit deren Hilfe man die Richtigkeit des Ergebnisses kontrollieren kann.) – „Und hast du´s richtig?" Juliette: „Weiß ich doch nicht!" Robert beugt sich wieder rüber und findet weitere Begriffe auf Juliettes Zettel. „Streich´s an!", erlaubt ihm Juliette. Robert doziert: „Gutenberg hat den Buchdruck erfunden." Er erklärt einen weiteren Namen, um dann zu gestehen: „und da verließen sie ihn." Juliette reicht´s: „Ja, los komm, mach deinen Scheiß!"

Was geht hier vor sich? Die Interaktion zwischen demjenigen, der helfen will und derjenigen, der geholfen wird, erscheint merkwürdig `verdreht´. Die angesprochene Asymmetrie zugunsten des Helfenden, die im Rahmen der Peer-Kultur prekär und interaktiv zu bearbeiten ist, wendet sich hier in eine asymmetrische Konstellation, in der diejenige, die sich helfen lässt (oder nicht), die machtvollere Position innehat. Wie bewerkstelligt Juliette dies?

Schon in der protokollierten Konfiguration der Körper zueinander kommt hier zum Ausdruck, wer sich in dieser Interaktion in der stabileren Lage befindet. Indem Juliette ihre Haltung gegenüber der zu lösenden Aufgabe als *„scheiß-egal"* qualifiziert, negiert sie dann drastisch den Wert der angebotenen Hilfe. Juliette teilt implizit mit, dass sie kein Interesse an der Hilfe hat (– und dass Robert insofern nicht etwa Dankbarkeit oder Ähnliches zu erwarten hat). Robert lässt sich allerdings nicht `abschrecken´ und erklärt, sich eindeutig in die Lehrerrolle begebend: *„Du musst mal gucken..."*

Wenig später macht Juliette dem Hilfe-Anbieter doch das Angebot, Hilfe anzunehmen: Sie zeigt ihm ihr Ergebnis („Guck ich hab 31 raus") – allerdings distanziert sie sich sofort wieder, indem sie jegliches Interesse an dem Ergebnis dementiert. Robert steigt dennoch darauf ein, lässt sich die Funktionsweise der Aufgabe erklären und insistiert dann auf dem Kriterium der „Richtigkeit" von Ergebnissen – ein (minimales) Interesse an der Korrektheit von Ergebnissen erscheint als notwendige Voraussetzung, um jedwede Hilfe überhaupt sinnvoll zu machen. Juliettes Antwort (*„Weiß ich doch nicht"*) lässt offen, ob ihr überhaupt an der Feststellung der Richtigkeit ihres Ergebnisses gelegen ist, aber Robert interpretiert die Auskunft als Einwilligung Juliettes sich helfen zu lassen und widmet sich der Aufgabe. Als er allerdings kurz darauf die Grenzen seiner Kompetenzen eingestehen muss, wird er von Juliette stehenden Fußes und in großer Deutlichkeit als Helfer verabschiedet.

Sich helfen zu lassen erscheint in dieser Szene als ein Entgegenkommen und eine Gefälligkeit gegenüber dem Anbieter der Hilfe. Diese Umkehrung der

---

49 Im mitteldeutschen Idiom eine Form der Bejahung.

(in Hilfe angelegten) Asymmetrie erreicht Juliette durch die mehrfache Dementierung des Wertes der Hilfe.

4.7.3 Gelungene Hilfe?

Schließlich wende ich mich noch einmal dem Protokoll über Nele und Beatrice zu, das zwar bereits bekannt ist, das aber auch für die Frage nach den Bedingungen des Helfens noch einmal interessante Beobachtungen ermöglicht. Ich zitiere drei kurze Szenen aus dem oben ausführlich präsentierten Protokoll:

> Nele erklärt es Beatrice: „Kannst du hier ablesen, gucke. Das ist doch zwischen zehn und null?" – „Ja." – „die hier, und bei hier, das ist hier die Dingsdabumsdakurve (lachen), die geht da ´n bisschen hoch bis 40. Ich hab da 20 bis 40." – „Aha." – „Jetzt so ungefähr verstanden?" – „Naja" (etwas zweifelnd, beide lachen.)
> Etwas später: Beatrice: „Kennzeichen?" Nele: „Hab ich doch schon gesagt! (gespielte Verzweiflung) Das ist hier. Da musste das dann hier ..." – „Den ganzen Scheiß abschreiben?" leises Lachen. Beatrice: „Hilfe!" Nele: „Ja! Bei den Klammern. Alles was in den Klammern steht. Das ist kein Scheiß."
> Wieder etwas später ist noch ein Mal Nele zu hören, jammernd: „Jetzt hab ich mich irgendwie verrechnet". Beatrice: „Ist ja nichts neues bei dir." Leises Lachen ist zu vernehmen. Nele: „Ich schreib 14 hin. Meine Lieblingszahl." Beatrice: „Und wenn's falsch ist? Und vielleicht deine Pechzahl ist? Was machst'n dann?"

In der ersten Szene begibt sich Schülerin Nele in die Rolle einer Lehrerin, die der Schülerin Beatrice etwas erklärt. Ihr Anspruch besteht darin, Beatrice eine Aufgabe verständlich zu machen. Alternativ könnte Beatrice die Ergebnisse von Nele auch einfach abschreiben. Als kompetente Lehrerin aber will sich Nele sowohl über den Nachvollzug („*gucke*"), als auch den Lernerfolg („*verstanden?*") vergewissern. Beatrice ihrerseits scheint die Schülerinnenrolle zu akzeptieren; sie opponiert nicht („*ja, aha*"). Im Ausdruck der „*Dingsdabumsdakurve*", der bei den Mädchen ein Lachen provoziert, distanziert sich Nele jedoch bereits von ihrer Lehrerinnenrolle. Auch die Nachfrage nach dem Lernerfolg gerät mit „*ungefähr verstanden?*" betont locker. Die Antwort von Beatrice („*Naja*") lässt Zweifel aufkommen. Warum aber hat Beatrice dann nicht mit „Nein" geantwortet? Einerseits hätte sie so Neles Kompetenz als Lehrerin (und ihre als gelehrige Schülerin) in Frage gestellt und andererseits eine erneute Erklärung Neles provoziert. Auf der Interaktionsebene signalisiert Beatrice mit der Verwendung des zweifelnden „*Naja*" also vor allem, dass sie keine neuen Erklärungen wünscht. Vermutlich ist in dieser Situation beiden Mädchen klar, dass Beatrice nicht viel klüger ist als zuvor. Das einvernehmliche Lachen kann daher als Zeichen für die Schließung der Szene gedeutet werden: Man belässt es dabei.

Etwas später signalisiert Beatrice noch einmal Ratlosigkeit. Sie bringt sich mit ihrer Frage in die Rolle einer unwissenden Schülerin. Mit ihrer Antwort *„Hab ich doch schon gesagt!"* nimmt Nele wieder den Habitus einer Lehrerin an. Sie trägt allerdings ʼdick aufʼ und begibt sich explizit und deutlich erkennbar in die Lehrerinnenrolle. Der Bruch bzw. die Ironisierung wird szenisch mit *gespielter Verzweiflung* offenbar: Nele zeigt, dass sie keine Lehrerin ist, sondern eine *spielt*. Auch als die ʼSchülerinʼ Beatrice die Unterrichtsaufgabe als *„Scheiß"* klassifiziert, bleibt die ʼLehrerinʼ Nele in ihrer Rolle und insistiert: *„Das ist kein Scheiß"*.

In der abschließenden Sequenz löst sich die Verteilung der Rollen im Lehrerin-Schülerin-Spiel auf. Nun ist es Nele, die sich verrechnet und ein Problem mit den schulischen Anforderungen signalisiert. Mit der scherzhaften Ankündigung als Ergebnis einfach ihre *„Lieblingszahl"* einzufügen, treibt Nele die Belustigung weiter und zugleich die Distanzierung von unterrichtlichen Sinnstrukturen auf die Spitze. Beatrice greift das neckend auf und signalisiert ihrer Freundin, dass sie deren Wechsel in die Schülerinnen-Rolle mitmacht. Nun ist es Beatrice, die auf der Logik schulischer Anforderungen und den Grundlagen der Unterscheidung von richtig und falsch beharrt.

So ist schlussendlich die Symmetrie zwischen den Schulfreundinnen wieder hergestellt. Die beiden Mädchen haben ihre Rollen im Lehrerin-Schülerin-Spiel wieder abgelegt und der vermeintliche Kompetenzvorsprung Neles ist nivelliert.

Was ergibt die Analyse der drei Szenen des Helfens? In der ersten Situation zeigt sich, wie die Bitte um Hilfe den Gebetenen in eine (moralische) Zwangslage bringen kann, aus der er sich nur schwer und letztlich um den Preis des Abbruchs der Kommunikation befreien kann. In der zweiten Szene dreht sich das Machtverhältnis zwischen Helfer und Hilfe-Nehmerin fast vollständig zuungunsten des Helfers, indem sein Hilfeangebot in seiner Bedeutsamkeit beständig entwertet wird. In der dritten Szene gelingt die Hilfe zwischen zwei Freundinnen zwar interaktiv im Rahmen eines Lehrerin-Schülerin-Spiels, doch auch hier ist die Praxis des Helfens von deutlichen Distanzierungen und Modulationen gekennzeichnet, zudem ist der ʼErfolgʼ der Hilfe zweifelhaft. Zunächst einmal ist also zusammenfassend festzuhalten, dass die Position der Helferin bzw. des Helfers durchaus nicht die einfachere ist, sondern ihrerseits durch komplexe interaktive Anforderungen charakterisiert ist. Doch worauf beruhen diese?

Über die unterschiedlichen Konstellationen und verschiedenen Verläufe hinweg lassen sich einige grundlegende gemeinsame Bestimmungen des Interaktionstypus „Helfen" erkennen: Hilfen zur Erfüllung schulischer Aufgaben bewegen sich innerhalb der doppelten Normstruktur schulischen Unterrichts und der Peer-Kultur der Schülerinnen und Schüler. Beide ‚Sphären' müssen in Hilfearrangements zugleich bearbeitet werden. Bezogen auf die Normen des schulischen Unterrichts geht es um die generelle Bedeutsamkeit der schulischen Aufgaben und Anforderungen, die Richtigkeit von Ergebnissen und der entsprechenden Lösungswege zu deren Ermittlung. Werden diese Annahmen von den Beteiligten des Hilfearrangements nicht geteilt, bzw. von der Hilfenehmerin nicht anerkannt, dann ist eine Grundvoraussetzung für Hilfe ‚entzogen'.

Hilfesituationen im Unterricht beruhen – im Unterschied zur nachbarschaftlichen Unterstützung – auf einem Kompetenzgefälle zwischen Hilfegeberin und Hilfenehmer. Die interaktive Aufgabe besteht also darin, die asymmetrische Konstellation zu bearbeiten. Freundinnen und Freunde verfügen hier vermutlich über differenziertere und reichhaltigere Register der kommunikativen Rahmung asymmetrischer Rollen, so dass das Gelingen wahrscheinlicher ist und das (situative) schulische Kompetenzgefälle keine (zumindest direkt beobachtbaren) Auswirkungen auf der Beziehungsebene nach sich ziehen wird.

In Szenen des Helfens zwischen Schülerinnen und Schülern kommen pädagogische Verhältnisse zur Aufführung. Die interaktive Bearbeitung der (ursprünglichen) Asymmetrie zwischen Helfer und Geholfenem enthält die Auseinandersetzung mit der Lehrer-Schüler-Beziehung als Zitat, als Rollenspiel oder im Rahmen von „Alltagspädagogik" (Naujok 2000). Die Interaktion im Hilfearrangement scheint dann zu gelingen, wenn die Konstellation im Lehrerin-Schülerin-Spiel moduliert und ironisiert werden kann, wenn es den Teilnehmerinnen gelingt, sich zugleich von ihren Rollen und der Identifikation mit den Unterrichtsnormen zu distanzieren und „Kompetenz-Symmetrie" wieder hergestellt werden kann. Bleibt die Distanzierung, insbesondere von der Rolle des Lehrers aus und verbleibt der Helfer in seinem belehrenden Habitus, muss er damit rechnen von den Mitschülerinnen oder Mitschülern als unerwünscht zurückgewiesen zu werden.[50]

---

50 Keppler und Luckmann (1991) zeigen in einer instruktiven konversationsanalytischen Studie, wie voraussetzungsvoll die Übernahme der `Lehrerrolle´ im Alltagsgespräch ist: „Would-be `teachers´ must avoid giving the impression that `teaching´ is their favourite pastime" (S. 160).

4.8 Klassenarbeiten

Die Situation der „Klassenarbeit" ist, als „Sozialform" betrachtet, keineswegs eine Arbeit der Klasse, sondern „Einzelarbeit" in ihrer deutlichsten Ausprägung. In der Klassenarbeit ist man tatsächlich weitgehend auf sich gestellt. Der Austausch über die Arbeit, die kleinen Hilfen und gemeinschaftlichen „Abschweifungen" entfallen (fast) vollständig. Immerhin befinden sich alle anderen in der gleichen Situation. Die Klassenarbeit versetzt die ganze Klasse in die Situation der Einzelarbeit.

Zugleich fällt die Klassenarbeit aus der Abfolge und dem Wechsel der übrigen Unterrichtsformate heraus. Es stellt sich sogar die Frage, ob und inwieweit die Situation der Klassenarbeit überhaupt zum „Unterricht" zu zählen ist. Man lernt zwar *für* die Klassenarbeit, aber nicht *in* der Klassenarbeit. Die Klassenarbeit gilt selbst nicht als „Unterricht". Die Klassenarbeit ist in der einschlägigen Literatur zur Didaktik und Methodik des schulischen Unterrichts kein Gegenstand der Betrachtung.[51] Die Klassenarbeit stellt sich weitgehend als `exterritoriales´ Gebiet der Didaktik dar. Sie gilt nicht als Lehr-Lernsituation, sondern wird vollständig dem Bereich der Leistungsüberprüfung und Diagnostik zugeschlagen.[52]

Klassenarbeiten sind jedoch im alltäglichen Unterricht sehr präsent. Der Verweis auf die Klassenarbeit wird als Mahnung und Bedrohungsszenario eingesetzt („Wenn du jetzt nicht aufpasst, kannst du's *dann* nicht."). Mit dem Verweis auf die nächste Klassenarbeit („Das kommt dran.") wird zudem die besondere Relevanz eines spezifischen Inhaltes markiert.

Klassenarbeiten schließen oft Unterrichtsreihen ab. Sie strukturieren größere Zeiteinheiten und werden möglichst gleichmäßig auf das Schuljahr verteilt. Klassenarbeiten werden vorher „angekündigt". Der Termin einer Klassenarbeit stellt eine wichtige Eintragung im Schülerkalender dar. Auf diesen Termin bereitet man sich vor: Für die Klassenarbeit „lernt" man, d.h. man versucht ein bestimmtes Wissen an diesem Tag `parat´ zu haben. *Vor* der Klassenarbeit ist eine gewisse Anspannung zu spüren. Man spekuliert über die Art der Aufgaben, man fragt sich, was „drankommen" wird. *Nach* der Klassenarbeit findet die ‚Nachlese' statt: Man vergleicht die Ergebnisse und spekuliert über die eigene Fehlerzahl und die erreichte Note.

---

51   In Werken wie Einsiedler (1981), H. Meyer (1987) oder Terhart (1989) findet sich noch nicht einmal das Stichwort der „Klassenarbeit".

52   Mit Blick auf die Funktion der Leistungsmessung genießt die Klassenarbeit allerdings keinen guten Ruf, sie gilt als unzuverlässig und den standardisierten Testverfahren hoffnungslos unterlegen (vgl. etwa Heller 1984, S. 237ff.; Ingenkamp 1989; Kleber 1992, S. 232ff.).

Die Klassenarbeit erscheint also einerseits als herausgerückt und insulär innerhalb der Kontinuität des Unterrichtsalltages und andererseits als Höhepunkt und Ziel schulischen Arbeitens. Die Klassenarbeit ist ritualisiert wie kaum eine andere schulische Situation: Es gibt oft eine besondere Sitzordnung, verwendet wird in der Regel ein besonderes Heft oder eigens ausgeteiltes Papier, es gibt besondere Regularien über das, was auf dem Tisch liegen darf und ob und wann die Toilette besucht werden darf. In der Klassenarbeit ist alles anders (als im „Unterricht") und alles so wie immer (in der „Klassenarbeit").

Klassenarbeiten bilden in mancher Hinsicht das Zentrum des Schülerjobs. In der Situation der Klassenarbeit ist der Schüler nur noch „Schüler". „Nebentätigkeiten", anderweitige Beschäftigungen und Parallelwelten reduzieren sich auf ein Minimum. Die ganze Konzentration gilt der Bearbeitung der Aufgabe.

Ich will mich im Folgenden der besonderen Situation der Klassenarbeit in drei Schritten annähern: Zunächst berichtet das Protokoll eines Klassenarbeit-Beginns von einer Störung des Rituals – und macht es dadurch kenntlich. Dann geht es um Beobachtungen der Ethnographin, was während der Klassenarbeit ´um sie herum´ passiert – und um die Problematik des Beobachtens in dieser Situation. Schließlich richtet sich die Aufmerksamkeit auf eine Schülerin und einen Schüler (Susanne und Simon) und deren unterschiedlichen Umgang mit der Klassenarbeit.

4.8.1 Die (gestörte) Ordnung der Klassenarbeit

Dann gehen wir rein, ich setze mich auf meinen Platz. Die Lehrerin begrüßt die Schülerinnen und Schüler: „Ich begrüße euch recht herzlich und freue mich, dass ihr nach den Ferien wieder da seid. Aber eigentlich müsste ich ja sagen: Ich grüße Sie recht herzlich. Auch wenn wir jetzt mit etwas Unerfreulichem beginnen müssen." Auf den Plätzen liegen schon Papierbögen, es sind solche Doppelbögen. Frau Siebert teilt die Aufgabenblätter aus, und erklärt noch mal die einzelnen Aufgaben. Das Thema der Arbeit sind Satzglieder und Gliedsätze. Jana und Alice flüstern kurz, während sie erklärt. Es klopft, jemand öffnet die Tür, ist aber nicht zu sehen. Frau Siebert lächelt in Richtung Tür, während sie den letzten Satz sagt und mit einem Daumen nach oben meint: „Los geht's!" Sie geht zur Tür, geht dann raus und schließt die Tür. Maxi regt sich auf: „Na toll: Schreibt mal ne Klassenarbeit – und geht raus!" Auch die anderen sind etwas aufgeregt, nutzen aber sofort die Chance, sich untereinander auszutauschen, sie grinsen alle, sind überrascht über die eingeräumte Chance, ich drehe mich um, sehe, wie sie alle miteinander reden, sie grinsen mich an, erfreut. Auch Alice und Jana tauschen sich aus, ich höre überall: „Final", „Kausal",.... Maxi meint zu Konstanze und Katharina: „Komm wir machen ne Gruppenarbeit!" Dann wird's jedoch langsam leiser, einige fangen dann doch an zu schreiben. Frau Siebert kommt nun auch wieder rein, für sie muss der Eindruck entstehen, dass die Schüler und Schülerinnen wirklich brav sind und nicht mal diese Möglichkeit zum Vorsagen genutzt haben (allerdings weiß ich nicht, wie viel des Geräuschpegels sie auch vor der Tür mitbekommen hat). Sie entschuldigt sich, es ging um die Abiturprüfungen. Alexa meldet sich, Maxi fragt die Lehrerin, was denn eine Karawanserei sei, das wollte Alexa auch wissen, die Lehrerin meint, das wäre die Stelle, wo sich die Karawanen in der Wüste treffen würden, so würden sie nun in der Arbeit sogar noch was dazu lernen! Stefan fragt, ob sie auf den Aufgabenzettel schreiben dürfen. Die Lehrerin meint, das sei eigentlich nicht nötig, aber ja, sie dürfen. Alice und Jana flüstern. (Kerstin Jergus)

Es ist die erste Stunde bei der Klassenlehrerin nach den Osterferien. Das Angebot des ‚Siezens' spielt auf die „Jugendweihe" an, die für viele Schülerinnen und Schüler dieser Klasse in den Osterferien stattgefunden hat. Die Lehrerin kündigt „*etwas Unerfreuliches*" an, wobei alle Beteiligten wissen, worum es geht. (Eine Klassenarbeit ist nicht nur angekündigt, hier ist sie auch in Form der Papierbögen situativ schon präsent.) Nimmt die Lehrerin hier die Perspektive der Schüler ein, oder ist die Klassenarbeit auch für die Lehrerin *etwas Unerfreuliches*? Die Schüler warten mit der entsprechenden Anspannung auf die Aufgabenstellung der Klassenarbeit und jede Begrüßungsformel wirkt als Verzögerung und weiterer Spannungsaufbau. Dann wird es ‘ernst´, auch die Beobachterin notiert das Thema der Klassenarbeit. Die Nachbarinnen Jana und Alice nutzen flüsternd die letzte Chance der Verständigung: Wenn die Lehrerin ihre Erklärungen beendet hat, wird es zu leise sein, als dass man noch unbemerkt flüstern könnte.

Soweit ist alles Routine. Der hoch ritualisierte Beginn einer Klassenarbeit ist bekannt: das bereit liegende Papier, die Aufgabenstellung und letzte Hinweise der Lehrerin. Doch jetzt passiert das Unerwartete: Es klopft an der Tür. Eine Störung von außen in dieser äußerst sensiblen und aufgeladenen Situation. Der Störer bleibt anonym, er ist weder für die Schülerinnen noch für die Beobachterin zu sehen – und dennoch wird jedes erkennbare Detail penibel registriert. Erwartbar wäre, dass die Lehrerin den Störenden in dieser Situation abweist, um im rituellen Beginn der Klassenarbeit fortzufahren. Doch die Lehrerin tut das Überraschende: Sie lässt sich nicht aus der Ruhe bringen, sie bleibt provozierend souverän und geht *lächelnd* aus dem Raum. Sie kürzt das Ritual ab und gibt mit einer Geste der sportlichen Anfeuerung das Startsignal für die Klassenarbeit.

Das Protokoll verzeichnet den *aufgeregten* Protest Maxis: „*Na toll: Schreibt mal ne Klassenarbeit! Und geht raus!*" Dies erscheint zunächst rätselhaft: Worüber beschwert sich Maxi? Warum versetzt sie das Verhalten der Lehrerin so in Rage?

In den Reaktionen der anderen scheinen neben der Irritation die Überraschung und die Freude über die Gelegenheit im Vordergrund zu stehen. Die Aufgeregtheit beruht vor allem auf dem *Zeitdruck*: Man kann kalkulieren, dass die Lehrerin sicher mindestens 30 sec. mit dem unbekannten Störer vor der Tür beschäftigt sein wird, wenn sie sich schon auf ihn einlässt, aber viel länger wird sie sicher nicht draußen bleiben. Das zu nutzende Zeitfenster dürfte schmal sein. Fast scheint es, dass die Freude über das Außergewöhnliche der Situation, die Feier der Gelegenheit, in die die Ethnographin mittels *Grinsen* einbezogen wird, im Vordergrund steht und das tatsächliche Nutzen der *Chance* dominiert. Vermutlich gibt es in dieser Phase, bevor man sich die Aufgaben überhaupt in Ruhe anschauen konnte, noch gar nicht so viel Klärungsbedarf. (Hat die Lehrerin das einkalkuliert?)

In Maxis Spruch: „*Komm wir machen ne Gruppenarbeit!*" wird das Extraordinäre und Unglaubliche der Situation auf den Punkt gebracht und ins `Absurde´ gesteigert: Das *Prinzip* der Klassenarbeit, dass jeder auf sich selbst und sein eigenes Leistungsvermögen verwiesen ist, wird hier in Frage gestellt. Maxis Kommentar bedeutet jedoch – entgegen seinem wörtlichen Gehalt – nicht den Beginn der „*Gruppenarbeit*", sondern die Beendigung des Austausches. Es wird leiser, man fängt an zu schreiben: Die Routinen der Klassenarbeit greifen – auch ohne die Lehrerin! Die Lehrerin kommt wieder rein und *entschuldigt* sich. Mit den „*Abiturprüfungen*" zitiert sie das vermutlich Einzige, was in der Hierarchie der heiligen Dinge der Schule noch über der Klassenarbeit rangiert. Damit ist ihre unglaubliche Tat legitimiert und die Normalität wieder hergestellt. Maxis Informationsfrage nach der Karawanserei markiert die Reetablierung der Ordnung der Klassenarbeit. Es ist durchaus gebräuchlich und in gewisser Weise das Recht der Schüler, dass kleinere Sachfragen beantwortet oder auch formale Probleme wie die von Stefan geklärt werden.

Nun haben sich alle in der Situation der Klassenarbeit eingerichtet. Die Ordnung der Klassenarbeit war in Gefahr geraten, als die Lehrerin ihre Funktion der Überwachung und Kontrolle dieser Ordnung überraschend und kurzfristig aufgab. In ihrem (scheinbar) ‚leichtfertigem' Umgang mit ihrer Rolle als Wächterin der Ordnung gefährdete sie die ‚Ernsthaftigkeit' der Situation auch für die Schülerinnen. In der allgemeinen Verunsicherung und den Kommentaren Maxis zeigt sich, dass die Schülerinnen keineswegs (nur) als das Gegenüber der Ordnungsmacht gelten können, sondern ihrerseits die Ordnung (oder `Ordentlichkeit´) der Klassenarbeit wieder herstellen.

4.8.2 Arbeitszeit

Die folgenden Protokollausschnitte stammen aus derselben Stunde. Die Ethnographin fokussiert auf Alice:

Alice schreibt recht schnell los, sie hat das Aufgabenblatt unter ihr Schreibblatt geschoben, oben schaut die zu bearbeitende Aufgabe hervor, so dass sie nur eine Augenbewegung braucht. Sie liest oben, schreibt dann unten. Dann denkt sie kurz nach.

Jana hat bereits die vierte Aufgabe gemacht, dort sollen sie aus einem Text alle Gliedsätze raus schreiben und deren Satzgliedwert aufschreiben, Jana hat im Text alle möglichen bereits unterstrichen. Sie legt das Blatt rechts von sich ab, also zwischen sich und Alice. Ich wundere mich, ist das als Angebot an Alice zu verstehen?

Jana stößt auf, Alice und Jana müssen darüber lachen. Alice überlegt jetzt lange. Sie sollen bei der Aufgabe aufschreiben, um welches Satzglied es sich handelt. Alice zögert bei „Sie gedachten *der Opfer.*" ziemlich lange, sie beantwortet zunächst die folgende Aufgabe. Dann schaut sie wieder hoch, denkt nach. Schließlich schreibt sie erstmal , *objekt*' hin, überlegt weiter, ich bin fast versucht, ihr vorzusagen. Dann schreibt sie jedoch ‚*Dativ*' davor.

Draußen ist Kindergeschrei zu hören, hier ist es total still, einzig einige Stiftwechsel sind zu hören, jemand öffnet seinen Killer, jemand legt seinen Füller ab.

Alice ist nun auch bei der vierten Aufgabe angelangt, sie schaut auf, fingert in den vor ihr liegenden Stiften rum, sucht in der Federmappe. Schließlich flüstert sie recht laut rüber zu Jana: „Brauch mein Lineal!" Diese reicht es ihr rüber. Darum ging's also vorhin beim Flüstern. Alice unterstreicht nun ebenfalls im Text. Dann liest sie den Text noch mal durch, atmet dabei tief ein, stöhnt etwas. (Kerstin Jergus)

Was zeigt sich der Beobachterin? Sie sieht zunächst eine an äußerster Effektivität orientierte Arbeitsorganisation. Die Anordnung der Arbeitsmaterialien ist an Vermeidung von Bewegung und Ablenkung ausgerichtet. Dann wird die Ethnographin auf eine Verschiebung des Aufgabenblattes von Alices Nachbarin aufmerksam. In der Situation der Klassenarbeit können minimale Details, wie die Position eines Papiers auf dem Tisch, die in der „normalen" Unterrichtssituation völlig unerheblich wären, eine eigene Bedeutung erlangen und entsprechende Interpretationen auslösen: Deutet die Lage von Janas Blatt auf Formen unerlaubter Zusammenarbeit hin? Das absolute Verbot der Zusammenarbeit in der Situation der Klassenarbeit errichtet einen spezifischen Kontext für die Interpretation jeglichen Verhaltens einschließlich der Positionierung von Dingen und Körpern und der Abstände zwischen Körpern und zwischen Gegenständen und Körpern.

Die kleine unwillkürliche Regung Janas verweist auf einen Bereich von Körperlichkeit, der sich Kontrolle und Konzentration entzieht. Dieses Ereignis stiftet einen kurzen Moment der Gemeinsamkeit und des Lachens inmitten der konzentrierten Anspannung.

In der Klassenarbeit verschiebt sich der gesamte Bereich der Wahrnehmung und des Wahrnehmbaren. Die angespannte Stille macht winzige Geräusche hörbar (*Stiftwechsel*, das Öffnen eines Tintenkillers). Aufmerksam darauf wird jedoch vermutlich nur die Ethnographin, die einzige, die in dieser Situation nichts zu „tun" hat.

In der Versuchung der Ethnographin und ihrem Verzicht darauf, Alice zu helfen, zeigt sich dann, wie die Ethnographin einbezogen ist in die besondere Situation der Klassenarbeit und zugleich, welche Schwierigkeiten sie hat, sich zu positionieren: Die Rolle der neutralen und den Schülern zugewandten Beobachterin, die im „Unterricht" willkommen ist, wird in der Klassenarbeit problematisch. Hier gibt es nur Prüfer und Prüflinge. Was in jeder anderen Unterrichtssituation eine gewöhnliche und unproblematische Hilfe der Ethnographin darstellt, wäre in der Klassenarbeit ein schwerwiegender Regelverstoß. – So hält sich die

Beobachterin zurück und vermerkt sich Alices Fehler lediglich in ihren Feldnotizen.

Es gibt auch in der Klassenarbeit eine legitime Form der Kontaktaufnahme. Diese ist durch den Zweck der (Wieder-)Herstellung der Arbeitsfähigkeit bestimmt und bezieht sich unmittelbar auf den Zugang zu Arbeitsgeräten. Wenn jedoch eine in dieser Weise legitimierte Interaktion (die Bitte um ein Lineal) aufgenommen wird, dann ist eine nicht zu geringe Lautstärke zu wählen. Alice *flüstert recht laut*, denn die gewisse Öffentlichkeit, die ihr Anliegen dadurch erlangt, markiert, dass sie nichts zu `verbergen´ hat. Sie will sich keinem Verdacht aussetzen. Zugleich beschränkt sich Alice auf die unbedingt erforderlichen drei Worte *„brauch mein Lineal"*. Sie spart nicht nur die Anrede, sondern auch jede Höflichkeitsfloskel. Auch in der äußersten Reduktion der arbeitsbezogenen Interaktion auf das unbedingt Notwendige liegt eine Würdigung der besonderen Situation der Klassenarbeit.

> 9.57 ist Alice fertig mit Schreiben. Sie legt das Blatt gerade vor sich hin. Dann liest sie noch einmal drüber, legt nun Füller und Lineal in die Federmappe. Alle anderen schreiben noch. Alice sitzt mit verschränkten Beinen da, rutscht nach hinten auf dem Stuhl, so dass sie fast angelehnt aussieht, obwohl sie einen krummen Rücken macht. Sie schaut immer noch auf ihr Blatt.
> 10 Uhr legt Alexa ihren Stift recht laut ab. Sie setzt sich aufrecht, verschränkt die Arme, liest auf ihrem Blatt weiter. Eine Minute später schiebt Ulla ihr Aufgabenblatt in das doppelbögige Schreibblatt hinein und überfliegt ebenfalls die erste Seite erneut.
> Alice sitzt fast regungslos da, ihr Blick ist immer noch auf das vor ihr liegende Blatt gerichtet, dann wischt sie sich vorsichtig die Augen, ohne die Wimperntusche zu verschmieren. Sie lehnt sich an die Lehne des Stuhls an, starrt ins Leere. Liest dann meine Aufzeichnungen, was ich dann auch notiere, als sie das liest, grinst sie mich an, ich grinse zurück. (Kerstin Jergus)

Man ist *fertig* mit der Klassenarbeit, wenn man alle Aufgaben erledigt hat – oder wenn man keine Chance mehr sieht, eine weitere Aufgabe zu lösen (s.u. die Protokolle über Susanne und Simon). Damit stellt sich das Problem der verbleibenden, „übrigen" Zeit bis zum Stundenende. Man kann die Zeit „nutzen", indem man sich das Erarbeitete noch einmal durchliest, um noch den einen oder anderen Fehler zu entdecken. Wenn auch das geschehen ist oder keinen Erfolg mehr verspricht, bleibt nur *ins Leere* zu starren. Die Situation der Klassenarbeit, die immer noch herrscht, bietet keine Gelegenheit, die Zeit gemeinschaftlich zu verbringen, sie eröffnet keine Möglichkeit der Unterhaltung, des Spiels oder anderweitiger Beschäftigung. – In dieser Situation ermöglicht die Beobachtung durch die Ethnographin immerhin eine kleine Szene non-verbaler Verständigung und den Austausch eines *Grinsens*. Obgleich die einzelnen Schülerinnen und Schüler weitgehend isoliert voneinander arbeiten, bleiben sie auf die Arbeitsprozesse der anderen und deren Wahrnehmung bezogen. Man registriert, zumindest ‚aus den Augenwinkeln', wie viel andere „schon geschrieben" haben, wer „fertig" ist und welchen ‚Gesamteindruck' die Umsitzenden erwecken. Anhand dieser Informationen lässt sich der Stand der eigenen Arbeit bestimmen: Ist man „hinterher" oder „voraus"? Solcherart Orientierungsversuche werden drängender mit dem herannahenden Ende der Arbeitszeit.

> Einige schauen jetzt länger nach vorne, insgesamt ist es geräuschvoller geworden, Blätter rascheln, Stifte werden eingepackt, Reißverschlüsse gezogen. Jana killert, als die Lehrerin sagt, dass sie nun noch zwei Minuten hätten. Auf meiner Uhr ist es bereits 10.07, auch Maxi bemerkt, dass es normalerweise bereits geklingelt hätte. Die Lehrerin wartet noch, dann sollen alle ihren letzten Satz schreiben und abgeben. Das Verfahren läuft so, dass die an den Fenstern sitzenden ihre Arbeiten zum Gang hin durchgeben, die Lehrerin sammelt sie am Gang dann ein. So müssen alle warten, falls jemand am Fenster noch schreibt, die Lehrerin ermahnt dann auch Nina, sie habe doch bereits gesagt, dass der Stift aus der Hand zu legen sei, ebenso ermahnt sie Beata. Die jedoch zeigen sich recht unberührt. (Kerstin Jergus)

Während Alice (und andere) schon lange die Arbeit beendet haben, wird die Zeit für einige knapp. Jetzt kommt es auf Minuten an. Entsprechend penibel registrieren sowohl die Ethnographin als auch Maxi die Uhrzeit. Auch als die Lehrerin das offizielle Ende der Arbeitszeit erklärt, ist die Klassenarbeit noch nicht beendet. *Den letzten Satz schreiben* ist dehnbar, so dass die Lehrerin schließlich konkretisiert und auffordert, *den Stift aus der Hand zu legen*. Am Schluss gehen die Aushandlungen zwischen der Lehrerin und den letzten noch schreibenden Schülerinnen um Sekunden. Diese Sekunden der Verlängerung der Arbeitszeit können wichtig werden: Um das Ergebnis noch zu verbessern, eine Lösung noch zu fixieren oder einen Fehler noch zu korrigieren.

Das Problem der Zeit ist in der Klassenarbeit gegenüber seiner Fassung im sonstigen Unterricht gewendet: Die zur Verfügung stehende Zeit stellt im *Unterricht* die entscheidende Ressource und Restriktion der Lehrerin dar – sie muss „hinkriegen", was sie sich in der gegebenen und oft knapp werdenden Zeit vorgenommen hat. Die Schüler drängen auf pünktliche Beendigung der Stunde. In der *Klassenarbeit* hingegen wird die Zeit zu einer Ressource der Schüler, die knapp werden kann und die sie zu verlängern trachten.

Das wiederum streng choreographierte „Einsammeln" der Arbeiten beendet das Ritual der Klassenarbeit. Während das Austeilen der Aufgabenzettel am Anfang der Klassenarbeit winzige Zeitvorsprünge für diejenigen konstituiert, die zuerst das Blatt bekommen, erzeugt das Einsammeln winzige Verlängerungen der Arbeitszeit für diejenigen, die zuletzt abgeben müssen. – Deshalb ist die Choreographie dieser beiden hoch ritualisierten Vorgänge oft aufeinander abgestimmt: Wer zuerst Aufgaben bekommen hat, muss auch zuerst abgeben.

4.8.3 (Un-)Gleichzeitigkeit

Die folgenden Beobachtungen stammen aus einer Klassenarbeitssituation der Ellen-Key-Schule. Die Arbeit wird zusammen mit den Parallelklassen in der Aula der Schule geschrieben. Alle Schüler und Schülerinnen sitzen an Einzeltischen in dem großen Saal verteilt und die Lehrerinnen beaufsichtigen das Geschehen von der erhöhten Bühne aus. Michael Meier setzt sich an einen freien Tisch neben Susanne und ich nehme in der Reihe davor einen freien Platz neben Simon ein. Die Beobachtungen sind im Folgenden parallel angeordnet, so dass Gleichzeitigkeiten und Ungleichzeitigkeiten sichtbar werden.

	Die Lehrerin erläutert vorne von der Bühne aus: Nur Tafelwerk und Rechner sind erlaubt! Jetzt geht es also gleich los. Simon lässt sich von André noch ein größeres Dreickslineal geben. Außer dem Taschenrechner, dem Etui und dem Tafelwerk liegen auf Simons Tisch noch seine Kappe (verschlissen, olivgrün, mit der Öffnung nach oben, meine Assoziation: jederzeit mit einer einzigen Bewegung aufzusetzen) und ein DIN A4 großer gebundener Block (eher ein „Buch").
Susanne schreibt die Überschrift „Klausur..." und das Datum in Pink, anderes setzt sie daneben in Türkis. Dann wechselt sie zum Füller (blau), mit dem sie dann die eigentliche Arbeit schreibt.	Die Lehrerin teilt jetzt die Aufgabenzettel aus. Simon wirft einen Blick darauf, ohne Hast, verzieht leicht das Gesicht und murmelt: „Scheiße!".
7.35 Susanne tippt, rechnet, schreibt. Dann zieht sie mit Bleistift am Lineal entlang eine horizontale Linie quer über das Blatt. Sie muss zwei Mal ansetzen und ihre Linie hat rechts der Mitte eine kleine Delle. Unterhalb der Linie setzt sie erneut mit dem Füller an und schreibt weiter.	Simon beginnt die erste Aufgabe zu rechnen, d.h. er misst vor allem Winkel bei Trapezen auf dem Aufgabenzettel aus, mithilfe des Geo-Dreiecks und des Lineals von André. Die Ergebnisse trägt er auf dem Aufgabenzettel ein. Es ist jetzt sehr ruhig, nur noch Klappern der Lineale und Stifte zu hören.
7.40 Sie zieht die Linie erneut – diesmal mit einem Geodreieck. Susanne und Joshua haben kurzen Blickkontakt. Ich erkenne nicht, worum es geht. Susanne schreibt in einem fort. Sie nimmt ein Geodreieck und zeichnet eine geometrische Figur (Viereck mit zwei parallelen Seiten und schiefen Winkeln), dann schreibt sie in blau weiter. Susanne malt eine neue geometrische Figur (Parallelogramm). Sie schreibt sauber, bezeichnet die Ecken, die Winkel, zieht eine neue Linie, dreht das Arbeitsblatt dann um	Simon blättert in seinem „Tafelwerk" – ziemlich ziellos will mir scheinen. Dann fragt Simon rasch und flüsternd seinen Nachbarn Harald etwas, wobei er hastig auf das Tafelwerk deutet. Harald vergewissert sich mit einem Blick nach vorne, dass Frau Bauer gerade abgelenkt ist durch ein Gespräch mit der anderen Lehrerin und antwortet dann flüsternd. Ein schnelles Grinsen huscht über Simons Gesicht.
	Arvid und André tippen mittlerweile in ihre Taschenrechner ein, Simon beginnt jetzt

und ergänzt ihre Aufgabe zwei und drei und eins, so dass diese jetzt vollständig sind. Dann schreibt sie Formeln (oder Gleichungen), dann macht sie an die oberste der drei Zeilen einen Pfeil, der auf die unterste Zeile verweist und einen, der von der untersten Zeile auf die oberste verweist. Das macht sie bei zwei Aufgaben.

7.50 Susanne legt das Aufgabenblatt direkt vor sich, trägt in die abgedruckten geometrischen Figuren Gradangaben ein, füllt dann darunter stehende Leerflächen aus. Dabei tippt sie häufiger in ihren Taschenrechner.

Susanne dreht ihren Füller, d.h. sie dreht die Füllerkappe, die sie in der rechten Hand hält, nach vorn, während sie zugleich den Stift mit ihrer linken fest hält. Sie lehnt sich zurück, kommt wieder vor, stützt ihren Kopf in nächster Nähe zum Blatt auf. Sie wirkt zum ersten Mal etwas ratlos.

7.55 Susanne trägt etwas unschlüssig Längeneinheiten in eine Tabelle ein. Sie tippt dabei in ihren Taschenrechner.

Susanne beugt sich weit über ihr Arbeitsblatt herab. Ihre Haare fallen so weit herab, dass ich nichts sehen kann. Ihren linken Arm streckt sie weit von sich. Sichtschutz. Ob sie mit Joshua flüstert? Sie dreht jetzt ihr Blatt rum, guckt auf die Zeichnungen, dreht dann das Blatt wieder rum. Dann meldet sich Susanne und sagt leise: „Kommen Sie bitte mal.“

8.00 Fr. Bauer kommt nach einer kurzen Zeit (etwa 2 Min.) zu Susanne. Kurzes Flüstern, dann geht Fr. Bauer wieder. Susanne sieht etwas erleichtert aus. Susanne malt daraufhin alpha, beta, gamma und delta in die Ecken eines Vierecks. Dann tippt sie etwas lustlos in den Taschenrechner, schiebt ihn zusammen, ordnet ihren Blätterstapel, zieht erneut mit dem Lineal eine waagerechte Linie, malt ein Viereck darunter.

Nein, langsam erkenne ich, dass es keine geometrische Figur für die Klausur werden soll, sondern, dass sie mittels Geodreieck formatfüllend ›Spoon‹ aufs Blatt schreibt.

auch damit. Die Auskunft von Harald hat insoweit weitergeholfen, dass Simon jetzt eine Seite des Tafelwerks aufgeschlagen hat.

Simon hat jetzt die ersten beiden Aufgaben fertig, bei den nächsten hängt er offenbar. Er schreibt seinen Namen oben auf das Aufgabenblatt. Nach etwas Zögern beginnt Simon, in der übernächsten Aufgabe Werte in eine Tabelle einzutragen, die er mit dem Taschenrechner ermittelt. Er scheint jedoch nicht so recht weiterzukommen. Simon lehnt sich kurz zurück mit einem Ausdruck der Ratlosigkeit im Gesicht. Dann nimmt er sein Etui, holt einen Papierstreifen mit einigen Schriftzeichen („tags“) heraus, rollt diesen auf und steckt ihn zurück in das Etui. Jetzt legt Simon den Aufgabenzettel der Mathearbeit weg, oben rechts in die Ecke des Tisches, er scheint (relativ plötzlich) damit abgeschlossen zu haben.

Simon schlägt das „Buch“, das noch auf seinem Tisch lag, auf. Einige Seiten sind leer, einige sind mit „tags“ gefüllt. Simon schlägt zielstrebig eine Seite mit einem fast Blatt füllenden tag auf: schwarze Umrisse, hellbraun ausgemalt. Simon zeichnet mit schwarzem Edding einige Linien nach. Er verstärkt dabei bestimmte Linien etwas, so dass er leichte Schattenwirkungen erzielt.

Simon sucht jetzt einen braunen Buntstift heraus um die Kolorierung seines Tags zu verfeinern. Die Stellen, die er gerade mit leichten Schatten ausgestattet hat, versieht er jetzt auch mit etwas kräftigerer Farbgebung und erhöht damit weiter die Plastizität der Zeichnung.

Susanne malt jetzt das `S´ von ›Spoon‹ giftgrün aus.

8.05

Simon schlägt eine neue Seite in seinem Buch auf. Ich bin beeindruckt, es handelt sich um eine wirklich sehr kunstvoll gestaltete Doppel-Seite: Zwei silbergraue komplizierte Tags vor blau gesprenkeltem Hintergrund, umrahmt von grünen Ornamenten. Simon sucht nach dem richtigen Stift für die Arbeit und findet ihn schließlich: einen sehr dünnen schwarzen Edding. Damit fügt er neue Linien in die beiden Tags ein, die bisherige Felder unterteilen. Zwischendurch verstärkt er einige Schatten.

Fr. Richter meldet sich zu Wort. Die Arbeit sei unten schlecht kopiert. Das heiße 500 Meter. 500 Meter, wiederholt sie. Susanne guckt kurz auf, malt dann aber ungerührt weiter.
Susanne packt den Taschenrechner weg. Malt dann das „p" aus.
Simon steht auf, geht quer durch die Aula um einen Bleistift anzuspitzen.

Einige Minuten später blättert Simon zurück zu dem ersten Blatt, dem hellbraunen Tag. Simon fragt Harald nach einem Anspitzer, der hat aber wohl keinen. Arvid gibt schließlich Simon einen Anspitzer, ohne sich umzudrehen mit nach hinten ausgestrecktem Arm. Simon begibt sich mit Anspitzer und Stift zum Papierkorb am Eingang der Aula. Als er zurückkommt, sehe ich, dass er einen rosa Buntstift angespitzt hat, mit dem er sich jetzt an die weitere Kolorierung des Tags macht. Schließlich beginnt Simon, auf dem gleichen Blatt noch ein neues Tag zu skizzieren. Wie er sicher und ruhig, aber ohne zu zögern, seine Linien setzt wirkt sehr routiniert.

8.15   Die Klausur ist zu Ende. Ich frage Susanne, wie es war. Leicht, sagt sie. Die Sieben habe sie nicht, da wäre sie krank gewesen. Aber alle anderen (1-6) wären leicht gewesen.

Die Lehrerin spricht laut: „Werdet fertig!" Es wird sofort unruhig. Rascheln, zusammenräumen und letzte Verständigungsversuche. André nimmt Simons längst nicht mehr beachtete Mathearbeit mit nach vorne.
Simon fragt mich, was ich von seinen Tags halte, und ich zolle ihm ehrliche Anerkennung.
Simon erzählt, er habe jetzt aufgegeben: Er bekomme in Französisch auf jeden Fall eine Sechs, deshalb werde er sitzen bleiben. Er habe eine Zeit lang noch versucht auf Fünf zu kommen, was man dann vielleicht irgendwie hätte ausgleichen können, aber das habe nicht geklappt. Es steht schon unvermeidlich fest, dass er in Französisch eine Sechs bekommt, frage ich ungläubig nach. Simon bestätigt mit einem Schulterzucken.

Die parallele Beobachtung von Susanne und Simon zeigt die Vereinzelung der Schüler und Schülerinnen in der Klassenarbeit. Man sitzt zwar mitten in der

211

Klasse und zwischen den Mitschülern, ist aber dennoch weitgehend isoliert und auf sich verwiesen. Diese Situation wirft die unausweichliche Alternative des „Könnens" oder „Nicht-Könnens" auf. Das Feststellen des Nicht-Weiter-Wissens muss allerdings nicht das Ende aller Bemühungen darstellen. Susanne gelingt es, eine hilfreiche Auskunft von der Lehrerin zu erhalten und Simon ergattert einen helfenden Hinweis von einem Mitschüler. Diese Hilfen „von außen" können meist nur punktueller Art sein und höchstens über eine kurzfristige Hürde hinweg helfen, die Individualisierung des Arbeitens in der Klassenarbeit können sie nicht durchbrechen.

Die Beobachtung der Klassenarbeit zeigt weiterhin die gesteigerte und weithin ungebrochene Bedeutsamkeit schulischer Anforderungen. Spielerische und ironisierende Verwendungsweisen von Unterrichtsinhalten fallen weg. Die Klassenarbeit stellt den „Ernstfall" dar und eine ungeheure *Verdichtung* des Arbeitens. Mit dem Spielerischen geht auch (potenziell) die Souveränität von Schülern gegenüber dem Unterricht verloren.

Schließlich verweist die Beobachtung der Klassenarbeit auf die reduzierten Möglichkeiten der Beobachtung. Es gibt kaum Aktivitäten der Darstellung, der Rahmung und des Kommentierens zu sehen, die den sonstigen Unterricht begleiten und beobachtbar machen. In der Klassenarbeit beschränken sich die Aktivitäten auf das schiere „Arbeiten" im Sinne notwendiger Operationen und Verrichtungen – die Beobachtung dieser Tätigkeiten gerät banal.

Doch was offenbart über diese allgemeinen Merkmale der Situation hinaus der Vergleich von Susanne und Simon und deren unterschiedlicher Umgang mit der Klassenarbeit?

Susanne bewältigt die Klassenarbeit relativ sicher. Ihr Tun wirkt (in der Beobachtung) insgesamt routiniert und zielgerichtet. Als sie mit der Klassenarbeit fertig ist, beginnt sie einen Schriftzug zu zeichnen – gewissermaßen zur Entspannung.

Auch Simon zeichnet Schriftzüge. Aber bei ihm verschieben sich (zumindest in der Darstellung des Protokolls) die Gewichte zwischen Klassenarbeit und Tag-Zeichnen. Von der Klassenarbeit wendet er sich relativ schnell ab, seine Konzentration und sein Interesse gelten der Ausgestaltung und Weiterentwicklung seiner Zeichnungen.

Simons drastische Entwertung der Klassenarbeit – er gibt sie noch nicht einmal selbst ab – stellt eine Ausnahme dar. Er gibt im Pausengespräch ja auch ein Motiv für seine resignative Abkehr von schulischen Anforderungen an: Da er keine Chance mehr auf eine Versetzung sieht, besteht für ihn auch kein Grund mehr, sich in der Klassenarbeit anzustrengen. Simon verweigert sich allerdings nicht vollständig der Klassenarbeit. Er liest nicht nur den Aufgabenzettel durch, sondern reagiert auch fluchend darauf. Er bearbeitet zumindest einen Teil der

Aufgaben und besorgt sich noch (unerlaubte) Hilfe von einem Mitschüler. Der dann erfolgende unvermittelte Abbruch der Klassenarbeit kann auch als ein Zeichen der Souveränität Simons gelesen werden: Er setzt sich über die alles überragende Relevanz der Klassenarbeit hinweg.

Simons Umgang mit der Klassenarbeit erscheint deshalb so bemerkenswert, weil er einen scharfen Kontrast zur Normalität des Stellenwertes der Klassenarbeit bildet: Schüler versuchen in der Situation der Klassenarbeit das `Bestmögliche´ aus sich heraus zu holen, sie gehen bis an den Rand ihrer Kräfte und Konzentrationsfähigkeit, sie `versuchen alles´ um die Aufgaben zu lösen. In der Situation der Klassenarbeit erfährt der Schülerjob seine deutlichste Ausrichtung an schulischen (Leistungs-)Anforderungen. Zugleich respektiert Simon die Situation: Sein Malen „stört" die Ruhe nicht, es verursacht keine Geräusche oder zu große Bewegungen. In gewisser Weise ‚passt' Simons konzentrierte Arbeit an seinen *Tags* sogar in den Kontext der Klassenarbeit.

Die Situation der Klassenarbeit ist diejenige, in der sich der Umgang mit schulischen Anforderungen am stärksten individualisiert: Gemessen an der Kommunikativität anderer Unterrichtssituationen ist die Vereinzelung in der Klassenarbeit durchgreifend. Dennoch bleiben die Arbeitsprozesse der Schülerinnen und Schüler aufeinander bezogen. Der Rahmen der Schulklasse wird nicht erst in der vergleichenden Bewertung der Klassenarbeit relevant (vgl. dazu Kapitel 5), sondern ist auch während der Arbeit immer präsent. Die alle einbeziehende Choreographie der Klassenarbeit vom Austeilen bis zum Einsammeln, die für alle unterschiedlich und doch gemeinsam verrinnende Zeit, die winzigen Gesten und Regungen, die vor dem Hintergrund von Stille und Bewegungslosigkeit umso bedeutsamer werden – dies alles macht den gemeinsamen Rahmen der *Klassen*arbeit aus.

4.9 Im Kern des Schülerjobs: Produktionsorientierung?

Ich möchte – diese Studie abschließend – noch einmal das Unterrichtsgeschehen insgesamt in den Blick nehmen und nach übergreifenden Merkmalen des Schülerjobs fragen. Wie lässt sich die Tätigkeit von Schülerinnen und Schülern zusammenfassend kennzeichnen?

Wenn man als Beobachter einen Schritt zurücktritt und versucht (gewissermaßen die Augen zusammenkneifend) einen Blick auf das `Ganze´ des Schülerjobs zu entwickeln (die `Gestalt´ zu erkennen), drängt sich das Bild einer gigantischen, unaufhörlichen, rhythmisierten und weitgehend synchronen Produktion auf. Die Zusammenfassung des Geschehens im Zeitraffer würde enthüllen, wie Hefter heraus geholt, beschrieben, zugeklappt und weggelegt werden, wie Arbeitsblätter ausgeteilt, ausgefüllt und eingesammelt werden, wie Bilder, Protokolle, Wandzeitungen und Bastelarbeiten erstellt, einsortiert, aufgehängt und ausgestellt werden.

Der Vermutung, dass sich der Schülerjob im Kern um die Produktion von Dingen dreht, will ich im Folgenden nachgehen. Wenn hier eine dezidierte und prägende *Produktorientierung* im Schülerjob angenommen wird, so ist diese nicht mit der Maßgabe der „Produktorientierung" im Rahmen einer „handlungsorientierten Didaktik" zu verwechseln. Dort bezeichnet die Orientierung am Produkt ein zentrales Merkmal von Projektarbeit:

> „In solchen Produkten [einer Projektarbeit, G.B.] liegt die organisierende Kraft für die gesamte Unterrichtsgestaltung, denn Schüler können sich damit viel leichter identifizieren und lernen sich mit realen Schwierigkeiten vom Ziel her auseinander zu setzen." (Gudjons 1986, S. 64)

Der Produktionsprozess jedoch, der sich dem Beobachter zeigt, ist viel banaler, alltäglicher und eher Bestandteil von Routine als von didaktischer Planung. Er geht eher selten mit einer besonderen Wertschätzung der Produkte einher.

Die Analyse des Schülerhandelns in den verschiedenen Sozialformen des Unterrichts hatte auf die Bedeutung einer merkwürdig abstrakten, aber durchgreifenden Produktorientierung sowohl im Rahmen von Gruppen-, als auch im Rahmen von Partner- oder Einzelarbeit aufmerksam gemacht: In der *Gruppenarbeit* erweisen sich die Prozesse der Arbeitsorganisation und Arbeitsteilung als weitgehend auf die möglichst effektive und rationale Erstellung des zu präsentierenden Produktes ausgerichtet. Im Zentrum der Gruppenarbeit steht die Produktion von Wandzeitungen oder Schülerreferaten, die in einer vorgegebenen Zeit und in Konkurrenz zu den anderen Gruppen zu leisten ist. Demgegenüber erscheinen die Produkte im Rahmen von *Partner- oder Einzelarbeit* weniger anspruchsvoll: Es geht um zu lösende Aufgaben oder auszufüllende Arbeitsblätter. Doch auch hier strukturiert das zu erstellende Produkt den Arbeitsprozess: Die Strategien richten sich auf rechtzeitiges, vorzeitiges oder verzögertes „Fertig-Werden". – Dies ist vielleicht auch wenig überraschend, dass Unterrichtsformen, die die Schülerinnen und Schüler aus der Zentralkontrolle der Lehrperson entlassen, über die Erarbeitung und Kontrolle von Produkten funktionieren. In den Sozialformen der Gruppen-, Partner-, und Einzelarbeit besteht der „Unterricht" weitgehend aus der Erstellung von Produkten.

Frontale Unterrichtssituationen hingegen mögen auf den ersten Blick weniger produktorientiert erscheinen, insofern hier die dominierenden Tätigkeiten im Fragen, Antworten, Zuhören oder Vortragen bestehen. Doch auch der Frontalunterricht enthüllt seine implizite Produktionsorientierung, wenn die Beobachtung auf die Schülertätigkeit fokussiert. Man wird auf zentrale, das Geschehen strukturierende Markierer der Lehrperson aufmerksam, die in der Aufforderung das Tafelbild abzuschreiben bestehen oder in dem Diktat zusammenfassender „Merksätze", indem man die entsprechenden Reaktionen der Schülerinnen und Schüler beobachtet: In diesem Moment unterbrechen die Schülerinnen ihre sonstigen („Neben"-)Tätigkeiten, richten ihre Blicke nach vorne und auf das Heft und synchronisieren sich im Schreiben. In manchen Stunden lässt sich beobachten, wie Schülerinnen so intensiv mit geflüsterten Gesprächen oder Zettelkommunikation befasst sind, dass sie von dem frontalen Unterrichtsgeschehen fast nichts mitbekommen und dabei gleichzeitig und routiniert den Tafelanschrieb in ihren Schnellhefter übertragen. Lässt sich die frontale Unterrichtssituation als die `Produktion´ von Tafelanschrieben verstehen, die ihren Niederschlag in den Heften der Schüler findet? Die Beteiligten scheinen darin übereinzukommen, dass es hinreicht, wenn der „Ertrag" der Stunde in dieser Weise „gesichert" ist.

Bevor ich auf die Implikationen der `Produktionsorientierung´ des Schülerjobs zurückkomme, um diese etwas eingehender zu diskutieren, möchte ich einige Beobachtungen anführen, die den Vorschlag, auch den Frontalunterricht als Produktionsprozess zu begreifen, zu konkretisieren vermögen.

4.9.1 *Die Produktion des Unterrichts im Tafelanschrieb*

Ein Protokoll aus dem Unterricht des Humboldt-Gymnasiums dokumentiert die Präsentation von Ergebnissen einer Gruppen- bzw. Partnerarbeit im Lateinunterricht.[53] Unterschiedliche Gebäude des antiken Rom sind vorzustellen:

---

53 Die Präsentation von Ergebnissen der Gruppenarbeit vor dem Plenum der ganzen Schulklasse ist als solche frontal strukturiert.

Als sie nach wenigen Minuten fertig ist, sagt die Lehrerin zu Helene: „Darfst anschreiben!" Helene schreibt jetzt ihre Stichworte zu wichtigen Gebäuden im alten Rom an die Tafel, alle schreiben ab (außer mir).
Auch Konstanze schreibt von der Tafel ab, zunächst Helenes Stichworte (dabei war das doch ihre eigene Gruppe?!) und dann die „wichtigen Gebäude", die die Lehrerin noch nachgetragen hat. Helene, ihre Nachbarin, betrachtet traurig versunken einige Bilder von „Faiz", die sie vor sich auf dem Tisch liegen hat. Konstanze schreibt noch eine neue Überschrift für das Referat von Christoph und Paul: „Colosseum" (in orange).
(etwas später)
Die Lehrerin fordert Christoph und Paul auf, jetzt „zusammenzufassen" zum Mitschreiben.
Christoph soll die Überschrift an die Tafel schreiben: „Kolosseum", die Lehrerin: Ja, mit c oder mit k ist egal, Hauptsache mit einem l und zwei ss. Dann diktiert Christoph und alle schreiben mit:
„80 n. Chr. erbaut
48 m hoch, 148 m lang, 156 m breit
45-60000 Sitzplätze".
Die Lehrerin: „Und wozu wurde es verwendet?"
Christoph nennt die Stichworte „Gladiatorenkämpfe, Tierkämpfe, Christenhinrichtung" – „Was?" – „Christenhinrichtung." (wird notiert.)
Uta und Beata sind die nächsten Vortragenden. Thema: Circus Maximus. Beata liest ihren Zettel ab. Konstanze lässt sich von Helene ihre Faiz-Bilder zeigen. Uta schreibt dann an die Tafel die Stichworte zum Abschreiben:
„- ältester und größter Zirkus Roms
Länge 600m
Breite 150m".
Die Lehrerin fügt hinzu: „Pferde- und Wagenrennen, schreib auf Uta!"
Uta hat aber auch noch zwei weitere Spiegelstriche:
„– ca. 60000 Zuschauer in augusteischer Zeit
nach Umbau 185000".

Was „bleibt" von dieser Unterrichtsstunde? Es bleiben die Notizen. Das Protokoll zeigt, wie die Schülerreferate und das Agieren der Lehrerin von vorneherein an der ´Verwertung´ in Form von Stichpunkten orientiert sind. Das mündliche Referat wird nahezu bedeutungslos (und taucht auch in dem Protokoll kaum noch auf), denn alle wissen, am Schluss gibt es noch eine in Schlagworten verdichtete „Zusammenfassung" zum Mitschreiben.

Ein weiteres Beispiel für die (Re-)Produktion des Unterrichts im Tafelbild stammt aus dem Geschichtsunterricht des Gymnasiums:

Abschließend projiziert der Lehrer eine Folie an die Wand, auf der die vier Aspekte aufgeklärter Regierungspraxis, denen die Gruppenarbeit gewidmet gewesen war, in Form eines Schaubildes dargestellt sind: „Ein aufgeklärter Fürst" in der Mitte, die vier Aspekte in vier Feldern darum herum angeordnet. (Didaktisch nicht gerade vom Feinsten, denke ich mir, die „Ergebnisse" der „Schülerarbeit" als fertige Folie an die Wand zu werfen.)
Alle holen automatisch ihre Hefter raus. Wer sich keine Aufzeichnungen über die anderen Gruppen gemacht habe, könne jetzt ergänzen, meint der Lehrer. Um mich herum schreiben jedoch alle exakt das Schaubild ab. Der Lehrer weist noch mal darauf hin: „Ihr müsst euch nicht

alles abschreiben, nur eure Aufzeichnungen ergänzen. Ihr habt doch in euren Materialien alles da."
Es klingelt, der Lehrer macht den Tageslichtprojektor aus und verabschiedet sich. Kathrin ist mit dem Abmalen des Schaubildes fertig.

Die Bestimmung *„abschließend"*, mit der der Protokollausschnitt einsetzt, signalisiert die Phase der „Ergebnissicherung". Der Ethnograph notiert schon im Protokoll seine didaktischen Zweifel an dem Vorgehen des Lehrers, der die „Ergebnisse" der Gruppenarbeit als fertige Folie zusammengefasst vorbereitet hat, was den Prozess der „selbständigen Erarbeitung" durch die Schüler deutlich entwertet. Der Lehrer ist offenbar selbst von didaktischen Skrupeln ob seiner Maßnahme befallen: Er möchte nicht, dass sein Folie *„abgeschrieben"* wird, sondern dass nur die *„Aufzeichnungen ergänzt"* werden. – Dieses Verfahren würde den eigenen Aufzeichnungen der Schüler noch eine gewisse Bedeutung belassen und einen eigenständigen Wert zusprechen. Die Routinen des Schülerjobs jedoch sprechen gegen diese Option. Das schlichte Abschreiben ist bequemer und effizienter als das „Ergänzen" – insofern man die Inhalte nicht differenzieren muss, in solche, die in den eigenen Aufzeichnungen schon enthalten sind, und solche, die zu ergänzen wären. Die Schülerinnen und Schüler zeichnen routinemäßig das Schaubild des Lehrers ab, von dem sie wissen, dass es die „gültigen" Ergebnisse dieser Arbeitsphase repräsentiert. – Die `Entwertung´ ihrer eigenen Produkte, die dieses Tun impliziert, kümmert sie (vermutlich) nicht.

Mit dem Klingeln und dem Verschwinden der Projektion des Schaubildes ist Kathrin fertig: Just-in-time Produktion! Schülerinnen wissen die Zeit für Tätigkeiten dieser Art exakt zu kalkulieren.

In der folgenden kleinen Beobachtung kommt die ganze Versiertheit und Routine der Schülerin zum Ausdruck:

Ulla schreibt ab, was die Lehrerin anschreibt. Dabei achtet sie routiniert darauf, da, wo an der Tafel noch Platz unter einzelnen Überschriften ist, auch Lücken in ihrem Heft zu lassen. Sie weiß, dass die Lücken noch gefüllt werden. So ist es dann auch. Dennoch muss Ulla das Stichwort „Geburt", das unter „Herkunft" gehört hätte, dann woanders hinschreiben, weil dort doch nicht genug Platz ist. Sie nimmt´s gelassen. Ansonsten gibt sie sich Mühe, ohne pingelig genau zu sein: die Überschrift „SKLAVEN" in Großbuchstaben, rot und unterstrichen, Unterüberschrift „Herkunft" auch noch rot und unterstrichen. Diese Gestaltung ist ihre eigene, steht so nicht an der Tafel.

Die Beschreibung verdeutlicht, wie viel Wissen in die alltägliche und banale Tätigkeit des Abschreibens von Tafelbildern eingeht. Die Schülerin weiß, dass Lücken im Tafelbild noch gefüllt werden. Ihre Erfahrung bezieht sich im Übrigen auch auf Eigenheiten der spezifischen Lehrperson: Sie weiß, ob und wie diese Lehrerin das Format der Tafel füllen wird, sie weiß auch, ob und wie die

Lehrerin ihren Tafelanschrieb mit den Mitteln der Typographie differenzieren wird. – In der typographischen Gestaltung gönnt sich Ulla allerdings ein paar kleine Freiheiten.

Das Tafelbild jedenfalls, das das „Ergebnis" dieser Unterrichtsphase darstellen wird, steht schon fest – es ist in den unterrichtsvorbereitenden Notizen der Lehrerin enthalten. Auch das wissen alle Beteiligten. Der Prozess der „Erarbeitung" des Tafelbildes besteht im Wesentlichen darin, die notwendigen Begriffe ohne zu große Reibungsverluste im „Unterrichtsgespräch" zu „entwickeln" (zu nennen), um das vorbereitete Schaubild an der Tafel zu (re-)produzieren, damit dieses von den Schülerinnen in ihren Heften – wiederum mit möglichst geringen Verlusten – (re-)produziert werden kann.

Die Beobachtungen machen auf den herausgehobenen Stellenwert des *Tafelanschriebes* aufmerksam: Dies ist der Ort, wo sich das Unterrichtsgespräch, aber auch Lehrervorträge oder Schülerreferate ´materialisieren´. An der Tafel steht, was ´bleiben´ soll vom Unterricht (indem es abgeschrieben wird). An der Tafel steht, was als ´Essenz´ des Unterricht gilt. Weite Teile des übrigen Unterrichts erscheinen als ´Zulieferung´ für die Produktion des Tafelbildes: etwa die „fragend-entwickelnde" Fabrikation geeigneter Stichworte, die dann in das Tafelbild aufgenommen werden können. Was an der Tafel produziert wurde ist auch das, was potentiell *re*produziert werden muss. Das in Tafelanschrieben geronnene Wissen stellt in der Regel den Kern dessen dar, was für Prüfungen gelernt werden muss.[54] Angesichts dieser herausragenden Bedeutung des Tafelanschriebes ist es wenig überraschend, dass sich eine ganze Reihe von Routinen des Schülerjobs auf die Reproduktion des Tafelanschriebes im Heft richten. Diese Praktiken wiederum generieren ihrerseits die Bedeutung des Tafelanschriebes. – Es sind nicht zuletzt die Routinen des Schülerhandelns, die den Unterricht auf das Tafelbild konzentrieren.

Die Reduktion des Unterrichts auf das Tafelbild ist in realer (oder geradezu ´hyperrealer´) Weise in einer Stunde an der Ellen-Key-Schule zu beobachten, als die Autorität der Lehrerin fast vollständig erodiert und sich der Tafelanschrieb als letztes Refugium für die Lehrerin erweist:

> Die Lehrerin hat offenbar ein Unterrichtsgespräch o.ä. schon fast aufgegeben. Sie beschränkt sich nahezu darauf, immer mehr an die Tafel zu schreiben, was die Schülerinnen und Schüler abschreiben sollen. Einige der Stichworte scheinen von Schülerinnen erläutert zu werden, was aber hier hinten nicht zu verstehen ist. Robert und auch Basti schreiben alles ab, aber das Kal-

---

54 Vgl. Kalthoff (1997, S. 99 ff.) für ähnliche Beobachtungen zur Bedeutung des „Tafelanschriebes".

kül der Lehrerin, dass die Schüler soviel schreiben müssen, dass sie ruhig sind (falls es ein solches ist), geht keineswegs auf, der Lärmpegel steigt immer weiter an.

Bruchstückhaft gelingt es der Lehrerin, Dinge auch noch mündlich zu erläutern, aber im Wesentlichen hat sie sich jetzt an und auf die Tafel zurückgezogen. Sie versucht mit dem Hinweis auf die Klassenarbeit zu disziplinieren: „Ihr wisst, dass die Klassenarbeit 30% zählt!"

Als sie mal wieder jemanden ermahnt, jetzt den Tafelanschrieb abzuschreiben, bekommt sie unverblümt zur Antwort: „Man kann sich das doch kopieren." Die Lehrerin etwas hilflos: „Wenn einer so blöd ist und dir das gibt!"

Wenn sich die Unterrichtsanforderung auf das reine Abschreiben reduziert und auch dieses dann noch dem Fotokopierer überantwortet wird, dann ist die Situation (zielsicher) ad absurdum geführt.

4.9.2 Die Verselbständigung des Arbeitsproduktes

Ich habe bis hierhin die produzierenden Tätigkeiten von Schülerinnen und Schülern vorwiegend als routinisiert und pragmatisch dargestellt, orientiert an den Kriterien der Ökonomie und Effizienz. (Ein klein wenig Lust an der Gestaltung des Produktes war allerdings schon in der Beobachtung, wie Ulla das Tafelbild abschreibt, deutlich geworden.) Diesen Eindruck gilt es zu differenzieren. Denn die hier vermutete übergreifende und durchgängige Produktionsorientierung schulischen Unterrichts geht weit über die (Re-)Produktion des Tafelanschriebes hinaus. Sie geht auch über die offizielle und verlangte Produktion von Arbeitsblättern, Mitschriften oder eigenen Texten hinaus: Der Produktionsprozess hat die Tendenz sich gegenüber der Aufgabenstellung zu verselbständigen. Die Arbeitsprodukte können eine Eigendynamik entwickeln, die die (ursprünglichen) inhaltlichen Anforderungen bisweilen kaum noch erkennen lässt.

In der folgenden Situation an einem Gruppentisch der Ellen-Key-Gesamtschule besteht die Aufgabe darin, einzelne Bilder einer Bildergeschichte in die richtige Reihenfolge zu bringen und die entsprechende Geschichte dazu zu verfassen. Der Ethnograph beschreibt den Produktionsprozess folgendermaßen:

10.07 Yvette hat nicht die passend farbigen Stifte. (Florian hat ein großes Set an Farbstiften, das er auch gekonnt anzuwenden weiß.) Ihre ausgemalten Comiczeichnungen sehen (im Gegensatz zu Florians) primitiver aus. Sie verwendet weniger Farben, und bei ihr bleiben die Gesichter weiß (wohingegen Florian den Gesichtern ein gesundes Orange spendiert hat). Yvette klebt die Bilder jetzt (links oben, rechts mitte und links unten) auf, wobei sie oben noch genug Platz für eine Überschrift lässt. Frieda hat die Bilder bereits – wie Yvette – aufgeklebt. Sie schreibt nun von der Vorlage (Bleistift) sauber mit Füller aufs Papier. Yvette hat ihr schreiben abgebrochen. Sie nimmt die Schere und schneidet die aufgeklebten Bildchen aus dem Blatt heraus. Neuer Versuch! Yvette holt sich ein neues Blatt Papier und klebt hier die ausgemalten Comicbildchen wieder auf. Florian hat seine Bildchen sehr hübsch ausgemalt. (Michael Meier)

Die ironischen Zuspitzungen des Protokollanten nehmen die Umwandlung des Arbeitsprozesses von einer Übung zur schriftlichen Erzählung in eine Übung des Ausmalens von Comic-Bildern aufs Korn. Was geht hier vor sich und wie lässt sich des Ethnographen Belustigung verstehen?

Die Beschreibung kontrastiert zwei Arten mit ein- und derselben Aufgabe umzugehen. Dabei erscheint zunächst Florians Arbeit als vorbildlich: engagiert, aufwändig und ästhetisch ansprechend in der Ausgestaltung des Arbeitsblattes. Demgegenüber wirkt Yvettes Modus der Aufgabenbearbeitung wie eine ʿSparversionʾ: unengagiert und nur das Nötigste ausführend. Im weiteren Verlauf zeigt sich aber, dass Yvette (doch) gekonnt und routiniert agiert. Sie platziert die Bilder so auf dem Blatt, dass sie daneben noch den Text einfügen kann. Der Blick auf Frieda allerdings zeigt, dass diese noch „weiter" vorangeschritten ist: Sie ist bereits dabei, das Zwischenprodukt (die Bleistift-Vorlage) in das Endprodukt zu überführen, das dann durch die Ästhetik einer „sauberen" Füllerschrift gekennzeichnet sein soll. Yvettes Produktionsprozess gerät dann zwar noch einmal ins Stocken, weil sie sich mit der Reihenfolge der Bilder vertan hat, sie weiß sich jedoch zu helfen und wie der Fehler zu reparieren ist.

Wir können davon ausgehen, dass Yvette ihr Arbeitsblatt in einer angemessenen (bzw. der angegebenen) Zeit fertig stellen wird – wohingegen Florian *seine Bilder sehr hübsch ausgemalt* hat. Es zeigt sich, dass Florian an der Aufgabenstellung vorbei arbeitet, er hat noch nicht einmal ausgeschnitten, sondern sich im Ausmalen der Bilder ʿverlorenʾ. Die Gestaltung des Produktes hat sich bei ihm verselbständigt. Die offenbar (zu) geringe Anforderung der Aufgabenstellung (deren Lösung man zudem von der Nachbarin übernehmen kann) verschiebt sich in Florians Version des Arbeitsprozesses in die Freude an der ästhetischen Ausgestaltung des Produktes. Oder handelt es sich um einen Akt der ʿSelbstvergessenheitʾ im Ausmalen? Jedenfalls schwenkt der Ethnograph in seiner ironisch-karikierenden Beschreibung der Tätigkeit Florians auf die Seite Yvettes und ihrer Pragmatik.

Auch in einem weiteren Beispiel aus dem Unterricht der Ellen-Key-Gesamtschule lässt sich der Ethnograph von dem Reiz einer kreativen Ausgestaltung der Aufgabe gefangen nehmen:

> Die Klasse ist nun verstummt, so dass Frau Kaiser leise in das Thema der Stunde einführt. Sie sollten über die Ferien das Tagebuch der Anne Frank lesen und heute wollen sie über die erste Hälfte des Buches sprechen. Denise hat eine DinA4 Seite vor sich liegen, die unglaublich schön gestaltet ist. Sie enthält einen Text in Schönschrift. Darum herum ranken sich mehrfarbige Arabesken und unten findet sich (entzückend eingefügt) eine Wildente (auf gelb-orangem Karton gezeichnet). Ich bin wirklich beeindruckt und sage das Denise auch. Christian kriegt meine Entzückung mit und will das auch sehen. Denise lässt Christian das Blatt über Beatrice zukommen. Christian meint darauf sofort abwertend: Das sei ja nur der Klappentext, den sie

vom Tagebuch Anne Franks abgeschrieben habe. Abschätzig lässt er die Graphik wieder zurückgehen. Denise verteidigt sich ihm gegenüber noch, warum sie „nur" den Klappentext benutzt habe. Ich erfahre von ihr, dass sie über zwei Stunden an dieser Graphik gemalt hat. Ich lasse mir von ihr die Kladde geben, in der Hoffnung, noch mehr Schätze von ihr zu bergen – aber leider ist in dieser Kladde keine weitere Kunst enthalten. (Michael Meier)

Der Ethnograph begeistert sich für die `kreative´ und ästhetisch ansprechende Gestaltung von Denises Hausaufgabe. Auch der sprachliche Duktus des Protokolls folgt (mimetisch) dem Manierismus dieser Schülerinnenarbeit. Der Mitschüler Christian hingegen misst das Arbeitsprodukt an der Erfüllung der inhaltlichen Anforderung und weist auf die Banalität eines schieren Abschreibens hin. Er vermag die Wertschätzung der graphischen Gestaltung nicht zu teilen. Was ist es jedoch, das den Ethnographen hier in Verzückung geraten lässt? Ist es die unvermutete Kreativität einer Schülerin, das offensichtliche Über-die-Pflicht-Hinausgehende ihres Engagements? Der Ethnograph teilt jedenfalls Denises Begeisterung für eine Verzierung der Hausaufgabe, die mit der inhaltlichen Erfüllung der Aufgabe offensichtlich nichts mehr zu tun hat (eine Wildente kommt im Tagebuche der Anne Frank nicht vor). Er würdigt die Gestaltung als zweckfreie „Kunst". Denise hat, ähnlich wie Florian in obigem Beispiel, jenseits aller ökonomischen Rationalität in ihre Hausaufgabe investiert. Sie hat sich, ähnlich wie Florian, in der Ästhetisierung eines Produktes verloren, dessen inhaltliche Qualität eher fraglich ist.

Wie verhält sich ein solches Tun zu den Routinen des Schülerjobs? Hier werden die Kriterien der Effizienz und Pragmatik offensichtlich verletzt, Florians und Denises Praxis der Ästhetisierung des Arbeitsproduktes kann als geradezu dysfunktional für die Erfüllung ihres `Jobs´ angesehen werden. – Und doch lassen sich diese Beobachtungen auch als Ausdruck einer umfassenden Routinisierung des Schülerhandelns verstehen: Die Routinen schulischer Produktion im Sinne einer `handwerklichen´ Bearbeitung von Aufgaben haben sich hier so weit verselbständigt, dass die inhaltliche Dimension keine Rolle mehr spielt und die bloße Tätigkeit des Malens, Schreibens oder Zeichnens `übrig´ bleibt. – Routinen, die sich ihres `Zweckes´ vollständig entledigt haben.

4.9.3 Produktionsorientierung als Sinngebung schulischen Tuns?

Was steckt hinter jener durchgreifenden Produktionsorientierung schulischen Unterrichts, auf deren Spur die Beobachtung von Schülertätigkeiten geführt hat? Gibt es ein Motiv, das die Beteiligten (Lehrerinnen und Schüler) darin kooperieren lässt, im Zentrum des Unterrichtsgeschehens einen unaufhörlichen Produktionsprozess zu installieren?

221

Eine Vermutung drängt sich auf: Es ist der für alle Beteiligten schwer zu fassende Charakter schulischen „Lernens", der in fassbare, handhabbare Produkte überführt wird. Der offizielle Zweck der Veranstaltung ist das „Lernen" der Schülerinnen und Schüler. Dieses „Lernen" jedoch erscheint äußerst prekär. Es lässt sich nicht beobachten, und es fällt schwer zu konstatieren, ob es überhaupt stattfindet. Resultate des Lernens werden zwar in Form von Tests „überprüft", aber einerseits wissen alle Beteiligten um den zum Teil äußerst vergänglichen Charakter des geprüften Wissens und andererseits ist oft kaum zu entscheiden, ob das dokumentierte Wissen tatsächlich dem „Unterricht" zuzurechnen ist.[55] Dass sich die Ergebnisse schulischen Unterrichts in der Dimension von „Wissen" oder „Lernen" beschreiben lassen, soll nicht bestritten werden; der Beobachter jedoch, der auf die Tätigkeiten einzelner Schülerinnen oder Schüler fokussiert, kommt nicht umhin, die Materialität und Eigenständigkeit dieser Tätigkeiten zu konstatieren.

Gemessen an dem äußerst prekären und labilen Charakter von „Lernprozessen" sind die *Produkte* schulischen Tuns handfest und unbezweifelbar. Jeder kann (daran) sehen, dass etwas „getan" wurde. Produkte dokumentieren die Erfüllung eines Pensums, sie vermögen das Engagement des Produzenten unter Beweis zu stellen (und das Geschick der `Produktionsleitung´). Es sind die Produkte, die dem schulischen Tun „Sinn" verleihen (am Ende des Schuljahres ist immerhin der Hefter voll geschrieben).

Oder ist die Konstatierung der Produktorientierung ein Artefakt des Beobachters, der nach dem `Kern´ des Unterrichtsgeschehens sucht, der „Unterricht" dingfest machen will? Der Verdacht ist nicht von der Hand zu weisen, aber letztlich steht der Beobachter vor dem gleichen Problem wie die anderen Beteiligten auch: Auch diese sind (letzten Endes) darauf verwiesen, ihrem Tun „Sinn" zu verleihen, auch sie müssen „Unterricht" fassbar machen und sich selbst und Außenstehenden (Eltern) zeigen können, was sie „getan" haben – das heißt, auch sie müssen den „Unterricht" *beobachtbar* machen.

Auf eines bleibt noch hinzuweisen: Wenn hier eine umfassende `Produktionsorientierung´ im Zentrum schulischen Unterrichts vermutet wird, dann heißt das nicht per se, dass die Produkte schulischer Arbeit eine besondere Wertschätzung genießen würden. Im Gegenteil: Mit der beständigen Produktion von Mitschriften, ausgefüllten Arbeitsblättern und sonstigen Erzeugnissen geht deren Weglegen, Abheften, Vergessen und zum Teil Zerstörung einher. Die Produkte schulischen Tuns werden bestenfalls verwaltet und archiviert, oft jedoch auch nach ihrer `Vergütung´ in Form einer Zensur dem Verfall anheim gegeben.

---

55 Auch der standardisierten Lehr-Lern-Forschung fällt es bemerkenswert schwer, Resultate schulischen Unterrichts in Form von Kompetenzzuwächsen bei Schülern sichtbar zu machen (vgl. z.B. Niegemann 2001, Lüders/Rauin 2004).

Es gibt einzelne Produkte, die von größerer Wertschätzung zeugen – wie etwa Denises kunstvoll verzierte Zusammenfassung des Tagebuchs der Anne Frank – doch insgesamt dominiert eher der Eindruck, dass die Beteiligten nicht tatsächlich auf die *Produkte* der Arbeit `orientiert´ sind, sondern die Produktionsprozesse als solche im Zentrum stehen. Gegenüber den konkreten Verrichtungen, Handgriffen und Tätigkeiten bleiben die Produkte selbst merkwürdig kontur- und bedeutungslos. Die Frage nach dem tatsächlichen Stellenwert der Produkte schulischer Arbeit muss hier vielleicht offen bleiben.[56] Die Routinisierung und Ökonomisierung des Schülerjobs jedenfalls knüpft sich an die Produktionsprozesse und nicht an die Produkte. In *diesem* Sinn macht die Produktorientierung schulischen Unterrichts diesen als `Schülerjob´ kalkulierbar und handhabbar: Man weiß, *was zu tun ist*.

---

56 Ihre Beantwortung würde eine intensivere Untersuchung der Produkte und möglicherweise ihres weiteren Gebrauchs (etwa zu Hause) erfordern.

5. Das Eigenleben der Zensuren

5.1 „Notenübersicht"

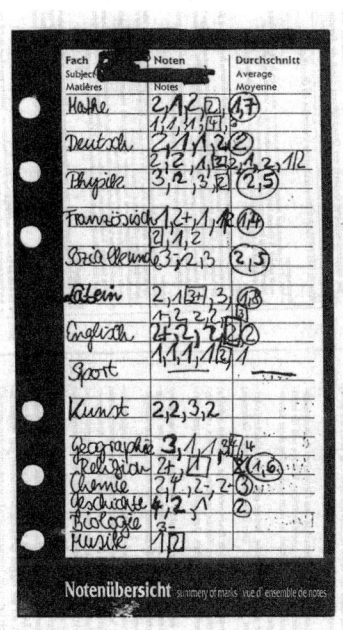

Die Kopie eines Blattes aus dem Kalender einer Schülerin der achten Klasse.
Ich beginne deskriptiv. (Interpretationen kommen noch schnell genug.) Was ist
zu sehen? Es handelt sich offensichtlich um ein Formular, in das handschriftlich
Wörter (Fächernamen) und Zahlen eingetragen wurden. Der Name des Formu-
lars „Notenübersicht" und die drei vorgegebenen Kategorien „Fach" – „Noten" –
„Durchschnitt" sind, etwas kleiner, auch in Englisch und Französisch angegeben.
Die genannten Kategorien bilden Überschriften für drei gleich breite Spalten, die
weitere Vorgabe des Formulars besteht in 24 freien Zeilen – die (Ur-)Form einer
Tabelle. Trotz der Eindeutigkeit und Strenge dieser Vorgaben wirkt das Ganze

etwas unübersichtlich, die handschriftlich eingetragen Ziffern und Zeichen sind zum Teil über die vorgegebenen Begrenzungen der Felder hinweg geschrieben und enthüllen erst nach und nach ihre eigene Ordnung, die es im Folgenden zu entschlüsseln gilt.

Zu vermuten ist, dass die Schülerin als erstes in der linken Spalte die Fächernamen untereinander eingetragen hat. Dabei lässt sie zunächst immer eine Reihe frei, im letzten Viertel des Blattes wechselt sie in einen einzeiligen Modus. Die Reihenfolge der Fächer ist etwas überraschend: „Mathe" und „Deutsch" als erste sind erwartbar, die klassischen Haupt- oder Kernfächer, dann kommen jedoch „Physik" und „Sozialkunde" zwischen den Fremdsprachen. „Sport" und „Kunst" schließen sich an, dann trägt sie einzeilig weiter ein. Dadurch erhalten die letzten sechs Fächer einen anderen Status, sie sind in ihrer Wichtigkeit eingeschränkt gegenüber den zweizeiligen Fächern.

Es erweist sich jedoch, dass die Menge der Zahlen in den meisten der zweizeiligen Fächer tatsächlich mehr als eine Zeile beansprucht. Hat die Schülerin dies weise prognostiziert und den Fächern, in denen es mehr Noten gibt, mehr Platz eingeräumt? Dann hätte sie jedoch „Sport" ganz rauslassen können, jedenfalls nicht zwei Zeilen einräumen dürfen. Sport stellt aber ohnehin einen Sonderfall dar, denn wo hinter allen anderen Fächern Zahlen eingetragen sind, erscheinen hier nur zwei Querstriche.

Die Menge der Zahlen hinter den Fächern differiert: „Deutsch" ist mit 12 Ziffern der Spitzenreiter, es folgen „Englisch" mit 10 und „Mathe" und „Latein" mit jeweils 9 Ziffern. Hinter „Musik" stehen hingegen nur zwei Zahlen, hinter „Biologie" nur eine einzige. Diese Zahlen, die in der Spalte „Noten" stehen, oder jedenfalls dorthin gehören, sind ganze Zahlen von 1 bis 4, sie sind durch Kommata getrennt und zum Teil noch mit einem Plus- oder Minus-Zeichen versehen. Einige, höchstens zwei pro Fach, sind durch eine quadratische Einrahmung gekennzeichnet. In der Spalte „Durchschnitt" findet sich pro Fach eine Zahl, wieder zwischen 1 und 4, zum Teil allerdings als Dezimalzahl. Diese Ziffern sind eingekringelt und dadurch in der etwas unübersichtlichen „Übersicht" hervorgehoben. Festzuhalten ist noch, dass diese eingekringelte Zahl außer bei Sport auch hinter Kunst, Geographie, Biologie und Musik fehlt. Außerdem ist zu notieren, dass in der Spalte „Durchschnitt" außer den eingekringelten auch einige normale, einfache Zahlen auftauchen. Diese gehören aber offenbar eigentlich in die Spalte „Noten", denn sie tauchen nur auf, wenn dort zwei Zeilen voll geschrieben sind. (Hier erweisen sich die Vorgaben des Formulars als zu wenig durchdacht: Die Spalte „Noten" hätte breiter sein müssen auf Kosten von „Durchschnitt"!)

Bei genauerem Hinsehen ist zu erkennen, dass die Zahlen in unterschiedlicher Strichstärke und etwas variierender Größe eingetragen sind. Das legt die

Vermutung nahe, dass sie nicht auf einmal, sondern sukzessive, zu verschiedenen Zeitpunkten als Fortschreibung eingetragen wurden.

Auf eine Ungereimtheit ist noch aufmerksam zu machen: Die in der Spalte „Durchschnitt" eingetragenen Zahlen geben in vielen Fällen gar nicht den rechnerischen Durchschnitt der unter „Noten" eingetragenen Zahlen an, etwa in Sozialkunde oder in Latein ist dies schnell zu erkennen. Die Aufklärung liegt darin (ich habe es mir von der Schülerin erklären lassen), dass es sich um so genannte „Quartalsnoten" handelt, Zwischenstände also, Durchschnitte nach der Hälfte des Halbjahres. Was später auf dem Zeugnis zu ganzen Zahlen gerundet werden muss, kann zu diesem Zeitpunkt noch als Dezimalbruch dargestellt werden.

Aber was verbirgt sich hinter den Zahlen und Zeichen? Was einem Fremden ein echtes Rätsel aufgeben würde, erscheint uns sehr vertraut: Zu selbstverständlich sind wir mit dem System der Schulnoten aufgewachsen, als dass wir hier im Zweifel sein könnten. Wir verstehen diese Sammlung von Ziffern, die für Noten stehen, zu lesen. Dieses eine Blatt aus einem Schülerinnenkalender enthält für uns eine ungeheure Informationsdichte: Eine solche „Notenübersicht" vermittelt uns das vollständige Bild einer Schülerin, identifiziert ihre „Stärken" und „Schwächen", zeigt Trends und Perspektiven. Dass vor allem Einsen und Zweien vorkommen lesen wir als „gute Schülerin". Außerdem sehen wir: „Ihre Stärken liegen in den Sprachen", oder: „In Mathe hat sie sich gesteigert" – bis auf die eine Vier, die wir in dieser Reihe „Ausrutscher" nennen könnten.

Auch einige formale Besonderheiten können wir als mit der Organisation von Schule und Unterricht Vertraute interpretieren: Die durch Einkästelung hervorgehobenen Zahlen könnten Resultate von Klassenarbeiten sein, die anderen Zahlen stünden für Ergebnisse von Tests oder mündlichen Prüfungen. – Etwas überraschend vielleicht, wenn es sich um „mündliche Noten" handelt, dass die Schülerin alle (oder so viele) kennt. Die Fülle der Zahlen und die Eintragungen in der Spalte „Durchschnitt" lesen wir als Hinweis auf den Zeitpunkt im Schuljahr: Das Halbjahr dürfte abgeschlossen sein, die einzelnen Zensuren werden zu Zeugnisnoten zusammengefasst.

Gegenüber dieser schnellen und geübten Lektüre der „Notenübersicht" will ich jetzt aber noch einmal einen Schritt zurücktreten und einige Fragen an das Dokument richten: Für wen und zu welchem Zweck wird diese Tabelle eigentlich geführt? Tut es die Schülerin für sich selbst? Dürfen auch andere hineinschauen? Können andere, ihre Freundinnen, ihre Buchhaltung lesen (besser als wir)? Wie kommuniziert sie diese Zahlen gegenüber ihren Mitschülerinnen? Hat sie möglicherweise ein „Streberproblem" (vgl. Pelkner/Boehnke 2003, Breidenstein/Meier 2004)?

Wir vermuten (oder imaginieren) ein ganzes Schülerinnenschicksal hinter diesen Zahlen. Wir stellen uns vor, dass die Besitzerin dieses Blattes innerlich oder auch äußerlich gejubelt hat, wenn sie mal wieder eine Eins eintragen konnte. Die Einsen mögen aber auch unterschiedlichen Stellenwert haben – in Englisch schon fast Routine und in Geschichte vielleicht schon nicht mehr erwartet.

Vielleicht ist aber auch weniger Emotionalität im Spiel und es handelt sich stattdessen um das ungerührt-nüchterne Verwalten von Zahlen? Wie viel Strategie leitet die Schülerin zu bestimmten Zeitpunkten aus der gegebenen Reihe von Zahlen ab?

Anzunehmen ist, dass sich aus der Diskrepanz zwischen den Brüchen bei der Berechnung des Durchschnitts und dem Zwang zur Ganzzahligkeit auf dem Zeugnis eine bestimmte Dynamik ergibt: Die Dezimalzahlen 1,4, 1,6 oder 2,5 bilden keine Noten, sondern zeigen Noten an, die „auf der Kippe stehen". Verfolgt die Schülerin auch zwischendurch „wie sie steht", um durch gezieltes Engagement Noten auf der Kippe in die gewünschte Richtung zu steuern?

Die *Vorgaben des Formulars* legen die Berechnung des „Durchschnitts" als operatives Ziel nahe: Die Zahlen in der mittleren Spalte werden eingetragen, um schließlich zusammengezählt zu werden und ein Ergebnis in der Spalte „Durchschnitt" zu erbringen. Festzuhalten ist an dieser Stelle, dass die *Zahlen*, in denen die Noten ausgedrückt werden, offenbar von sich aus zu Buchhaltung, Verrechnung und Bilanzierung auffordern. Die Ziffern aus dem Bereich der ganzen Zahlen von eins bis sechs bilden zunächst ein einheitliches Darstellungssystem, mit dem sich „rechnen" lässt. Doch dabei bleibt es nicht, sondern es treten Formen der Differenzierung hinzu, wie etwa Plus- und Minus-Zeichen oder Einkästelungen und Umrahmungen, die die Sache verkomplizieren und das Reich der reinen Mathematik verlassen.

Ich werde die Betrachtung der Zensuren jetzt ausweiten: Verschiedene Diskurse und aktuelle Forschung zum Sinn (und Unsinn) der Notengebung in der Schule sind anzusprechen. Dann werde ich eine Reihe von Beobachtungen zur praktischen, interaktiven Handhabung der Zensuren im schulischen Alltag anführen. Im Mittelpunkt der ethnographischen Analysen stehen Szenen der Bekanntgabe von Noten durch die Lehrer – und ihrer Entgegennahme durch die Schülerinnen. Das ist gewissermaßen die Auflösung der „Notenübersicht" in die einzelnen Szenen, die dem Eintrag einer neuen Zahl vorausgehen. Ausschnitten aus Gruppendiskussionen entnehme ich die Art und Weise, wie Noten unter den Schülerinnen und Schülern kommuniziert werden, welche Bedeutung diesen Zahlen zugesprochen wird. Schließlich jedoch komme ich auf die nackten Zahlen zurück, von denen die Betrachtung ihren Ausgang nahm und auf die Frage: Worum handelt es sich eigentlich bei diesen Ziffern, um die sich fast alles in der Schule zu drehen scheint? Erfasst man das Geschehen in der „Notenübersicht" adäquat, wenn man von der offiziellen Funktion der Notengebung ausgeht? Oder braucht man möglicherweise andere theoretische Zugriffe, um zu verstehen, was hier vor sich geht? Ich werde eine kultursoziologische Perspektive vorschlagen, die die Bedeutung der Zensuren in der *Praxis ihrer Handhabung* sucht.

5.2 Schulnoten: der Stand der Forschung

> *„Zensuren* (Z) oder *Schulnoten* (SN; engl. „marks, amer. „grades") dienen der Skalierung pädagogisch bedeutsamer Leistungs- und Verhaltensmerkmale. Sie sollen interindividuelle Unterschiede und intraindividuelle Veränderungen erkennbar machen. Als *Indikatorvariablen* für das Konstrukt „Schulleistung" werden sie in der Regel von Lehrern erteilt und Schülern zugeschrieben." (Tent 2001, S. 805, Hervorhebung im Original)

Darstellungen des wissenschaftlichen Wissens zu schulischer Notengebung setzen in der Regel mit einer Beschreibung der *Funktionen* der Schulzensuren ein. – Die Funktionen der Schulzensur sind weniger empirisch als theoretisch-normativ bestimmt. Es handelt sich um die grundlegenden Aufgaben, die der Schulzensur zugeschrieben werden. – Ob die Zensuren diese Aufgabe auch erfüllen oder erfüllen können, ist dann eine andere (die empirische!) Frage.

Die Funktionen der Schulzensur gliedern sich, etwa bei Ziegenspeck (1999) in drei Bereiche:

- Die „Orientierungs- und Beratungsfunktion": Es geht um Rückmeldungen zu schulischen Leistungen durch Lehrer gegenüber Schülern und Eltern.
- Die „Pädagogische Funktion": Zensuren sollen Anreize bilden und Lernanstrengungen motivieren.
- Drittens die „Auslese-, Rangierungs- und Berechtigungsfunktion", auch „gesellschaftliche Funktion": Zensuren sollen die nachwachsende Generation auf die gesellschaftlichen Positionen nach „Leistung" verteilen.

Eine Bestimmung der Aufgaben der Schulnoten in dieser oder ähnlicher Form scheint konsensfähig, wobei erstaunlich wenig diskutiert wird, dass die „pädagogische" und die „gesellschaftliche" Funktion der Zensuren in ein deutliches Spannungsverhältnis geraten können und beide für die Praxis der Notengebung ganz unterschiedliche Bezugssysteme abgeben: einerseits die pädagogische Orientierung am einzelnen Schüler und seiner Förderung, andererseits sachbezogene Kriterien und der Maßstab überindividueller „Gerechtigkeit".[1]

Die empirische Forschung widmet sich zwei zentralen Fragestellungen, die sich ganz grob den genannten Funktionsbereichen zuordnen lassen:

a) Messen Zensuren eigentlich, was sie messen sollen? Sind sie „gerecht" mit Blick auf „reale" Leistungsunterschiede? Hier ist die "gesellschaftliche Funktion" der Noten angesprochen.

b) Wie wirken Zensuren? Welche Effekte haben Leistungsrückmeldungen bei Schülern? Hier steht eher die „pädagogische Funktion" der Notengebung im Vordergrund.

In der ersten Forschungstradition werden real vergebene Zensuren verglichen mit den Ergebnissen von Schulleistungstests, also „objektiv", d.h. mittels erprobter und großflächig eingesetzter Instrumente, gemessener Schülerleistungen (z.B. PISA). Die Ergebnisse dieser Forschungslinie sind seit einem berühmten Titel von Karlheinz Ingenkamp (1971), „Die Fragwürdigkeit der Zensurengebung" insgesamt stabil: Zensuren funktionieren als Maßstab für die Relationierung von Schülerleistungen relativ gut im Rahmen des Klassenverbandes, aber schon über verschiedene Klassen hinweg und erst recht über verschiedene Schulen oder Schulformen nicht. Für die gleiche Schülerleistung werden ganz unterschiedliche Zensuren gegeben, bzw. ein und dieselbe Zensur steht für ganz unterschiedliche Leistungen. Dieses Ergebnis ist auch jüngst in einer speziellen Auswertung der PISA-Studie bestätigt worden und die PISA-Autoren sprechen in diesem Zusammenhang von einem „ernsthaften Problem der Verteilungsgerechtigkeit" (Baumert u.a. 2003, S. 70; vgl. auch Klieme 2003).[2] Denn wenn berufliche Positionen oder Studiermöglichkeiten nach schulischen Abschlüssen vergeben werden, und diese aber gar nicht vergleichbar sind, dann hat man ein Gerechtigkeits-Problem.

Ich komme also zum zweiten Feld empirischer Forschung, zur Frage nach der Wirkung von Zensuren.[3] Die Pädagogische Psychologie fragt im Rahmen

---

1   Tillmann und Vollstädt (2000, S. 35) vermuten immerhin: „Möglicherweise sind mit der funktionalen Überfrachtung schulischer Leistungsbewertung viele der bekannten Schwierigkeiten bereits vorprogrammiert".

2   Ein Teil der Vorschläge läuft derzeit darauf hinaus, die Leistungsmessung auch im Schulalltag zu standardisieren und entsprechende Tests zu entwickeln. Aber dieses Problem ist noch lange nicht gelöst und Instrumente, die auch im schulischen Alltag von Lehrern einsetzbar wären, fehlen noch weitgehend (vgl. Schrader/Helmke 2001).

3   Von der in der pädagogischen Psychologie angesiedelten Schulleistungsmessung weitgehend unabhängig bzw. in kritischem Bezug auf diese, verläuft ein Diskurs, der nach pädagogisch begründeten Alternativen zu Schulnoten und dem Ziffernzeugnis sucht (vgl. Arnold/Jürgens 2001). Vor allem die an der Bielefelder Laborschule entwickelten „Lernberichte" haben viel

von „Attributionsforschung" nach der kognitiven und emotionalen Verarbeitung von Leistungsrückmeldungen. Hier werden Tests zum „Selbstwertgefühl" und zu leistungsbezogenen „Selbstkonzepten" eingesetzt und danach gefragt, wie die Ergebnisse mit den erhaltenen Zensuren zusammenhängen (vgl. Möller/Köller 1996, Möller 2001). Es kommt – nicht ganz überraschend – darauf an, wie Leistung zugerechnet wird. Erfolge können etwa extern (Glück, Zufall) oder intern (eigenes Können) zugerechnet werden, Misserfolge ebenfalls. Es bestätigt sich, dass die interne Zurechung von Erfolg und die externe von Misserfolg günstiger, d.h. selbstwertdienlicher ist – wenn man die Fünf etwa nicht sich selbst und eigenem Unvermögen, sondern der Uneinsichtigkeit der Lehrerin oder anderen widrigen Umständen zurechnet, nimmt man weniger psychischen Schaden. Jungen sind da offenbar „geschickter", bei Mädchen finden sich ungünstigere Attribuierungen als bei Jungen (vgl. Horstkemper 1987).

Helmut Fend (1997) zeigt in seiner großen Längsschnittstudie zu Schulverläufen in der Sekundarstufe, dass das *generelle* Selbstwertgefühl von Schülern insgesamt erstaunlich wenig mit schulischen Leistungsbewertungen zusammenhängt. Die ohnehin schwache Korrelation zwischen „Ich-Stärke" und „Leistungsstatus" nimmt zwischen dem 6. und 10. Schuljahr sogar noch ab. Schülerinnen und Schüler verfügen offenbar über wirkungsvolle Mechanismen des Selbstschutzes gegenüber der permanenten Bewertung in Form von Zensuren.

Den Stand der Diskussion zusammenfassend lässt sich also festhalten, dass sich den beiden großen Funktionsbereichen, die der Schulzensur zugesprochen werden, dem „gesellschaftlichen" und dem „pädagogischen" auch zwei voneinander relativ unabhängige Diskurse zuordnen lassen, die nach dem diagnostischen Wert bzw. dem pädagogischen Nutzen der Zensur fragen. Beide Diskurse kommen, aufs Ganze gesehen, zu äußerst kritischen Einschätzungen, was die Möglichkeiten der Schulnote betrifft, die ihr zugedachten (allerdings in sich zum Teil widersprüchlichen) Aufgaben zu erfüllen. Wenn man jedoch fragt, was diese Debatten mit dem schulischen Alltag der Notengebung zu tun haben, wird man zu dem Eindruck gelangen: ziemlich wenig. Die angesprochenen „Funktionen" der Schulzensur bilden eher normative Vorgaben, als dass sie empirisch beschreibbare funktionale Zusammenhänge darstellen würden – d.h. sie „erklären" das alltägliche Prozessieren schulischer Zensuren nicht. Konkrete Erscheinungsformen der Schulnote, wie sie etwa in der eingangs betrachteten „Notenübersicht" zum Ausdruck kommen, lassen sich weder auf die so genannte „gesellschaftliche" noch auf die „pädagogische" Aufgabe der Zensuren zurückführen. Stattdessen ist festzustellen, dass trotz der ausgebreiteten und differenzierten

---

Aufmerksamkeit (Lübke 1996; Thurn 1997; Döpp u.a. 2002) und Eingang in die Grundschulpädagogik gefunden (vgl. auch Beutel 2005).

Forschung zu Zensuren so gut wie nichts bekannt ist über die konkrete *Praxis* der Notengebung, über die Kommunikation und Rezeption von Noten im schulischen Alltag.

Zwei neueren qualitativen Studien sind einige Hinweise auf das *alltägliche* Funktionieren der Notengebung als Teil der Berufspraxis und Berufskultur von Lehrern zu entnehmen. Kalthoff hat im Rahmen seiner ethnographischen Studie zu Internatsschulen (Kalthoff 1997) auch Lehrer bei der heimischen Korrektur von Klassenarbeiten und bei der mündlichen Abiturprüfung beobachten können. Kalthoff (1996, S. 115) beschreibt die Festsetzung von Noten als „Verteilungsarbeit", die sich auf die konkrete Schülergruppe und deren Sortierung bezieht. In der Analyse der Verhandlungen über die Punktzahl in der Abiturkommission zeigt Kalthoff, wie die Lehrpersonen in die schulischen Urteile immer selbst mit involviert sind: Es steht immer auch ihr Unterricht zur Bewertung. Der Autor schlägt demzufolge vor,

> die „normativ angelegte Idee der Leistungsmessung der Schüler – wie sie die Bewertungsforschung dominiert – in die Idee eines panoptischen Systems der Fremd- und Selbstbeobachtung zu verschieben" (Kalthoff 1996, S. 121).

Auch Terhart (2000), der Ergebnisse eines DFG-Projektes zu Selektionsentscheidungen als Teil des Lehrerhandelns zusammenfasst, beschreibt diese als „Konstruktion im Kontext":

> Die Untersuchung von Lehrerinterviews zeige, dass „Berufsalltag und Berufskultur (...) in harmonischer Eintracht darauf ausgerichtet (sind), dass der nicht präzise regulierte Prozess des Zensierens nicht zu kontinuierlichen Konflikten führt" (Terhart 2000, S. 46).

Lüders (2001) berichtet von einem überraschend geringen Anteil der Lehrer (11%), die sich bei der Übernahme einer Klasse über die Benotung der Schüler durch ihre Vorgänger informieren, und interpretiert dies als Hinweis auf den Charakter der Schulnote als eines „höchstpersönlichen Fachurteils" (ebd., S. 225), dem kein übergreifender (pädagogisch-didaktisch zu nutzender) Wert zukommt.

Schon diese wenigen, insgesamt noch nicht sehr weit führenden empirischen Beobachtungen weisen auf die *Eigenlogik* des lokalen Kontextes hin. Es deutet sich in diesen Studien an, dass die Praxis der Notengebung *im schulischen Alltag* ganz eigenen Regeln und Relevanzen folgt und keinesfalls in den eingangs zitierten „Funktionen" der Zensurengebung aufgeht.

Hinsichtlich der Schülerperspektive auf Zensuren fehlt eine Hinwendung zur alltäglichen, situierten Praxis bislang vollständig. Wie werden Zensuren im

Rahmen ihres alltäglichen Handelns von Schülern gehandhabt? Welche interaktive und kommunikative Bedeutung kommt Zensuren innerhalb der Schülerkultur zu? Welche Varianten des Umgangs mit Zensuren lassen sich beobachten? – Zu all diesen Fragen liegt keine einzige Untersuchung vor. Insofern handelt es sich bei den im Folgenden präsentierten Beobachtungen und Analysen um erste Schritte in diese Richtung, die zunächst darauf zielen, den *praktischen, alltäglichen* Umgang mit Zensuren von Schülerinnen und Schülern in den Blick zu bekommen.

5.3 Die Bekanntgabe von Noten und ihre Entgegennahme

Die Rückgabe von Tests, von Klassenarbeiten und schließlich die Bekanntgabe von Zeugniszensuren – das sind herausgehobene Momente im Schüleralltag. Man „kriegt" seine Note, vorher fragt man sich und hinterher weiß man, „was man hat".

Beobachten lassen sich verschiedene Formen der Inszenierung der Rückgabe von Arbeiten und der Bekanntgabe von Noten, die von barocken Predigten bis hin zu Bemühungen um nüchterne Sachlichkeit reichen und stark mit dem persönlichen Stil der jeweiligen Lehrperson verknüpft scheinen. Über die verschiedenen Inszenierungsstile hinweg jedoch lassen sich übergreifende Elemente einer Ritualisierung ausmachen und eine Ablaufstruktur, die aus mehreren Phasen besteht und insgesamt auf einen präzisen Spannungsbogen hinausläuft. Die Inszenierungen unterscheiden sich, aber die Regeln der Dramaturgie bleiben erkennbar. Diese Grundstruktur und einige Varianten ihrer Anreicherung sollen im Folgenden an Beispielen untersucht werden.

Deutschunterricht

Der Lehrer beginnt seinen Unterricht mit folgender Ankündigung. „Guten Morgen. Gute Nachricht oder schlechte Nachricht – je nach dem (.) hier sind die korrigierten Klassenarbeiten zurück" – „Klassenarbeiten: Oh yeah" intoniert Nina halb ironisch. „Ich denke, ihr könnt euch daran erinnern, dass äh ..." – „Dunkel können wir uns dran erinnern", fällt Nina ins Wort – „dass bis jetzt nich gerade die beste Klassenarbeit war," Nina zu irgendjemanden: „Hast du ein Schwein, du kannst ja noch was lesen." Der Lehrer: „ – also sie is nich ganz so schlimm ausgefallen aber – (.) ja einige ham (.) sich (.) ihre (.) Zensur vielleicht `n bisschen verdorben." Nina ist auf einmal ganz ernst und meint: „Scheiße" – jede Ironie ist aus der Stimme verschwunden. Der Lehrer weiter: „Na gut, dazu sag ich was am Ende der Stunde (.) und im größten Teil der Stunde wollen wir uns damit beschäftigen, Personen zu beschreiben. Vielleicht fangen ma mal an mit..." Nina und Sophie beginnen ein Gespräch. (Hedda Bennewitz)

Dass heute der Tag ist, an dem die Klassenarbeit zurückgegeben wird, hat Nachrichtenwert. Der Lehrer gibt es gleich nach dem „Guten Morgen" bekannt und sichert sich damit erhöhte Aufmerksamkeit. Sofort sprießen die Spekulationen, denen der Lehrer mit seinen vagen Andeutungen (*„gute Nachricht, schlechte Nachricht"*) zusätzliche Nahrung gibt. Nina bemüht sich zunächst um Lässigkeit und Souveränität gegenüber der Situation, lässt sich dann aber von der nächsten Andeutung des Lehrers (*„einige haben sich vielleicht ihre Zensur verdorben"*) doch etwas aus der Fassung bringen.

Der Lehrer belässt es zunächst bei der Ankündigung und verschiebt die Rückgabe der Arbeit auf das Ende der Stunde (er befürchtet möglicherweise für seinen Unterricht nicht mehr genug Aufmerksamkeit erzielen zu können, wenn er die Arbeit gleich zu Anfang der Stunde zurück gibt), Nina und die anderen müssen ihre Aufregung, ihre Befürchtungen, ihre Neugier aushalten, aufschieben und sich ablenken – aber das kennen sie von ihrem Deutschlehrer.

In der folgenden Szene ist die Rückgabe eines Tests im Physikunterricht dokumentiert:

Vor Beginn der Stunde ist es unruhig. Die Mädchen fragen sich, ob sie heute wohl den Test zurückgibt. Es klingelt, die Lehrerin fängt an und entschuldigt sich zunächst für ein kaputtes Gerät, weshalb irgendein Versuch heute nicht möglich sei. – Also gibt es den Test doch nicht, murmelt jemand. – Doch die Lehrerin fährt fort: „Ich gebe euch als allererstes die **Tests** zurück." (weit verbreitetes Stöhnen) „Bei diesen Tests hab ich mich bei zwei Fragen echt gefragt, wozu ham wir vorher eigentlich Physik gemacht haben." (vereinzelte Lacher) „Und zwar war das einmal die Frage mit dem Schiff, das beladen wird, ihr könnt euch erinnern. Ein Schiff wird in Rostock beladen und fährt in den Atlantischen Ozean. Was passiert? Da kamen die dollsten Dinger zustande, weil ihr mir erklärt, wie ein Schiff aufgebaut ist, dass es unten schmaler ist und oben breiter wird, so dass es nicht kippelt. Das war doch überhaupt nicht gefragt! Was passiert, wenn ich mit dem Schiff mit einem vollbeladenen Schiff von Rostock losfahre in den Atlantik? Irgendwas wird pass**ier**en, sonst hätte ich ja die Frage nicht gestellt. – Paul erkläre, was passiert, die anderen hören bitte **zu**, Eric denk bitte dran (..) heute in einer Woche schreiben wir die **Klass**enarbeit." (kleine Rufe des Erschreckens, verbreitetes Murmeln)[4]
Als klar wird, dass heute doch der Test zurückgegeben wird, sagt Helene spontan: „Ich hab ne Fünf". Während dieser Eingangsszene schauen die beiden Mädchen, auf die ich mich konzentriere, gebannt nach vorne zur Lehrerin. Nur einmal zwischendurch wenden sie sich einander zu und schauen sich fragend an. Maxi meldet sich zweimal bei der folgenden Besprechung des Tests ohne dranzukommen. Dann teilt die Lehrerin die Tests aus. Die Reihe hinter uns bekommt zuerst ihre Blätter. Helene und Maxi drehen sich um: „Was hast du, zeig mal". Helene klatscht kurz und spontan erfreut in die Hände: „Zwei Fehler nur!"
Dann bekommen die beiden ihre Tests. Bei beiden Mädchen der gleiche Ablauf: Erst die Vorderseite betrachten, schauen, was falsch war, was angestrichen ist, dann kurzes Verzögern – die Spannung noch mal erhöhen – dann umdrehen und auf die Note am unteren Ende dessen, was man selbst geschrieben hat, schauen. Beide haben eine Eins! Helene sagt: „Volle Punktzahl. Ätsch!" (Hat Maxi nicht alle Punkte bekommen?) Dann fügt Helene hinzu: „Ist das nicht schön?" Maxi meint: „Ich bin stolz auf dich!"

---

4   Für die Nicht-Physiker sei das Rätsel aufgelöst: Der Atlantische Ozean ist salzhaltiger als die Ostsee, so dass das Schiff `steigt´, das heißt weniger tief im Wasser einsinkt.

In dieser Szene wird die Rückgabe des Tests geradezu zelebriert. Obgleich in unterschiedlichen Rollen arbeiten die Beteiligten, die Schülerinnen und die Lehrerin in der Inszenierung dieses Schauspiels eng zusammen. Es lohnt sich, einige *Elemente dieser Inszenierung* noch einmal herauszustellen:

Zunächst steht die zugleich bange und erwartungsvolle Frage im Raum, ob die Rückgabe heute wohl stattfindet. Diese Frage ergibt sich für jede Stunde, die auf eine Klassenarbeit oder einen Test in dem jeweiligen Fach folgt. Die Frage erzeugt einen eigenen Kitzel und verleiht der Situation eine gewisse Spannung. Die Lehrerin zögert die Auflösung dieser Spannung noch weiter hinaus, indem sie zunächst von etwas anderem spricht (einem kaputten Gerät) und erst dann, das Transkript vermerkt die besondere Betonung in ihrer Stimmführung, die Rückgabe ankündigt.

Die Klasse (der Chor) reagiert mit Stöhnen, nun weiß man, das Ereignis der Rückgabe wird unweigerlich heute stattfinden (unausweichlich ist es sowieso, es ist nur eine Frage des Zeitpunktes), die Erwartungen richten sich auf das Ergebnis – und zwar vor allem auf das Risiko eines schlechten Ergebnisses, um nicht davon überrascht zu werden und möglichen Enttäuschungen vorzubeugen.

Die Lehrerin erhöht weiter die Spannung und nährt die unguten Ahnungen, indem sie sich in Andeutungen ergeht und eine Frage anspricht, die kaum jemand zu beantworten wusste. Sie zitiert sogar *„die dollsten Dinger"*, zwar ohne Namen zu nennen, aber die Verfasser dieser Antworten werden sich erinnern.

Die Lehrerin kann sich der gespannten Aufmerksamkeit sicher sein und nutzt diese Situation für einen kleinen Monolog und eine Ermahnung an Eric. Die Erinnerung an die bevorstehende Klassenarbeit erhöht noch die Dramatik, denn sie verdeutlicht, dass das Spiel nicht mit der heutigen Rückgabe beendet ist, sondern seine Fortsetzung und Steigerung erfahren wird.

Der Chor quittiert mit Schrecken.

In den Reaktionen Helenes, auf die das Protokoll fokussiert, exemplifiziert sich der Part der Schülerschaft, wobei Helene zu denjenigen gehört, die regelmäßig gute Noten erhalten und eigentlich nichts zu befürchten haben. Dennoch prognostiziert sie: „Ich hab ne Fünf". Außer der angesprochenen Strategie der Enttäuschungsvermeidung kann hier auch ein besonderes Motiv in der Imagination des Schreckens vermutet werden – ein wohliges Schauern angesichts des vorgestellten Schlimmsten.

Das volle Auskosten der Situation motiviert auch das Verhalten der Mädchen, als sie ihren Test dann (endlich) in Händen halten: noch einmal hinauszögern, die Spannung noch einmal erhöhen durch die Betrachtung der Anstreichungen, zunächst ohne sich über die Note zu vergewissern – ein weiteres retardierendes Moment in der Inszenierung des Dramas. Schließlich die Auflösung und die (gemeinsame) Entspannung im `Happy End´.

Was geht hier vor sich? Rechtfertigt die Zensur in einem Physiktest tatsächlich eine solche Dramaturgie? Oder ist es umgekehrt die Inszenierung ihres `Auftritts´, die der Zensur ihre Bedeutsamkeit verleiht?

In einer anderen Variante des Rückgaberituals nutzt die Lehrerin die herausgehobene Situation des Wartens auf die Note für eine eingehende Ermahnung und einen Appell an die Arbeitsmoral. Die Schülerinnen und Schüler kennen diese Begleiterscheinung jedoch schon und lassen, so scheint es, die Ansprache routiniert über sich ergehen.

> Fr. Kaiser: „So, ready!" Nach einer kleinen Pause fängt sie an, in Englisch darüber zu berichten, dass der Englischtest sehr schlecht ausgefallen sei. Der „simple test of words and phrases" hätte nur eine oder zwei Einsen ergeben, sehr wenig Zweien, sehr wenig Dreien, einige Vieren dafür aber jedem Menge Sechsen und Fünfen. Dann fährt sie auf Deutsch mit ihrer Standpauke fort, dass die Kinder kontinuierlich lernen sollten, es wäre eben nicht möglich, 25 Seiten Vokabeln an einem Tag zu lernen. Frieda malt. Yvette guckt auf einen Computerausdruck, der hinter Klarsichtfolie in einem Ordner eingeklebt ist. Dort sind jede Menge hübscher Fußballspieler abgedruckt. Später, fährt Fr. Kaiser fort, das erlebe sie gerade in der achten Klasse, da gebe es dann jede Menge Einbrüche. Dann: „*Ihr* müsst mit den Noten klarkommen, ich bin a-ber mächtig enttäuscht!"
> Fr. Kaiser läuft durch die Klasse. Joshua kriegt seinen Test zurück. Ich kriege nicht mit, was er hat. Ich frage ihn (aber meine Frage richtet sich eigentlich an alle). Ne Sechs, sagt er leise, ein bisschen betroffen. Zeige mich mit einem kurzen „Hm" auch betroffen. Als nächstes kriegt Frieda ihren Test zurück. Sie guckt in den Test, dann guckt sie genervt in die Luft (nachdenklich). Es ist eine Zwei. Yvette nimmt ihren Test entgegen. Das Blatt ist doppelseitig beschrieben. Bevor sie ihn umdreht, guckt sie sich die Vorderseite an und fragt als erstes, was ist daran falsch, was Fr. Kaiser hier angestrichen hat. André kriegt jetzt seinen Test zurück. Er packt ihn sofort in seinen Hefter. Ich bin verblüfft über diese Kaltblütigkeit und frage ihn, ob er gar nicht wissen will, was es ist. – „Nein!", sagt er darauf, hebt dann aber die Heftseiten doch so an, dass er das Ergebnis seines Tests lesen kann. „Ne Vier", sagt er dann zu mir. Ich sage „Na" und gucke mit einem „Geht-doch-noch" – Gesichtsausdruck. (Michael Meier)

Die Verblüffung des Ethnographen ob des Verhaltens von André ist leicht nachzuvollziehen: Gar nicht nach der Zensur zu schauen stellt eine seltene Verweigerung ihrer Bedeutsamkeit dar und steht in einem eklatanten Widerspruch zur Gesamtrahmung der Szene. Ist das die implizite Botschaft von Andrés seltsamem Verhalten? Oder ist er sich sicher, eine so schlechte Note zu haben, dass er sie (zunächst) gar nicht verifizieren will?

Eine weitere Variante der Inszenierung besteht darin, zunächst den Klassenspiegel bekannt zu geben. – Eine Variante, die der Spekulation besondere Möglichkeiten eröffnet. Die Prognosen richten sich nicht nur auf das eigene Ergebnis, sondern man kann auch zum Beispiel versuchen zu erraten, wer wohl die Einsen hat und wer die Fünfen, wenn welche dabei sind. Ansonsten zeichnet sich die folgende Inszenierung, verglichen mit den eben dargestellten, durch eine gewisse Sachlichkeit aus.

Der Geschichtslehrer betritt kurz vor Stundenbeginn den Raum. Er schreibt dann wortlos folgende Tabelle an die Tafel:

1	2	3	4	5	6
2	8	9	1	-	-

Irgendeine in meiner Ecke spricht von der „Stunde der Wahrheit", eine andere meint: „Schlimmer als vier kann's ja nicht werden!"

Die Klassenarbeiten gibt er dann in folgender Form zurück: Er reicht die Zettel (Aufgaben- und Antwortzettel) an die ihm am nächsten sitzenden Schülerinnen, die sie dann weiterreichen bis zu den jeweiligen Adressaten. Beim Weiterreichen kann man allerdings die Note nicht erkennen, glaube ich.

Die vor mir sitzenden Sophie und Nina freuen sich und ‚schlagen ein' (sportlicher Gruß).

Ulla kommentiert: „Wir haben zwei Verrückte in der Klasse" (Worauf bezieht sich das? Auf den Zensurenspiegel und die Einsen?)

Ulla und Nina, die beide eine drei haben, vergleichen ihre Punktzahl Ulla hat 18, Nina 19 Punkte – „Ist das fies!", sagt Ulla.

Meine Nachbarin, Bettina, schlägt nur kurz den unteren Rand ihres Blattes um, so dass sie die Zensur erkennen kann, ich denke es ist eine Drei – sie bleibt völlig ungerührt.

Erst kurze Zeit später schlägt Bettina ihr Blatt wieder auf und betrachtet es ausführlich – ich vermute vor allem die roten Anstriche und Korrekturen des Lehrers. Sie wendet das Blatt auf die Rückseite, ihre Augen bleiben auf das Papier geheftet, während der Lehrer erläutert, welche Antworten er sich vorgestellt hatte. Einmal huscht ein kurzes Lächeln über ihr Gesicht.

Als Hanna sich zu ihr umwendet, zeigt Bettina ihr wortlos den Rand des Blattes, so dass die Zensur erkennbar wird. Aber Hanna sagt: „Ich weiß, was du hast. Zeigst du mir's mal?" Bettina reicht ihr das Blatt nach vorne. Kurz darauf bekommt sie es zurück.

In dieser Beschreibung kommt der Kontrast zweier ganz unterschiedlicher Umgangsweisen mit der Entgegennahme von Noten zum Ausdruck. Sophie, Nina und Ulla feiern öffentlich ihren „Erfolg", sie bedienen sich einer Geste aus der Welt des Sports, und necken sich gegenseitig wegen geringfügiger Differenzen in der erreichten Punktzahl. Die Entgegennahme der Noten wird im Kreis *dieser* Mädchen zum vergnüglichen Spiel, gewürzt durch den Reiz der Überraschung und den sportlichen Vergleich mit der Nachbarin. Mit diesem Modus kontrastiert das Verhalten von Bettina und Hanna. Hier steht die Demonstration von Gelassenheit und Ungerührtheit in der Hinnahme von Noten im Vordergrund. Bettina und Hanna zählen zu einer Clique von Mädchen, die sich selbst im Rahmen der Schulklasse als die „Jugendlicheren" verstehen und sich von den eher „kindlichen" Mädchen abgrenzen. Die Situation der Entgegennahme von Noten bietet eine besondere Chance zu solcher Distinktion: Während die „kindlicheren" Mädchen ihrer Freude (bzw. Enttäuschung) offenen Ausdruck verleihen, scheint genau dies im Kreis der „Jugendlicheren" verpönt. Hier geht es darum, einen Habitus der Souveränität und `Coolness' zu entwickeln – gerade im Angesicht jener Noten, die als Herzstück schulischen Geschehens und Ziel schulischer

Anstrengung inszeniert werden. Je expressiver Sophie und Nina die Situation der Testrückgabe gestalten, desto cooler werden Bettina und Hanna damit umgehen. Im weiteren Verlauf dieser Geschichtsstunde „gibt" es noch mehr Noten.[5] Der Lehrer verliest die „Quartalszensuren", die Zusammenfassung des „Leistungsstandes" nach einem Vierteljahr. Auch hier ist die Inszenierung des Lehrers von Nüchternheit und Minimalismus geprägt. Das Protokoll fokussiert weiterhin auf Bettina, und es bestätigt sich deren Bemühen um eine Haltung des Gleichmuts.

Anschließend an die Erläuterungen zur Klassenarbeit – der Lehrer fragt sich kurz: „War die Arbeit zu leicht? Nein, ihr habt gut gelernt!" – geht es an die Verkündigung der Noten für mündliche Mitarbeit.

Der Lehrer sagt, er müsse bis Ende der Woche die Quartalszensuren eintragen, deshalb nenne er ihnen jetzt die mündlichen Noten, die Gesamtzensuren könnten sie sich ja dann selbst mit der Klassenarbeit zusammenrechnen. Der Lehrer erklärt das ritualisierte Vorgehen („Ihr kennt das ja"): Er werde nach jedem Namen, den er verlese, kurz innehalten, dann könnten diejenigen, die nicht wollten, dass ihre Note öffentlich vorgelesen wird, sich melden, denen würde er es nachher einzeln sagen. Diese Option nimmt dann aber niemand in Anspruch.

Der Lehrer liest mit gleich bleibender Stimme immer Namen – kurze Pause – Zahl vor. Manchmal kommentiert er knapp „Das ist besser geworden" o.ä. Gespannte Stille, wenig Reaktionen.

Als der Lehrer Bettinas Namen liest und die „Vier" nennt, grinst sie nur kurz und etwas mechanisch. Als er für Christoph die „Eins" nennt, ich glaube es ist die einzige Eins, stößt dieser einen kurzen Triumphruf, „Joah!", aus.

Alexa erkundigt sich: „Nina, was hast du?" „Zwei bis drei".

Abschließend sagt der Lehrer, wer nicht einverstanden sei, dürfe ihn gerne, „sehr gerne" steigert er, nach der Stunde ansprechen. Ich habe aber nicht in Erinnerung, dass dies jemand getan hätte.

Ich frage Bettina, die ihre Note zwar ungerührt hingenommen, sich dann aber sehr in sich zurückgezogen hat, nach der Stunde, ob sie mit ihrer Zensur nicht einverstanden sei. Nein, sagt sie, sind sie wirkt durchaus enttäuscht. Ob sie den Lehrer nicht darauf ansprechen wolle? – Nein. Das habe keinen Zweck, bestätigt sie mir.

So, die verbleibende Zeit wolle man noch „für Fachliches" nutzen, fährt der Lehrer fort. Er knüpft an den Unterricht vor den Ferien an, es ging um das Fürstentum Anhalt-Dessau, und fragt nach dem Namen des Fürsten.

Der Geschichtslehrer bemüht sich, das Schauspiel der Noten-Bekanntgabe zu begrenzen und abzugrenzen vom `eigentlichen´ Unterricht, der als „*Fachliches*" angesprochen ist. Dennoch, trotz der Betonung von Sachlichkeit und Routine („*ihr kennt das ja*"), ist die untergründige Spannung auch in dieser Szene deutlich zu spüren.

Ein letztes Beispiel für die Betrachtung von öffentlichen Inszenierungen der Noten-Bekanntgabe entstammt wiederum dem Physikunterricht. Nachdem zu-

---

5   Dies ist eine bezeichnende Ausdrucksweise im schulischen Jargon: „Gibt es heute Noten?"

nächst noch ein Test zurückgegeben worden war, geht es jetzt um die Zeugniszensuren. Die detaillierte Transkription der Audioaufzeichnung des Geschehens
erlaubt die eingehende Untersuchung eines eigentümlichen Rituals. Ich verfolge
die Zeremonie schrittweise.[6]

| Lehrerin: | Ganz einfach: Ihr nennt jetzt **alle** eure Zensuren (.) und äh wir machen´s mal ganz kurz zunächst bevor wir (unverstdl.) ausrechnen wer was bekommt aufn Zeugnis. Punkt. Was wird's aufm Zeugnis? |

Die Lehrerin charakterisiert das Verfahren und gibt den Rahmen vor: Es geht um
Vollständigkeit („*alle*" kommen dran), Kürze und Prägnanz („*Punkt*"). Sie sieht
offenbar keine größeren Aushandlungsprozesse oder Diskussionen voraus, was
ja auch nicht zu erwarten ist bei einem Verfahren, das mit „*ausrechnen*" bezeichnet ist. Ergebnisse von Rechenoperationen können eigentlich nicht strittig
sein. Notieren sollten wir noch, dass die Lehrerin die Kenntnis des Verfahrens
bei allen voraussetzt, denn sie erläutert es nicht weiter. Eine Routinesache also.
„*Was wird's aufm Zeugnis?*" – auch in dieser Formulierung schwingt jene
Selbstläufigkeit mit, die die (passende) Zensur nahezu automatisch hervorbringt.
Was ist dann aber die Rolle der Schülerinnen und Schüler in der Prozedur?

| Schülerin: | Ne Zwei |
| Lehrerin | Genau! Susan, was wird's auf'm Zeugnis |

Eine Schülerin äußert sich, vermutlich auf eine nonverbale Aufforderung der
Lehrerin hin. Ihre Antwort fällt ungemein knapp aus: „*ne Zwei*". Sie hält sich an
die Vorgabe der Kürze und Prägnanz. Die Lehrerin bestätigt das Ergebnis mit
einem „*Genau!*". Die Lehrerin kannte also das Ergebnis bereits. Aber warum soll
die Schülerin ihrer Lehrerin ein Rechenergebnis mitteilen, das diese schon
kennt? Mit „*Susan, was wird's auf'm Zeugnis*" wird bereits die nächste Schülerin
aufgefordert. Die Feststellung der Übereinstimmung zwischen der ersten Schülerin und ihrer Lehrerin beendet deren gemeinsame Interaktionssequenz. Offenbar
liegt genau in dieser Klärung der Übereinstimmung die Funktion des Zeremo-
niells.

Susan (leise):	Drei?
Lehrerin:	Hhm (bestätigend). Stefan!
Stefan:	Zwei?
Lehrerin:	Hm (bestätigend). Nina?
Nina (leise):	Zwei

---

6   Ich bedanke mich bei Hedda Bennewitz für ihre Vorarbeiten zur Interpretation dieser Szene.

Auch Susans Antwort fällt sehr kurz aus, reduziert sich sogar auf die schlichte Nennung einer Zahl. Im Gegensatz zur ersten Schülerin antwortet Susan leise, und zugleich drückt sie durch die fragende Betonung eine Unsicherheit aus. Warum aber zweifelt Susan ihre Antwort an? Ist es vielleicht doch nicht so einfach, ein klares Endergebnis auszurechnen? Mit der zustimmenden Antwort der Lehrerin, die hier gegenüber der ersten Sequenz noch einmal verknappt wird, ist die Übereinstimmung wieder signalisiert, ohne dass es nötig schiene, auf die Unsicherheit von Susan einzugehen. Stefan wird sodann nur noch namentlich aufgerufen, auf die Frage wird nun verzichtet. Es ist inzwischen klar, worum es geht, das Verfahren ist etabliert und kann auf die kürzest mögliche Form reduziert werden. Auch Stefans Antwort beschränkt sich auf die Nennung einer Zahl, die wiederum mit einem Zweifel oder einer Unsicherheit vorgebracht wird. Ebenso wie bei Susan erfolgt eine kurze Zustimmung und Bestätigung der Lehrerin. Die gleiche Prozedur erfährt nun auch Nina, mit dem Unterschied, dass diese ihre Zahl nicht zweifelnd, sondern nur leise nennt.

Lehrerin	Ihr habt's richtig gut gerechnet. Helene?

Mit dieser Bemerkung richtet sich die Lehrerin an eine Gruppe von Schülerinnen und Schülern, die auch Nina einschließt, womit Ninas Zahl bestätigt ist. Warum aber lobt die Lehrerin ihre Schülerinnen und Schüler und was kommt in dieser Botschaft zum Ausdruck? Wenn die Rechnung einfach ist, dann sollte die Richtigkeit des Ergebnisses doch selbstverständlich sein und das Lob wäre nicht nur wenig wert, sondern sogar unverständlich. Es scheint, in dieser Bemerkung der Lehrerin ist gleichermaßen die Explikation des Verfahrens als Rechenoperation und dessen Ironisierung enthalten: Selbstverständlich ist es nicht schwer sich die Note auszurechnen!

Nach diesem kleinen Kommentar hält sich die Lehrerin wieder an das etablierte Muster und fordert mit „Helene?" die nächste Schülerin auf.

Helene:	Zwei?
Lehrerin	Dann muss ich sie ändern. Ich hab da ne 1 stehen.
(Lachen)	
Lehrerin:	Willst ne Zwei?
Helene:	Nee, ich nehm auch ne Eins.

Auch Helene markiert, wie bereits einige zuvor, einen Zweifel, woraufhin die Lehrerin anbietet, ihr Ergebnis zu verändern. Hier passiert offenbar etwas anderes als in den bisherigen Sequenzen: Die Lehrerin verweigert ihre zustimmende Bestätigung. Sie signalisiert, dass sie gezwungen ist, „sie", die Note, zu ändern. Sollte es also doch die Schülerin sein, die über das Ergebnis bestimmt? Mit „Ich *hab da ne Eins stehen*" macht die Lehrerin allerdings deutlich, dass sie selbst schon über das Ergebnis der Rechnung verfügt und dieses auch schriftlich fixiert hat; ihr Ergebnis „steht". Deutlich wird, dass das Angebot der Veränderung ein rhetorisches ist, bzw. nur als Spaß zu verstehen sein kann (woraufhin auch das nachfolgende Lachen einsetzt). Schließlich ist die Eins die bessere Note und Helene wird kaum auf ihrem eigenen Vorschlag bestehen. Allerdings reagiert Helene nach dieser Sequenz offenbar (noch) nicht. Erst als die Lehrerin insistiert, stellt Helene unbeeindruckt die Übereinstimmung her.

Der weitere Verlauf folgt (zunächst) dem aufgezeigten Muster.

Lehrerin:	Nützt ja (Kriegste) auch nix (unverstdl.) Marlene!
Marlene:	Zwei
Lehrerin:	Sicher. Bettina!
Bettina:	Drei?
Lehrerin:	Soll ich's auch eintragen?
Bettina:	Zwei?
Lehrerin:	Na sicher aber doch.
(Lachen, übertönt Rede)	

Bei Bettina wiederholt die Lehrerin das gleiche rhetorische Angebot sich nach ihr zu richten wie bei Helene. Bettina hatte sich gleichermaßen „zu schlecht" eingeschätzt und „verbessert" sich.

Schülerin:	Zwei
Lehrerin:	Gar nicht gerechnet, nur geschätzt! Katharina
Katharina:	Hab ne Drei?
Lehrerin:	Konstanze!
Konstanze:	Drei
Lehrerin:	Na, das musste mir aber erklären.
Konstanze:	Na ja –
Lehrerin:	Was haste jetzt im Test gekriegt?
Konstanze:	Ne Eins, aber
Lehrerin:	Aha,
Konstanze (leise):	Zwei?
Lehrerin:	Aber sicher! Sophie!
Sophie:	Zwei?
Lehrerin	Lara!
Lara:	Drei?
Lehrerin:	Felix!
Felix:	Drei.

Katharinas fragende „Drei?" erfährt keine explizite Bestätigung. Vielmehr erfolgt hier eine weitere Abkürzung des Verfahrens: Allein mit dem Aufruf der nächsten Schülerin ist ab jetzt die Zensur ratifiziert.

Auch Konstanze ist wieder ein Fall, bei dem es keine sofortige Übereinstimmung gibt. Konstanze hat sich, wie bislang bei allen diesen Fällen, als schlechter eingestuft. Auf diese Inkongruenz reagiert die Lehrerin, wie bisher auch, mit der Formulierung einer rhetorischen Frage „*Na, das musste mir aber erklären*". Wieder gibt die Lehrerin einen Impuls, bis Konstanze endlich die ‚richtige' Antwort gibt und die Übereinstimmung wieder hergestellt ist. Die Lehrerin beharrt jedenfalls darauf, dass die Schülerin selbst ihre Note korrigiert, obgleich es doch ansonsten darum zu gehen scheint, das Verfahren so kurz wie möglich zu gestalten.

Lehrerin:	Maxi.
Maxi:	Eins?
Lehrerin:	Willst dich dafür entschuldigen oder was. [pampig]
(Lachen, gekünstelt)	

Maxi ist die erste, die sich traut, für sich selbst die Eins vorzuschlagen, offenbar allerdings gerahmt mit Zeichen der Unsicherheit, auf die die Lehrerin reagiert. Das Risiko, für sich selbst die Eins zu nennen, ist ein doppeltes: Zum einen könnte man in den Augen der Mitschüler, die das Publikum dieser Szene bilden, als „Streber" dastehen, zum anderen könnte es auch im Urteil der Lehrerin zu hoch gegriffen sein. Insofern verwundert Maxis Unsicherheit nicht, die die Lehrerin aber moniert: Eine Eins zu wollen/zu bekommen darf nicht peinlich sein.

Lehrerin:	Alice.
Alice:	Äähh (überlegend) (3 Sek., Stuhl-Rücken) Fünf.
Lehrerin:	Kommst nachher noch mal, da reden wer noch mal drüber. Paul.

Die Fünf passt nicht in das bisherige Bild, das insgesamt von Übereinstimmung und damit Zufriedenheit gekennzeichnet war. Auch wenn Alice die Fünf selber nennt, wird sie aus dem Verfahren und der Öffentlichkeit herausgenommen.

Paul:	Eins?
Lehrerin:	Christoph!
Christoph:	Vier
(Gelächter, übertönt Lehrerin-Antwort.)	

Christophs Antwort sprengt in gewisser Weise das Verfahren, denn er gehört zur Leistungsspitze der Gruppe und die Eins ist in seinem Fall eine Selbstverständlichkeit. Anstatt jedoch, wie die anderen ´Einser-Kandidaten´ mit den Zeichen der Unsicherheit und Demut um die Note zu bitten, schlägt er für sich selbst die abwegige Vier vor – so führt er das ganze Verfahren ad absurdum. Entsprechend scheint auch die Lehrerin kurzzeitig ihr Reaktionsvermögen verlassen zu haben. In den Augen seiner Mitschülerinnen und Mitschüler ist Christophs Gag aber vermutlich heikel, denn seine Selbstsicherheit könnte auch als Arroganz gewertet werden. Zudem führt er ihnen vor, welch sinnlosem Tun sie bis dahin gefolgt sind. Die Ordnung ist dann jedoch schnell wieder hergestellt. Ich lasse einige Redezüge aus, die dem bekannten Muster folgen, um noch eine Sequenz herauszugreifen, die eine weitere Variation beinhaltet:

Lehrerin:	Mechthild.
(5 sec., flüstern)	
Mechthild:	Eine Eins oder Zwei.
Lehrerin:	Zwei. Daniel!
Daniel:	Zwei.

Die erste Besonderheit liegt in der Zeitspanne zwischen der Aufforderung der Lehrerin und der Antwort von Mechthild. Nach diesem Zögern formuliert sie ihre Unsicherheit explizit „*eine Eins oder Zwei*" und verzichtet auf den fragenden Tonfall. Mit der Antwort „*Zwei*" fällt die Reaktion der Lehrerin sehr kurz aus. Mechthild ist hier ein Risiko eingegangen, denn schließlich ist sie die erste, die sich zu gut einschätzt, die eine Eins vorschlägt, ohne sie zu bekommen.

In der Transkription vom Tonband läuft das Geschehen weiter, die Lehrerin wendet sich mit Daniel dem nächsten zu. Anders stellt es sich der teilnehmenden Beobachterin dar, die in dieser Situation auf Mechthild fokussierte. In dem Beobachtungsprotokoll deutet sich an, dass die Situation der Notenbekanntgabe, die ihrem verfahrensförmigen Ablauf so glatt und konfliktfrei erscheint, subjektiv, bei einzelnen Schülerinnen, durchaus mit Enttäuschung und Frustration verbunden sein kann:

Zum Schluss ist Mechthild an der Reihe. „Mechthild". Es entsteht ein Pause, Maxi kichert leise. Dann sagt Mechthild leise: „Eins oder Zwei". Damit ist sie die Einzige, die eine Unsicherheit formuliert. Die Lehrerin guckt in ihr Buch, es dauert eine Weile, schließlich entscheidet sie sich für die Zwei. In diesem Moment bricht Mechthilds Gesicht förmlich zusammen – so eine bittere Enttäuschung. Die Hoffnung auf eine Eins, die der eben zurückhaltene Test noch barg und versprach, ist zerstört. Maxi kommentiert: „Is die fies". (Hedda Bennewitz)

Was lässt sich nun der Betrachtung dieser Szene einer Zensuren-Bekanntgabe entnehmen? Ein erster Hinweis auf den Charakter dieses Rituals findet sich in der Verknappung auf das Minimum: Name – Zahl – Bestätigung. Eine solche Reduktion impliziert die Zusammenarbeit Sachkundiger, die Kooperation derjenigen, die wissen, worum es geht und wie man´s macht. – Routine und Verfahrensförmigkeit des Geschehens sind markiert. Suggeriert werden Objektivität und Reliabilität. Dabei ist mit keinem Wort von schulischen Leistungen und entsprechenden Rückmeldungen die Rede, es geht an keiner Stelle um Lob oder Tadel, Gegenstand der Verhandlung sind allein Zahlen und Rechenoperationen.

Auf der Ebene der Interaktion wird dann schnell deutlich, dass die Befugnisse in der Feststellung des Ergebnisses sehr ungleich verteilt sind. Was zunächst so aussieht, als würden die Schüler ihre Zensuren selbst „errechnen", enthüllt sich als Pseudomitspracherecht. Die Entscheidung über die Note verbleibt allein bei der Lehrerin. Die Prozedur dient nur dazu, die Einwilligung jeder einzelnen Schülerin als öffentlich bekundete herzustellen. Die Noten sollen als gerecht anerkannt werden, außerdem sind entsprechende Regungen in der Entgegennahme zu zeigen: Demut bei guten Noten und Zerknirschung bei schlechten. Diese Regel verletzt nur Christoph, der in der Rolle des Narren dem Ritual seinen Spiegel vorhält.

Eine Reihe von Szenen hat vor Augen geführt, wie Zensuren bekannt gegeben und verkündet, notiert, gefeiert oder demonstrativ missachtet werden. Zusammengenommen ergeben diese Situationen die eingangs betrachtete „Notenübersicht". Was in komplexen Inszenierungen in seiner Bedeutsamkeit gesteigert und als Ziel schulischen Arbeitens in den Mittelpunkt gestellt wird, geht schließlich in nüchterne Bilanzen ein, in eine karge Tabelle voller Zahlen. Merkwürdig mutet insgesamt der Gegensatz zwischen der Profanität der nackten Zahlen und der ritualisierten Inszenierung ihrer Bekanntgabe an – ihrer Erhöhung und Heiligung.

Doch die Ausgangsfrage – worum handelt es sich bei „Zensuren", diesem merkwürdigen Zentrum schulischer Kommunikation? – diese Frage ist noch nicht beantwortet. Im Gegenteil: Immer rätselhafter erscheint das Phänomen.

5.4 Der „Wert" der Noten: Relationierungen?

Eine weitere Annäherung an des Phänomen der Zensuren und ihrer Funktion im schulischen Alltag führt über die Auskünfte, die Schülerinnen und Schüler zur Bedeutung von Noten (zu ihrem „Wert") in Gruppendiskussionen geben.

Wir haben diese Gespräche mit jeweils vier bis fünf Schülerinnen oder Schülern, die sich selbst zu dieser Gruppe zusammengefunden hatten, auf Tonband aufgezeichnet und transkribiert. Der anwesende Forscher hielt sich, so weit es ging, zurück, um eine Selbstläufigkeit der Diskussion und selbstgewählte Thematisierungen zu ermöglichen.

5.4.1 Noten und Fächer

Bei der Gruppe, aus deren Diskussion die folgenden Ausschnitte stammen, handelt es sich um eine Clique, die einerseits als leistungsorientiert zu kennzeichnen ist, andererseits aber durchaus darauf bedacht, in der Schule ihren Spaß zu haben. Die Mädchen necken sich gerne, sind auch mal albern, gleichwohl dabei

244

engagiert im Unterricht. In den Augen der anderen Mädchenclique gelten sie, wie erwähnt, als die „Kindlichen".

Die Gruppendiskussion ist nun an einem Punkt, an dem Nina, die bisweilen als Sprecherin oder Organisatorin der Gruppe fungiert, zum „Thema" zurückführt und eine bereits angesprochene Frage nochmals artikuliert:

Nina:	Wiiie wichtig sind (.) Noten.
Katharina:	Sind mir scheißegal.
Alexa:	Echt?
Katharina:	Nö. [allgemeines Lachen]
Nina:	Naja das kommt auf `s Fach an. Also Kunst is mir eigentlich egal ich mein das is meine einzige Drei auf dem Zeugnis und insofern is es mir nich egal, aber – (.) sowas wie (..) Musik, was willst `d davon?
[Durcheinander]	Jaja.
Katharina:	Bis jetzt weiß ich von `ner Zwei, `ner Vier, einer einer Zwei und den Rest hab ich eigentlich so ziemlich Dreien obwohl ich glob, ich glob, könnte noch `n paar mehr Zweien ham. (..)
Nina:	Ich muss mich noch dolle anstreng, ich brauch paar Einsen mehr.
Katharina:	Ich hab in Kunst ne Zwei. Ich hab ne Kunst- äh in Kunst ne Zwei, Zwei Komma Fünf ich soll mich nächstes Jahr noch mehr anstreng`. Hmhmhmhm.
Nina:	Ich hab in Kunst ′ne Drei.
Alexa:	Ich hab auch ne Drei.
Ulla:	Na ich och. Ich hab och in Kunst ne Drei. (.) Und die Alte kann mich doch nich leiden.

Katharinas erste Antwort auf die Ausgangsfrage stellt im Rahmen dieser Mädchengruppe eine Provokation dar. Sie formuliert eine radikale Entwertung von Zensuren („*scheißegal*"), die in einem anderen sozialen Kontext durchaus denkbar wäre, hier aber auf ungläubiges Staunen trifft („*Echt?*"). Sogleich dementiert Katharina unter allgemeinem Lachen. Es mag sich bei Katharinas spontaner Bekundung um eine Art ′Simulation′ gehandelt haben: Sie hat gewissermaßen geprobt, wie sich eine solcherart radikale Distanzierung von Schule und ihrem zentralen Medium anfühlt – und dabei zugleich ihre Freundinnen verblüfft.

Nina führt den Diskurs in den Rahmen der Ernsthaftigkeit zurück und formuliert eine wichtige Bestimmung, die in den darauf folgenden Äußerungen der Mädchen weiter ausgeführt wird: „Es kommt auf das Fach an". Ninas These der *relativen* Wichtigkeit von Noten lässt sich am besten durch die Benennung von „unwichtigen" Fächern erläutern (wenn man die prinzipielle Bedeutsamkeit von Noten unterstellt). Sie findet mit „Kunst" auch gleich selbst ein Beispiel für ein solches Fach, um dann jedoch einzuräumen, dass in ihrem speziellen Fall die Kunstnote doch nicht „egal" ist – allerdings nicht aufgrund des Faches, sondern wegen des Gesamtbildes der Zensuren auf ihrem Zeugnis, in dem die Drei aus Kunst stört. Mit Musik führt sie dann ein weiteres Beispiel für die Bedeutungslosigkeit von Noten an und trifft auf breite Zustimmung im Kreis ihrer Freundinnen.

In Katharinas nächster Äußerung wird nun ein anderes Konzept der Bedeutung von Noten deutlich, das diese nicht nach Fächern relationiert, sondern als zusammenhängende `Sammlung´ betrachtet. In ihrer persönlichen *Bilanz* geht es um die Anzahl der Vertreter der einzelnen Notenwerte. In dieser Perspektive, in der sich das Bestreben allein darauf richtet, die Anzahl der Zweien zu erhöhen (oder dann bei Nina der Einsen), sind die Fächer zweitrangig. Nina formuliert mit „*ich brauch paar Einsen mehr*" ein relativ abstraktes Ziel, das sich auf die Note Eins als Sammlerinnen-Objekt richtet. (In der Konsequenz dieser Perspektive müsste sie ihre Anstrengungen auf jene Fächer konzentrieren, die ihr die besten Chancen bieten, weitere Einsen zu erringen.)

Dann kommen die Mädchen doch noch einmal auf ihre Kunstnoten zu sprechen. Das Gespräch knüpft an Ninas Bemerkung über die prinzipielle Unwichtigkeit von Kunst und die störende Drei auf ihrem Zeugnis an. Katharina erklärt (vielleicht um Ninas `Angeberei´ mit den Einsen etwas entgegenzusetzen?), sie habe in Kunst eine Zwei, dieses Ergebnis war wohl knapp, aber es schmückt immerhin ihr Zeugnis. Als Nina noch einmal ihre Drei in Kunst anspricht, schließen sich Alexa und Ulla an. Mit diesen `Solidaritätsbekundungen´ wird die Kunst-Drei in dieser Mädchengruppe zur Normalität erklärt. Die Drei in Kunst ist nicht nur keine Schande, sondern wird in Ullas Bemerkung sogar zur impliziten Auszeichnung: Ihre Drei ist möglicherweise auf Differenzen mit der offenbar unbeliebten Kunstlehrerin („*die Alte*") zurückzuführen, auf die Ulla vielleicht sogar stolz sein kann.

Im weiteren Verlauf des Gesprächs kommen die Mädchen – wie in einer Coda – noch einmal auf das Verhältnis der Noten und Fächer zurück. Ihre Ausführungen seien wieder zitiert:

Nina:	Also: Wie wichtig sind Noten? – Das kommt auf `s Fach drauf an.
Ulla:	Find ich auch. In Sport is `s mir nich wichtig weiß eh, dass ich schlecht in Sport bin. Ich mein -
Alexa:	Naja aber das is dann och für die Eltern nicht wichtig, für die sind eher wichtig Deutsch Mathe und die Sprachen.
Ulla:	Na ja, eben deswegen ja.
Nina:	Naja, und da hab ich Einsen und Zweien.
Katharina:	(.) Na ich och.
(Durcheinander)	
Nina:	Eine Eins in Englisch und
Alexa:	Einsen, Zweien und Dreien
Sophie:	Ich hab alles Zweien außer in Chemie Eins – also –

Nina:	Ich hab ne Eins, Zweien und ne Drei, und das war `s. Und du bist – du bist sogar ne Note besser als ich, weil du in Kunst keine Dreien hast. Und dafür hast du in Chemie die Eins und ich in Englisch ene.
Ulla:	(.) Ich hab in EK ne Eins [lacht].
Alexa:	Echt?
Nina:	Wie hast `n das gemacht? [Lachen]
Ulla:	Höhöhö (.) irgendwie.

Diesmal führt Alexa mit den *Eltern* eine weitere Instanz der Relativierung von Schulnoten an. Die Eltern, da sind sich die Mädchen einig, achten nicht auf die Sportnote, sondern nur auf die klassischen „Hauptfächer" Deutsch, Mathe und die Sprachen. Nach dieser klaren Priorisierung weniger Fächer über die anderen kommt wiederum, wie schon in der ersten Passage, die Sammlermentalität der Mädchen zum Durchbruch, der alle Noten gleichviel zählen.

Innerhalb der Gruppe dieser insgesamt guten Schülerinnen stellt Nina noch einmal ihre ausgezeichnete Bilanz dar, muss aber anerkennen (sportlich fair), dass Sophie im direkten Vergleich noch geringfügig besser abschneidet.[7]

Ulla kontert diesen Wettkampf der beiden „Spitzenschülerinnen" mit dem lachenden Verweis auf ihre „Eins in EK" (Erdkunde?). Damit kann sie sowohl bei Alexa als auch bei Nina Erstaunen auslösen – es scheint sich bei einer Eins in EK um ein besonders schwierig zu erzielendes Ergebnis zu handeln. In den Augen dieser Noten-Sammlerinnen ist auch eine Eins in einem so abseitigen Fach wie EK von herausgehobenem Wert (besonderer Kostbarkeit), wenn sie sich durch Seltenheit auszeichnet.

In der Diskussion einer anderen Mädchengruppe derselben Klasse geht es auch um den Versuch, die Bedeutung der Noten hinsichtlich unterschiedlicher Fächer zu relationieren. Auch bei diesen Mädchen handelt es sich um Schülerinnen mit durchweg guten Leistungen, wobei Mechthild im Verlauf der Gruppendiskussion mehrfach im Mittelpunkt steht und sich gegen den Vorwurf des „Strebertums" verteidigen muss.[8]

Ethnograph:	Ich würd gern noch mal nach den Noten auch nachfragen. Wie wichtig sind denn Noten?
	(durcheinander) wichtig (Lachen)
Konstanze:	Also für mich sind se nich wichtig. Gut ich freu mich wenn ich was bekomme, is eben wirklich selten (Laute des Entzückens) (Lachen)

---

7   Dieses vergleichende Bilanzieren erinnert an den „Medaillenspiegel" bei Olympischen Spielen, der die Gold-, Silber-, und Bronzemedaillen der einzelnen Nationen zählt, gleichgültig ob diese beim olympischen Fußballturnier oder beim Bogenschießen errungen wurden.

8   Wir haben die Dynamik dieser Gruppendiskussion hinsichtlich des Streber-Diskurses an andere Stelle untersucht (Breidenstein/Meier 2004).

Mechthild:	Ich freu mich über jede Note, äh, jede gute Note, aber ich hab irgendwie noch kein Ziel vor Augen, also manchmal (..)
? (leise)	Nein, kein Ziel! – aber streben!
Mechthild:	Manche Fächer sind mir total wurscht.
(gleichzeitiges Flüstern, durcheinander)	
Helene:	Du hast dich doch total gefreut, als du ne Eins in Ethik hattest, kannst du nicht sagen, manche Fächer sind mir total wurscht.
Mechthild:	Na, Ethik ist mit halt nicht wurscht.
Marlene:	Was ist dir dann wurscht?
Mechthild:	Na, es geht nur darum, wenn ich jetzt irgendwo ne Eins hab aufm Zeugnis möchte ich gerne die Eins behalten, das is ja wohl normal, aber wenn ich zum Beispiel Mathe, da (.) is mir eigentlich, ähm, wenn ich da mal ne Drei kriege is das och nich so schlimm
(Mehrere):	(lachend) Ethik, juhu, ne Eins, Mathe, drei. Haha
Mechthild:	Nee, weil Mathe einfach viel zu schwer ist, um da mal ne (...) (leise) Eins zu kriegen. Also, da will auch keine haben

Konstanze ist nicht so mit guten Noten gesegnet wie die anderen, deshalb freut sie sich, wenn sie mal „*was bekommt*" – es hat einen gewissen Seltenheitswert. Dadurch fühlt sich Mechthild zu dem Bekenntnis herausgefordert, auch sie (die nicht über einen Mangel an guten Noten klagen kann) freue sich über „*jede Note*". Ein bezeichnender Versprecher, den sie auch sofort bemerkt und korrigiert: „*jede gute Note*". Diese Einstellung scheint begründungsbedürftig zu sein, denn die weitere Erklärung Mechthilds bezieht sich auf die unausgesprochene Frage, *wofür gute Noten denn gut sind*. Sie habe noch „*kein Ziel vor Augen*", das heißt ihre Freude über gute Noten liegt (eigentlich) nicht in deren Wert als Zugangsberechtigung o.ä. begründet.

Prompt wird wieder der Streber-Vorwurf ins Spiel gebracht (in freundschaftlich-neckender Form), den Mechthild dadurch zu entkräften sucht, dass sie proklamiert: „*Manche Fächer sind mir total wurscht*". Diese Erklärung soll ihre Distanz und Souveränität gegenüber Schule belegen, aber ihre Opponentinnen lassen nicht locker. Helene verweist auf Mechthilds Freude, als sie „*ne Eins in Ethik*" hatte – womit sie ein Fach präsentiert, dass einem klassischerweise „egal" sein müsste. Mechthild leugnet nicht ihre Freude über die Ethik-Eins, sondern versucht diese über den Wert der Eins an sich zu plausibilisieren. Ähnlich wie schon bei der ersten Mädchengruppe zu beobachten war, verfängt auch Mechthild sich in dem Widerspruch zwischen dem Versuch die Bedeutsamkeit der Noten mit Blick auf die unterschiedlichen Fächer zu relativieren und der Erkenntnis, dass (gute) Noten auch losgelöst vom Kontext einen 'absoluten' Wert darstellen.

Doch auch letztere Position lässt sich nicht glaubhaft aufrechterhalten. Mechthilds ostentativer Verzicht auf das Ziel einer guten Note in Mathe trägt ihr den Spott ihrer Freundinnen ein. Die Freude über die Ethik-Eins kann nicht (ernsthaft) die Drei in Mathe wettmachen. Mechthild landet mithin auch wieder bei der Relativität der Noten: Sie ´verzichtet´ auf die Eins in Mathe, weil es *„ein-fach viel zu schwer ist"* dort eine *„zu kriegen"*.

Wir halten also fest: Die Bedeutung und der „Wert" der Noten ist in den Erwägungen der Mädchen in mehrerer Hinsicht zu *differenzieren*. Erstens ist das unterschiedliche Gewicht von Haupt- und Nebenfächern zu berücksichtigen – eine Differenz, die auch durch die Eltern sehr stark gestützt wird. Zweitens spielt das Ansehen der Lehrperson eine Rolle, von der man die Note „bekommt" – die schlechte Note, die von einer ausgesprochen unbeliebten Lehrerin vergeben wurde, kann in den Augen der Peers mit Prestige verbunden sein. Drittens gehen die Mühen in den Wert der Note ein, die zu ihrem Erwerb aufzubringen waren. Die inflationäre Verbreitung guter Noten entwertet diese. So ist etwa von einem Fach die Rede, *„in dem´s, also was jetzt nicht so großartig anstrengend ist, und aufm Zeugnis glaub ich alle ne Eins haben"*. Das sind Verhältnisse, über die sich die Mädchen lustig machen.

Gegenüber einer solcherart differenzierenden Bewertung der Noten setzt sich dann in allen drei Sequenzen unter der Hand ein Verständnis der Noten durch, das diesen einen *„absoluten"* Wert im Sinne eines Sammelstückes zuspricht. Dieses letztere, verabsolutierende Verständnis von Zensuren fragt nicht nach deren Zustandekommen, Herkunft oder differenzierter Bedeutung, sondern zählt, bilanziert und vergleicht – etwa die Anzahl der Einsen, oder die Anzahl der Vieren.

Die Beobachtung der Diskussionen der Schülerinnen lässt vermuten, dass die erste, die differenzierende Auffassung von Noten und ihrem Wert stärker der Ebene rationaler Erwägung und *Erklärung* (etwa gegenüber dem Interviewer) entspricht, während die zweite, die absolute Bedeutung implizit bleibt und eher der *Praxis* des alltäglichen Umgangs mit Zensuren entspringt – eben dem Sammeln und Vergleichen der Noten.

5.4.2 Noten und Eltern

Zensuren sind oft das Einzige, auf jeden Fall aber das Konkreteste, was Eltern über das schulische Tun ihrer Kinder mitbekommen. Es mag zwar auch die eine oder andere Erzählung zum Geschehen in der Schule am familiären Abendbrottisch geben, vor allem in Form der Anekdote, aber als handfeste Rückmeldung darüber, „wie die Kinder sind", „wo sie stehen", gelten einzig die Zensuren. Noten werden von Lehrpersonen und Eltern als Medium der Kommunikation über die Kinder und Jugendlichen benutzt. Eltern müssen die Zurkenntnisnahme von Klassenarbeiten und Zeugnissen unterschreiben; Lehrer geben bei Elternsprechtagen zunächst und vor allem Auskunft über die aktuellen Noten der betreffenden Schüler; viele Eltern wünschen einen möglichst frühzeitigen und umfassenden Einsatz der Notengebung, damit sie „Bescheid wissen". Zensuren sind aber vor allem auch das *Medium der häuslichen Kommunikation über Schule* zwischen Kindern und Eltern. Bisweilen wird die schulische Notenskala direkt in ein familiales Gratifikations- bzw. Sanktionssystem übersetzt. Dann mag es Geldbeträge oder Geschenke für herausragend gute Noten geben und Strafen für schlechte. Harald erzählt zum Beispiel, dass ihm „*der Computer weggenommen*" werde, wenn er eine Vier auf dem Zeugnis habe.

Doch abseits solch eindeutiger Regelungen scheint die *Bewertung* von Zensuren durch Eltern eher von Unsicherheit und Uneindeutigkeit geprägt, wie im folgenden Ausschnitt aus einer weiteren Gruppendiskussion zum Ausdruck kommt. Die Mädchen, die sich hier unterhalten, zählen zu der angesprochenen Clique der Schuldistanzierten und `Coolen´. In den vier Ausführungen der drei Schülerinnen werden vier unterschiedliche Haltungen von Eltern gegenüber Noten angesprochen.

Julia:	Na, von meinen Eltern aus, also meine Mutter, die war früher ziemlich gut in der Schule, die hatte fast nur **Einsen**, und da denktse immer, da muss ich ja auch so gut sein, und ich find, für mich ist ne Drei eigentlich schon ausreichend, so, na ja, ne Vier ist schon bisschen, blöd, aber ne Drei, na ja, und dann meckertse halt auch immer rum, sagt halt, na ja, warum haste keine Zwei, und bei einer Zwei, warum haste keine Eins. Und, na ja, und bei ner Eins, dann sagt´se, oahr toll. Aber na ja, kann sich mal mehr freuen.
Alice:	Das geht mir bei meiner Mutter immer auch so, also, weil ich meine, sie sagt, na gut, jetzt ist die Note passiert, aber beim nächsten Mal streng dich vielleicht doch ein bisschen mehr an, damit du aufn Zeugnis dann auch ne bessere Note hast, weil mäter, ähm, mäter! Später hast doch mehr Chancen, aber, die zwingt mich jetzt zu nichts, ähm, ich weiß nicht, wenn es dann schon immer zählt, dann streng ich mich dann von alleine an oder von wegen, na ja, wenn ich später das mal machen will, muss ich da vielleicht gute Noten haben, und wenn ich da noch gute Noten habe, könnte ich vielleicht dann noch das machen, wenn ich wöllte, und ich weiß nicht, hab ich dann später mehr Auswahl.
Bettina:	Ich denk auch, dass die Eltern uns jetzt nicht unter Druck setzen und jetzt sagen: Hier ihr müsst das machen, ihr kriegt gute Zensuren, wenn nicht, dann, weiß ich, gibt's irgendwelche Verbote oder so, aber, nee, so sind sie nicht, aber es ist jetzt halt, wenn man irgendwie mal ein bisschen schlechtere Noten kriegt, nicht das die dann sagen: Ach hier, so. Scheiß drauf oder so (Lacht, die anderen auch). Das ist dann schon so: Komm hier, versuch´s irgendwie, noch mal zu lernen oder so. Aber unter Druck setzen tun sie uns nicht. Also, meine Eltern zumindest nicht, ich weiß ja nicht, wies bei den anderen ist, aber,
Alice:	Hm, bei meinem Vater, ich weiß nicht, zum Beispiel gerade in Musik, weil ich hatte ja Klavier und wenn ich jetzt in Musik, vielleicht mal ne Drei hatte, da guckt der mich an: Ne Drei! Wieso warn das keine Eins?!

	(Lacht, die anderen auch) Dann sagt der erst mal ne Weile gar nichts mehr. Ich dann: Naja, warum und so, ich weiß nicht, dann kommt immer gar keine Antwort, dann guckt der mich blöde, so, wenn er mir wenigstens was sagen würde, das ist doof. Ich weiß nicht,
Bettina:	Vielleicht ist er son bissel enttäuscht, weil, du hast ja, schon ziemlich lange Klavier gemacht, da ist er vielleicht ein bissel enttäuscht, dass du halt das jetzt irgendwie gar nicht mehr so wirklich (lacht)
(Lachen.)	

Eine erste Variante des Umgangs von Eltern mit Noten wird uns hier in Gestalt von Julias Mutter vor Augen geführt: Diese führt ihre eigenen (tatsächlichen oder vermeintlichen) Leistungen als Schülerin ins Feld, um Ähnliches von ihrer Tochter zu fordern. Julias Noten werden zum Anlass für das „Rummeckern" der Mutter, weil sie immer noch verbesserungswürdig erscheinen. Zufrieden ist die Mutter nur bei einer Eins. Julia wünscht sich eine Verschiebung der Maßstäbe ihrer Mutter.

Eine zweite Variante wird durch Alices Mutter verkörpert: Auch diese versucht ihre Tochter zu besseren Leistungen zu motivieren, allerdings hier nicht durch den Verweis auf das Vorbild der eigenen Schulleistungen, sondern durch den Bezug auf die funktionale Bedeutung von Zensuren als Zugangsberechtigung. Dieser bleibt jedoch etwas beliebig in dem Hinweis auf ein diffuses „Später". Ein Später, dessen Konkretisierung auch Alice nicht so recht gelingen will – außer in der Überlegung, dass sie mit guten Noten möglicherweise einmal „mehr Auswahl" haben würde.

Bettina betont ausdrücklich, dass ihre Eltern sie nicht „unter Druck" setzen. Sie zeigen sich relativ entspannt, eine vollständige Infragestellung der Relevanz von Noten kommt allerdings auch nicht in Betracht (sie ließe sich wohl nicht mit der Elternrolle vereinbaren) – die Mädchen amüsieren sich jedenfalls bei der Vorstellung. Auf schlechte Noten reagieren sie mit dem Versuch einer allgemeinen Motivierung: „Komm hier, versuch's irgendwie noch mal zu lernen oder so." – wie gesagt, ohne auf ihre Tochter einen größeren Druck auszuüben.

Alices Vater hingegen scheint exklusiven Wert auf eine bestimmte Note zu legen: die Musiknote. Hier wird deutlich, dass die Relevanzen von Eltern auch andere sein können als die oben zitierte Priorisierung der „Hauptfächer". Eltern können in ihren Kindern auch „Spezialisten" für bestimmte Gebiete sehen, auf denen sie dann herausragende Leistungen erwarten.

Die Szene endet im Lachen der Mädchen. Sie zeigen sich insgesamt sehr souverän gegenüber den Erwartungen und Ansprüchen ihrer Eltern. Dabei dürfte ihnen gerade der Vergleich der sehr unterschiedlichen Varianten an Elternhaltungen helfen, die je spezifischen Erwartungen zu relativieren. Über die vier Varianten hinweg wird deutlich, dass es den Eltern insgesamt an einem handhabbaren

Maßstab für die Bewertung von schulischen Zensuren fehlt. Es entsteht der Eindruck eines Lavierens zwischen verschiedenen Bezugssystemen der Bewertung und dem Versuch, die schulische Notengebung als allgemeinen Anreiz und relativ abstrakte Motivation zu nutzen.

Die Eltern finden sich in der Rolle von Trainern wieder, die ihre Kinder zu „Höchstleistungen" zu motivieren versuchen. Entweder indem sie sich darauf verlegen, von ihren Schützlingen immer die nächst höhere Leistungsstufe zu fordern, oder indem sie auf ein allgemein motivierendes Klima setzen. Dabei sind sie allerdings so oder so darauf verwiesen, die Zensuren als Maß und Ziel der Anstrengungen und „Leistungen" ihrer Kinder zu nehmen. – Die Töchter, so scheint es, lachen nicht zuletzt über die vereinfachende Fixierung ihrer Eltern auf die Zensuren, die gegenüber der Komplexität des schulischen Geschehens vergleichsweise hilflos wirkt.

5.4.3 Die Ökonomie der Mittel

Arvid:	Ich muss nur immer wissen was man für nen Durchschnitt hat und, weil dann kriegt man dann halt die bessere Note, weil man sich angestrengt hat.
Ethnograph:	Wie, was meinst du?
Arvid:	Ich schreib immer meine Noten mit, dann weiß ich so immer ungefähr meinen Durchschnitt und wenn ich dann ebend Kippe stehe, dann kann man eigentlich nur (unverständlich)
?:	Immer melden, immer feste durchziehn
Arvid:	Richtig heftig. Immer melden, immer melden, nur melden. Ob man Scheiße antwortet is ejal, immer melden.
(Ethnograph lacht)	

Arvid gilt als guter Schüler, der (wenn er will) mühelos gute Zensuren bekommen kann. Zum Zeitpunkt der Gruppendiskussion, aus der das Zitat stammt, ist Arvid jedoch dabei, ein neues `Image´ für sich zu entwerfen: Er stell sich als jemand dar, der „das Leben" für sich entdeckt hat und mit der Schule und ihren Anforderungen äußerst strategisch umgeht.[9] Vor allem, das ist jetzt sein Credo, nicht unnötig investieren! In diesem Zusammenhang ist auch die Technik des „Durchschnitt Beobachtens" zu sehen, die Arvid anspricht. Entscheidend ist, dass man verfolgt, in welchen Fächern man, wenn es auf das Zeugnis zugeht, „auf der Kippe" steht, das heißt in welchen Fächern der aktuelle Durchschnitt der

---

9   Arvid erläutert: „Einsen, Zweien, immer nur Einsen und Zweien. Das is so was von abartig. Eh
     ich das Leben erstma richtig entdeckt hab. Was man da für nen Spaß ham kann! Da kann man
     ma irgendwo hingehn und man sacht: Scheiß droff of die blöden, of das blöde Blatt. Du gehst
     da morgen hin und wenn de nen Test schreibst. Okay, dann haste ne Viere. Und vielleicht
     weißt es noch´n bisschen."

Einzelnoten zwischen zwei Noten liegt. Dort gilt es dann, gezielt zu investieren, weil man mit vergleichsweise geringem Aufwand größere Effekte – die Entscheidung für die bessere Note – erzielen kann.

Worin die Investition besteht, erläutert der Stratege Arvid auch: *„Immer melden, nur melden".* An anderer Stelle erklärt er das Prinzip: Man muss die Antwort nicht unbedingt wissen, um sich zu melden, denn man kommt aufs Ganze gesehen so selten dran, dass das Risiko dranzukommen, ohne die Antwort zu wissen, nicht sehr hoch ist – zudem fällt eine falsche Antwort nicht besonders ins Gewicht (*„ob man Scheiße antwortet is ejal"*). Entscheidend ist, dass das Melden registriert und als Zeichen von Engagement gewertet wird.

Ein solcherart strategischer Umgang mit der Praxis des Meldens ist auch für sich genommen interessant (vgl. oben Kapitel 4.2.1), doch im Zusammenhang der Frage nach der Bedeutung von Noten ist hier ein anderer Aspekt hervorzuheben: Das Notensystem als solches legt eine *Ökonomisierung* schulischen Arbeitens nahe, insofern sich Kosten/Nutzen-Rechnungen hinsichtlich der Erträge anstellen lassen. Es ergeben sich „Grenznutzen-Kalkulationen, wie man sie aus der neoklassischen Wirtschaftstheorie kennt. Diese besagen, dass man Investitionen gezielt dort tätigt, wo sie den größten Nutzen erbringen und darauf verzichtet, sobald der abnehmende Nutzen sie nicht mehr rechtfertigt.[10] Übertragen auf schulisches Arbeiten bedeutet dies, das eigene Engagement immer daran zu messen und so zu verteilen, dass es die meisten „Erträge abwirft", im Sinne einer Verbesserung von Noten.

Es gibt jedoch ein weiteres zentrales Kriterium für den strategischen, das heißt den ökonomischen Einsatz der Mittel in der Schule, und das ist die Versetzungsrelevanz. Hier geht es, anders als bei der Grenznutzen-Theorie, nicht um das Bewirken der *relativ* größten Effekte, sondern um die Vermeidung eines *absoluten* Ergebnisses. Es gibt die festgelegte (und allen bekannte) untere Grenze von zwei Fünfen oder einer Sechs auf dem Jahreszeugnis, die die Nicht-Versetzung zur Folge hat. Schüler, die in dieser Hinsicht „gefährdet" sind, richten den Einsatz ihrer Mittel an dieser Grenze aus. Rationell ist es in diesem Fall, sich auf die Vermeidung von Fünfen zu konzentrieren, so dass höchstens eine übrig bleibt. Allerdings kommt es auch vor, dass Schüler genau dieses Projekt und damit

---

10 *„Gesetz vom abnehmenden Grenznutzen*: Unter der Annahme kardinal meßbaren Nutzens die für die meisten Aktivitäten als gültig erachtete Hypothese, dass die erste Aktivitätseinheit mehr Nutzen stiftet als die zweite, die zweite mehr als die dritte, die dritte mehr als die vierte usw. Das Gesetz gilt für ein Gut, wenn die zweite partielle Ableitung der *Nutzenfunktion* nach diesem negativ ist." (http://www.unister.de/Unister/wissen/sf_lexikon/ausgabe_stichwort1030_23.html   Stand: 14.02.2006)

jeglichen Einsatz aufgeben, wenn sie zu dem Eindruck gelangen, dass das Ziel der Versetzung nicht mehr erreichbar ist. Ein Beispiel:

> Ich beobachte Lorenz, wie er mit der Mathe-Klassenarbeit gar nicht erst anfängt, keine einzige Aufgabe auch nur anschaut, sondern sich stattdessen seiner Leidenschaft, dem Zeichnen von „tags" widmet. Als ich ihn verblüfft nach dem Grund seines Verhaltens frage, erzählt Lorenz, er habe jetzt aufgegeben: er bekomme in Französisch auf jeden Fall eine Sechs, deshalb werde er sitzen bleiben. Er habe eine Zeit lang noch versucht auf Fünf zu kommen, was man dann vielleicht irgendwie hätte ausgleichen können, aber das habe nicht geklappt. Es steht schon unvermeidlich fest, dass er in Französisch eine Sechs bekommt, frage ich ungläubig nach. Lorenz bestätigt mit einem Schulterzucken.

Diese Einschätzung Lorenz erweist sich einige Wochen später als ein (tragischer) Irrtum. Die Klassenlehrerin erzählt vom „Problemfall Lorenz":

> Als die Französischlehrerin ihm gesagt habe, dass er eine Sechs bekommen würde, da hatte er wohl alle Hoffnungen fahren lassen und auch für die anderen Fächer nix mehr getan. Es stellte sich dann aber heraus, dass Lorenz doch keine Sechs in Französisch bekommt. Leider habe er sich jetzt drei Fünfen eingehandelt, eine zuviel. D.h. die Fünf in Englisch (oder war es Deutsch?) ist eigentlich eine Vier-Komma-Fünf und jetzt liegt es an ihr, ihn bestehen oder sitzen bleiben zu lassen. Es wäre schon ein Witz, ihn die Klasse wiederholen zu lassen, aber versetzt wäre er ebenfalls in dieser Klasse fehl am Platz. (Michael Meier)

Die Ökonomisierung der Mittel hat in diesem Fall, aufgrund einer Fehlkalkulation, fatale Folgen.

Was lässt sich jetzt über die Bedeutung der Noten sagen, nachdem wir ihre Relationierung hinsichtlich der unterschiedlichen Fächer, mit Blick auf die Eltern und im Rahmen einer Kosten/Nutzen Kalkulation nachgezeichnet haben? Es scheint, wir erhalten immer noch kein sehr konsistentes Bild vom (Stellen-) Wert der Zensuren im alltäglichen Handeln von Schülerinnen und Schülern. Stattdessen sind es verschiedene (und konkurrierende) Metaphern zur Bedeutung der Noten, die sich anbieten: Noten erscheinen im Diskurs der leistungsorientierten Mädchen als *Trophäen* in einem sportlichen Wettkampf, die man sammelt, zählt, ausstellt und anhand derer man sich mit den Konkurrentinnen misst. Im Rahmen der familialen Kommunikation kommt Zensuren offenbar ein gewisser *Tauschwert* zu. Zumindest für gute Noten ist Anerkennung, zum Teil auch materieller Art, einzuhandeln, bei schlechten Noten sind, allerdings nur in einigen Familien, Sanktionen vorgesehen. Schließlich erweisen sich Zensuren im Rahmen strategischer Entwürfe zum eigenen Unterrichtsverhalten als *Spekulationsobjekte*. Der Kurs der eigenen Noten ist in dieser Perspektive genau zu beobachten, um die Investition eigenen Engagements planen und gezielt einsetzen zu können.

All diese Bestimmungen haben (erstaunlich) wenig mit dem offiziellen „Zweck" der schulischen Notengebung zu tun, der „Selektionsfunktion" bzw. der Aufgabe „Rückmeldungen" über Leistungen zu kommunizieren. Eher drängt sich der Eindruck auf, dass sich die alltägliche Praxis des Erteilens, aber auch des Entgegennehmens, Sammelns und Verrechnens von Noten gegenüber ihren ursprünglichen „Zwecken" weitgehend verselbständigt. Verselbständigung heißt: die alltägliche Praxis des Prozessierens schulischer Noten bezieht sich nicht auf von ihr zu unterscheidende Aufgaben oder Funktionen, sondern weitgehend *auf sich selbst*. Noten werden mit Noten verglichen, verrechnet und relationiert. Noten gehen Noten voraus und Noten ziehen neue Noten nach sich.[11] Das heißt nicht, dass Zensuren konsequenzenlos wären, aber noch die Konsequenzen sind zum Teil auf die Praxis der Notengebung selbst zurückzuführen: Die angedrohte Sechs in Französisch hat sich gewissermaßen selbst verwirklicht.

5.4.4 Zensuren als „absolutes Mittel"

Wie lässt sich nun die Bedeutung von Zensuren im Schul- und Unterrichtsalltag begreifen? Wenn man den Stellenwert von Noten andeuten will und zugleich ihren Charakter der Gratifikation für Schülerleistungen, dann drängt sich die Metapher des Geldes auf. Zensuren stellen in dieser Sicht die „Entlohnung" für die Schülerarbeit dar: Wer gute „Leistungen" im Rahmen des Schülerjobs erbringt, bekommt gute Noten dafür. – Diese Metaphorik hat Schwächen, denn die Schulnoten sind nicht als Haben/Nicht-Haben organisiert, sondern als relationierende Skala. (Noten sind nicht nur Gratifikation, sondern auch Sanktion.) Sie hat aber auch einige Plausibilität für sich mit Blick auf die Allgegenwärtigkeit der Zensuren und mit Blick auf ihre Bedeutung für die Motivierung schulischen Lernens. Dennoch bleibt die Frage nach dem „Gegenwert" der Zensuren zu stellen: Schüler können sich für (gute) Zensuren nichts „kaufen"! Dass ein gutes Abschlusszeugnis (später!) bestimmte berufliche Positionen eröffnet, ist höchst ungewiss und dürfte nicht hinreichen, die (gegenwärtige!) Bedeutung einer Zensur in einem Physiktest in der siebten Klasse zu erklären.[12]

Zensuren sind also kaum unmittelbar als „Währung" zu begreifen, dennoch lohnt sich ein kleiner Exkurs zu Georg Simmel und dessen kultursoziologischer

---

11 Luhmann (2002, S. 66) etwa argumentiert in Bezug auf das Problem der Leistungsmessung: „Diese gleichsam zirkuläre Struktur der Gesamtkonstruktion von Leistung und Urteil dürfte den Bemühungen um Verbesserung in Richtung auf mehr Objektivität Grenzen setzen. Vermutlich wird dies nur die Artifizialität des Gesamtvorgangs deutlicher herauspräparieren."

12 Insofern erscheint auch eine materialistische Interpretation der Schul-Arbeit und ihrer „Bezahlung" (vgl. etwa Tillmann 1976) verkürzt.

Studie zur „Philosophie des Geldes" (1903/1989), will man verstehen, wie sich ein *Mittel* gegenüber seinen Zwecken verselbständigt und zum „absoluten Mittel" wird. Simmels Ausgangspunkt ist eine Werttheorie, die Stufen der „Objektivierung" von Werten beschreibt, die sich mit der Differenzierung von Bedürfnissen und dann vor allem im Tausch ergeben. Der „Tausch", der auf die Relativität der Wertbestimmung verweist, ist nicht an eine Aktion zwischen zwei Subjekten gebunden, sondern kann auch als vergleichende Schätzung innerhalb eines Individuums stattfinden. Das Geld schließlich ist „der zur Selbständigkeit gelangte Ausdruck dieses Verhältnisses", das den Wert konstituiert (ebd., S. 122). Funktional bedeutsam ist die „innere Bedeutungsleere des Geldes", die erst „die Fülle seiner praktischen Bedeutungen" ermöglicht. – Die Zahlen, die dann zu „Zensuren" werden, sind als solche natürlich auch „inhaltsleer" und gewinnen ihren spezifischen Wert erst im Gebrauch. Zensuren stellen jedoch (anders als Geld) weniger das Tauschmittel zur Erlangung von Werten dar, als (ähnlich dem Geld) das vereinheitlichende *Maß* von Werten (Leistungen).

Simmel führt aus, wie die Funktion des Geldes, von den einzelnen Werten zu abstrahieren, auf dieses zurückwirkt: Schließlich hat es die Geldwirtschaft „zustande gebracht, dass unser Wertgefühl den Dingen gegenüber sein Maß an ihrem Geldwert zu finden pflegt" (ebd., S. 274). Entscheidend jedoch ist die Verselbständigung des Mittels gegenüber seinen Zwecken, das macht seine „Absolutheit" aus. Dann wird die „Herstellung der Mittel zur eigentlichen praktischen Aufgabe". Der „Endzweck der Willensbemühungen" gerät aus dem Blick und stellt sich als „der mechanische Erfolg des Mittels" ein (ebd., S. 296). In anderer Formulierung:

> „Indem sein Wert als *Mittel* steigt, steigt sein *Wert* als Mittel, und zwar so hoch, dass es als Wert schlechthin gilt und das Zweckbewußtsein an ihm definitiv Halt macht" (ebd., S. 298).

Zu den „psychologischen Konsequenzen" dieser Umkehrung von Zweck und Mittel gehören der „Zynismus" (ebd., S. 333), die Entwertung aller Werte und die „Blasiertheit" (ebd., S. 334), die Indifferenz gegenüber allen Werten. Die besonderen Reize der Dinge verblassen „auch wegen des indifferenten, ihren spezifischen Wert verlöschenden Weges zu ihrem Erwerb" (ebd., S. 336). Das ist „die Reduktion der Qualität auf die Quantität" (ebd., S. 371).

Simmels Überlegungen zur Verselbständigung des Geldes gegenüber seinem Zweck wirken heute, angesichts des Devisengeschäftes und der Spekulation mit virtuellen Werten, fast schon antiquiert und stehen hier auch nicht als solche zur Diskussion, sondern in der grundlegenden Logik, die sie entwickeln.

Lässt sich die Bedeutung der Zensuren analog dem Geld als „absolutes Mittel" fassen? Es scheint, die Noten werden im schulalltäglichen Gebrauch tatsächlich zum eigenständigen Wert, auf den sich die praktischen Bemühungen richten. Dabei geht es nicht mehr um das, wofür die Noten stehen („Leistungen") oder was sie ermöglichen („Berechtigungen"), sondern um die Noten selbst. Ergibt sich auch aus der Verabsolutierung der Schulzensur als Mittel eine übergreifende „psychologische Konsequenz" (wie Simmel sagen würde)? Lässt sich von der Entwertung der Werte (Schülerleistungen, Anstrengungen, Arbeitsprodukte) im „Zynismus" und der Indifferenz gegenüber allen Werten in der „Blasiertheit" sprechen? Die Bedeutung der Zensuren changiert zwischen höchster Wertschätzung – die Bekanntgabe der Zensuren stellen dramatische Höhepunkte im Schulalltag dar – und demonstrativer Geringschätzung – es geht darum, die eigene Unabhängigkeit von dieser Form der Gratifikation zu beweisen. (Aber auch die „Unabhängigkeit vom Geld" ist ein hoher Wert in der durch Geldwirtschaft geprägten Kultur!)

Was lässt sich über das Funktionieren der „Zensurenwirtschaft" in der Schule sagen? Welchen Regeln, welcher Logik folgt die alltägliche Praxis des Zensierens und Zensiert-Werdens? – Diese Frage ist weniger beantwortet als aufgeworfen durch die angeführten Beobachtungen. Die grundlegende Erkundung des *Eigenlebens* der Zensuren im Unterrichtsalltag steht noch aus.[13]

---

13 Diesem Ziel widmet sich ein neues DFG-Projekt („Leistungsbewertung im Rahmen der Schulklasse. Eine ethnographische Untersuchung zur Performanz schulischer Selektion"), das im Mai 2005 unter meiner Leitung am Zentrum für Schulforschung in Halle die Arbeit aufgenommen hat

6. Schluss(-folgerungen?)

Dieser Arbeit liegt eine praxistheoretische Perspektive zugrunde und eine Fokussierung auf die Tätigkeiten von Schülerinnen und Schülern in der Unterrichtssituation. Dies stellt eine zweifache Verschiebung der gebräuchlichen Perspektive auf schulischen Unterricht dar, die in der Regel auf die Intentionalität des Unterrichts einerseits und das Handeln der Lehrperson andererseits zentriert ist. In den folgenden abschließenden Betrachtungen will ich versuchen, den `Ertrag´ der vorgenommenen Perspektivverschiebungen einzuschätzen. Welches Bild vom Unterrichtsgeschehen ergibt sich? Wie lässt sich der Umgang der Schülerinnen und Schüler mit dem Unterricht zusammenfassend kennzeichnen? Und was könnte aus den Analysen für das schulpädagogische und didaktische Denken folgen?

Der praxistheoretische Blick hat elementare Praktiken der Unterrichtsteilname in das Zentrum der Untersuchung gerückt. Einer auf die *räumliche* Dimension des Schülerhandelns fokussierenden Analyse zeigt sich, wie die Praktiken der Bezugnahme aufeinander und auf die Lehrperson in unterschiedliche Räume visueller, akustischer und haptischer Art eingelassen sind und wie sie diese zugleich konstituieren. Der konkrete Sitzplatz im Klassenzimmer und die unmittelbare Bank-Nachbarschaft erweisen sich als hoch bedeutsam für die Bestimmung der je spezifischen räumlichen Bedingungen und Optionen des Schülerhandelns (Kapitel 2).

Hinsichtlich der *zeitlichen* Erstreckung der Teilnahme am Unterricht wird die Beobachtung vor allem auf das Problem der „Langeweile" aufmerksam. Die Analyse des Schülerjobs stellt den „Zeitvertreib" als eines der dominierenden praktischen Probleme in der Unterrichtssituation heraus. Zugleich erweist sich die „Langeweile" als ein interaktiv und kommunikativ äußerst prekäres Phänomen, dessen Handhabung in der Unterrichtssituation durch das Tabu der Explikation bei gleichzeitiger impliziter Anerkennung der Normalität der Langeweile gekennzeichnet scheint (Kapitel 3).

Mit dem 4. Kapitel, der zentralen Studie dieser Ethnographie des Schülerjobs, wendet sich die Beobachtung jenen Tätigkeiten von Schülerinnen und Schülern zu, die den „Unterricht" im engeren Sinn konstituieren. Identifiziert werden elementare Praktiken der Unterrichtsteilnahme, die sich entlang der verschiedenen Sozialformen des Unterrichts unterscheiden lassen. Praktiken wie das

„Dran-Sein" im Frontalunterricht oder das Zuhören und Kommentieren des Unterrichtsdiskurses unterliegen je spezifischen situativen Bestimmungen und weisen je spezifische `Logiken´ auf. Der nachvollziehenden Rekonstruktion von Verläufen der Gruppen- oder Partnerarbeit zeigen sich Muster der Arbeitsorganisation, etwa in pragmatischen Formen der Arbeitsteilung oder des `Managements´ unterschiedlicher Anforderungen in der „Freiarbeit". Neben der beobachtbaren Orientierung an der Effizienz und Ökonomie von Arbeitsabläufen ist die Öffentlichkeit der Unterrichtssituation für die Performanz der Praktiken kennzeichnend. Die wechselseitige Beobachtung, die (nahezu) permanente Kommentierung des Unterrichtsgeschehens und die Erfordernisse von Konjunktion und Distinktion innerhalb der Schulklasse prägen die Praxis des Schülerjobs.

Der Schülerjob ist dadurch charakterisiert, dass er in der Regel nicht hinterfragt wird (man *tut* seinen Job), aber man tut ihn aus einer gewissen Distanz heraus (man tut seinen *Job*). Dieses Verhältnis zum „Unterricht", das zugleich auf Teilnahme und Distanznahme beruht, war besonders deutlich anhand der beiden Vertretungsstunden zu beobachten gewesen, in denen sich die Schülerinnen in zwei verschiedenen Varianten mit Ansprüchen auseinander zu setzen hatten, die über den Schülerjob hinausgehen und ins „Persönliche" ausgreifen (Kapitel 4.3). In beiden Fällen insistieren sie auf ihrem Schülerjob.

Ein zentrales Merkmal der praktischen Handhabung des „Unterrichts" besteht darin, dass dessen *Unterhaltungswert* gesichert sein muss. Der Job, dem man Tag für Tag nachgeht, muss zumindest ein wenig kurzweilig sein. Es gibt zwar auch Unterricht, der als solcher schon einen gewissen Unterhaltungswert aufweist (wenn z.B. die Lehrperson witzig und temperamentvoll ist) – aber die wesentliche Möglichkeit, dem Unterricht seine Unterhaltsamkeit abzugewinnen, besteht aus der Distanz heraus in der Verfremdung und Umfunktionierung des „Unterrichts" in Kommentaren, Sprüchen, Assoziationen.

Es geht darum, den „Unterricht" so zu betreiben, dass *gleichzeitig* die Unterhaltsamkeit der Unterrichtssituation gewährleistet werden kann. Gleichzeitig kann hier Verschiedenes heißen: Entweder man betreibt *parallel* zum „Unterricht" eine ganz andere Beschäftigung oder Unterhaltung – eine, die es ermöglicht, weiterhin am „Unterricht" teilzunehmen. Oder man verwendet den „Unterricht" für Zwecke der Unterhaltung – Versatzstücke aus dem Unterricht, die anders gerahmt für Komik und Amüsement sorgen. Eine dritte Variante, dem „Unterricht" seinen Unterhaltungswert abzugewinnen, besteht darin, sich alternierend zwischen der Unterrichtstätigkeit und dem Privatgespräch hin und her zu bewegen. (Die Beobachtung der neben einander arbeitenden Beatrice und Nele hatte diese Variante offenbart, Kapitel 4.6.3). In der Praktizierung eines solchen Umgangs mit dem Unterricht zeigen die Schülerinnen und Schüler in beiden beobachteten Klassen oft ein erstaunliches Maß an Kunstfertigkeit und Raffinesse. Wenn der „Schülerjob" hier zusammenfassend als ein routiniert-pragmatischer und auf den Unterhaltungswert der Arbeit bedachter Umgang mit dem „Unterricht" gekennzeichnet wird, so heißt das nicht, dass es nicht auch andere `Momente´ im Unterrichtsalltag gäbe. Momente, in denen Identifikation spürbar wird, in denen der „Unterricht" nicht aus der üblichen Distanz heraus betrieben wird, sondern dichter und `näher´ erscheint. – Aber Situationen dieser Art waren rar in dem von uns beobachteten Unterricht, der Alltag war insgesamt fast durchgängig geprägt von jenem hier als „Schülerjob" gekennzeichneten Umgang mit dem Unterricht.

Wenn man den Blick von der Lehrperson löst, die alleine Sinn und Kohärenz des „Unterrichts" verbürgt, werden die Vielfalt und das Fragmentarische des Unterrichtsgeschehens evident. Der Unterricht scheint sich in parallele, gleichzeitige Welten innerhalb des Klassenzimmers aufzulösen, die nur noch punktuell aufeinander bezogen und synchronisiert sind. Von hier aus stellt sich in neuer Weise die Frage, was dann den „Unterricht" konstituiert. Denn darin stimmen die Beteiligten überein: Dass es in der Schule letzten Endes um „Unterricht" geht. Auch wenn für Schüler Themen der Peer-Kultur wie Freundschaft, Ausgrenzung, Zugehörigkeit oder Verliebtheit die Unterrichtssituation dominieren können (vgl. Breidenstein 2004b), – so werden sie doch letztlich darauf bestehen, dass dort „Unterricht" stattfindet. Das Verständnis *aller* Beteiligten von der Unterrichtssituation zeichnet sich dadurch aus, dass diese *auch* „Unterricht" enthält.[1]

Vermutet wurde hier, dass zumindest ein Teil der Vergewisserung über den „Unterricht" in seinen *Produkten* enthalten ist. Viele der Praktiken, die den Schülerjob ausmachen, sind auf die Erstellung von Produkten gerichtet: auf ausgefüllte Arbeitsblätter, erledigte Aufgaben und voll geschriebene Hefte. In einer umfassenden Produktionsorientierung scheint sich der „Unterricht" letzten Endes zu verdichten und der Sinn und Zweck schulischen Tuns zu materialisieren (Kapitel 4.9).

Welche Rolle spielen in diesem Rahmen die Zensuren? Sind die Schulnoten die entscheidende Gratifikation für die im Rahmen des Schülerjobs verrichtete Arbeit? Ja und Nein. Ja, insofern jegliches Produkt von Schülertätigkeit mit einer

---

1   Selbst wenn zum Beispiel angesichts eines bestimmten Faches dem Ethnographen großspurig angekündigt wird, man habe jetzt „*zwei Stunden Pause*", so verweist auch diese Etikettierung auf die Normalität des „Unterrichts". Und wenn sich Schülerstrategien darauf richten, die Lehrperson zu veranlassen, anstelle der Behandlung von Unterrichtsstoff private Anekdoten aus ihrem Leben zu erzählen, so lebt auch diese Konstellation von der *partiellen* Vermeidung des „Unterrichts" und zielt keineswegs auf dessen Aufhebung.

Zensur ˋhoniert' wird. Seien es Aufsätze, Zeichnungen, Arbeitsblätter, Mitschriften oder auch mündliche Beiträge, Referate oder Vorführungen – für alles „bekommt" man eine Note. (Was nicht direkt in der Situation mit einer Zensur versehen wird, „geht ein" in zusammenfassende Zensuren.) Andererseits – und das lässt zweifeln an der These von der *Entlohnung* des Schülerjobs durch Zensuren – entspricht den Zensuren kein ˋGegenwert', und ihre Bedeutung im Rahmen der Peer-Kultur der Schülerinnen und Schüler erweist sich als vielfältig und komplex (vgl. Breidenstein/Meier 2004). Der Beobachtung der Unterrichtspraxis stellen sich Zensuren eher als ein weitgehend *verselbständigtes* Mittel dar, deren Bedeutsamkeit wesentlich in den Praktiken und Ritualen ihrer Handhabung generiert wird (Kapitel 5). Die Bedeutung der Zensuren, die im Unterrichtsalltag zwischen Huldigung und Profanisierung schwankt, erscheint der näheren Betrachtung eher selbst als Rätsel, als dass sie die Gestalt des Schülerjobs „erklären" würde.

Was bedeuten die hier präsentierten Beobachtungen für das schulpädagogische Nachdenken über Unterricht? Was folgt aus Analysen dieser Art für die didaktische und methodische Reflexion?

Es ging hier darum, einen Blick auf den Unterricht zu entwickeln, der diesen nicht von seiner Aufgabe und seinem Auftrag, vom „Lernen" her denkt, sondern von der Praxis des Schülerhandelns aus. Dies ist ein ungewohnter, vielleicht provozierender Blick für die Schulpädagogik, weil er die zentrale Unterstellung, dass in der Schule „gelernt" wird, nicht zum Ausgangspunkt nimmt. Dieser überraschende Umstand (ein ganzes Buch über Unterrichtsbeobachtungen, ohne dass von „Lernprozessen" die Rede wäre) ist zum einen dem methodischen Zugang geschuldet: Der teilnehmenden Beobachtung zeigen sich Tätigkeiten, Verrichtungen, Darstellungen, auch: Verhaltensweisen – aber eben keine Lernprozesse.[2] Damit ist nicht gesagt, dass in der Schule nicht gelernt wird – das ist sicher der Fall – aber dies ist nicht der Gegenstand der Betrachtung.

Zum anderen erscheint die Umstellung der Perspektive notwendig, wenn man die *Schüler*perspektive auf Unterricht nachvollziehen will, denn Schüler und Schülerinnen gehen nicht in die Schule um zu lernen, sondern *um ihren Job zu tun*. Dabei unterstellen sie allerdings (wie alle Beteiligten), *dass* im Unterricht gelernt wird. Die Annahme, dass dort gelernt wird, ist notwendig für die Veranstaltung von Unterricht – nur daraus bezieht sie Sinn und Legitimität. Selbstverständlich erfüllen Schüler und Schülerinnen auch die „Schulpflicht", doch der alltägliche „Unterrichtsbesuch" ist vor allem gekennzeichnet durch den Pragmatismus und die Routine derjenigen, die ihrem „Job" nachgehen. Schüler und

---

2   Vgl. allerdings Wiesemann (2000) und Wiesemann/Amann (2002) für den Versuch der Begründung eines „situierten Lernbegriffes", der der Beobachtung zugänglich wäre.

Schülerinnen sind weder primär „Gefangene" der Schulpflicht in der „Zwangssituation Unterricht" (Heinze 1980) noch die wissbegierig Nachwachsenden, die ihrer Neugier folgen – wie das idealisierende Gegenbild lautet.[3] Sie sind schlicht Menschen, die ihren (Arbeits-) Alltag zu bewältigen haben. Dabei ist der Pragmatismus, der im Zentrum des Schülerjobs steht, nicht mit „Lustlosigkeit" zu verwechseln und auch nicht mit dem Theorem der „Entfremdung" zu erfassen: Wir haben auch durchaus lustvolle, jedenfalls amüsante und letztlich engagierte Varianten der Ausübung des Schülerjobs beobachtet.

Wer an die Schule als Bildungseinrichtung denkt und an schulischen Unterricht als Ort des Lehrens und Lernens, der mag (dennoch) erschrecken über jenes von Abgeklärtheit und Routine geprägte Bild vom „Schülerjob", das sich im Laufe unserer Beobachtungen abgezeichnet hat. Es mögen einem Befunde der Schülerforschung in den Sinn kommen, die die „Sinndefizite" in der Wahrnehmung der Schule durch Jugendliche beklagen (z.B. Hurrelmann 1983, Bohnsack 1984, Fichten 1993). Vielleicht sucht man sogar nach Bezügen zur Debatte um das schlechte Abschneiden deutscher Jungendlicher bei den PISA-Untersuchungen (Baumert u.a. 2001). – All das liegt nicht in meiner Absicht. Eher geht es mir darum, eine Haltung zum Unterricht, wie sie sich im „Schülerjob" zeigt, in ihrem Pragmatismus zu rehabilitieren.

Denn es ist zu beachten, dass Schülerinnen und Schüler ihrem „Job" täglich für mindestens sechs Stunden nachgehen. Undenkbar erscheint, dass sie sich vollständig mit dem identifizieren, was sie Tag für Tag im Unterricht tun. Undenkbar erscheint auch, dass sie sich sechs Stunden lang für die diversen Inhalte des Unterrichts interessieren. Die Ausübung jeden Jobs ist angewiesen auf ein gehöriges Maß an Pragmatismus, auf Routinen und die Selbstverständlichkeit des Tuns, die nicht von aktueller und situativer Motiviertheit abhängig ist.[4] Insofern ist es vermutlich eine Illusion, schulischen Unterricht allein vom Problem der Motivation und des Interesses her zu denken. Problematisch wird von hier aus auch die fast ausschließliche Orientierung der Unterrichtsforschung an der pädagogischen Psychologie als Leitperspektive:[5] Damit wird das Lernen des Individuums verabsolutiert, während es in der Unterrichts*situation* um sehr viel mehr und ganz anderes geht. Mit Markowitz (1986, S. 276) etwa ist zu postulieren,

---

3   So erscheint die Idee eines „pädagogischen Arbeitsbündnisses" zwischen Lehrer und Schüler, wie sie von Oevermann (1996) entwickelt wird, als weit entfernt von jeglicher Unterrichtsrealität.

4   Auch etwa die universitäre Wissensproduktion ist durch einen routinisierten Arbeitsalltag gekennzeichnet (vgl. Knorr-Cetina 1984).

5   Im Gefolge von PISA und der Konjunktur der Leistungsmessung steht der Unterricht derzeit in besonderer Weise Gefahr, auf eine „Kontextvariable" von Schülerleistungen reduziert zu werden.

„dass Lernen nicht einfach als psychischer Prozess isoliert und individualisiert werden darf. (...) Lernen unter den Bedingungen von Schulunterricht ist nicht zu fassen im Lichte gut gemeinter Erziehungsziele, sondern durch Aufspüren der Implikationen jenes so schwer zu bestimmenden Faktums: dass Schüler – und Lehrer – am Unterricht *partizipieren*."

Damit sind wir auf eine sozialwissenschaftliche Theorie des „Unterrichts" und der Unterrichtssituation verwiesen. Eine solche Theorie liegt – soweit ich sehe – noch nicht vor.[6] Sie müsste, ausgehend von der Analyse der beobachtbaren Praktiken der Unterrichtsteilnahme, nach den kommunikativen und interaktiven Funktionen dieser Praktiken *in der Situation* fragen. Sie hätte über die grundlegende Bedingung der wechselseitigen Beobachtbarkeit in der Unterrichtssituation nachzudenken. Sie würde aus mikrosoziologischer Perspektive beschreiben, welche spezifische Gestalt die „Interaktionsordnung" (Goffman 1994) in der Unterrichtssituation annimmt. Die Analyse der Praktiken des Schülerhandelns wäre zu verknüpfen mit der Forschung zum Lehrerhandeln, die sich auch zunehmend mit der Kontextualität und Pragmatik pädagogischen Handelns beschäftigt (vgl. Wernet 2003, Combe/Kolbe 2004). So wäre nach dem Ineinandergreifen der Praktiken des Schüler- und des Lehrerjobs zu fragen, um die gemeinsame Teilnahme am „Interaktionssystem Unterricht" (Luhmann 2002) zu fokussieren, bei der die Kooperation der Beteiligten sowohl durch (rituelle) Konfrontation als auch durch „Takt" gekennzeichnet ist. Schulischer Unterricht wäre insgesamt unter dem Gesichtspunkt der *Performanz*, das heißt der Routinisierung und Ritualisierung der Praxis, zu untersuchen (vgl. Wirth 2002, Bellinger/Krieger 2003, Wulf u.a. 2004): Wie wird der Unterrichtsalltag durch die Formen seines Vollzugs geprägt?

Lüders (2003, S. 9) konstatiert,

„dass ein im Hinblick auf die forschungsrelevanten gegenständlichen Merkmale von Unterricht auskunftsfähiger Unterrichtsbegriff weder in der quantitativen noch in der qualitativen Unterrichtsforschung verfügbar ist."

Diese Bemerkung mag überraschen angesichts der beeindruckenden Vielfalt, Differenziertheit und Produktivität der empirischen Unterrichtsforschung. Auf den zweiten Blick jedoch ist Lüders´ Feststellung zuzustimmen: Ein umfassendes Verständnis von schulischem Unterricht als einer spezifischen sozialen Pra-

---

6   Auch der anspruchsvolle Entwurf von Markowitz (1986) bleibt m.E. die stringente Verknüpfung von Bedingungen und Praktiken der „Partizipation" mit der Frage des Lernens schuldig. Die Studie ist zudem in der Unterrichtsforschung wenig rezipiert worden, vermutlich ihrer idiosynkratischen Begrifflichkeit wegen. Anzuknüpfen ist unter anderem an empirische Arbeiten von Krummheuer (1992, 1997).

xis ist nicht vorzufinden.[7] Diesem Desiderat vermag auch die vorliegende Studie nicht abzuhelfen. Im Gegenteil: Die ethnographischen Analysen zum Schülerjob machen die Forderung nach einem zugleich erweiterten und präzisierten Verständnis von dem, was den „Unterricht" ausmacht, umso dringlicher. Auch aktuelle Bemühungen um die Erfassung und Verbesserung von „Unterrichtsqualität" (vgl. Ditton 2002, Helmke 2003) sind darauf angewiesen, den „Unterricht" im engeren Sinn unter den Bedingungen der Unterrichts*situation* in den Blick zu bekommen.

Zumindest wenn man schulischen Unterricht (auch) von der Seite der Adressaten, von der Praxis der Schülerinnen und Schüler her denken will, muss man eine erweiterte Vorstellung von der Unterrichtssituation entwickeln, die vor allem die Bedeutung der Schulklasse einbezieht und die zu erfassen vermag, was es heißt als Mitglied der Schulklasse und unter den Augen von Mitschülerinnen und Mitschülern am Unterricht „teilzunehmen".

Die vorgeschlagene Perspektive ersetzt selbstverständlich weder Didaktik noch Methodik, aber sie ergänzt sie in wesentlicher Hinsicht: Als eine Analyse der Unterrichtssituation und -praxis, die nur zum Teil der Gestaltung durch die Lehrperson zugänglich ist. Methodik und Didaktik schulischen Unterrichts bleiben unverzichtbare Bezugspunkte der Reflexion für das Lehrerhandeln. Aber die Lehrerin und der Lehrer können wissen, dass ihr Handeln unter Bedingungen stattfindet, die mit den Traditionen der Didaktik und Methodik nicht hinreichend beschrieben sind. Sich dieser Bedingungen (teilweise) bewusst zu werden kann das Lehrerhandeln vor neue Ansprüche stellen – aber es kann auch entlasten. Schulischen Unterricht (gelegentlich) mit Blick auf die Praxis des Schülerjobs zu betrachten, würde sowohl Hinweise für die methodische Gestaltung von Unterricht erbringen, als auch Grenzen der Gestaltbarkeit von Unterricht bewusst machen.

---

7   Lüders (2003) eigener Vorschlag, Unterricht als „Sprachspiel" aufzufassen, bleibt relativ eng auf das (grundlagentheoretische) Problem sprachlicher Verständigung bezogen. Außerdem besteht der Unterricht sicher aus mehreren verschiedenartigen „Sprachspielen" (i.S. Wittgensteins).

Literatur

Abercombie, Nicholas/ Longhurst, Brian (1998): Audiences. A Sociological theory of Performance and Imaginations. London

Adler, Patricia/ Adler, Peter (1998): Peer Power. Preadolescent Culture and Identity. Brunswick

Albers, Olaf/ Broux, Arno (1999): Zukunftswerkstatt und Szenariotechnik: Ein Methodenbuch für Schule und Hochschule. Weinheim

Amann, Klaus/ Hirschauer, Stefan (1997): Die Befremdung der eigenen Kultur. Ein Programm. In: Hirschauer, Stefan/ Amann, Klaus (Hrsg.) (1997): S. 7-52

Arbeitsgruppe Schulforschung (1980): Leistung und Versagen – Alltagstheorien von Schülern und Lehrern. München

Arnold, Karl-Heinz/ Jürgens, Eiko (2001): Schülerbeurteilung ohne Zensuren. Neuwied

Aschersleben, Karl (1999): Frontalunterricht – klassisch und modern. Eine Einführung. Neuwied

Aster, Reiner/ Merkens, Hans/ Repp, Michael (Hrsg.) (1989): Teilnehmende Beobachtung. Frankfurt/ Main

Atkinson, Paul/ Coffey, Amanda/ Delamont, Sara (eds.) (2001): Handbook of Ethnography. London

Baacke, Dieter (1999): Jugend und Jugendkulturen. Darstellung und Deutung. Weinheim/ München

Baumert, Jürgen u.a. (Deutsches PISA-Konsortium) (Hrsg.) (2001): PISA 2000 – Basiskompetenzen von Schülerinnen und Schülern im Internationalen Vergleich. Opladen

Baumert, Jürgen u.a. (Max-Planck-Institut für Bildungsforschung) (Hrsg.) (2003): PISA 2000. Ein differenzierter Blick auf die Länder der Bundesrepublik Deutschland. Zusammenfassung zentraler Befunde. Berlin

Baurmann, Jürgen/ Cherumbim, Dieter/ Rehbock, Helmut (Hrsg.) (1981): Neben-Kommunkationen. Beobachtungen und Analysen zum nicht-offiziellen Schülerverhalten innerhalb und außerhalb des Unterrichts. Braunschweig

Behnken, Imbke/ Jaumann, Olga (Hrsg.) (1995): Kindheit und Schule. Weinheim

Beisenherz, Heinz-Gerhard u.a. (Hrsg.) (1982): Schule in der Kritik der Betroffenen. München

Bellebaum, Alfred (1990): Langeweile, Überdruss und Lebenssinn. Eine geistesgeschichtliche und kultursoziologische Untersuchung. Opladen

Bellinger, Andréa/ Krieger, David J. (2003): Ritualtheorien. Ein einführendes Handbuch. 2. Aufl., Opladen

Bennewitz, Hedda (2004): Helenas und Fabiennes Welt. Eine Freundschaftsbeziehung im Unterricht. In: Zeitschrift für Soziologie der Erziehung und Sozialisation (24), H. 4, S. 393-407

Bennewitz, Hedda/ Breidenstein, Georg (2004): Wenn Schülerinnen und Schüler einander helfen. Probleme des Helfens im Rahmen der Peer Kultur. In: PÄDAGOGIK (56), H. 7-8, S. 26-30

Bennewitz, Hedda/ Meier, Michael: Die Schulklasse. Eine Ethnographie der Unterrichtssituation aus Schülersicht. Erscheint voraussichtlich 2007

Berg, Eberhard/ Fuchs, Martin (Hrsg.) (1993): Kultur, soziale Praxis, Text. Die Krise der ethnographischen Repräsentation. Frankfurt/ Main

Bergmann, Jörg (1981): Ethnomethodologische Konversationsanalyse. In: Schröder, Peter/ Steger, Hugo (Hrsg.) (1981): S. 9-52

Bergmann, Jörg (1985): Flüchtigkeit und methodische Fixierung sozialer Wirklichkeit. In: Bonß, Wolfgang/ Hartmann, Heinz (Hrsg.) (1985): S. 299-320

Bergmann, Jörg (2000): Ethnomethodologie. In: Flick, Uwe u.a. (Hrsg.) (2000): S. 118-135

Berndt, Jörg/ Busch, Dirk W./ Schönwälder, Hans-Georg (Hrsg.) (1982): Schul-Arbeit. Belastung und Beanspruchung von Schülern. Braunschweig

Beutel, Sylvia-Iris (2005): Zeugnisse aus Kindersicht. Kommunikationskultur an der Schule und Professionalisierung der Leistungsbeurteilung. Weinheim und München

Beutel, Sylvia-Iris/ Vollstädt, Witlof (Hrsg.) (2000): Leistung ermitteln und bewerten. Hamburg

Bietau, Alfred (1989): Arbeiterjugendliche zwischen Schule und Subkultur. In: Breyvogel, Wilfried (Hrsg) (1989): S. 131-160

Böhm-Kasper, Oliver (2004): Schulische Belastung und Beanspruchung. Münster

Bohnsack, Fritz (Hrsg.) (1984): Sinnlosigkeit und Sinnperspektive – die Bedeutung gewandelter Lebens- und Sinnstrukturen für die Schulkrise. Frankfurt/ Main

Bonß, Wolfgang/ Hartmann, Heinz (Hrsg.) (1985): Entzauberte Wissenschaft. Göttingen

Breidenstein, Georg (2002a): Interpretative Unterrichtsforschung – eine Zwischenbilanz und einige Zwischenfragen. In: Breidenstein, Georg u.a. (Hrsg.) (2002): S. 11-28

Breidenstein, Georg (2002b): Bereichsrezension. Einführungen in die Ethnographie. In: Zeitschrift für qualitative Beratungs- und Sozialforschung, H. 1, S. 155-163

Breidenstein, Georg (2004a): KlassenRäume. Eine Analyse der räumlichen Bedingungen und Effekte des Schülerhandelns. In: Zeitschrift für qualitative Bildungs-, Beratungs- und Sozialforschung, H. 1, S. 87-107

Breidenstein, Georg (2004b): Peer Interaktion und Peer Kultur. In: Helsper, Werner/ Böhme, Jeanette (Hrsg.) (2004): S. 921-940

Breidenstein, Georg/ Combe, Arno/ Helsper, Werner/ Stelmascyk, Bernd (Hrsg.) (2002): Forum Qualitative Schulforschung 2. Opladen

Breidenstein, Georg/ Kelle, Helga (1998): Geschlechteralltag in der Schulklasse. Ethnographische Studien zur Gleichaltrigenkultur. Weinheim/ München

Breidenstein, Georg/ Kelle, Helga (2002): Die Schulklasse als Publikum. Zum Verhältnis von peer culture und Unterricht. In: Die Deutsche Schule (94), H. 3, S. 318-329

Breidenstein, Georg/ Meier, Michael (2004): "Streber" – Zum Verhältnis von Peer Kultur und Schulerfolg. In: Pädagogische Rundschau (58), H. 5, S. 549-564

Breidenstein, Georg/ Prengel, Annedore (Hrsg.) (2005): Schulforschung und Kindheitsforschung – Ein Gegensatz? Wiesbaden

Breidenstein, Georg/ Jergus, Kerstin (2005): Schule als „Job"? Beobachtungen aus der achten Klasse. In: Breidenstein, Georg/ Prengel, Annedore (Hrsg.) (2005): S. 177-199

Breidenstein, Georg/ Schütze, Fritz (Hrsg.) (2006): Paradoxien in der Reform der Schule. Wiesbaden (im Erscheinen)

Breyvogel, Wilfried (Hrsg) (1989): Pädagogische Jugendforschung. Opladen

Büchner, Peter (1996): Das Kind als Schülerin oder Schüler. Über die gesellschaftliche Wahrnehmung der Kindheit als Schulkindheit und damit verbundene Forschungsprobleme. In: Zeiher, Helga u.a. (Hrsg.) (1996): S. 157-188

Cahill, Spencer (ed.) (1991): Sociological Studies of Child Developement, Vol. 4. London

Cazden, Courtney B. (1986): Classroom Discourse. In: Wittrock, Merlin C. (ed.) (1986): pp. 432-463

Certeau, Michel de (1988): Die Kunst des Handelns. Berlin

Clifford, James/ Marcus, George E. (eds.) (1986): Writing Culture – The Poetics and Politics of Ethnography. Berkeley

Cohen, Elisabeth (1994): Restructuring the Classroom: Conditions for productive small groups. In: Review of Educational Research (64), pp. 1-35

Combe, Arno/ Helsper, Werner (1994): Was geschieht im Klassenzimmer? Weinheim

Combe, Arno/ Kolbe, Fritz-Ulrich (2004): Lehrerprofessionalität: Wissen, Können, Handeln. In: Helsper, Werner/ Böhme, Jeanette (Hrsg.) (2004): S. 833-852

Combe, Arno/ Helsper, Werner (Hrsg.) (1996): Pädagogische Professionalität. Untersuchungen zum Typus pädagogischen Handelns. Frankfurt/ Main

Costard, Hellmuth (1970): Fußball wie noch nie ... Die ungewöhnliche Verfilmung eines Fußballspiels, bei der 90 Minuten lang die Kamera ausschließlich George Best von Manchester United verfolgt (16 mm Film)

Dann, Hanns D./ Diegritz, Theodor/ Rosenbusch, Heinz S. (Hrsg.) (1999): Gruppenunterricht im Schulalltag. Realität und Chancen. Erlangen

Davies, Bronwyn (1983): The Role Pupils Play in the Social Construction of Classroom Order. In: British Journal of Sociology of Education (4), No. 1, pp. 55-69

Denscombe, Martyn (1985): Classroom Control. A Sociological Perspective. London

Denzin, Norman (ed.) (1984): Studies in Symbolic Interaction, Vol. 5. Greenwich

Deppermann, Arnulf (1999): Gespräche analysieren. Opladen

Diederich, Jürgen/ Tenorth, Heinz-Elmar (1997): Theorie der Schule. Ein Studienbuch zu Geschichte, Funktionen und Gestaltung. Berlin

Diegritz, Theodor/ Rosenbusch, Heinz S./ Haag, Ludwig/ Dann, Heinz D. (1999): Intragruppenprozesse und Gruppenstrukturen in Schülerarbeitsgruppen. In: Dann, Hanns D. u.a. (Hrsg.) (1999): S. 57-106

Dittmann, Jürgen (Hrsg.) (1979): Arbeiten zur Konversationsanalyse. Tübingen

Ditton, Hartmut (2002): Unterrichtsqualität – Konzeptionen, methodische Überlegungen und Perspektiven. In: Unterrichtswissenschaft (30), H. 3, S. 197-218

Döbert, Hans/ Kopp, Bodo von/ Martini, Renate/ Weiß, Manfred (Hrsg.) (2003): Bildung vor neuen Herausforderungen. Neuwied

Döpp, Wiltrud/ Groeben, Annemarie v.d./ Thurn, Susanne (2002): Lernberichte statt Zensuren. Erfahrungen von Schülern, Lehrern und Eltern. Bad Heilbrunn.

Doyle, Walter (1986): Classroom Organization and Management. In: Wittrock, Merlin C. (ed.) (1986): pp. 392-431

Drews, Ursula (1997): Langeweile. Ein janusköpfiges Phänomen. In: PÄDAGOGIK (49), H. 9, S. 7

Ecarius, Jutta/ Löw, Martina (Hrsg.) (1997): Raumbildung Bildungsräume. Über die Verräumlichung sozialer Prozesse. Opladen

Eder, Donna (1991): The Role of Teasing in Adolescent Peer Group Culture. In: Cahill, Spencer (ed.) (1991): pp. 181-197

Eder, Donna (1995): School Talk. Gender and Adolescent Culture. New Brunswick

Eder, Donna/ Enke, Janet (1991): The Structure of Gossip. In: American Sociological Review (56), pp. 494-508

Ehlich, Konrad/ Rehbein, Jochen (Hrsg.) (1983): Kommunikation in Schule und Hochschule. Linguistische und Ethnomethodologische Analysen. Tübingen

Einsiedler, Wolfgang (1981): Lehrmethoden. München.

Emerson, Robert M./ Fretz, Rachel I./ Shaw, Linda L. (1995): Writing Ethnographic Fieldnotes. Chicago

Fend, Helmut (1981): Theorie der Schule. München/ Wien/ Baltimore

Fend, Helmut (1991): "Soziale Erfolge" im Bildungswesen – die Bedeutung der sozialen Stellung in der Schulklasse. In: Pekrun, Rainhard/ Fend, Helmut (Hrsg.) (1991): S. 217-24

Fend, Helmut (1997): Der Umgang mit Schule in der Adoleszenz. Aufbau und Verlust von Lernmotivation, Selbstachtung und Empathie. Bern

Fend, Helmut/ Knörzer, Wolfgang/ Nagl, Willibald (1976): Sozialisationseffekte der Schule. Weinheim

Fichten, Wolfgang (1993): Unterricht aus Schülersicht. Die Schülerwahrnehmung von Unterricht als erziehungswissenschaftlicher Gegenstand und ihre Verarbeitung im Unterricht. Frankfurt/ Main

Fine, Gary Allen (1984): Humorous interaction and the social construction of meaning: Making sense in a jocular vein. In: Denzin, Norman (ed.) (1984): pp. 83-101

Fine, Gary Allen (1988): Knowing Children. Participant Observation with Minors. Newbury Park

Flick, Uwe (1995): Qualitative Forschung. Theorie, Methoden, Anwendung in Psychologie und Sozialwissenschaften. Reinbek

Flick, Uwe/ Kardorff, Ernst v./ Steinke, Ines (Hrsg.) (2000): Qualitative Forschung. Ein Handbuch. Reinbek

Foucault, Michel (1976): Überwachen und Strafen. Frankfurt/ Main

Foucault, Michel (1977): Der Wille zum Wissen. Frankfurt/ Main

Foucault, Michel (1991): Andere Räume. In: Wentz, Martin (Hrsg.) (1991): S. 65-72

Freudenreich, Dorothea (1986): Gruppendynamik und Schule. Darmstadt

Fromm, Martin (1987): Die Sicht der Schüler in der Pädagogik. Untersuchungen zur Behandlung der Sicht von Schülern in der pädagogischen Theoriebildung und in der quantitativen und qualitativen empirischen Forschung. Weinheim

Furlong, V. (1976): Interaction sets in classroom: Toward a study of pupil knowledge. In: Hammersley, Martyn/ Woods, Peter (eds.) (1976): pp. 160-177

Furtner-Kallmünzer, Maria/ Sardei-Biermann, Sabine (1982): Schüler: Leistung, Lehrer und Mitschüler. In: Beisenherz, Heinz-Gerhard u.a. (Hrsg.) (1982)

Ganser, Bernd (2005), Kooperative Sozialformen im Unterricht. Dissertation. Universität Erlangen/ Nürnberg

Garfinkel, Harold (1967): Studies in Ethnomethodology. Englewood Cliffs

Garfinkel, Harold (1996): Ethnomethodology´s Program. In: Social Psychology Quarterly (59), No. 1, pp. 5-21

Geertz, Clifford (1983): Dichte Beschreibung. Frankfurt/ Main

Giddens, Anthony (1995): Die Konstitution der Gesellschaft. Frankfurt/ Main

Glaser, Barney/ Strauss, Anselm (1967): The Discovery of Grounded Theory. Chicago

Goffman, Erving (1971): Interaktionsrituale. Über Verhalten in direkter Kommunikation. Frankfurt/ Main

Goffman, Erving (1974): Das Individuum im öffentlichen Austausch. Mikrostudien zur öffentlichen Ordnung. Frankfurt/ Main

Goffman, Erving (1980): Rahmen-Analyse. Ein Versuch über die Organisation von Alltagserfahrung. Frankfurt/ Main

Goffman, Erving (1981): Forms of talk. Oxford

Goffman, Erving (1989): On Fieldwork. In: Journal of Contemporary Ethnography (18), pp. 123-132

Goffman, Erving (1994): Interaktion und Geschlecht. Frankfurt/ Main

Göhlich, Michael (1993): Die Pädagogische Umgebung. Eine Geschichte des Schulraums seit dem Mittelalter. Weinheim

Göhlich, Michael/ Wagner-Willi, Monika (2001): Rituelle Übergänge im Schulalltag. In: Wulf, Christoph u.a. (Hrsg.) (2001): S. 119-204

Gordon, Tuula/ Holland, Janet/ Lahelma, Elina (2001): Ethnographic Research in Educational Settings. In: Atkinson, Paul u.a. (eds.) (2001): pp. 188-203

Grieseke, Brigit (2001): Mehr Aufhebens machen. Wittgensteins Beschreibungsmaxime. In: Journal Phänomenologie (16), S. 12-18

Gudjons, Herbert (1986): Handlungsorientiert Lehren und Lernen. Bad Heilbrunn

Gudjons, Herbert (2003): Frontalunterricht – neu entdeckt. Integration in offene Unterrichtsformen. Bad Heilbrunn

Gudjons, Herbert (Hrsg.) (1993): Handbuch Gruppenunterricht. Weinheim/ Basel

Gudjons, Herbert/ Teske, Rita/ Winkel, Rainer (Hrsg.) (1991): Unterrichtsmethoden, Grundlegung und Beispiele. Hamburg

Hage, Klaus/ Bischoff, Heinz/ Dichanz, Horst u.a. (1985): Das Methodenrepertoire von Lehrern. Eine Untersuchung zum Schulalltag in der Sekundarstufe I, Opladen

Hammersley, Martyn (1990): Classroom ethnography. Empirical and methodological essays. Ballmoor

Hammersley, Martyn (ed.) (1993): Controversies in Classroom Research, 2nd edition. Buckingham/ Philadelphia

Hammersley, Martyn/ Turner, Glenn (1980): Conformist Pupils? In: Woods, Peter (ed.) (1980): pp. 29-49.

271

Hammersley, Martyn/ Atkinson, Paul (1995): Ethnography. Principles in Practice. 2nd. ed. London/ New York

Hammersley, Martyn/ Woods, Peter (eds.) (1976): The process of schooling. London

Hargreaves, David H./ Hester, Stephen K./ Mellor, Frank J. (1981): Abweichendes Verhalten im Unterricht. Weinheim

Haselbeck, Fritz (1999): Lebenswelt Schule. Der Schulalltag im Blickwinkel jugendlicher Hauptschülerinnen und Hauptschüler. Einstellungen, Wahrnehmungen und Deutungen. Passau

Heidegger, Martin (1983): Grundbegriffe der Metaphysik. Bd. 29/ 30 der Gesamtausgabe. Frankfurt/ Main

Heidemann, Rudolf (1998): Die Körpersprache des Lehrers im Frontalunterricht. In: PÄDAGOGIK (50), H. 5, S. 28-32

Heinze, Thomas (1976): Unterricht als soziale Situation. Zur Interaktion von Schülern und Lehrern. München

Heinze, Thomas (1980): Schülertaktiken. München

Heller, Kurt A. (Hrsg.) (1984): Leistungsbeurteilung in der Schule. Heidelberg

Helmke, Andreas (2003): Unterrichtsqualität erfassen, bewerten, verbessern. Seelze

Helsper, Werner (1989): Jugendliche Gegenkultur und schulisch – bürokratische Rationalität. In: Breyvogel, Wilfried (Hrsg.) (1989): S. 161-186

Helsper, Werner (1993): Jugend und Schule. In: Krüger, Heinz-Hermann (Hrsg.) (1989): S. 351-382

Helsper, Werner (2004): Schülerbiographie und Schulkarriere. In: Helsper, Werner/ Böhme, Jeanette (Hrsg.) (2004): S. 903-920

Helsper, Werner/ Böhme, Jeanette (2002): Jugend und Schule. In: Krüger, Heinz-Hermann u.a./ Grunert, Cathleen (Hrsg.) (2002): S. 567-598

Helsper, Werner/ Böhme, Jeanette (Hrsg.) (2004): Handbuch der Schulforschung. Wiesbaden

Helsper, Werner/ Keuffer, Josef (2004): Unterricht. In: Krüger, Heinz-Hermann/ Helsper, Werner (Hrsg.) (2004): S. 91-103

Hengst, Heinz/ Zeiher, Helga (Hrsg.) (2000): Die Arbeit der Kinder. Kindheitskonzept und Arbeitsteilung zwischen den Generationen. Weinheim/ München

Hentig, Hartmut von (1987): ´Humanisierung´. Eine verschämte Rückkehr zur Pädagogik? Andere Wege zur Veränderung der Schule. Stuttgart

Hentig, Hartmut von (1993): Die Schule neu denken. München/ Wien

Hirschauer, Stefan (2001): Ethnographisches Schreiben und die Schweigsamkeit des Sozialen. Zu einer Methodologie der Beschreibung. In: Zeitschrift für Soziologie (30), H. 6, S. 429-451

Hirschauer, Stefan (2004): Praktiken und ihre Körper. Über materielle Partizipanden des Tuns. In: Hörning, Karl H./ Reuter, Julia (Hrsg.) (2004): S. 73-91

Hirschauer, Stefan/ Amann, Klaus (Hrsg.) (1997): Die Befremdung der eigenen Kultur. Zur ethnographischen Herausforderung soziologischer Empirie. Frankfurt/ Main

Hitzler, Ronald/ Bucher, Thomas/ Niederbacher, Arne (2001): Leben in Szenen. Formen jugendlicher Vergemeinschaftung heute. Opladen

Holler-Nowitzky, Birgit/ Meier, Ulrich (1997): Langeweile – (k)ein Thema für die Unterrichtsforschung. In: PÄDAGOGIK (49), H. 9, S. 31-35

Holly, Werner/ Baldauf, Heike (2001): Grundlagen des fernsehbegleitenden Sprechens. In: Holly, Werner u.a. (Hrsg.) (2001): S. 41-60

Holly, Werner/ Püschel, Ulrich/ Bergmann, Jörg (Hrsg.) (2001): Der sprechende Zuschauer. Wie wir uns Fernsehen kommunikativ aneignen. Wiesbaden

Holtappels, Heinz Günter (1987): Schulprobleme und abweichendes Verhalten aus der Schülerperspektive. Bochum

Honig, Michael-Sebastian u.a. (Hrsg.) (1999): Aus der Perspektive von Kindern? Zur Methodologie der Kindheitsforschung. Weinheim/ München

Hornstein, Walter (1990): Aufwachsen mit Widersprüchen – Jugendsituation und Schule heute. Stuttgart

Hörning, Karl H./ Reuter, Julia (Hrsg.) (2004): Doing Culture. Neue Positionen zum Verhältnis von Kultur und sozialer Praxis. Bielefeld

Horstkemper, Marianne (1987): Schule, Geschlecht und Selbstvertrauen. Weinheim

Huber, Günther L. (Hrsg.) (1993): Neue Perspektiven der Kooperation. Hohengehren

Huf, Christina (2005): Didaktische Arrangements aus der Perspektive von SchulanfängerInnen: Eine ethnographische Feldstudie über Alltagspraktiken, Deutungsmuster und Handlungsperspektiven von SchülerInnen der Eingangsstufe der Bielefelder Laborschule. Bad Heilbrunn

Hurrelmann, Klaus (1983): Schule als alltägliche Lebenswelt im Jugendalter. In: Schweitzer, Friedrich/ Thiersch, Hans (Hrsg.) (1983): S. 30-56

Hurrelmann, Klaus (1994): Lebensphase Jugend. Eine Einführung in die sozialwissenschaftliche Jugendforschung. Weinheim/ München.

Ingenkamp, Karlheinz (1971): Die Fragwürdigkeit der Zensurengebung. Weinheim

Ingenkamp, Karlheinz (1989): Diagnostik in der Schule: Beiträge zu Schlüsselfragen der Schülerbeurteilung. Weinheim/ Basel

Jackson, Phillip W. (1968): Life in Classrooms. New York

Jürgens, Eiko (2000): Brauchen wir ein pädagogisches Leistungsverständnis? In: Beutel, Sylvia-Iris/ Vollstädt, Witlof (Hrsg.) (2000): S. 15-26

Kaiser, Constanze (1998): Körpersprache der Schüler. Lautlose Mitteilungen der Schüler erkennen, bewerten, reagieren. Neuwied/ Kriftel/ Berlin

Kalthoff, Herbert (1995): Die Erzeugung von Wissen. Zur Fabrikation von Antworten im Schulunterricht. In: Zeitschrift für Pädagogik (41), H. 6, S. 925-939

Kalthoff, Herbert (1996): Das Zensurenpanoptikum. Eine ethnographische Studie zur schulischen Bewertungspraxis. In: Zeitschrift für Soziologie (25), H.2, S. 106-124

Kalthoff, Herbert (1997): Wohlerzogenheit. Eine Ethnographie deutscher Internatsschulen. Frankfurt/ Main

Kalthoff, Herbert (2003): Beobachtende Differenz. Instrumente der ethnografisch-soziologischen Forschung. In: Zeitschrift für Soziologie (32) H. 1, S. 70-90

Kalthoff, Herbert/ Kelle, Helga (2000): Pragmatik schulischer Ordnung. Zur Bedeutung von "Regeln" im Schulalltag. In: Zeitschrift für Pädagogik (46), H. 5, S. 691-710

Kelle, Helga (1997): "Wir und die anderen". Die interaktive Herstellung von Schulklassen durch Kinder. In: Hirschauer, Stefan/ Amann, Klaus (Hrsg.) (1997): S. 138-167

Kelle, Helga/ Breidenstein, Georg (1999): Alltagspraktiken von Kindern in ethnomethodologischer Sicht. In: Honig, Michael-Sebastian u.a. (Hrsg.) (1999): S. 97-111

Keppler, Angela/ Luckmann, Thomas (1991): "Teaching": Conversational transmission of knowledge. In: Marková, Ivana/ Foppa, Klaus (eds.) (1991): pp. 143-165

Kleber, Eduard (1992): Diagnostik in pädagogischen Handlungsfeldern. Weinheim

Klemm, Michael (2001): Sprachhandlungskompetenz. In: Holly, Werner u.a. (Hrsg.) (2001): S. 83-115

Klieme, Eckhard (2003): Benotungsmaßstäbe an Schulen: Pädagogische Praxis und institutionelle Bedingungen. Eine empirische Analyse auf der Basis der PISA-Studie. In: Döbert, Hans u.a. (Hrsg.) (2003): S. 195-210

Knorr-Cetina, Karin (1984): Die Fabrikation von Erkenntnis. Frankfurt/ Main

Kramer, Rolf-Torsten (2002): Schulkultur und Schülerbiographien. Rekonstruktionen zur Schulkultur II. Opladen

Krapp, Andreas (2001): Interesse. In: Rost, Detlef H. (Hrsg.) (2001): S. 286-293

Krappmann, Lothar/ Oswald, Hans (1995): Alltag der Schulkinder. Weinheim/ München

Krieger, Claus Georg (1994): Mut zur Freiarbeit. Baltmannsweiler

Krüger, Heinz-Hermann (Hrsg.) (1989): Handbuch der Jugendforschung. Opladen

Krüger, Heinz-Hermann/ Grunert, Cathleen (Hrsg.) (2002): Handbuch der Kindheits- und Jugendforschung. Opladen

Krüger, Heinz-Hermann/ Grundmann, Gunhild/ Kötters, Catrin (2000): Jugendliche Lebenswelten und Schulentwicklung. Opladen

Krüger, Heinz-Hermann/ Helsper, Werner (Hrsg.) (2004): Einführung in Grundbegriffe und Grundfragen der Erziehungswissenschaft, 6. Aufl., Wiesbaden

Krummheuer, Götz (1992): Lernen mit "Format". Elemente einer interaktionistischen Lerntheorie. Diskutiert an Beispielen mathematischen Unterrichts. Weinheim

Krummheuer, Götz (1997): Narrativität und Lernen. Mikrosoziologische Studien zur sozialen Konstitution des Lernens. Weinheim

Krummheuer, Götz (2002): Eine interaktionistische Modellierung des Unterrichtsalltages – entwickelt in interpretativen Studien zum mathematischen Grundschulunterricht. In: Breidenstein, Georg u.a. (Hrsg.) (2002): S. 41-60

Kunert, Kristian (1991): Methoden der zweipoligen Interaktion. In: Gudjons, Herbert u.a. (1991): S. 59-72

Lähnemann, Christiane (2006): Freiarbeit und Regelschule – ein Antagonismus? In: Breidenstein, Georg/ Schütze, Fritz (Hrsg.) (im Erscheinen)

Lambrich, Hans-Jürgen (1987): Schulleistung, Selbstkonzeption und Unterrichtsverhalten. Eine qualitative Untersuchung zur Situation "schlechter" Schüler. Weinheim

Leander, Kevin M. (2002): Silencing in Classroom Interaction: Producing and Relating Social Spaces. In: Discourse Processes (34), No. 2, pp. 193-235

LeCompte, Margaret D./ Millroy, Wendy L./ Preissle, Judith (eds.) (1992): The Handbook of Qualitative Research in Education. San Diego/ New York

LeCompte, Margeret/ Preissle, Judith (1992): Toward an Ethnology of Student Life in Schools and Classrooms: Synthesizing the Qualitative Research Tradition. In: LeCompte, M. u.a. (eds.) (1992): pp. 815-859

Lenz, Karl (1998): Soziologie der Zweierbeziehung. Eine Einführung. Opladen/ Wiesbaden

Liebau, Eckart/ Miller-Kipp, Gisela/ Wulf, Christoph (Hrsg.) (1999): Metamorphosen des Raums. Erziehungswissenschaftliche Studien zur Chronotopologie. Weinheim

Loos, Peter/ Schäffer, Burkhard (2000): Das Gruppendiskussionsverfahren. Opladen

Löw, Martina (2001): Raumsoziologie. Frankfurt/ Main

Lübke, Sylvia-Iris (1996): Schule ohne Noten: Lernberichte in der Praxis der Laborschule. Opladen

Lüders, Christian (2000): Beobachten im Feld und Ethnographie. In: Flick, Uwe u.a. (Hrsg.) (2006): S. 384-401

Lüders, Manfred (2001): Dispositionsspielräume im Bereich der Schülerbeurteilung. In: Zeitschrift für Pädagogik (47), H. 2, S. 217-234

Lüders, Manfred (2003): Unterricht als Sprachspiel. Eine systematische und empirische Studie zum Unterrichtsbegriff und zur Unterrichtssprache. Bad Heilbrunn

Lüders, Manfred/ Rauin, Udo (2004): Unterrichts- und Lehr-Lern-Forschung. In: Helsper, Werner/ Böhme, Jeanette (Hrsg.) (2004): S. 691-719

Luhmann, Niklas (2002): Das Erziehungssystem der Gesellschaft. Frankfurt/ Main

Luhmann, Niklas (2004): Schriften zur Pädagogik. Frankfurt/ Main

Maas, Michael (2000): Jugend und Schule. Ideen, Beiträge und Reflexionen zur Reform der Sekundarstufe I. Hohengehren.

MacLure, Margaret/ French, Peter (1980): Routes to Right Answers: On Pupils´ Strategies for Answering Teachers´ Questions. In: Woods, Peter (ed.) (1980): pp. 74-93

Marková, Ivana/ Foppa, Klaus (eds.) (1991): Asymmetries in Dialogue. Hertforshire

Markowitz, Jürgen (1986): Verhalten im Systemkontext. Zum Begriff des sozialen Epigramms. Diskutiert am Beispiel des Schulunterrichts. Frankfurt/ Main

Matuschek, Ingo (1999): Zeit und Devianz. Zeitorientierung, Langeweile und abweichendes Verhalten bei Jugendlichen. Berlin (Dissertationsschrift). [http://edoc.hu-berlin.de/dissertationen/matuschek-ingo-1999-07-19/PDF/Matuschek.pdf, Stand: 14.02.2005]

Max-Planck-Institut für Bildungsforschung (1996): Bildungsverläufe im Jugendalter (BIJU). Berlin

Mazeland, Harrie (1983): Sprecherwechsel in der Schule. In: Ehlich, Konrad/ Rehbein, Jochen (Hrsg.) (1983): S. 70-101

McHoul, Alexander W. (1978): The Organization of Turns in Formal Talk in the Classroom. In: Language in Society (7), pp. 182-213

McHoul, Alexander W. (1990): The Organization of Repair in Classroom Talk. In: Language in Society (19), pp. 349-377

McLaren, Peter (1986): Schooling as a ritual performance. London

Mehan, Hugh (1979): Learning lessons: social organisation in the classroom. Cambridge

Meier, Michael (2004): Das Mona Lisa Problem – Methodische Anmerkungen zur Verbalisierung von ´Sozial Leisem´. In: Zeitschrift für qualitative Bildungs-, Beratungs- und Sozialforschung, H. 1, S. 109-115

Meyer, Ernst (1975): Gruppenunterricht – Grundlegung und Beispiel. Oberursel i. Ts.

Meyer, Hilbert (1987): Unterrichtsmethoden. 2 Bände. Berlin

Mohn, Elisabeth (2002): Filming Culture. Spielarten des Dokumentierens nach der Repräsentationskrise. Stuttgart

Mohn, Elisabeth/ Amann, Klaus (2006): Lernkörper. Kamera-ethnographische Studien zum Schülerjob. IWF-Wissen und Medien, Göttingen (DVD) (im Erscheinen)

Möller, Jens (2001): Attributionen. In: Rost, Detlef H. (Hrsg.) (2001): S. 36-41

275

Möller, Jens/ Köller, Olaf (1997): Nicht nur Attributionen: Gedanken von Schülerinnen und Schülern zu Ergebnissen in Klassenarbeiten. In: Psychologie in Erziehung und Unterricht (44), H. 2, S. 125-134

Möller, Jens/ Köller, Olaf (Hrsg.) (1996): Emotionen, Kognitionen und Schulleistung. Weinheim

Morton-Williams, Roma/ Finch, Stewart (1968): Young School Leavers. London.

Naujok, Natascha (2000): Schülerkooperation im Rahmen von Wochenplanunterricht. Analyse von Unterrichtsausschnitten aus der Grundschule. Weinheim

Neumann-Braun, Klaus/ Deppermann, Arnulf (1998): Ethnographie der Kommunikationskulturen Jugendlicher. Zur Gegenstandskonzeption und Methodik der Untersuchung von Peer-Groups. In: Zeitschrift für Soziologie (27), H. 4, S. 239-255

Niegemann, Helmut M. (2001): Lehr-Lern-Forschung. In: Rost, Detlef H. (Hrsg.) (2001): S. 387-393

Nittel, Dieter (1992): Gymnasiale Schullaufbahn und Identitätsentwicklung: Eine biographieanalytische Studie. Weinheim

Nuhn, Hans-Eberhard (1995): Partnerarbeit als Sozialform des Unterrichts. Weinheim/ Basel

Oevermann, Ulrich (1996): Theoretische Skizze einer revidierten Theorie professionalisierten Handelns. In: Combe, Arno/ Helsper, Werner (Hrsg.) (1996): S. 70-182

Parsons, Talcott (1987): Die Schulklasse als soziales System: einige Funktionen in der amerikanischen Gesellschaft (org. 1959), übersetzt in: Plake, Klaus (Hrsg.) (1987): S. 103-124

Patzelt, Wener J. (1987): Grundlagen der Ethnomethologie. München

Pelkner, Anna-Katharina/ Boehnke, Klaus (2003): Streber als Leistungsverweigerer? Projektidee und erstes Datenmaterial einer Studie zu mathematischen Schulleistungen. In: Zeitschrift für Erziehungswissenschaft (6), H. 1, S. 106-125

Pekrun, Rainhard/ Fend, Helmut (Hrsg.) (1991): Schule und Persönlichkeitsentwicklung. Stuttgart

Petillon, Hanns (1987): Der Schüler. Rekonstruktion der Schule aus der Perspektive von Kindern und Jugendlichen. Darmstadt

Plake, Klaus (Hrsg.) (1987): Klassiker der Erziehungssoziologie. Düsseldorf

Projektgruppe Jugendbüro (1975): Die Lebenswelt von Hauptschülern. München

Qvortrup, Jens (2000): Kolonisiert und verkannt: Schularbeit. In: Hengst, Heinz/ Zeiher, Helga (Hrsg.) (2000): S. 23-43

Reckwitz, Andreas (2003): Grundelemente einer Theorie sozialer Praktiken. Eine sozialtheoretische Perspektive. In: Zeitschrift für Soziologie (32), H. 4, S. 282-301

Rehbock, Helmut (1981): Neben-Kommunikationen im Unterricht. In: Baurmann, Jürgen u.a. (Hrsg.) (1981): S. 35-84

Reichertz, Jo (1989): Hermeneutische Auslegung von Feldprotokollen? Verdrießliches über ein beliebtes Forschungsmittel. In: Aster, Reiner u.a. (Hrsg.) (1989): S. 183-197

Reinert, Gerd-Bodo/ Zinnecker, Jürgen (Hrsg.) (1978): Schüler im Schulbetrieb. Reinbek

Rheinberg, Falko (2001): Motivationstraining und Motivierung. In: Rost, Detlef H. (Hrsg.) (2001): S. 478-482

Robinson, W.P. (1975): Boredom at School. In: British Journal of Educational Psychology (45), pp. 141-152

Rolff, Hans-Günther (Hrsg.) (1995): Zukunftsfelder von Schulforschung. Weinheim

Rost, Detlef H. (Hrsg.) (2001): Handwörterbuch Pädagogische Psychologie. Weinheim

Rumpf, Horst (1996): Abschied vom Stundenhalten. In: Combe, Arno/ Helsper, Werner (Hrsg.) (1996): S. 472-500

Rusch, Heike/ Thiemann, Friedrich (2003): Mitten im Kampfgetümmel. Ethnographische Reportagen aus den Klassenzimmern. Hohengehren

Ryle, Gilbert (1969): Der Begriff des Geistes. Stuttgart

Sacks, Harvey/ Schegloff, Emanuel A./ Jefferson, Gail (1974): A simplest systematics for the organization of turn-taking in conversation. In: Language (50), pp. 696-735

Schatzki, Theodore R. (1996): Social Practices. A Wittgensteinian Approach to Human Activity and the Social. Cambridge

Schatzki, Theodore R./ Knorr-Cetina, Karin/ Savigny, Eike v. (eds.) (2001): The practice turn in contemporary theory. London/New York

Schaub, Horst/ Zenke, Karl G. (2000): Wörterbuch Pädagogik, München

Schrader, Friedrich-Wilhelm/ Helmke, Andreas (2001): Alltägliche Leistungsbeurteilung durch Lehrer. In: Weinert, Franz E. (Hrsg.) (2001): S. 45-58

Schröder, Peter/ Steger, Hugo (Hrsg.) (1981): Dialogforschung. Düsseldorf

Schweitzer, Friedrich/ Thiersch, Hans (Hrsg.) (1983): Jugendzeit – Schulzeit. Von den Schwierigkeiten, die Jugendliche und Schule miteinander haben. Weinheim/ Basel

Sennett, Richard (1986): Verfall und Ende des öffentlichen Lebens. Die Tyrannei der Intimität. Frankfurt/ Main

Simmel, Georg (1989): Philosophie des Geldes. Org. 1901, Frankfurt/ Main

Simmel, Georg (1992): Soziologie. Untersuchungen über die Formen der Vergesellschaftung (Org. 1908). Frankfurt/ Main

Simmel, Georg (1992): Soziologie des Raumes. In: Ders.: Schriften zur Soziologie. Eine Auswahl. (Org. 1903). Frankfurt/ Main, S. 221-242

Simmel, Georg (1993): Aufsätze und Abhandlungen 1901-1908. Band II, Frankfurt/ Main

Slavin, Robert E. (1998): Research on cooperative learning and achievement: A quarter century research. In: Fachgruppe Pädagogische Psychologie (Hrsg.) (1998): Newsletter 1. Landau. S. 13-45

Specht, Werner (1982): Die Schulklasse als soziales Beziehungsfeld altershomogener Gruppen. Konstanz

Steenberg, Ulrich (2003): Handlexikon zur Montessori-Pädagogik. Ulm

Steger, Hugo (1981): Dialogforschung. In: Schröder, Peter/ Steger, Hugo (Hrsg.) (1981): S. 9-52

Strauss, Anselm L. (1991): Grundlagen Qualitativer Sozialforschung. München

Strauss, Anselm/ Corbin, Juliet (1996): Grounded Theory: Grundlagen Qualitativer Sozialforschung. Weinheim

Streeck, Jürgen (1979): Sandwich. Good for you. – Zur pragmatischen und konversationellen Analyse von Bewertungen im institutionellen Diskurs der Schule. In: Dittmann, Jürgen (Hrsg.) (1979): S. 235-257

Tent, Lothar (2001): Zensuren. In: Rost, Detlef H. (Hrsg.) (2001): S. 805-810

Terhart, Ewald (1989): Lehr-Lern-Methoden. Weinheim/ München

277

Terhart, Ewald (2000): Schüler beurteilen – Zensuren geben. Wie Lehrerinnen und Lehrer mit einem leidigen aber unausweichlichen Element ihres Berufsalltags umgehen. In: Beutel, Sylvia-Iris/ Vollstädt, Witlof (Hrsg.) (2000): S. 39-50

Thiemann, Friedrich (1985): Schulszenen. Vom Herrschen und vom Leiden. Frankfurt/ Main

Thurn, Susanne (1997): Lernen, Leistung, Zeugnisse – eine Schule (fast) ohne Noten. In: Thurn, Susanne/ Tillmann, Klaus-Jürgen (Hrsg.) (1997): S. 63-78

Thurn, Susanne/ Tillmann, Klaus-Jürgen (Hrsg.) (1997): Unsere Schule ist ein Haus des Lernens – Das Beispiel Laborschule Bielefeld. Reinbek

Tillmann, Klaus-Jürgen (1976): Unterricht als soziales Erfahrungsfeld. Reinbek

Tillmann, Klaus-Jürgen (1995): Schulische Sozialisationsforschung. In: Rolff, Hans-Günther (Hrsg.) (1995): S. 181-210

Tillmann, Klaus-Jürgen/ Vollstädt, Witlof (2000): Funktionen der Leistungsbewertung. Eine Bestandsaufnahme. In: Beutel, Sylvia-Iris/ Vollstädt, Witlof (Hrsg.) (2000): S. 27-38

Ulich, Klaus (2001): Einführung in die Sozialpsychologie der Schule. Weinheim/ Basel

Voigt, Jörg (1984): Interaktionsmuster und Routinen im Mathematikunterricht. Weinheim

Völker, Ludwig (1975): Langeweile. Untersuchungen zur Vorgeschichte eines literarischen Motivs. München

Wagner-Willi, Monika (2005): Kinderrituale zwischen Vorder- und Hinterbühne: Der Übergang von der Pause zum Unterricht. Wiesbaden

Weinert, Franz E. (Hrsg.) (2001): Leistungsmessungen in Schulen. Weinheim/ Basel

Weingarten, Elmar/ Sack, Fritz/ Schenkein, Jim (Hrsg.) (1976): Ethnomethodologie. Beiträge zu einer Soziologie des Alltagshandelns. Frankfurt/ Main

Weißköppel, Cordula (2001): Ausländer und Kartoffeldeutsche. Identitätsperformanz im Alltag einer ethnisch gemischten Realschulklasse. Weinheim/ München

Wentz, Martin (Hrsg.) (1991): Stadt-Räume. Die Zukunft des Städtischen. Frankfurt/ Main

Wernet, Andreas (2003): Pädagogische Permissivität. Schulische Sozialisation und pädagogisches Handeln jenseits der Professionalisierungsfrage. Opladen

Wiesemann, Jutta (2000): Lernen als Alltagspraxis. Lernformen von Kindern an einer freien Schule. Bad Heilbrunn

Wiesemann, Jutta/ Amann, Klaus (2002): Situationistische Unterrichtsforschung. In: Breidenstein, Georg u.a. (Hrsg.) (2002): S. 133-156

Wiezorek, Christine (2005): Schule, Biografie und Anerkennung. Eine fallbezogene Diskussion der Schule als Sozialisationsinstanz. Wiesbaden

Willems, Herbert (1997): Rahmen und Habitus. Zum theoretischen und methodischen Ansatz Erving Goffmans: Vergleiche, Anschlüsse und Anwendungen. Frankfurt/ Main

Willis, Paul (1979): Spaß am Widerstand. Gegenkultur in der Arbeiterschule. Frankfurt/ Main

Winkel, Rainer (1991): Die siebzehn Unterrichtsmethoden. In: Gudjons, Herbert u.a. (Hrsg.) (1991): S. 11-24

Wirth, Uwe (Hrsg.) (2002): Performanz. Zwischen Sprachphilosophie und Kulturwissenschaften. Frankfurt/ Main

Wittrock, Merlin C. (ed.) (1986): Handbook of Research on Teaching. 3rd ed. New York

Woods, Peter (ed.) (1980): Pupil Strategies: Explorations in the sociology of the school. London.

Woods, Peter (1990): The Happiest Days? How Pupils Cope with School. Basingstoke

Wulf, Cristoph/ Althans, Birgit/ Audehm, Kathrin u.a. (2004): Bildung im Ritual. Wiesbaden

Wulf, Christoph u.a. (Hrsg.) (2001): Das Soziale als Ritual. Zur performativen Bildung von Gemeinschaften. Opladen

Zeiher, Helga/ Büchner, Peter/ Zinnecker, Jürgen (Hrsg.) (1996): Kinder als Außenseiter? Umbrüche in der gesellschaftlichen Wahrnehmung von Kindern und Kindheit. Weinheim/ München

Ziegenspeck, Jörg W. (1999): Handbuch Zensur und Zeugnis in der Schule. Bad Heilbrunn

Zinnecker, Jürgen (Hrsg.) (1975): Der heimliche Lehrplan – Untersuchungen zum Schulunterricht. Weinheim

Zinnecker, Jürgen (1978): Die Schule als Hinterbühne oder Nachrichten aus dem Unterleben der Schüler. In: Reinert, Gerd-Bodo/ Zinnecker, Jürgen (Hrsg.) (1978): S. 29-116

Zinnecker, Jürgen (2000): Soziale Welten von SchülerInnen. Über populare, pädagogische und szientifische Ethnographien. In: Zeitschrift für Pädagogik (46), H. 5, S. 667-690

Zinnecker, Jürgen/ Behnken, Imbke/ Maschke, Sabine/ Stecher, Ludwig (2002): null zoff und voll busy. Die erste Jugendgeneration des neuen Jahrhunderts. Opladen